"十二五"职业教育国家规划教材
经全国职业教育教材审定委员会审定

 全国高职高专会计专业工作过程导向系列教材

审 计 实 务
SHENJI SHIWU

李代俊　主　编
马琳瑛　副主编

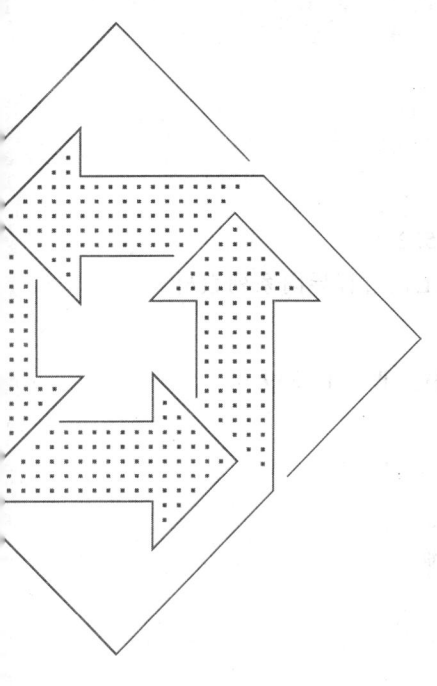

 中国财政经济出版社

图书在版编目（CIP）数据

审计实务／李代俊主编．—北京：中国财政经济出版社，2015.2
"十二五"职业教育国家规划教材 全国高职高专会计专业工作过程导向系列教材
ISBN 978－7－5095－5295－7

Ⅰ.①审… Ⅱ.①李… Ⅲ.①审计学－高等职业教育－教材 Ⅳ.①F239.0

中国版本图书馆 CIP 数据核字（2014）第 072829 号

| 责任编辑：尉 敏 赵天天 | 责任校对：杨瑞琦 |
| 封面设计：华乐功 | 版式设计：董生萍 |

中国财政经济出版社 出版

URL：http://www.cfeph.cn

E-mail：jiaoyu@cfeph.cn

（版权所有 翻印必究）

社址：北京市海淀区阜成路甲 28 号 邮政编码：100142

营销中心电话：010-88190406 编辑部门电话：010-88190683

北京中兴印刷有限公司印刷 各地新华书店经销

787×1092 毫米 16 开 23 印张 560 000 字

2015 年 2 月第 1 版 2018 年 1 月北京第 3 次印刷

定价：39.00 元

ISBN 978－7－5095－5295－7/F·4281

（图书出现印装问题，本社负责调换）

本社质量投诉电话：010-88190744

打击盗版举报热线：010-88190492、QQ：634579818

前　言

审计实务是会计专业的核心课程，是会计专业其他课程的综合、延伸与拓展，学生只有在学习了经济学基础、会计基础、企业会计实务、经济法基础、税法实务、成本核算与分析、财务管理、会计报表编制与分析等课程之后，才能进行本课程的学习。它培养学生从事审计工作所需要的职业能力和职业素养，让学生熟悉注册会计师审计准则、企业会计准则和会计制度、企业基本的内部控制制度，掌握如监盘、函证、检查、分析性复核等基本审计程序，能根据审计目标查找审计证据、编制审计工作底稿，并能发表恰当的审计意见，出具合理的审计报告，同时培养学生的诚信、责任、风险和团队合作等意识，使学生能够胜任会计师事务所、税务师事务所审计助理和公司内部审计人员的工作，拓宽了学生的就业范围。

本教材由四川财经职业学院联合四川省立信会计师事务所共同开发，充分体现了教材的实践性和实用性。教材按照会计专业学生的认知过程和审计工作过程进行内容的设计，既体现了审计知识由一般到具体的认知线索，又体现了审计工作的流程。

本教材由四川财经职业学院教师、注册会计师李代俊担任主编，山西财政税务专科学校马琳瑛担任副主编，由立信会计师事务所主任、注册会计师张宇进行了最后的审定。具体编写分工如下：学习情境一由四川财经职业学院李代俊编写；学习情境二和学习情境七由四川财经职业学院林丽娜编写；学习情境三由四川财经职业学院胡小凤编写；学习情景四和学习情境八由山西财政税务专科学校马琳瑛编写；学习情景五由四川财经职业学院王晶晶编写；学习情景六和学习情境九由四川财经职业学院钟明君编写；学习情境十由四川财经职业学院曾海帆编写。

本教材在编写过程中参考了大量的文献和相关资料，并得到了普信会计师事务所的大力支持，在此谨表谢意。由于编写时间及水平所限，难免有不当之处，敬请同行专家及读者批评指正。

主　编

2014 年 10 月

目 录

学习情境一	**审计认知** ……………………………………………………… 1
	学习子情境一　　了解审计 ………………………………………… 2
	学习子情境二　　确定审计目标 …………………………………… 10
	学习子情境三　　获取审计证据与记录审计过程 ………………… 20
学习情境二	**计划审计工作** …………………………………………………… 45
	学习子情境一　　接受业务委托 …………………………………… 46
	学习子情境二　　编制审计计划 …………………………………… 54
	学习子情境三　　评估审计风险及其重要性 ……………………… 61
学习情境三	**实施风险评估程序** ……………………………………………… 74
	学习子情境一　　评估重大错报风险 ……………………………… 75
	学习子情境二　　应对重大错报风险 ……………………………… 95
学习情境四	**销售与收款循环的审计** ……………………………………… 112
	学习子情境一　　认识销售与收款循环的特点 …………………… 113
	学习子情境二　　销售与收款循环的内部控制与控制测试 ……… 126
	学习子情境三　　销售与收款循环的实质性程序 ………………… 132
学习情境五	**采购与付款循环的审计** ……………………………………… 166
	学习子情境一　　认识采购与付款循环的特点 …………………… 167
	学习子情境二　　采购与付款循环的内部控制与控制测试 ……… 176
	学习子情境三　　采购与付款循环的实质性程序 ………………… 182
学习情境六	**生产与仓储循环的审计** ……………………………………… 211
	学习子情境一　　认识生产与仓储循环的特点 …………………… 212

学习子情境二　生产与仓储循环的内部控制与控制测试 … 220
　　学习子情境三　生产与仓储循环的实质性程序 …………… 224

学习情境七　筹资与投资循环的审计 …………… 250
　　学习子情境一　认识筹资与投资循环的特点 ……… 251
　　学习子情境二　筹资与投资循环的内部控制与控制测试 … 253
　　学习子情境三　筹资与投资循环的实质性程序 …………… 258

学习情境八　薪酬与人事循环的审计 …………… 274
　　学习子情境一　薪酬与人事循环的特点 …………… 275
　　学习子情境二　薪酬与人事循环的内部控制与控制测试 … 278
　　学习子情境三　薪酬与人事循环的实质性程序 …………… 281

学习情境九　货币资金的审计 …………………… 291
　　学习子情境一　货币资金的内部控制与控制测试 ………… 292
　　学习子情境二　货币资金的实质性程序 …………………… 302

学习情境十　出具审计报告 ……………………… 320
　　学习子情境一　完成审计工作 ……………………… 321
　　学习子情境二　出具审计报告 ……………………… 341

学习情境一 审计认知

 职业能力目标

了解审计职业的特点，了解审计抽样技术在获取审计证据时的应用，了解审计工作底稿的格式和归档事项，理解审计目标对审计工作的重要性，能根据审计项目的实际情况确定审计的具体目标，理解审计证据的特性，掌握获取审计证据的常用程序，能初步判断审计证据的可靠性和充分性。

 典型工作任务

1. 识别管理层、治理层、审计师的责任。
2. 根据管理层的认定确定审计的具体目标。
3. 判断通过某种审计程序获取的审计证据的适当性和充分性。

 **阅读资料**

1. 《中国注册会计师审计准则第1101号——注册会计师的总体目标和审计工作的基本要求》
2. 《中国注册会计师审计准则第1131号——审计工作底稿》
3. 《中国注册会计师审计准则第1301号——审计证据》
4. 《中国注册会计师审计准则第1314号——审计抽样》
5. 《中国注册会计师职业道德守则第1号——职业道德基本原则》
6. 《中国注册会计师审计准则问题解答第1号——职业怀疑》

学习子情境一
了解审计

小张听说最近股票市场将要回暖，投资于股票的回报率比银行存款利率高得多，于是决定拿出2万元存款去购买股票。他翻开证券报后，看到那么多的上市公司，不知购买哪一家公司的股票为好。于是，他请教了几个朋友。小王告诉他："这很简单，查一下上市公司公布的利润表，挑一家盈利最好的公司股票做投资，绝不会有错。"于是，他准备购买翰林公司的股票，因为翰林公司每股盈利是最高的。而另一位朋友小李提醒他："最好再看看翰林公司公布的审计报告，看看审计师是怎样说的。"小张查到了翰林公司该年度的审计报告，审计报告说对翰林公司的财务报表持保留意见。小张不懂，小李告诉他："这家公司的会计报表有一些问题，最好不要立即购买这家公司的股票。"果然，没过多久，该公司股票的价格就开始大跌。小张感到庆幸之余，就向小李请教："审计师究竟是干什么的？他的意见可以信赖吗？审计又是什么？审计意见又是如何得出的呢？"

▣ 职业判断

社会上有这样疑问的人肯定不少，要解决这些疑问，就必须对审计有一个基本的了解。

一、审计的性质

我们可以从审计的内涵、审计产生的条件、审计的特征以及审计与会计之间的关系等方面着手了解审计的性质。

（一）审计的内涵

经过不断的完善和发展，至今审计已经形成一套比较完备的体系。人们对审计的概念也进行了深入研究。最具代表性的概念出自美国会计学会审计基本概念委员会于1973年发表的《基本审计概念说明》："审计是一个系统化过程，即通过客观地获取和评价有关经济活动与经济事项认定的证据，以证实这些认定与既定标准的符合程度，并将结果传达给有关使用者。"这一定义涉及的重要内容体现在以下四个方面：

1. 审计是系统化的过程

这就意味着审计人员在制定审计计划、实施审计程序、获取审计证据和形成审计结论时需要通盘考虑，才能实现审计目标。

2. 审计的主要活动是客观地获取和评价证据

审计人员要发表审计意见，必须以事实为依据、凭证据说话，因此在审计过程中需要获取和评价相关证据，以支持关于认定是否符合既定标准的判断。在这一过程中，审计人员需要具有客观性，做到不偏不倚。

3. 审计的对象是被审计单位管理层有关经济活动与事项的认定

以财务报表审计为例，财务报表包含着被审计单位关于其经济业务和事项的认定，比如资产负债表上列示货币资金100万元，被审计单位的认定就是企业的货币资金是存在的，计价是正确的，等等。这些认定是由作为财务报表责任者的管理层做出的，审计工作就是围绕管理层做出的认定去获取审计证据。

4. 审计的目标是对认定与既定标准的符合程度发表审计意见

管理层做出的关于财务报表的认定不是可以随心所欲的，而是按照既定的标准根据公司的具体情况做出的。审计工作的主要目的是对与被审计经济活动及经济事项有关的认定形成审计意见，审计意见应当具体说明管理层做出的认定与既定标准的符合程度。

5. 审计的最终成果是将审计意见传达给有关使用者

审计人员工作的最终成果是出具审计报告，指明管理层做出的关于经济业务和事项的认定与既定标准的符合程度，为信息使用者合理利用被审计单位的信息提供一定的保证，可以减少不准确信息的流传时间或阻止其传播，以保证市场的效率。

（二）审计产生的社会基础

审计起源于企业所有权和经营权的分离，是市场经济发展到一定阶段的产物。当生产资料的所有者不能直接管理和经营其所拥有的财富时，就有必要授权或委托他人代为管理和经营，从而产生了委托和受托代理之间的经济责任关系，这就为以监督检查为职责的审计诞生奠定了基础。

因为财产物资的所有者为了保护其财产的安全完整并有所增值，需要定期或不定期地了解其授权或委托的代理人员是否忠于职守、尽职尽责地从事管理和经营，有无徇私舞弊及提供虚假财务报告等行为，这就有必要授权或委托熟悉会计业务的人员去审查代理人员所提供的会计资料及其他管理资料，以助于在辨明真伪、确认优劣的基础上定赏罚，由此就产生了审计关系，见图1-1。因此受托经济责任关系是审计产生的真正基础。

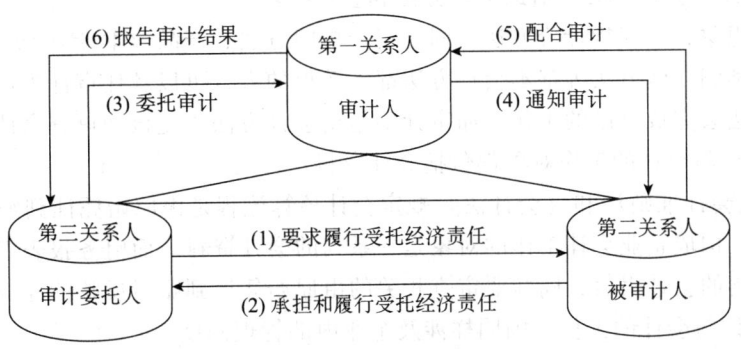

图1-1 审计关系图

(三) 审计的特征

审计与经济管理活动、非经济监督活动以及其他专业性经济监督活动相比较，主要具有以下几方面的基本特征：

1. 独立性

独立性是审计的本质特征，也是保证审计工作顺利进行的必要条件。审计在组织上、人员上、工作上、经费上均应具有独立性。审计机构必须是独立的专职机构，审计人员与被审计单位应当不存在任何经济利益关系，不参与被审计单位的经营管理活动，审计机构应有自己专门的经费来源或一定的经济收入，以保证有足够的经费独立自主地进行审计工作，不受被审计单位的牵制。

2. 权威性

权威性是保证审计人员有效行使审计权的必要条件。审计的权威性总是与独立性相关，它离不开审计组织的独立地位与审计人员的独立执业。各国国家法律对实行审计制度、建立审计机关以及审计机构的地位和权力都做了明确规定，这样使审计组织具有法律的权威性。审计人员依法执行职务，受法律保护。任何组织和个人不得拒绝、阻碍审计人员依法执行职务，不得打击报复审计人员。

3. 公正性

与权威性密切相关的是审计的公正性。从某种意义上说，没有公正性也就不存在权威性，公正性反映了审计工作的基本要求。审计人员应站在第三者的立场上，进行实事求是的检查，做出不带任何偏见的、符合客观实际的判断，并做出公正的评价和进行公正的处理，以正确地确定或解除被审计人的经济责任。审计人员只有同时保持独立性、公正性，才能取信于审计授权者或委托者以及社会公众，才能真正树立审计权威的形象。

(四) 审计和会计的关系

审计和会计的关系是非常密切的，无论中外，都是先有会计而后有审计的。从字义上来说，审计是"审查会计工作"或者是"审核会计工作"的简称。从理论的角度上说，会计是企业经营运作或者说是经济活动信息的反映和输出，而审计是对这些信息进行审查，以验证和核实这些信息的真实性。审计和会计的关系表现在以下几个方面：

1. 审计和会计都必须借助会计方法和会计技巧

很难想象，连存货计价方法、固定资产折旧方法、产品成本计算方法、坏账准备计提方法、利润结转方法等基本会计方法都不懂得的人，可以胜任审计工作。会计运用各种会计方法去完成自己的工作，而审计则运用会计方法去复核和审查会计完成的工作。

2. 审计与会计的工作对象都包括会计资料

《企业会计准则》和《会计法》规定会计核算流程是由原始凭证到编制会计报表的循环过程，构成企业会计工作的对象是一系列的会计资料。而财务报表审计的直接对象是企业编制的会计报表，同样要审查相关的由原始凭证到账册反映的经济数据。

3. 审计与会计的工作范围同样涉及企业内部管理制度

会计工作必须遵照《会计法》和会计准则等相关法律法规的规定，因此企业会制定相关的内部管理制度，以保证会计核算工作的有效运作和会计信息的准确无误，防止或及时发现有关人员的舞弊、贪污及其他违纪、违法活动，从而保证企业各项资产的完整和安全；而审计员在审计过程中同样要涉及企业与会计信息形成和输出相关的各项内部控制制度。

4. 审计与会计同样对企业经营管理活动进行监督

在会计核算工作中，不仅是反映已发生的经济活动，还要对这些经济活动进行是否符合法律法规和企业经营目标进行监督，这是会计工作中极重要的一环，是企业主动的监督活动。而审计工作也必须依据有关法律、法规和内部管理制度，检查企业的会计资料及其反映的经济活动是否符合既定的标准。这是被动的监督，实际是对企业会计监督的内容进行再监督。

5. 审计与会计同样为提高经济效益服务

在一定程度上说，会计核算的监督是第一监督（主要是事前监督），而审计监督是第二监督（主要是事后监督）。在这些监督工作过程中，对已发现的经济业务及其涉及的相关内部控制制度所出现的各种问题，需要及时向企业管理部门提出改进意见，以改善企业的经营管理，提高经济效益。

二、审计监督体系

从国内外审计的历史和现状来看，审计按不同主体划分为政府审计、内部审计和注册会计师审计，并相应地形成了三类审计组织机构，共同构成审计监督体系。

（一）审计监督体系的构成

1. 政府审计

政府审计是由政府审计机关代表政府依法进行的审计，主要监督检查各级政府及其部门的财政收支及公共资金的收支、运用情况。现代意义上的政府审计是近代民主政治发展的产物。按照民主政治的原则，人民有权对国家事务和人民财产的管理进行监督。因此政府审计担负的是对全民财产的审计责任。

2. 内部审计

内部审计是由各单位内部设置的专门机构或人员实施的审计，主要监督检查本部门、本单位的财务收支和经营管理活动。它是随着企业规模扩大、内部分级管理的出现而逐步形成的。相对外部审计而言，内部审计的独立性较弱。

3. 注册会计师审计

注册会计师审计是由注册会计师等审计人员组成的会计师事务所进行的审计，又称为社会审计或独立审计，也有称之为民间审计。由于所有权与经营权的分离，以及债权人对自身权益的关心，必然产生对投资运用或债务收回前景的密切关注。这种关注依赖于审计师的审计结果。

（二）三类审计之间的关系

1. 注册会计师审计和政府审计的关系

相对于审计客体而言，政府审计和注册会计师审计均是外部审计，都具有较强的独立性。从我国来看，两者在许多方面存在区别：

（1）两者的审计目标不同。政府审计是对单位的财政收支或者财务收支的真实、合法和效益性依法进行的审计；注册会计师审计是审计师对财务报表是否按照适用的财务报告编制基础编制所进行的审计。

（2）两者的审计标准不同。政府审计是审计机关依据《中华人民共和国审计法》和国家审计准则等进行的审计；注册会计师审计是审计师依据《中华人民共和国审计师法》和注册会计师审计准则进行的审计。

（3）两者的经费或收入来源不同。政府审计履行职责所必需的经费，应当列入财政预算，由本级人民政府予以保证；注册会计师的审计收入来源于审计客户，由审计师和审计客户协商确定。

（4）两者的取证权限不同。审计机关有权就审计事项的有关问题向有关单位和个人进行调查，并取得有关证明材料，有关单位和个人应当支持、协助审计机关工作，如实向审计机关反映情况，提供有关证明材料；注册会计师在获取证据时很大程度上有赖于被审计单位及相关单位的配合和协助，对被审计单位及相关单位没有行政强制力。

（5）两者对发现问题的处理方式不同。审计机关审定审计报告，对审计事项做出评价，出具审计意见书；对违反国家规定的财政收支、财务收支行为，需要依法给予处理、处罚的，在法定职权范围内做出审计决定或者向有关主管机关提出处理、处罚意见。注册会计师对审计过程中发现需要调整和披露的事项只能提请被审计单位调整和披露，没有行政强制力，如果被审计单位拒绝调整和披露，注册会计师视情况出具保留意见或否定意见的审计报告。如果审计范围受到被审计单位或客观环境的限制，注册会计师视情况出具保留意见或无法表示意见的审计报告。

2. 注册会计师审计与内部审计的关系

内部审计与注册会计师审计一样都是现代审计体系的组成部分。从我国情况看，注册会计师审计与内部审计在许多方面存在很大区别：

（1）两者的审计目标不同。内部审计主要是对内部控制的有效性、财务信息的真实性和完整性以及经营活动的效率和效果开展的一种评价活动；注册会计师审计主要对被审计单位财务报表的合法性和公允性进行审计。

（2）两者独立性不同。内部审计为组织内部服务，接受总经理或董事会的领导，独立性较弱；注册会计师审计为需要可靠信息的第三方提供服务，不受被审计单位管理层的领导和制约，独立性较强。

（3）两者接受审计的自愿程度不同。内部审计是代表总经理或董事会实施的组织内部监督，是内部控制的重要组成部分，单位内部的组织必须接受内部审计人员的监督；注册会计师审计是以独立的第三方对被审计单位进行的审计，委托人可自由选择会计师事务所。

（4）两者遵循的审计标准不同。内部审计人员遵循的是内部审计准则和公司的相关规定；而注册会计师遵循的是注册会计师审计准则。

（5）两者审计的时间不同。内部审计通常对单位内部组织采用定期或不定期的审计，时间安排比较灵活；而注册会计师审计通常是定期审计，每年对被审计单位的财务报表审计一次。

注册会计师审计与内部审计尽管存在很大的差别，但是任何一种外部审计在对一个单位进行审计时，都要对其内部审计的情况进行了解并考虑是否利用其工作成果。这是由于：

（1）内部审计是单位内部控制的一个重要组成部分。内部审计作为单位内部的监督机构，虽然不参与单位内部的经营管理活动，主要是对各项经营管理活动是否达到预定目标，是否遵循了单位的规章制度等进行监督，属于单位内部控制体系的一个组成部分。外部审计人员在对被审计单位进行审计时，要对内控制度进行测评，就必须了解其内部审计的设置和工作情况。

（2）内部审计和外部审计在工作上具有一致性。内部审计在审计内容、审计方法等方面都和外部审计有许多相似之处。例如，在进行财务审计时，两者在方法上都要评价内部控制，检查会计凭证和会计账簿，核对账表一致性等。这就为外部审计利用内部审计工作的成果创造了条件。

（3）利用内部审计工作成果可以提高工作效率，节约审计费用。外部审计人员在对内部审计工作进行评价以后，利用其全部或部分工作成果，可以减少现场测试的工作量，提高工作效率，从而节约被审计单位的审计费用。

三、审计执业规范和职业道德

任何一种职业都有自己的执业规范和相应的职业道德。审计职业作为一种重要的经济监督工作，更是需要严格按执业规范和职业道德的要求从事审计工作。

（一）审计执业规范

审计准则是审计师进行审计工作时必须遵循的行为规范，是审计人员执行审计业务，获取审计证据，形成审计结论，出具审计报告的专业标准，审计人员从事审计时必须遵循。

制定、实施审计准则，可以为规范和指导审计工作提供依据，有助于审计工作规范化的实现；为衡量和评价审计工作质量提供依据，从而有助于审计工作质量的提高；有助于社会公众对审计工作结果的信任；有助于维护审计组织和审计人员的正当权益，使得他们免受不公正的指责和控告；有助于推动审计理论的研究和审计人才的培养以及进行国际间交流。

根据审计主体的不同及其作用范围的不同，审计准则可分为注册会计师审计准则、政府审计准则和内部审计准则。虽然它们所规范的主体不一样，但由于注册会计师审计、政府审计和内部审计之间也存在着相同的基本特征，所以各审计准则之间也有其共性。

（二）审计职业道德

1. 审计职业道德的作用

审计职业道德是审计人员在从业过程中应当遵守的各种行为规范的总和，它通过指导审计人员的行为，使审计工作满足社会需要、承担社会责任、履行社会义务。

审计人员的执业能力和主观能动作用的程度直接影响着审计工作质量的高低。只有拥有良好的职业道德信念和职业道德习惯，审计人员才能自觉正确地调整个人和职业、审计工作服务对象之间的关系，自觉地按照职业道德要求规范自己的行为，忠实地履行自己的职责，做到依法审计、客观公正、实事求是地处理问题，为审计工作的质量提供重要保障，才有助于维护和提高审计行业信誉，促进审计行业健康发展，同时可以补充审计法规的缺失，完善审计规范体系。

2. 审计师职业道德基本原则

由于政府审计、内部审计和注册会计师审计的目标不同，因此其各自的职业道德准则强调的职业道德侧重不同，主要表现在：审计人员的任职条件，违反职业道德规范、职业责任的处理方法，对业务助理人员的责任规定等方面。内部审计强调人际交往能力、外聘专家的规范，政府审计注重廉政纪律规范，注册会计师审计强调对客户和同行的责任。

中国注册会计师协会会员职业道德守则规定了职业道德基本原则和职业道德概念框架，会员应当遵守职业道德基本原则，并能够运用职业道德概念框架解决职业道德问题。其中基本原则包括下列职业道德基本原则：诚信、独立、客观和公正、专业胜任能力和应有的关注、保密、良好职业行为。

（1）诚信。诚信，是指诚实、守信。也就是说，一个人言行与内心思想一致，不虚假；能够履行与别人的约定而取得对方的信任。诚信原则要求会员应当在所有的职业关系和商业关系中保持正直和诚实，秉公处事、实事求是。

会员如果认为业务报告、申报资料或其他信息存在下列问题，则不得与这些有问题的信息发生牵连：①含有严重虚假或误导性的陈述；②含有缺乏充分根据的陈述或信息；③存在遗漏或含糊其辞的信息。

审计师如果注意到已与有问题的信息发生牵连，应当采取措施消除牵连。在鉴证业务中，如果审计师依据执业准则出具了恰当的非标准业务报告，不被视为违反上述要求。

（2）独立性。独立性，是指不受外来力量控制、支配，按照一定之规行事。独立原则通常是对执业审计师而不是非执业会员提出的要求。在执行鉴证业务时，审计师必须保持独立性。在市场经济条件下，投资者主要依赖财务报表判断投资风险，在投资机会中做出选择。如果审计师不能与客户保持独立性，而是存在经济利益、关联关系，或屈从于外界压力，就很难取信于社会公众。

传统观点认为，审计师的独立性包括两个方面——实质上的独立和形式上的独立。会计师事务所在承办审计和审阅业务以及其他鉴证业务时，应当从整体层面和具体业务层面采取措施，以保持会计师事务所和项目组的独立性。

（3）客观和公正。客观，是指按照事物的本来面目去考察，不添加个人的偏见。公正，是指公平，正直，不偏袒。客观和公正原则要求会员应当公正处事、实事求是，不得由于偏见、利益冲突或他人的不当影响而损害自己的职业判断。如果存在导致职业判断出现偏差，或对职业判断产生不当影响的情形，会员不得提供相关专业服务。

（4）专业胜任能力和应有的关注。专业胜任能力是指会员具有专业知识、技能和经验，能够经济、有效地完成客户委托的业务。会员如果不能保持和提高专业胜任能力，就难以完成客户委托的业务。事实上，如果会员在缺乏足够的知识、技能和经验的情况下提供专业服务,就构成了一种欺诈。一个合格的会员,不仅要充分认识自己的能力,对自己充满信心,更重要的是,必须清醒地认识到自己在专业胜任能力方面存在的不足。如果会员不能认识到这一点,承接了难以胜任的业务,就可能给客户乃至社会公众带来危害。

审计师在应用专业知识和技能时,会员应当合理运用职业判断。会员应当持续了解和掌握相关的专业技术和业务的发展,以保持专业胜任能力。持续职业发展能够使会员发展和保持专业胜任能力,使其能够胜任特定业务环境中的工作。

应有的关注,要求会员遵守执业准则和职业道德规范的要求,勤勉尽责,认真、全面、及时地完成工作任务。在审计过程中,会员应当保持职业怀疑态度,运用专业知识、技能和经验,获取和评价审计证据。同时,会员应当采取措施以确保在其授权下工作的人员得到适当的培训和督导。在适当情况下,会员应当使客户、工作单位和专业服务的其他使用者了解专业服务的固有局限性。

(5)保密。审计师能否与客户维持正常的关系,有赖于双方能否自愿而又充分地进行沟通和交流,不掩盖任何重要的事实和情况。只有这样,才能有效地完成工作。审计师与客户的沟通,必须建立在为客户信息保密的基础上。一旦涉密信息被泄露或被利用,往往会给客户造成损失。

保密原则要求会员应当对在职业活动中获知的涉密信息予以保密,不得有下列行为:未经客户授权或法律法规允许,向会计师事务所以外的第三方披露其所获知的涉密信息;利用所获知的涉密信息为自己或第三方谋取利益。

审计师应当警惕无意泄密的可能性,特别是警惕无意中向近亲属或关系密切的人员泄密的可能性。近亲属是指配偶、父母、子女、兄弟姐妹、祖父母、外祖父母、孙子女、外孙子女。

(6)良好职业行为。审计师应当遵守相关法律法规,避免发生任何损害职业声誉的行为。在向公众传递信息以及推介自己和工作时,应当客观、真实、得体、不得损害职业形象,不得有下列行为:夸大宣传提供的服务、拥有的资质或获得的经验;贬低或无根据地比较其他审计师的工作。

> **引例分析** 现在可以回答引例中小张的问题了:审计师的工作之一就是对公司的财务报表进行审计,通过实施审计程序以获取公司管理层关于财务报表的认定和会计准则(或其他财务报表编制依据)相符程度的证据,把以证据显示的相符程度的结果以审计报告的形式告知给信息使用者,为其合理使用公司财务报告提供一定程度的保障。如果审计师具有专业胜任能力并严格按照审计准则执行审计工作,遵守审计职业道德,审计师的审计意见在很大程度上是值得信赖的。

学习子情境二
确定审计目标

情境引例　刘毅是一家公司的承包经营负责人,在承包经营期结束之后,他请了当地的恒信会计师事务所对其经营期内的财务报表进行了审计。该会计师事务所经过审计,出具了无保留意见的审计报告,即认为该公司在承包经营期内的财务报表已公允地反映其财务状况、经营成果和现金流量。不久,检察机关接到举报,有人反映,刘毅在承包经营期内,勾结财务经理与出纳,暗自收受回扣,侵吞国家财产。为此,检察机关传询了刘毅,刘毅到了检察机关后,手持会计师事务所的审计报告,振振有词地说:"会计师事务所已出具了审计报告,证明我没有经济问题。如果不信,你们可以去问审计师。"刘毅的话是否有道理,如果有错,错在哪里?如果你是恒信会计师事务所的负责人,你将如何回答这一问题?

▍职业判断

刘毅的辩解在社会生活中是非常常见的,显然他是混淆了管理层和审计师的责任。要回答这个问题,就必须明确被审计单位和会计师事务所两方各自的责任,以及审计的目标。

一、明确审计工作的前提

很多国家和地区的法律法规都规定了管理层和治理层与财务报表相关的责任。尽管对这些责任的范围或表述方式的规定可能不尽相同,但审计师按照审计准则的规定执行审计工作的前提是相同的,即管理层和治理层已认可并理解其应当承担的责任。

(一)管理层和治理层的概念

管理层是指对被审计单位经营活动的执行负有经营管理责任的人员。在某些被审计单位,管理层包括部分或全部的治理层成员,如治理层中负有经营管理责任的人员,或参与日常经营管理的业主(以下简称业主兼经理)。

治理层是指对被审计单位战略方向以及管理层履行经营管理责任负有监督责任的人员或组织,治理层的责任包括监督财务报告过程。在某些被审计单位,治理层可能包括管理层,如治理层中负有经营管理责任的人员,或业主兼经理。

企业的所有权与经营权分离后,经营者负责企业的日常经营管理并承担受托责任。管理层通过编制财务报表反映受托责任的履行情况。为了借助公司内部之间的权力平衡和制约关系保证财务信息的质量，现代公司治理结构往往要求治理层对管理层编制财务报表的过程实施有效的监督。在治理层的监督下，管理层作为会计工作的行为人，对编制财务报表负有直接责任。

（二）管理层和治理层的会计责任

财务报表是由被审计单位管理层在治理层的监督下编制的。管理层和治理层应认可与财务报表相关的责任，这些责任包括：

（1）按照适用的财务报告编制基础要求编制财务报表，并使其实现公允反映；

（2）设计、执行和维护必要的内部控制，以使财务报表不存在由于舞弊或错误导致的重大错报；

（3）向审计师提供必要的工作条件，包括允许审计师接触与编制财务报表相关的所有信息，向审计师提供审计所需的其他信息，允许审计师在获取审计证据时不受限制地接触其认为必要的内部人员和其他相关人员。

（三）审计师的责任

按照中国注册会计师审计准则（以下简称审计准则）的规定对财务报表发表审计意见是审计师的责任。审计师作为独立的第三方，对财务报表发表审计意见，有利于提高财务报表的可信赖程度。为履行这一职责，审计师应当遵守相关职业道德要求，按照审计准则的规定计划和实施审计工作，获取充分、适当的审计证据，并根据获取的审计证据得出合理的审计结论，发表恰当的审计意见。审计师通过签署审计报告确认其责任。

财务报表审计不能减轻被审计单位管理层和治理层的责任。财务报表编制和财务报表审计是财务信息生成链条上的不同环节，两者各司其职。法律法规要求管理层和治理层对编制财务报表承担责任，有利于从源头上保证财务信息质量。同时，在某些方面，审计师与管理层和治理层之间可能存在信息不对称。管理层和治理层作为内部人员，对企业的情况更为了解，更能做出适合企业特点的会计处理决策和判断，因此，管理层和治理层理应对编制财务报表承担完全责任。尽管在审计过程中，审计师可能向管理层和治理层提出调整建议，甚至在不违反独立性的前提下为管理层编制财务报表提供协助，但管理层仍然对编制财务报表承担责任，并通过签署财务报表确认这一责任。

如果财务报表存在重大错报，而审计师通过审计没有能够发现，也不能因为财务报表已经审计师审计这一事实而减轻管理层和治理层对财务报表的责任。

刘毅是公司负责人，应该对财务报表的公允性和合法性以及公司经营管理负责。如果财务报表存在重大错报，刘毅应承担全部责任，并不因为报表已经审计而减轻刘毅的责任，即使审计师通过审计也未能发现报表中的重大错报。当然审计师违背了审计准则和职业道德导致未能检查出报表中的重大错报，给利益相关者造成了损失，应承担相应的审计责任。

二、确定财务报表审计总体目标

审计目标是在一定历史环境下,人们通过审计实践活动所期望达到的境地或最终结果,它包括财务报表审计目标以及与各类交易、账户余额和披露相关的审计目标两个层次。

(一)总体目标

审计的目的是提高财务报表预期使用者对财务报表的信赖程度。因此执行财务报表审计工作时,审计师的总体目标是:第一,对财务报表整体是否不存在趋于舞弊或错误导致的重大错报获取合理保证,使得审计师能够对财务报表是否在所有重大方面按照适用的财务报告编制基础编制发表审计意见,即评价财务报表的合法性和公允性;第二,按照审计准则的规定,根据审计结果对财务报表出具审计报告,并与管理层和治理层沟通。

(二)评价财务报表合法性的角度

在评价财务报表是否按照适用的财务报告编制基础编制时,审计师应当考虑下列内容:

(1)选择和运用的会计政策是否符合适用的财务报告编制基础,并适合于被审计单位的具体情况;

(2)管理层做出的会计估计是否合理;

(3)财务报表反映的信息是否具有相关性、可靠性、可比性和可理解性;

(4)财务报表是否做出充分披露,使财务报表使用者能够理解重大交易和事项对被审计单位财务状况、经营成果和现金流量的影响。

(三)评价财务报表公允性的角度

在评价财务报表是否做出公允反映时,审计师应当考虑下列内容:

(1)经管理层调整后的财务报表是否与审计师对被审计单位及其环境的了解一致;

(2)财务报表的列报、结构和内容是否合理;

(3)财务报表是否真实地反映了交易和事项的经济实质。

(四)财务报表审计的作用和局限性

审计师作为独立第三方,运用专业知识、技能和经验对财务报表进行审计并发表审计意见,旨在提高财务报表的可信赖程度。但是由于审计存在固有限制,审计师审计只能提供合理保证,不能提供绝对保证。也就是说审计意见本身并不是对被审计单位未来生存能力或管理层经营效率、经营效果提供的保证。

> **小提示**
> 审计的固有限制,就是指即使按照审计准则的规定适当地计划和执行审计工作,也不可避免地存在财务报表的某些重大错报可能未被发现的风险。这是源于财务报告的性质、审计程序的性质和在合理的时间内以合理的成本完成审计的需要。

（五）目标的导向作用

审计总目标对审计师的审计工作发挥着导向作用，它界定了审计师的责任范围，直接影响审计师计划和实施审计程序的性质、时间和范围，决定了审计师如何发表审计意见。比如在审计过程中，审计师会了解被审计单位与财务报表编制有关的内部控制，但审计师并不对内部控制本身发表鉴证意见。同样审计师也会关注被审计单位影响到财务报表的违反法规行为，但是不会对被审计单位是否存在违反法规行为提供鉴证。

三、根据认定确定具体审计目标

（一）认定的含义和分类

1. 认定的含义

认定是指管理层在财务报表中做出的明确或隐含的表达，反映了财务报表中数据完整的经济涵义，也反映了管理层所承担的全面财务报告责任。审计师将其用于考虑可能发生的不同类型的潜在错报，因为财务报表错报都是由于违反了管理层的一项或多项认定而造成的。审计师了解了认定，就很容易确定每个项目的具体审计目标，审计师的审计工作就是要确定管理层的认定是否恰当。

管理层在财务报表上的认定有些是明确表达的，有些则是隐含表达的。例如管理层在利润表中列示了营业收入及其金额为1 200万元，意味着做出下列明确的认定：①营业收入是真实发生的；②营业收入的金额是准确的。同时，管理层也做出下列隐含的认定：①所有应当记录的营业收入均已记录；②记录的营业收入都是在审计年度发生的。

2. 认定的分类

（1）与所审计期间各类交易和事项相关的认定。

①发生：记录的交易或事项已发生，且与被审计单位有关。

②完整性：所有应当记录的交易和事项均已记录。

③准确性：与交易和事项有关的金额及其他数据已恰当记录。

④截止：交易和事项已记录于正确的会计期间。

⑤分类：交易和事项已记录于恰当的账户。

小思考

如果被审计单位为了达到虚增利润的目的，在日常发生的交易和事项上可能会违背哪些认定呢？如果被审计单位为了达到偷漏所得税的目的，又可能违背哪些认定呢？

（2）与期末账户余额相关的认定。

①存在：记录的资产、负债和所有者权益是存在的。

②权利和义务：记录的资产由被审计单位拥有或控制的，记录的负债是被审计单位

应当履行的偿还义务。

③完整性：所有应当记录的资产、负债和所有者权益均已记录。

④计价和分摊：资产、负债和所有者权益以恰当的金额包括在财务报表中，与之相关的计价或分摊调整已恰当记录。

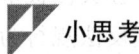

小思考

如果被审计单位为了顺利向银行筹借款项，而银行非常关心其资产的流动性，但被审计单位资产流动性比较差，对于账户的期末余额可能会违背哪些认定呢？

（3）与列报和披露相关的认定。各类交易和账户余额的认定正确只是为列报正确打下了必要的基础，财务报表还可能因被审计单位误解有关列报的规定或舞弊等而产生错报。另外，还可能因被审计单位没有遵守一些专门的披露要求而导致财务报表错报。因此，即使审计师审计了各类交易和账户余额的认定，实现了各类交易和账户余额的具体审计目标，也不意味着获取了足以对财务报表发表审计意见的充分、适当的审计证据。因此，审计师还应当对各类交易、账户余额及相关事项在财务报表中列报的正确性实施审计。

①发生以及权利和义务：披露的交易、事项和其他情况已发生，且与被审计单位有关。

②完整性：所有应当包括在财务报表中的披露均已包括。

③分类和可理解性：财务信息已被恰当地列报和描述，且披露内容表述清楚。

④准确性和计价：财务信息和其他信息已公允披露，且金额恰当。

审计师可以按照上述分类运用认定，也可按其他方式表述认定，但应涵盖上述所有方面。

（二）具体审计目标

审计师了解了认定，就很容易确定每个项目的具体审计目标，并以此作为评估重大错报风险以及设计和实施进一步审计程序的基础。

1. 与所审计期间各类交易和事项相关的审计目标

（1）发生：由发生认定推导的审计目标是确认已记录的交易是真实的。如果没有发生销售交易，但在销售明细账中记录了一笔销售，则违反了该目标。

发生认定所要解决的问题是管理层是否把那些不曾发生的项目列入财务报表，它主要与财务报表组成要素的高估有关。

（2）完整性：由完整性认定推导的审计目标是确认已发生的交易确实已经记录。如果发生了销售交易，但没有在销售明细账和总账中记录，则违反了该目标。

发生和完整性两者强调的是相反的关注点。发生目标针对潜在的高估，而完整性目标则针对漏记交易（即低估）。

（3）准确性：由准确性认定推导出的审计目标是确认已记录的交易是按正确金额反映的。例如在销售交易中，如果发出商品的数量与账单上的数量不符，或是开账单时使用了错误的销售价格，或是账单中的乘积或加总有误，或是在销售明细账中记录了错误的金额，则违反了该目标。

> 如果已记录的销售交易是不应当记录的（比如不具备收入确认的条件），则即使发票金额是准确计算的，仍违反了发生目标。再如果已入账的销售交易是对正确发出商品的记录，但金额计算错误，则违反了准确性目标，但没有违反发生目标。 **小提示**

（4）截止：由截止认定推导出的审计目标是确认接近于资产负债表日的交易记录于恰当的期间。如果本期交易推到下期，或下期交易提到本期，均违反了截止目标。

（5）分类：由分类认定推导出的审计目标是确认被审计单位记录的交易经过适当分类。如果将现销记录为赊销，或将出售固定资产所得的收入记录为营业收入，则导致交易分类的错误，违反了分类的目标。

2. 与期末账户余额相关的审计目标

（1）存在：由存在认定推导的审计目标是确认记录的金额确实存在。如果不存在某种存货，但是在存货明细表中却有这笔存货的记录，则违反了存在性目标。

（2）权利和义务：由权利和义务认定推导的审计目标是确认资产归属于被审计单位，负债属于被审计单位的义务。如果将经营租入固定资产列入被审计单位的固定资产中，则违反了权利目标；将不属于被审计单位的债务记入账内，则违反了义务目标。

（3）完整性：由完整性认定推导的审计目标是确认已存在的金额均已记录。如果企业拥有某种存货，但在存货明细表中却没有该笔存货的记录，则违反了完整性目标。

（4）计价和分摊：由计价和分摊认定推导的审计目标是资产、负债和所有者权益以恰当的金额包括在财务报表中，与之相关的计价或分摊调整已恰当记录。

3. 与列报和披露相关的审计目标

（1）发生以及权利和义务：将没有发生的交易、事项，或与被审计单位无关的交易和事项包括在财务报表中，则违反该目标。例如，复核董事会会议记录中是否记载了固定资产抵押等事项，询问管理层固定资产是否被抵押，即是对列报的权利认定的运用。

（2）完整性：如果应当披露的事项没有包括在财务报表中，则违反了该目标。例如，检查关联方和关联交易，以验证其在财务报表中是否得到充分披露，即是对列报的完整性认定的运用。

（3）分类和可理解性：财务信息已被恰当地列报和描述，且披露内容表述清楚。例如，检查存货的主要类别是否已披露，是否将一年内到期的长期负债列为流动负债，即是对列报的分类和可理解性认定的运用。

（4）准确性和计价：财务信息和其他信息已公允披露，且金额恰当。例如，检查财务报表附注是否分别对原材料，在产品和产成品等存货成本核算方法做了恰当说明，即是对列报的准确性和计价认定的运用。

通过上面介绍可知，认定是确定具体审计目标的基础，审计师通常将认定转化为能够通过审计程序予以实现的审计目标。针对财务报表每一项目所表现出的各项认定，审计师相应地确定一项或多项审计目标，然后通过执行一系列审计程序获取充分、适当的审计证据以实现审计目标。认定、审计目标和审计程序之间的关系如图1-2所示。

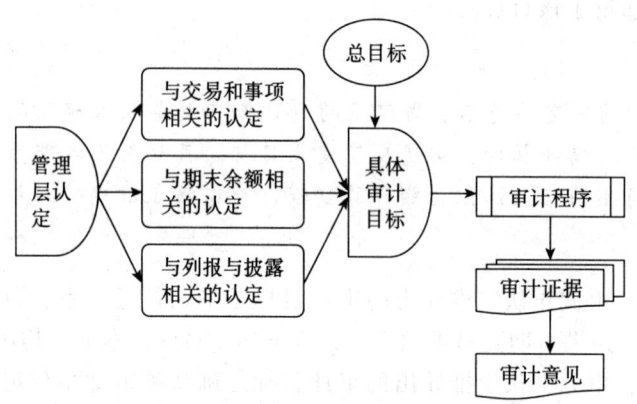

图1-2 认定、审计目标和审计程序关系图

【工作实例1-1】亚航公司是一家专营商品零售的股份公司。恒信会计师事务所在接受其审计委托后，委派审计师赵静担任该审计项目的负责人，并签署审计报告。经过审计预备调查，赵静确定存货项目为重点审计领域，同时决定根据管理层认定确定存货项目的具体审计目标，并选择相应的具体审计程序以保证审计目标的实现。请协助审计师完成表1-1的设计。（可选择的审计程序有：①检查现行销售价目表；②审阅会计报表；③在监盘存货时，选择一定样本，确定其是否包括在盘点表内；④选择一定样本量的存货会计记录，检查支持记录的购货合同和发票；⑤在监盘存货时，选择盘点表内一定样本量的存货记录，确定存货是否在库；⑥测试直接人工费用的合理性。）

表1-1

管理层认定	具体审计目标	审计程序序号
存在		
完整性		
计价和分摊		
权利和义务		
分类和可理解性		

实例解析

步骤一：管理层的认定决定了相应的审计具体目标。审计师依据管理层做出的关于存货的认定，明确了关于存货审计的目标。

步骤二：围绕具体审计目标，审计师设计恰当的审计程序获取审计证据（见表1-2）。

表 1-2

管理层认定	具体审计目标	审计程序序号
存在	记录的存货均是真实的	⑤
完整性	记录的存货包括了公司所有的在库存货	③
计价和分摊	存货的成本计算正确，并已按成本与可变现净值孰低法调整期末存货价值	① ⑥
权利和义务	公司对存货均拥有所有权	④
分类和可理解性	存货的主要类别和计价基础已在财务报表恰当披露	②

四、审计方法的演进

一百多年来，虽然审计的根本目标没有发生重大变化，但审计环境却发生了很大的变化。注册会计师为了实现审计目标，一直随着审计环境的变化调整着审计方法。审计方法从账项基础审计发展到风险导向审计，都是审计师为了适应审计环境的变化而做出的调整。

（一）账项基础审计

在审计发展的早期（19 世纪以前），由于企业组织结构简单，业务性质单一，审计师审计主要是为了满足财产所有者对会计核算进行独立检查的要求、促使受托责任人（通常为经理或下属）在授权经营过程中做出诚实、可靠的行为。审计师审计的重心在资产负债表，旨在发现和防止错误与舞弊，审计方法是详细审计。

详细审计又称账项基础审计，由于早期获取审计证据的方法比较简单，审计师将大部分精力投向会计凭证和会计账簿的详细检查。这种审计方式是围绕会计凭证、会计账簿和财务报表的编制过程来进行的。审计师通过对账表上的数字进行详细核实来判断是否存在舞弊行为和技术上的错误。审计师通常花费大量的时间进行检查、核对、加总和重新计算，所以要求审计师具备良好的簿记和会计知识。随着审计范围的扩展和组织规模的扩大，审计师开始采用审计抽样技术，只是抽查数量仍然很大，而且在抽查样本的选择上仍然以判断抽样为主。当时由于审计师并没有认识到内部控制有效性在审计中的作用，样本的选择带有很大的盲目性。根据有关文献记载，当时的审计师在整个审计过程中，约 3/4 的时间花费在合计和过账上。从方法论的角度上讲，这种审计方法就是账项基础审计方法。

（二）制度基础审计

19 世纪即将结束时，会计和审计步入了快速发展时期。审计师的审计重点从检查受托责任人对资产的有效使用转向检查企业的资产负债表和利润表，判断企业的财务状况和经营成果是否真实和公允。由于企业规模日益扩大，经济活动和交易事项内容不断丰富、复杂，审计师的审计工作量迅速增大，而需要的审计技术日益复杂，使得详细审计难以实施，企业对审计费用难以承受。

经过长时间的探索，审计师越来越认识到单纯围绕账表进行详细审计，既耗费时间，又难以很好地完成审计工作。为了保证审计工作质量，必须另辟蹊径，寻找更为可靠的审计方法。在审计实践过程中，审计师逐渐发现内部控制的可靠性对于审计工作具有非常重要的意义。当内部控制设计合理且执行有效时，通常表明财务报表具有较高的可靠性；当内部控制设计不合理，或虽然设计合理但没有得到有效执行时，通常表明财务报表不具有可靠性。因此审计师开始将审计视角转向企业的内部控制，特别是会计信息赖以生成的内部控制，从而将内部控制与抽样审计结合起来。

以内部控制为基础的审计方法，改变了传统的审计方法，强调对内部控制的测试和评价。如果测试结果表明内部控制运行有效，那么内部控制就值得信赖，审计师对财务报表相关项目的审计只需抽取少量样本便可以得出审计结论；如果测试结果表明内部控制运行无效，那么内部控制就不值得信赖，审计师对财务报表相关项目的审计需要视情况扩大审计范围，检查足够数量的样本，才能得出审计结论。

值得一提的是，企业规模的扩大、统计抽样技术的应用以及内部控制在企业的普及，推进了制度基础审计的产生和发展。从 20 世纪 50 年代起，以控制测试为基础的抽样审计在西方国家得到广泛应用，这也是审计方法逐渐走向成熟的重要标志。内部控制测试和评价构成了审计方法的重要组成部分。从方法论的角度，该种方法被称作制度基础审计方法。

（三）风险导向审计

由 20 世纪 80 年代以来，科学技术和政治经济发生急剧变化，对企业经营管理产生重大影响，导致企业竞争更加激烈，经营风险日益增加，倒闭事件不断发生。于是对注册会计师审计工作提出了更高的要求，审计师必须从更高层次，综合考虑企业的环境和面临的经营风险，把握企业面临的各方面情况，分析企业经济业务中可能出现的错误和舞弊行为，并以此为出发点，制定审计策略，依据审计风险模型，制定与企业状况相适应的审计计划，以确保审计工作的效率和效果。

最初开发的审计风险模型用下列方程式表示：

审计风险（AR）= 固有风险（IR）× 控制风险（CR）× 检查风险（DR）

审计风险是指当财务报表存在重大错报时审计师发表不恰当审计意见的可能性。固有风险是指在考虑相关的内部控制之前，某类交易、账户余额或披露的某一认定易于发生错报（该错报单独或连同其他错报的可能是重大的）的可能性。控制风险是指某类交易、账户余额或披露的某一认定发生错报，该错报单独或连同其他错报可能是重大的，但没有被内部控制及时防止或发现并纠正的可能性。检查风险是指如果存在某一错报，该错报单独或连同其他错报的可能是重大的，审计师为将审计风险降至可接受的低水平而实施程序后没有发现这种错报的风险。

由于审计风险受到企业固有风险因素的影响，如管理人员的品行和能力、行业所处环境、业务性质、容易产生错报的财务报表项目、容易遭受损失或被挪用的资产等导致的风险，又受到内部控制风险因素的影响，即账户余额或各类交易存在错报，内部控制未能防止、发现或纠正的风险。此外，还受到审计师实施审计程序未能发现账户余额或各类交易存在错报风险的影响，职业界很快开发出了审计风险模型。

审计风险模型的出现，从理论上解决了审计师以制度为基础采用抽样审计的随意性，又解决了审计资源的分配问题，要求审计师将审计资源分配到最容易导致财务报表出现重大错报的领域。从方法论的角度，审计师以审计风险模型为基础进行的审计，称为风险导向审计方法。

五、风险导向审计实现审计目标的过程

目前注册会计师审计所用的方法是风险导向审计。风险导向审计模式要求审计师在审计过程中，以重大错报风险的识别、评估和应对作为工作主线。相应地，审计过程大致可分为以下几个阶段。

（一）接受业务委托

审计师需要做出的最重要的决策之一就是接受和保持客户。一项低质量的决策会导致不能准确确定计酬的时间或未被支付的费用，增加项目合伙人和员工的额外压力，使会计师事务所声誉遭受损失，或者涉及潜在的诉讼。

在接受新客户的业务前，或决定是否保持现有业务或考虑接受现有客户的新业务时，会计师事务所应当执行一些客户接受与保持的程序，以获取如下信息：①考虑客户的诚信，没有信息表明客户缺乏诚信；②具有执行业务必要的素质、专业胜任能力、时间和资源；③能够遵守相关职业道德要求。

一旦决定接受业务委托，审计师应当与客户就审计约定条款达成一致意见。

（二）计划审计工作

对于任何一项审计业务，审计师在执行具体审计程序之前，都必须根据具体情况制定科学、合理的计划，使审计业务以有效的方式得到执行，否则不仅无法获取充分、适当的审计证据，影响审计目标的实现，而且还会浪费有限的审计资源，影响审计工作的效率。不过计划审计工作不是审计业务的一个孤立阶段，而是一个持续的、不断修正的过程，贯穿于整个审计过程的始终。

（三）评估重大错报风险

审计准则规定，审计师必须实施风险评估程序，以此作为评估财务报表层次和认定层次重大错报风险的基础。风险评估程序是指审计师为了解被审计单位及其环境，以识别和评估财务报表层次和认定层次的重大错报风险而实施的审计程序，为审计师在许多关键环节做出职业判断提供了重要基础。了解被审计单位及其环境实际上是一个连续和动态地收集、更新与分析信息的过程，贯穿于整个审计过程的始终。

（四）应对重大错报风险

注册会计师实施风险评估程序本身并不足以为发表审计意见提供充分、适当的审计证据，还应当实施进一步审计程序，包括实施控制测试（必要时或决定测试时）和实质性程序。因此，审计师在评估财务报表重大错报风险后，应当运用职业判断，针对评估的财务报表层次重大错报风险确定总体应对措施，并针对评估的认定层次重大错报风险设计和实施进一步审计程序，以将审计风险降至可接受的低水平。

(五) 编制审计报告

审计师在完成财务报表进一步审计程序后，还应当按照有关审计准则的规定做好审计完成阶段的工作，并根据所获取的各种证据，合理运用专业判断，形成适当的审计意见。

学习子情境三
获取审计证据与记录审计过程

审计银广夏的深圳中天勤会计师事务所（简称"中天勤"）是我国会计师事务所实施脱钩改制后屈指可数的大型会计师事务所，可谓势力雄厚。而就是该所制造了我国审计界空前的惊天大案。该事务所在对银广夏2000年报的审计过程中，未能按照审计准则的要求，收集充分适当的审计证据，以至错误地表述了审计意见，造成了审计失败。您想知道中天勤在获取审计证据时到底出现了什么问题吗？

■ 职业判断

为了形成审计意见，审计师应当获取充分、适当的审计证据。因此审计师需要确定什么构成审计证据，如何获取审计证据，如何确定已收集的证据是否充分适当，收集的审计证据如何支持审计意见。否则就很有可能重蹈中天勤的覆辙。

一、审计证据

（一）审计证据的含义和构成

审计证据是指审计师为了得出审计结论、形成审计意见时使用的所有信息，包括构成财务报表基础的会计记录所含有的信息和其他信息。

1. 会计记录所含有的信息

会计记录是指对初始会计分录形成的记录和支持性记录。例如，支票、电子资金转账记录、发票和合同；总分类账、明细分类账、会计分录以及对财务报表予以调整但未在账簿中反映的其他分录；支持成本分配、计算、调节和披露的手工计算表和电子数据表。会计记录既包括被审计单位内部生成的，也包括从与被审计单位进行交易的其他企业获得的，是编制财务报表的基础，构成审计师执行财务报表审计业务所需获取的审计证据的重要部分。

> **小提示**
> 在信息化条件下,大量的会计记录表现为电子数据。这要求审计师对被审计单位内部控制予以充分关注,以合理保证获取的这些记录的真实性、准确性和完整性。

2. 其他信息

可用作审计证据的其他信息包括审计师从被审计单位内部或外部获取的会计记录以外的信息,如被审计单位会议记录、内部控制手册、询证函的回函、分析师的报告、与竞争者的比较数据等;通过询问、观察和检查等审计程序获取的信息,如通过检查存货获取存货存在性的证据等;以及审计师自身编制或获取的可以通过合理推断得出结论的信息,如审计师编制的各种计算表、分析表等。

3. 会计记录含有的信息和其他信息的关系

在实务中我们往往偏重于对财务报表依据的会计记录中含有信息的审核,而忽略了对可用作审计证据的其他信息的审核。实际上两者共同构成了审计证据,缺一不可。如果没有前者,审计工作将无法进行;但是如果没有后者,可能无法识别重大错报风险。只有将两者结合在一起,才能将审计风险降至可接受的低水平,为审计师发表审计意见提供合理基础。

(二) 审计证据的证明力

审计证据的证明力受其数量和质量的影响,审计师应当保持职业怀疑态度,运用职业判断评价审计证据的充分性和适当性。

1. 审计证据的充分性

审计证据的充分性是对审计证据数量的衡量。考虑到审计证据取得的经济性,审计证据并不是越多越好,审计人员通常把需要足够数量的审计证据的范围降低到最低限度。

审计师需要获取的审计证据的数量受其对重大错报风险评估和审计证据质量的影响。正常情况下评估的重大错报风险越高,需要的审计证据可能越多;审计证据质量越高,需要的审计证据可能越少。在抽样审计中,审计证据的数量还受到审计师确定的样本量大小的影响,样本规模越大,获取的审计证据就越多。

2. 审计证据的适当性

审计证据的适当性,是对审计证据质量的衡量,即审计证据在支持审计意见所依据的结论方面具有的相关性和可靠性。相关性和可靠性是审计证据适当性的核心内容,只有相关且可靠的审计证据才是高质量的。

(1) 审计证据的相关性。相关性是指用作审计证据的信息与审计程序的目的和所考虑的相关认定之间的逻辑联系,逻辑性越强,其相关性越强。控制测试旨在评价内部控制在防止或发现并纠正认定重大错报方面的运行有效性。设计控制测试获取的审计证据,可以显示内部控制是否恰当运行,而不一定能说明认定层次有无重大错报;实质性程序旨在发现认定层次重大错报,设计实质性程序获取的审计证据,可以显示认定层次是否存在重大错报,但是未必能证实其内部控制运行是否有效。

同时审计证据和审计师考虑要证实的认定和相应设计的程序应具有较强的相关性。比如某审计师想要测试应收账款的低估，则测试已记录的应收账款显然不是相关的审计程序，相关的审计程序可能是测试期后收款情况或从销售单进行检查等。如果审计师决定从销售单开始进行检查，则应采用顺查的测试方向，获取的审计证据才能证实应收账款的低估。

> **小提示**
> 特定的审计程序可能只为某些认定提供相关的审计证据，而与其他认定无关。例如，检查期后应收账款收回的记录和文件，可以提供有关存在和计价的审计证据，但是不一定与期末截止是否适当相关。但另一方面，不同来源或不同性质的审计证据可能与同一认定相关。

必须明确，认定、审计程序和审计证据之间并非一一对应的关系。与某一认定相关的证据通常可以通过多种程序搜集到，同一程序通常也可以搜集与多种认定相关的证据。

（2）审计证据的可靠性。审计证据的可靠性是指证据的可信程度。审计证据的可靠性受其来源和性质的影响，并取决于获取审计证据的具体环境。通常需考虑下列原则：

①从外部独立来源获取的审计证据比从其他来源获取的审计证据更可靠。从外部独立来源获取的审计证据未经被审计单位有关职员之手，从而减少了伪造、更改信息的可能性，因而其证明力最强。比如银行询证函回函、应收账款询证函回函、保险公司、税务部门等机构出具的证明等。相反从其他来源获取的审计证据，由于证据提供者与被审计单位存在经济或行政关系等原因，其可靠性应受到质疑。此类证据如被审计单位内部的会计记录、会议记录等。

②内部控制有效时内部生成的审计证据比内部控制薄弱时内部生成的审计证据更可靠。如果被审计单位有着健全的内部控制且在日常管理中得到一贯的执行，会计记录的可信赖程度将会增加。如果被审计单位的内部控制薄弱，甚至不存在任何内部控制，被审计单位内部凭证记录的可靠性就大为降低。

③直接获取的审计证据比间接获取或推论得出的审计证据更可靠。例如，审计师观察某项内部控制的运行得到的证据比询问被审计单位某项内部控制的运行得到的证据更可靠。间接获取的证据有被涂改及伪造的可能性，降低了可信赖程度。推论得出的审计证据，其主观性较强，人为因素较多，可信赖程度也受到影响。

④以文件、记录形式（无论是纸质、电子或其他介质）存在的审计证据比口头形式的审计证据更可靠。例如，会议的同步书面记录比对讨论事项事后的口头表述更可靠。口头证据本身并不足以证明事实的真相，仅仅提供了一些重要线索，为进一步调查确认所用。如审计师在对应收账款进行账龄分析后，可以向应收账款负责人询问逾期应收账款收回的可能性。如果该负责人的意见与注册会计师自行估计的坏账损失基本一致，则这一口头证据就可成为证实审计师对有关坏账损失判断的重要证据。但在一般情况下，口头证据往往需要得到其他相应证据的支持。

⑤从原件获取的审计证据比从传真件或复印件获取的审计证据更可靠。审计师可审

查原件是否有被涂改或伪造的迹象，排除伪证，提高证据的可信赖程度。而传真件或复印件容易是篡改或伪造的结果，可靠性较低。

> **小提示**
> 审计师在按照上述原则评价审计证据的可靠性时，还应当注意每一原则可能出现的重要例外情况。例如虽然审计证据是从独立的外部来源获得，但如果该证据是由不知情者或不具备资格者提供，审计证据也可能是不可靠的。同样，如果审计师不具备评价证据的专业能力，那么即使是直接获取的证据，也可能不可靠。

3. 充分性和适当性之间的关系

充分性和适当性是审计证据的两个重要特征，两者缺一不可，只有充分且适当的审计证据才是有证明力的。

审计证据的适当性会影响审计证据的充分性。审计证据质量越高，需要的审计证据数量可能越少。例如被审计单位内部控制健全时生成的审计证据更可靠，审计师只需获取适当的审计证据，就可以为发表审计意见提供合理的基础。但是如果审计证据的质量存在缺陷，那么审计师仅靠获取更多的审计证据可能无法弥补其质量上的缺陷。例如审计师想要获取与销售收入完整性相关的证据，实际获取到的却是有关销售收入真实性的证据，即使获取的证据再多，也证明不了收入的完整性。同样地，如果审计师获取的证据不可靠，那么证据数量再多也难以起到证明作用。

【工作实例1-2】审计师在对昌盛公司进行审计时，发现该公司内部控制制度具有严重缺陷，与管理层沟通相关问题时，管理层眼神飘忽不定，逻辑混乱。在此情况下，审计师能否依赖下列证据：①销货发票副本；②监盘客户的存货（不涉及检查相关的所有权凭证）；③外部律师提供的声明书；④管理层声明书；⑤会计记录。

> **实例解析**
>
> 步骤一：审计师能否依赖某一审计证据，受到审计证据证明力强弱的影响，而审计证据证明力由审计证据的充分性和适当性决定。
>
> 步骤二：本实例中缺乏判断证据是否充分和相关的足够资料，因此只能从可靠性着手。证据的可靠性受其来源和性质的影响。由于被审计单位内部控制有严重缺陷，与管理层沟通相关问题时其眼神飘忽不定，逻辑混乱，证明来自于被审计单位内部的证据可靠性较差。
>
> 步骤三：对五类证据进行逐一分析：
>
> ①不能依赖。销货发票副本属被审计单位自己提供的，在内部控制制度具有严重缺陷的情况，其可靠性较低，所以内部凭证不能依赖。如果该销货发票副本和向购货单位函证结果一致，则可靠性高一些。
>
> ②可以依赖。监盘客户的存货是审计师亲自实施的，证明力较强，其可靠程度一般不受内部控制的影响，但不能确定存货所有权归属及其价值情况。

③可以依赖。律师声明书属于被审计单位外部人员提供的，在内部控制有严重缺陷的情况下，其证明力仍较强。

④不可依赖。被审计单位管理层声明书是一种可靠性较低的证据。在内控具有严重缺陷时，它的可靠性更低。

⑤不可依赖。会计记录属于被审计单位自己编制和记录的，在内控具有严重缺陷时，被审计单位内部凭证记录的可靠性就大为降低甚至不可靠。

二、获取审计证据的审计程序

（一）审计程序的含义

审计程序是指审计师在审计过程中的某个时间，对将要获取的某类审计证据如何进行收集的详细指令。审计师利用审计程序获取审计证据涉及以下四个方面的决策：一是选用何种审计程序；二是对选定的审计程序，应当选取多大的样本规模；三是应当从总体中选取哪些项目；四是何时执行这些程序。

（二）获取审计证据的常用程序

在审计过程中，审计师可根据需要单独或综合运用以下审计程序，以获取充分、适当的审计证据。

1. 检查

检查是指审计师对被审计单位内部或外部生成的，以纸质、电子或其他介质形式存在的记录和文件进行审查，或对资产进行实物审查。

检查记录或文件可以提供可靠程度不同的审计证据，其可靠性取决于记录或文件的性质和来源。比如某些文件是表明一项资产存在的直接审计证据，如构成金融工具的股票或债券，对此类文件的检查能够证明资产的存在，但不一定能提供有关所有权或计价的审计证据；比如记录或文件是来自于企业内部时，其可靠性则取决于生成该记录或文件的内部控制的有效性。

检查有形资产可为其存在提供可靠的审计证据，但不一定能够为权利和义务或计价等认定提供可靠的审计证据。比如对存货项目进行的检查，可通过存货监盘的方式以获取存货真实存在的审计证据。

2. 观察

观察是指审计师察看相关人员正在从事的活动或实施的程序。例如，审计师对被审计单位人员执行的存货盘点或控制活动进行观察。观察可以提供执行有关过程或程序的审计证据，但观察所提供的审计证据仅限于观察发生的时点，而且被观察人员的行为可能因被观察而受到影响，这也会使观察提供的审计证据受到限制。

3. 询问

询问是指审计师以书面或口头方式，向被审计单位内部或外部的知情人员获取财务信息和非财务信息，并对答复进行评价的过程。作为其他审计程序的补充，询问广泛应用于整个审计过程中。

知情人员对询问的答复可能为审计师提供尚未获悉的信息或佐证证据，也可能提供与审计师已获取的其他信息存在重大差异的信息。在某些情况下，对询问的答复为审计师修改审计程序或实施追加的审计程序提供了基础。

尽管对通过询问获取的审计证据予以佐证通常特别重要，但在询问管理层意图时，获取的支持管理层意图的信息可能是有限的。在这种情况下，了解管理层过去所声称意图的实现情况、选择某项特别措施时声称的原因以及实施某项具体措施的能力，可以为佐证通过询问获取的证据提供相关信息。针对某些事项，审计师可能认为有必要向管理层获取书面声明，以证实对口头询问的答复。

4. 函证

函证是指审计师直接从第三方（被询证者）获取书面答复以作为审计证据的过程，书面答复可以采用纸质、电子或其他介质等形式。当针对的是与特定账户余额及其项目相关的认定时，函证常常是相关的程序。但是函证不必局限于账户余额。例如审计师可能要求对被审计单位与第三方之间的协议和交易条款进行函证；可能在询证函中询问协议是否作过修改，如果作过修改，要求被询证者提供相关的详细信息。此外，函证程序还可以用于获取不存在某些情况的审计证据，如通过函证可以确认被审计单位和被询证者之间不存在可能影响被审计单位收入确认的"背后协议"。

5. 重新计算

重新计算是指审计师对记录或文件中的数据计算的准确性进行核对。重新计算可通过手工方式或电子方式进行。

6. 重新执行

重新执行是指审计师独立执行原本作为被审计单位内部控制组成部分的程序或控制。

7. 分析程序

分析程序是指审计师通过分析不同财务数据之间以及财务数据与非财务数据之间的内在关系，对财务信息做出评价。分析程序还包括在必要时对识别出的、与其他相关信息不一致或与预期值差异重大的波动或关系进行调查。

这是对于审计来说非常重要的"七种武器"，把这七种审计程序单独或组合起来，就可用作风险评估程序、控制测试和实质性程序。　　小提示

【工作实例1-3】为了查处长江堤防隐蔽工程偷工减料问题，审计员按照工程建设标段，找到施工方案、计划、图纸、发票等进行检查，根据发票上的公章找到采石场进行询问，发现有的是假发票，有的是假公章。为了证实真实的买石量，又从港监部门的运输记录里，查出每天运送石料的船只名称和吨位及运送次数，由此推算出施工单位可能购买的石料的量。将这个推算的结果与施工单位虚报的工程量进行核对，看是否相符。

与此同时，审计员们还检查了施工单位将买来的石料抛入江中的情况。在查抛石记录的过程中，审计员查了施工单位日志，还查看了气象日志。结果发现有的时候气象日志显示是下着倾盆大雨不适宜进行抛石，而抛石记录却说在长江抛石头，而且经询问甚至出现了运输记录和抛石记录不相符的情况，这显然是在造假。

在本例中审计人员为了获取审计证据都采用了哪些审计程序？获取的审计证据证明力强吗？

> **实例解析**
>
> 步骤一：明确审计师的目标。审计人员本次审计的目标是为了"查处长江堤防隐蔽工程偷工减料问题"，即要验证长江堤防隐蔽工程用料记录的完整性。
>
> 步骤二：审计人员用的审计程序之一是检查，检查的资料有被审计单位内部的也有外来的。内部的资料包括施工方案、计划、图纸、发票、抛石日志，外来的资料包括港监部门的运输记录、气象日志。
>
> 审计人员用的审计程序之二是询问，询问的主要对象是外部人员，包括采石场和运输部门的人员。
>
> 审计人员用的审计程序之三是分析程序，分析从三个角度进行，第一将审计人员推算出来的采购石料数量和被审计单位申报的数量进行核对；第二是将被审计单位抛石日志时间和气象日志下雨时间进行核对；第三是将往江中运输石料数量和抛石记录进行核对。
>
> 步骤三：通过综合实施以上审计程序，审计人员获取的审计证据的证明力是很强的。首先审计人员目标明确，围绕查验工程用料的完整性设计了相关的审计程序，获取的审计证据的相关性很高；其次在检查中审计人员发现被审计单位内部的资料有作假的情况，所以审计人员较多地利用了外部信息，以提高获取审计证据的可靠性；再次审计人员从不同的审计程序获取了足够证明被审计单位在用料方面作假的审计证据。

> **引例分析**
>
> 在中天勤的案例中，审计师在获取审计证据时存在的问题主要是：
>
> （1）审计师未执行有效的审计程序获取审计证据。在审计过程中，被审计单位可能出于某种需要会精心炮制审计师所需要的审计证据。此案例中，审计人员在审计过程中，对于询证函的寄发，函证的对象，函证的具体比例等都由被审计单位执行，未按要求将询证函直接寄达审计师处；对于无法执行函证的应收账款，审计人员在运用替代程序时，未取得海关报关单、运单、提单等外部证据，仅根据公司内部证据便确认公司的应收账款。
>
> （2）获取的审计证据不具有相关性和可靠性。我们知道，经由外部独立的第三者所获取的审计证据要比内部证据可靠，审计师亲自执行某些程序所获取的审计证据要比间接取得的审计证据可靠。如果询证函全部由被审计单位寄发，则这样的函证资料也会降低其可信度。只要被审计单位管理当局不可信赖，审计师就可能掉入被审计单位或委托人所设定的陷阱。事实上，银广夏一直在编造着业绩的神话。审计师在没有获取具有较强可靠性的海关报关单、运单、提货单等外部证据，同时又听信管理当局的口头证据，未采用实地观察程序获取直接证据，要发现虚构资产和收入当然就很困难了。

三、在获取审计证据时对审计抽样技巧的应用

企业规模的扩大和经营复杂程度的不断上升，使得审计师对每一笔交易进行检查日益变得既不可行，又十分没有必要。为了在合理的时间内以合理的成本完成审计工作，审计师应恰当地运用审计抽样技术。

（一）审计抽样的含义和应用范围

审计抽样是指审计师对具有审计相关性的总体中低于百分之百的项目实施审计程序，使所有抽样单元都有被选取的机会，为审计师针对整个总体得出结论提供合理基础。

审计抽样应当具备三个基本特征：①对某类交易或账户余额中低于百分之百的项目实施审计程序；②所有抽样单元都有被选取的机会；③审计测试的目的是为了评价该账户余额或交易类型的某一特征。

审计抽样并非在所有审计程序中都可使用。审计师拟实施的审计程序将对运用审计抽样产生重要影响。比如：

（1）风险评估程序通常不涉及审计抽样。如果审计师在了解控制的设计和确定控制是否得到执行的同时计划和实施控制测试，则可能涉及审计抽样，但此时审计抽样仅适用于控制测试。

（2）当控制的运行留下轨迹时，审计师可以考虑使用审计抽样实施控制测试。对于未留下运行轨迹的控制，审计师通常实施询问、观察等审计程序，以获取有关控制运行有效性的审计证据，此时不宜使用审计抽样。

（3）在实质性细节测试时，审计师可以使用审计抽样获取审计证据，以验证有关财务报表金额的一项或多项认定（如应收账款的存在性），或对某些金额做出独立估计（如陈旧存货的价值）。在实施实质性分析程序时，审计师不宜使用审计抽样。

（二）运用审计抽样时应关注的审计风险

在使用审计抽样时，审计风险即可能受到抽样风险的影响，又可能受到非抽样风险的影响。抽样风险和非抽样风险通过影响重大错报风险的评估和检查风险的确定而影响审计风险。

1. 抽样风险

抽样风险是指审计师根据样本得出的结论，可能不同于如果对整个总体实施与样本相同的审计程序得出的结论的风险。

（1）控制测试中的抽样风险。控制测试中的抽样风险包括依赖过度风险和信赖不足风险。信赖过度风险是指推断的控制有效性高于其实际有效性的风险，也可以说，尽管样本结果支持审计师计划信赖内部控制的程度，但实际偏差率不支持该信赖程度的风险。信赖过度风险与审计的效果有关。如果审计师评估的控制有效性高于其实际有效性，从而导致评估的重大错报风险水平偏低，审计师可能不适当地减少从实质性程序中获取的证据，因此审计的有效性下降。对于审计师而言，信赖过度风险更容易导致审计师发表不恰当的审计意见，因而更应予以关注。

信赖不足风险是指推断的控制有效性低于其实际有效性的风险，也可以说，尽管样本结果不支持审计师计划信赖内部控制的程度，但实际偏差率支持该信赖程度的风险。信赖不足风险与审计的效率有关。当审计师评估的控制有效性低于其实际有效性时，评估的重大风险水平高于实际水平，审计师可能会增加不必要的实质性程序。在这种情况下，审计效率可能降低。

【工作实例1-4】审计师王华通过对被审计单位销售环节内部控制的了解，将可容忍的偏差率确定为7%[即销售环节的内部控制如果出现7%的偏差（即内部控制没有得到遵守）是可以容忍的]。在实施销售环节的内部控制测试时，王华在100个测试样本中发现了2个偏差。实际上总体的偏差率为8%。此时王华将面临什么风险，如果王华在100个测试样本中发现了8个偏差，而实际上总体的偏差率为2%时，王华又将面临什么风险？

实例解析

步骤一：在控制测试时，审计师需要确定可容忍偏差率，即审计师可以容忍的控制运行出现的偏差率，超过这个偏差率，审计师就不会接受总体。在本实例中为7%。

步骤二：王华在控制测试中抽取了100个样本，检查出了2个偏差，说明样本的偏差率为2%（2÷100），推断出样本的偏差率也是2%。

步骤三：推断出样本的偏差率远远小于可容忍偏差率（2%＜7%），审计师将会得到的结论是销售环节的内部控制总体上是有效的，这一环节的重大错报风险水平为低水平，检查风险为高水平，因此可以减少这个环节实质性程序的测试量，相应的获取的审计证据会减少。

步骤四：但是实际上总体的偏差率为8%，是大于可容忍的偏差率的，实质上销售环节的内部控制总体上是无效的，这一环节的重大错报风险是高水平，因此应该增加这个环节实质性程序的测试量，获取更多的审计证据以便将检查风险控制在低水平。王华将会面对信赖过度风险，影响其审计的效果。

步骤五：按照前面的分析步骤，如果王华在100个测试样本中发现了8个偏差，则样本偏差率为8%，王华推断总体偏差率也是8%，高于可容忍偏差率7%，所以销售环节的内部控制总体上是无效的，这一环节的重大错报风险是高水平，因此应该增加这个环节实质性程序获取的审计证据以便将检查风险控制在低水平。但实际上总体的偏差率为2%，远远小于可容忍偏差率，被审计单位销售环节的内部控制是有效的，没有必要在实质性测试过程中实施太多的程序，获取过多的审计证据，影响审计的效率。

(2) 细节测试中的抽样风险。在实施细节测试时，审计师也要关注两类抽样风险：误受风险和误拒风险。误受风险是指审计师推断某一重大错报不存在而实际上存在的风险。如果账面金额实际上存在重大错报而审计师认为其不存在重大错报，审计师通常会停止对该账面金额继续进行测试，并根据样本结果得出账面金额无重大错报的结论。与信赖过度风险类似，误受风险影响审计效果，容易导致审计师发表不恰当的审计意见，因此审计师更应予以关注。

误拒风险是指审计师推断某一重大错报存在而实际上不存在的风险。与信赖不足风险类似，误拒风险影响审计效率。如果账面金额不存在重大错报而审计师认为其存在重大错报，审计师会扩大细节测试的范围并考虑获取其他审计证据，最终审计师会得出恰当的结论。在这种情况下，审计效率可能降低。

【工作实例1-5】永信会计师事务所在对华夏公司年度财务报表进行审计过程中，确定的应收账款重要性水平为35万元。由于华夏公司应收账款规模比较大，审计师决定用抽样的方式检查其余额的正确性。通过抽样测试结果推算总体差错为20万元。如果最后确认实际上总体错报金额为40万元，那么审计师将面临什么风险？如果通过抽样测试结果推算总体差错为40万元而实际上总体错报金额为20万元，那么审计师又将面临什么风险？

实例解析

步骤一：在实质性测试时，审计师需要确定具体审计项目的可容忍误差，即审计师可以容忍的最大金额的错报，查验出来的错报超过可容忍误差，审计师应该继续进行检查。在实际工作中可容忍误差小于重要性水平，比如可以确定为30万元。

步骤二：审计师通过抽样测试结果推算出应收账款总体差错为20万元，低于可容忍误差30万元，因此审计师可以停止对应收账款进行检查，认为应收账款不存在重大错报。

步骤三：但是实际上总体错报金额为40万元，是大于可容忍错报的，就说明应收账款存在重大错报，应该增加对应收账款的测试量，获取更多的审计证据以便将检查风险控制在低水平。审计师将会面对误受风险，影响其审计的效果。

步骤四：按照前面的分析步骤，如果通过抽样测试结果推算总体差错为40万元，则高于可容忍误差30万元，所以审计师判断应收账款重大错报风险是高水平，因此将对应收账款继续实施检查程序以获取更多的审计证据以便将检查风险控制在低水平。但实际上总体的差错金额只有20万元，远远小于可容忍误差30万元，应收账款实际上不存在重大错报，没有必要再实施太多的检查程序，获取过多的审计证据，影响审计的效率。

小提示

无论在控制测试还是在细节测试中，抽样风险都可以分为两种类型：一类是影响审计效果的抽样风险，包括控制测试中的信赖过度风险和细节测试中的误受风险；另一类是影响审计效率的抽样风险，包括控制测试中的信赖不足风险和细节测试中的误拒风险。

2. 非抽样风险

非抽样风险是指审计师由于任何与抽样风险无关的原因而得出错误结论的风险。审计师即使对某类交易或账户余额的所有项目实施审计程序，也可能仍未能发现重大错报或控制失效。在审计过程中，可能导致非抽样风险的主要原因包括下列情况：

（1）审计师选择的总体不适合于测试目标。例如，审计师在测试销售收入完整性认定时将主营业务收入明细账界定为总体。正确的做法是将反应销售收入的原始凭证作为抽样的总体。

（2）审计师未能适当地定义误差（包括控制偏差或错报），导致审计师未能发现样本中存在的偏差或错报。例如，审计师在测试现金支付授权控制的有效性时，未将签字人未得到适当授权的情况界定为控制偏差。

（3）审计师选择了不适于实现特定目标的审计程序。例如，审计师依赖应收账款函证来揭露未入账的应收账款。

（4）审计师未能适当地评价审计发现的情况。例如，审计师错误解读审计证据可能导致没有发现误差。审计师对所发现误差的重要性的判断有误，从而忽略了性质十分重要的误差，也可能导致得出不恰当的结论。

从以上的原因分析可知非抽样风险是由人为错误造成的，因而可以降低、消除或防范。虽然在任何一种抽样方法中审计师都不能量化非抽样风险，但通过采取适当的质量控制政策和程序，对审计工作进行适当的指导、监督和复核，仔细设计其审计程序，以及对审计师实务的适当改进，可以将非抽样风险降至可以接受的水平。

（三）审计抽样的种类

审计师在运用审计抽样时，既可以使用统计抽样方法，也可以使用非统计抽样方法，这取决于审计师的职业判断。

1. 统计抽样

统计抽样，是指同时具备下列特征的抽样方法：①随机选取样本项目；②运用概率论评价样本结果，包括计量抽样风险。不同时具备前款提及的两个特征的抽样方法为非统计抽样。一方面，即使审计师严格按照随机原则选取样本，如果没有对样本结果进行统计评估，就不能认为使用了统计抽样。另一方面，基于非随机选样的统计评估也是无效的。统计抽样的具体方法有以下两种：

（1）属性抽样。属性抽样是一种用来对总体中某一事件发生率得出结论的统计抽样方法。属性抽样在审计中最常见的用途是测试某一设定控制的偏差率，以支持审计师评估的控制有效性。在属性抽样中，设定控制的每一次发生或偏离都被赋予同样的权重，而不管交易的金额大小。

（2）变量抽样。变量抽样是一种用来对总体金额得出结论的统计抽样方法。变量抽样通常回答下列问题：金额是多少？或账户是否存在错报？变量抽样在审计中的主要用途是进行细节测试，以确定记录金额是否合理。

2. 非统计抽样

非统计抽样是指按照职业判断进行样本设计和实施抽样的技术。非统计抽样的特点是不能对抽样风险进行控制和量化。

3. 统计抽样和非统计抽样的决策

审计师应当根据具体情况并运用职业判断，确定使用统计抽样或非统计抽样方法，以最有效率地获取审计证据。审计师在统计抽样与非统计抽样方法之间进行选择时主要考虑成本效益。统计抽样的优点在于能够客观地计量抽样风险，并通过调整样本规模精确地控制风险，这是与非统计抽样最重要的区别。另外，统计抽样还有助于审计师高效地设计样本，计量所获取证据的充分性，以及定量评价样本结果。但统计抽样又可能发生额外的成本。首先，统计抽样需要特殊的专业技能，因此使用统计抽样需要增加额外的支出对审计师进行培训。其次，统计抽样要求单个样本项目符合统计要求，这些也可能需要支出额外的费用。非统计抽样如果设计适当，也能提供与统计抽样方法同样有效的结果。审计师使用非统计抽样时，也必须考虑抽样风险并将其降至可接受水平，但无法精确地测定出抽样风险。

四、审计工作底稿

（一）审计工作底稿的含义

审计工作底稿，是指审计师对制定的审计计划、实施的审计程序、获取的相关审计证据，以及得出的审计结论做出的记录。审计工作底稿是审计证据的载体，是审计师在审计过程中形成的审计工作记录和获取的资料。它形成于审计过程，也反映整个审计过程。

（二）编制目的和要求

1. 编制目的

审计工作底稿在计划和执行审计工作中发挥着关键作用，审计师应当及时编制审计工作底稿，以实现下列目的：

（1）提供充分、适当的记录，作为出具审计报告的基础；

（2）提供证据，证明审计师已按照审计准则和相关法律法规的规定计划和执行了审计工作；

（3）有助于项目组计划和执行审计工作；

（4）有助于负责督导的项目组成员按照《中国审计师审计准则第 1121 号——对财务报表审计实施的质量控制》的规定，履行指导、监督与复核审计工作的责任；

（5）便于项目组说明其执行审计工作的情况；

（6）保留对未来审计工作持续产生重大影响的事项的记录；

（7）便于会计师事务所按照质量控制准则的规定，实施质量控制复核与检查；

（8）便于监管机构和审计师协会根据相关法律法规或其他相关要求，对会计师事务所实施执业质量检查。

2. 编制要求

审计师编制的审计工作底稿，应当使未曾接触该项审计工作的有经验的专业人士清楚地了解：

（1）按照审计准则和相关法律法规的规定实施的审计程序的性质、时间安排和范围；

(2) 实施审计程序的结果和获取的审计证据;
(3) 审计中遇到的重大事项和得出的结论,以及在得出结论时做出的重大职业判断。

(三)审计工作底稿的格式

审计工作底稿包括下列全部或部分要素:
(1) 审计工作底稿的标题;
(2) 审计过程记录;
(3) 审计结论;
(4) 审计标识及其说明;
(5) 索引号及编号;
(6) 编制者姓名及编制日期;
(7) 复核者姓名及复核日期;
(8) 其他应说明事项。

审计工作底稿模板见图1-3。

销售费用审定表

编制者姓名及编制日期 → 被审计单位:_____
项目: 销售费用
编制:_____
日期:_____

索引号: SD1 ← 索引号及编号
财务报表截止日/期间:_____
复核:_____
日期:_____ ← 复核者姓名及复核日期

项目名称	本期未审数	账项调整		本期审定数	上期审定数	索引号
		借方	贷方			
专设销售机构职工薪酬						
业务费						
折旧费						
保险费						
包装费						
展览费						
广告费						
商品维修费						
预计产品质量保证损失						
运输费						
装卸费						
……						
合计						

↑ 审计过程的记录

审计结论: ← 审计结论

图1-3 审计工作底稿模板

（四）审计工作底稿归档

1. 审计工作底稿归档工作的性质

在出具审计报告前，审计师应完成所有必要的审计程序，取得充分、适当的审计证据并得出适当的审计结论。由此，在审计报告日后将审计工作底稿归整为最终审计档案是一项事务性的工作，不涉及实施新的审计程序或得出新的结论。

2. 审计档案的结构

对每项具体审计业务，审计师应当将审计工作底稿归整为审计档案。在实务中，审计档案可以分为永久性档案和当期档案。这一分类主要是基于具体实务中对审计档案使用的时间而划分的。

（1）永久性档案。永久性档案是指那些记录内容相对稳定，具有长期使用价值，并对以后审计工作具有重要影响和直接作用的审计档案。例如，被审计单位的组织结构、批准证书、营业执照、章程、重要资产的所有权或使用权的证明文件复印件等。若永久性档案中的某些内容已发生变化，审计师应当及时予以更新。为保持资料的完整性以便满足日后查阅历史资料的需要，永久性档案中被替换下的资料一般也需保留。例如，被审计单位因增加注册资本而变更了营业执照等法律文件，被替换的旧营业执照等文件可以汇总在一起，与其他有效的资料分开，作为单独部分归整在永久性档案中。

（2）当期档案。当期档案是指那些记录内容经常变化，主要供当期和下期审计使用的审计档案。例如，总体审计策略和具体审计计划。

目前，一些大型国际会计师事务所不再区分永久性档案和当期档案。这主要是以电子形式保留审计工作底稿的使用，尽管大部分事务所仍然既保留电子版又保留纸质的审计档案。

3. 审计工作底稿归档的期限

审计工作底稿的归档期限为审计报告日后60天内。如果审计师未能完成审计业务，审计工作底稿的归档期限为审计业务中止后的60天内。

如果针对客户的同一财务信息执行不同的委托业务，出具两个或多个不同的报告，会计师事务所应当将其视为不同的业务，根据会计师事务所内部制定的政策和程序，在规定的归档期限内分别将审计工作底稿归整为最终审计档案。

4. 审计工作底稿归档后的变动

在完成最终审计档案的归整工作后，审计师不应在规定的保存期限届满前删除或废弃任何性质的审计工作底稿。

（1）需要变动审计工作底稿的情形。审计师发现有必要修改现有审计工作底稿或增加新的审计工作底稿的情形主要有以下两种：

①审计师已实施了必要的审计程序，取得了充分、适当的审计证据并得出了恰当的审计结论，但审计工作底稿的记录不够充分。

②审计报告日后，发现例外情况要求审计师实施新的或追加审计程序，或导致审计师得出新的结论。例外情况主要是指审计报告日后发现与已审计财务信息相关，且在审计报告日已经存在的事实，该事实如果被审计师在审计报告日前获知，可能影响审计报告。例如，审计师在审计报告日后才获知法院在审计报告日前已对被审计单位的诉讼、

索赔事项做出最终判决结果。例外情况可能在审计报告日后发现，也可能在财务报表报出日后发现，审计师应当按照《中国审计师审计准则第1332号——期后事项》有关"财务报表报出后发现的事实"的相关规定，对例外事项实施新的或追加的审计程序。

（2）变动审计工作底稿时的记录要求。在完成最终审计档案的归整工作后，如果发现有必要修改现有审计工作底稿或增加新的审计工作底稿，无论修改或增加的性质如何，审计师均应当记录下列事项：

①修改或增加审计工作底稿的理由；

②修改或增加审计工作底稿的时间和人员，以及复核的时间和人员。

5. 审计工作底稿的保存期限

会计师事务所应当自审计报告日起，对审计工作底稿至少保存10年。如果审计师未能完成审计业务，会计师事务所应当自审计业务中止日起，对审计工作底稿至少保存10年。值得注意的是，对于连续审计的情况，当期归整的永久性档案可能包括以前年度获取的资料（有可能是10年以前）。这些资料虽然是在以前年度获取，但由于其作为本期档案的一部分，并作为支持审计结论的基础，因此，审计师对于这些对当期有效的档案，应视为当期取得并保存10年。如果这些资料在某一个审计期间被替换，被替换资料应当从被替换的年度起至少保存10年。

在完成最终审计档案的归整工作后，审计师不应在规定的保存期届满前删除或废弃任何性质的审计工作底稿。

6. 审计工作底稿的复核

（1）项目组成员实施的复核。项目组成员实施的复核应由项目组内经验较多的人员（包括项目合伙人）复核经验较少人员的工作时，复核人员应当考虑：

①审计工作是否已按照法律法规、相关职业道德要求和审计准则的规定执行；

②重大事项是否已提请进一步考虑；

③相关事项是否已进行适当咨询、由此形成的结论是否得到记录和执行；

④是否需要修改已执行审计工作的性质、时间安排和范围；

⑤已执行的审计工作是否支持形成的结论，并已得到适当记录；

⑥获取的审计证据是否充分、适当，足以支持审计结论；

⑦审计程序的目标是否已经实现。

复核范围因审计规模、审计复杂程度以及工作安排的不同而存在显著差异。有时由高级助理人员复核低层次助理人员执行的工作，有时由项目经理完成，并最终由项目合伙人复核。对工作底稿实施的复核必须留下证据，一般由复核者相关审计工作底稿上签名并署明日期。

（2）项目质量控制复核。审计师在出具审计报告前，会计师事务所应当指定专门的机构或人员对审计项目组执行的审计实施项目质量控制复核。项目质量控制复核应当包括客观评价下列事项：

①项目组做出的重大判断；

②在准备审计报告时得出的结论。会计师事务所采用制衡制度，以确保委派独立的、有经验的审计人员作为其所熟悉行业的项目质量控制复核人员。复核范围取决于审计项目的复杂程度以及未能根据具体情况出具审计报告的风险。许多会计师事务所不仅

对上市公司审计进行项目质量控制复核，也会联系审计客户的组合，对那些高风险或涉及公众利益的审计项目实施项目质量控制复核。

本情境按照审计职业认知→确定审计目标→获取审计证据与记录审计过程的顺序对从事审计实务应具备的审计知识进行了简要介绍，为掌握审计实务奠定基础。在此后的审计实务学习过程中，应能将如何确定审计目标、如何获取审计证据、如何填制审计工作底稿等基本知识应用到实践之中。

[知识训练]

一、单项选择题（下列答案中有一项是正确的，将正确答案填入括号内）

1. 以下关于注册会计师审计定义的说法中，错误的是（　　）。
   A. 审计是一个系统化的过程
   B. 财务报表虽然经过审计，但是不能对市场早先收到的信息进行确认或纠正
   C. 审计是通过客观地获取和评价有关经济活动与经济事项认定的证据，以证实这些认定与既定标准的符合程度，并将结果传达给有关使用者
   D. 审计师审计是提高财务信息的可信度、降低财务信息风险的一种保证服务

2. 按照审计的主体不同，审计可以分为（　　）。
   A. 整体审计和局部审计
   B. 财务报表审计和合规性审计
   C. 详细审计和资产负债表审计
   D. 政府审计、内部审计和注册会计师审计

3. 政府审计、内部审计、注册会计师审计共同构成了审计的监督体系。其中，政府审计与注册会计师审计在（　　）方面是基本相似的。
   A. 审计中取证的权限　　　　B. 审计要实现的目标
   C. 对内部审计的利用　　　　D. 审计所依据的准则

4. 下列关于政府审计与注册会计师审计的论断中，正确的是（　　）。
   A. 二者的经费和收入来源相同
   B. 二者的审计目标基本一致
   C. 二者都是外部审计，都具有较强的独立性
   D. 二者对发现问题的处理方式相同

5. 审计师进行年度财务报表审计时，应对被审计单位的内部审计进行了解，并可以利用内部审计的工作成果，这是因为（　　）。
   A. 内部审计和审计师审计在工作上是完全一致的
   B. 利用内部审计工作成果可以提高审计师的工作效率
   C. 内部审计的独立性比审计师审计差
   D. 内部审计是被审计单位内部控制的重要组成部分

6. 下列说法中不正确的是（　　）。
   A. 审计师应当对发表的审计意见独立承担责任，但其责任可因为利用内部审计工作而减轻
   B. 审计师应当考虑内部审计活动及其可能对审计师审计程序的影响
   C. 内部审计的范围和目标因被审计单位的规模、组织结构和管理层需求的不同而存在很大差异
   D. 审计师应当充分了解内部审计工作，以识别和评估财务报表重大错报风险，并设计和实施进一步的审计程序

7. 注册会计师审计的依据是（　　）。
   A. 财政部制定的会计准则
   B. 中国注册会计师协会制定的审计准则
   C. 审计署制定的国家审计准则
   D. 中国审计师协会制定的国家审计准则

8. 以下关于注册会计师审计方法演进的说法中，错误的是（　　）。
   A. 审计的根本目标随着时间的推移，并没有发生重大的变化
   B. 审计环境随着时间的推移发生了很大的变化
   C. 在审计历史上，先有制度基础审计，再有账项基础审计，最后形成风险导向审计
   D. 审计方法从账项基础审计发展到风险导向审计

9. 下列关于财务报表审计的说法，正确的是（　　）。
   A. 审计师对财务报表进行审计并发表审计意见，旨在提高财务报表的可信赖程度
   B. 财务报表审计是对被审计单位未来生存能力或管理层经营效率、经营效果提供的保证
   C. 财务报表审计能对财务报表整体不存在重大错报提供绝对保证
   D. 财务报表审计对被审计单位是否存在违反法规行为提供鉴证

10. 下列有关财务报表审计责任划分的说法中错误的是（　　）。
    A. 财务报表审计不能减轻被审计单位管理层和治理层的责任
    B. 财务报表中如果含有错报，管理层和治理层应承担部分责任
    C. 为了履行编制财务报表的职责，管理层通常设计、执行和维护与财务报表编制相关的内部控制，以保证财务报表不存在由于舞弊或错误而导致的重大错报
    D. 按照中国注册会计师审计准则的规定对财务报表发表审计意见是

审计师的责任

11. 被审计单位新研发一项专利技术，审计师审计时发现，研究阶段的费用计入了无形资产的成本。显然，违反被审计单位无形资产项目的（　　）认定。
   A. 发生　　　　　　　　　　B. 完整性
   C. 准确性或计价与分摊　　　D. 存在

12. 下列各项中，为获取审计证据，所实施的审计程序与审计目标无关的是（　　）。
   A. 对应收账款进行函证以确定应收账款是否存在
   B. 将银行存款日记账、明细账与总账进行核对，以确定银行存款余额正确
   C. 检查资产负债表日前后几天的发货单、发票日期与记账日期，以确定销售业务是否计入恰当的期间
   D. 抽查营业收入明细账，并追查至有关原始凭证，以确定营业收入的完整性

13. 为了证明销售业务的"准确性"认定，应当实施的审计程序是（　　）。
   A. 实施存货监盘程序
   B. 检查发货单和销售发票的编号是否完整
   C. 观察存货的现状
   D. 比较价格清单与发票上的价格、发货单与销售订购单上的数量是否一致，重新计算发票上的金额

14. 被审计单位财务报表，其将在一年内到期的长期借款仍在长期借款项目列示，直接违背了长期借款的（　　）认定。
   A. 计价和分摊　　　　　　　B. 分类和可理解性
   C. 权利和义务　　　　　　　D. 完整性

15. 检查发货单和销售发票的编号和销售明细账，主要是为了实现（　　）认定。
   A. 存在性　　　　　　　　　B. 完整性
   C. 准确性　　　　　　　　　D. 截止

16. 以下关于认定的说法，正确的是（　　）。
   A. 管理层是否把不应包含的项目计入财务报表，和"完整性"相关
   B. 存货监盘中，对存货的完整性认定，起点是存货盘点表
   C. 销售发生认定中，起点是明细记录
   D. 将应计入客户程颐公司的应收账款计入客户网易公司，违背了应收账款的计价与分摊认定

17. 在实施进一步审计程序后，如果审计师认为某项交易不存在重大错报，而实际上该项交易存在重大错报，这种风险是（　　）。
   A. 抽样风险　　　　　　　　B. 非抽样风险

C. 检查风险　　　　　　　　D. 重大错报风险

18. 在获取的下列审计证据中，可靠性最强的通常是（　　）。
    A. 甲公司连续编号的采购订单　　B. 甲公司编制的成本分配计算表
    C. 甲公司提供的银行对账单　　　D. 甲公司管理层提供的声明书

19. 下列各项中，为获取适当审计证据所实施的审计程序与审计目标最相关的是（　　）。
    A. 从华丰公司销售发票中选取样本，追查至对应的发货单，以确定销售的完整性
    B. 实地观察华丰公司固定资产，以确定固定资产的所有权
    C. 对已盘点的华丰公司存货进行检查，将检查结果与盘点记录相核对，以确定存货的计价正确性
    D. 复核华丰公司编制的银行存款余额调节表，以确定银行存款余额的正确性

20. 在对资产存在性认定获取审计证据时，正确的测试方向是（　　）。
    A. 从财务报表到尚未记录的项目　B. 从尚未记录的项目到财务报表
    C. 从会计记录到支持性证据　　　D. 从支持性证据到会计记录

21. 审计师已获取被审计单位将2013年12月销售业务的营业收入计入2014年1月的营业收入的充分适当的审计证据，则审计师应当界定营业收入的（　　）认定存在重大错报。
    A. 发生　　　　　　　　　　　B. 准确性
    C. 截止　　　　　　　　　　　D. 存在

22. 审计师如果发现方宇公司的会计处理存在下列事实，其中表明"准确性"认定错误的是（　　）。
    A. 公司将营业收入150万元记为1500万元
    B. 虚构一笔30万元的营业收入
    C. 将营业收入10万元错记为营业外收入
    D. 将2013年12月28日营业收入20万元计入2014年1月5日营业收入账户中

23. 在确定审计证据的数量时，下列表述中错误的是（　　）。
    A. 错报风险越大，需要的审计证据可能越多
    B. 审计证据质量越高，需要的审计证据可能越少
    C. 审计证据的质量存在缺陷，可能无法通过获取更多的审计证据予以弥补
    D. 通过调高重要性水平，可以降低所需获取的审计证据的数量

24. 在确定审计证据的可靠性时，下列表述中错误的是（　　）。
    A. 以电子形式存在的审计证据比口头形式的审计证据更可靠
    B. 从外部独立来源获取的审计证据比从其他来源获取的审计证据更可靠
    C. 从复印件获取的审计证据比从传真件获取的审计证据更可靠
    D. 直接获取的审计证据比推论得出的审计证据更可靠

25. 对于下列应收账款认定，通过实施函证程序，审计师认为最可能证实的是（　　）。
   A. 计价和分摊　　　　　　　　B. 分类
   C. 存在　　　　　　　　　　　D. 完整性

26. 对于下列存货认定，通过向生产和销售人员询问是否存在过时或周转缓慢的存货，审计师认为最可能证实的是（　　）。
   A. 计价和分摊　　　　　　　　B. 权利和义务
   C. 存在　　　　　　　　　　　D. 完整性

27. 对于下列销售收入认定，通过比较资产负债表日前后几天的发货单日期与记账日期，审计师认为最可能证实的是（　　）。
   A. 发生　　　　　　　　　　　B. 完整性
   C. 截止　　　　　　　　　　　D. 分类

28. 下列有关审计工作底稿归档期限的表述中，正确的是（　　）。
   A. 如果完成审计业务，归档期限为审计报告日后六十天内
   B. 如果完成审计业务，归档期限为外勤审计工作结束日后六十天内
   C. 如果未能完成审计业务，归档期限为外勤审计工作中止日后三十天内
   D. 如果未能完成审计业务，归档期限为审计业务中止日后三十天内

29. 下列各情形中，审计师认为不属于在归档期间对审计工作底稿做出事务性变动的是（　　）。
   A. 审计师删除被取代的审计工作底稿
   B. 审计师对审计工作底稿进行分类、整理和交叉索引
   C. 审计师对审计档案归整工作的完成核对表签字认可
   D. 审计师记录在审计报告日后实施补充审计程序获取的审计证据

30. 以下关于审计抽样的说法中，错误的是（　　）。
   A. 审计抽样是对交易和账户余额中低于百分之百的项目实施审计程序
   B. 审计抽样是为了评价某账户余额或交易类型的某一特征
   C. 审计抽样在所有的审计程序中都可以使用
   D. 所有抽样单元都有被选取的机会

31. 以下关于抽样风险的说法中，不恰当的是（　　）。
   A. 抽样风险伴随着抽样技术的运用而产生
   B. 抽样风险影响审计效率，非抽样风险影响审计效果
   C. 控制测试中的抽样风险包括信赖过度风险和信赖不足风险
   D. 细节测试中的抽样风险包括误受风险和误拒风险

二、多项选择题（下列答案中有多项是正确的，将正确答案填入括号内）

1. 下列有关注册会计师审计的说法中，正确的有（　　）。
   A. 审计师在执行审计时可以利用内部审计的工作成果
   B. 注册会计师审计的独立性体现为双向独立
   C. 注册会计师审计提供的是一种有偿服务

D. 政府审计比注册会计师审计更具有独立性

2. 下列关于注册会计师审计与政府审计的说法中，恰当的有（　　）。
A. 由于政府审计机构属于国家机关，所以较注册会计师审计更具有独立性
B. 注册会计师审计与政府审计在审计目标上是不同的
C. 注册会计师审计和政府审计均属于外部审计，相对于内部审计而言，具有较强的独立性
D. 注册会计师审计和政府审计均依据中国注册会计师审计准则执行审计业务

3. 以下说法中正确的有（　　）。
A. 审计目标包括财务报表审计目标以及与各类交易、账户余额、列报相关的审计目标两个层次
B. 财务报表审计能够提高财务报表的可信赖程度
C. 在财务报表审计中，被审计单位管理层和治理层与审计师承担着不同的责任，不能相互混淆和替代
D. 审计目标界定了审计师的责任范围，决定了审计师如何发表审计意见

4. 为实现对上市公司"完整性"认定相关的审计目标，审计师一般考虑与下列（　　）项目的低估有关。
A. 应付账款　　　　　　　　　B. 应收账款
C. 管理费用　　　　　　　　　D. 预付款项

5. 被审计单位将固定资产已作抵押，但未在财务报表附注中披露，则涉及的认定包括（　　）。
A. 计价和分摊　　　　　　　　B. 完整性
C. 发生及权利和义务　　　　　D. 分类和可理解性

6. 某公司管理层的年终奖与企业的营业利润挂钩，审计师在审计时应重点关注的有（　　）。
A. 营业税金及附加的完整性认定　B. 营业收入的发生认定
C. 销售费用的完整性认定　　　　D. 营业成本的发生认定

7. 具体审计目标是审计师根据被审计单位管理层对财务报表的认定推论得出的，具体审计目标一般包括（　　）。
A. 总体合理性与其他审计目标
B. 与各类交易和事项相关的审计目标
C. 与期末账户余额相关的审计目标
D. 与列报相关的审计目标

8. 被审计单位由以往的免费提供运费改为由顾客承担45%的运费，其当年发生的运输费用占当年营业收入的比例却上升，这可能意味着被审计单位的（　　）认定存在重大错报。
A. 营业收入的发生　　　　　　B. 营业收入的完整性
C. 销售费用的发生　　　　　　D. 销售费用的完整性

9. 如果审计师怀疑被审计单位虚构销售交易，同时结转成本，应将（　　）认定的重大错报风险评估为高水平。

　A. 营业收入的发生认定　　　　B. 营业成本的完整性认定

　C. 存货的完整性认定　　　　　D. 存货的存在认定

10. 审计师在审计飞宇公司时发现其没有对达到预定可使用状态的自建仓库计提折旧，可能导致（　　）认定产生重大错报。

　A. 固定资产的计价和分摊　　　B. 管理费用的发生

　C. 固定资产的存在　　　　　　D. 管理费用的完整性

11. 以下认定中，主要与财务报表组成要素的高估有关的有（　　）。

　A. 发生　　　　　　　　　　　B. 完整性

　C. 存在　　　　　　　　　　　D. 分类与可理解性

12. 审计师对财务报表实施审计的目标是对（　　）发表审计意见。

A. 被审计单位是否存在违反法律法规行为

B. 财务报表是否按照适用的会计准则和相关会计制度的规定编制

C. 财务报表是否在所有重大方面公允反映被审计单位的财务状况、经营成果和现金流量

D. 财务报表是否真实反映了管理层的判断和决策

13. 在评价财务报表是否按照适用的会计准则和相关会计制度的规定编制时，审计师应当考虑（　　）。

A. 选择和运用的会计政策是否符合适用的会计准则和相关会计制度，并适合于被审计单位的具体情况

B. 财务报表是否真实地反映了交易和事项的经济实质

C. 财务报表反映的信息是否具有相关性、可靠性、可比性和可理解性

D. 管理层做出的会计估计是否合理

14. 下列各项审计证据中，属于来自被审计单位内部证据的有（　　）。

A. 被审计单位已对外报送的财务报表

B. 被审计单位提供的银行对账单

C. 被审计单位外聘律师关于未决诉讼的声明书

D. 被审计单位管理层声明书

15. 下列表述中，不正确的有（　　）。

A. 审计师获取审计证据时，不论是重要的审计项目，还是一般的审计项目，均应考虑成本效益原则

B. 审计证据的适当性是指审计证据的相关性和可靠性，相关性是指证据应与审计范围相关

C. 从外部独立来源获取的审计证据一定比从其他来源获取的审计证据更可靠

D. 审计师在考虑审计证据的相关性时，应当考虑的一个内容就是直接获取的审计证据比间接获取或推论得出的审计证据更可靠

16. 审计师在指导助理人员确定审计证据的相关性时提出以下观点，

其中正确的有（　　）。

A. 检查期后应收账款收回的记录和文件可以提供有关存在和计价的审计证据，但是不一定与期末截止是否适当相关
B. 有关存货实物存在的审计证据并不能够替代与存货计价相关的审计证据
C. 审计师可以分析应收账款的账龄和应收账款的期后收款情况，以获取与坏账准备计价有关的审计证据
D. 有关存货实物存在的审计证据能够替代与存货计价相关的审计证据

17. 下列审计工作底稿归档后属于当期档案的有（　　）。
A. 审计调整分录汇总表　　　B. 公司章程
C. 企业营业执照　　　　　　D. 审计计划

18. 运用审计抽样产生的抽样风险可能包括（　　）。
A. 误受风险　　　　　　　　B. 误拒风险
C. 信赖过度风险　　　　　　D. 信赖不足风险

19. 以下各项中，属于非抽样风险产生的原因的有（　　）。
A. 审计师选择的总体不适合于测试目标
B. 审计师未能适当地定义误差（包括控制偏差或错报），导致审计师未能发现样本中存在的偏差或错报
C. 审计师选择了不适于实现特定目标的审计程序
D. 审计师未能适当地评价审计发现的情况

三、判断题（正确的在括号内打"√"，错误的打"×"）

1. 审计是经济发展到一定阶段的产物。（　　）
2. 审计是经授权或委托方可执行的一种行为，所以其目的取决于审计授权人或委托人。（　　）
3. 内部审计机构的性质和会计检查机构基本相同，因此，不必单独设置。（　　）
4. 审计是由独立的专门机构人员或人员接受委托或根据授权，对国家行政、事业单位及其他经济组织的会计报表和其他资料及所反映的经济活动进行审查并发表审计意见的过程。（　　）
5. 内部审计的结果只对本部门、本单位负责，对外不起鉴证作用。（　　）
6. 在我国，审计师必须在取得会计师事务所授权以后，才可以以个人名义承接审计业务。（　　）
7. 审计准则是衡量审计工作质量的尺度或标准。（　　）
8. 审计人员在评价审计结果时所运用的重要性水平一定等于编制审计计划时确定的重要性水平。（　　）
9. 内部控制存在的固有局限性，无论如何设计和执行，也只能对财务报告的可靠性提供合理的保证。（　　）

10. 审计证据的充分性和恰当性是审计证据两大相互独立的特征,彼此之间没有任何的联系。（　　）

11. 口头证据的证明力相对较弱,因此口头证据不重要。（　　）

12. 审计抽样是审计人员在进行审计时,从被审计对象总体中抽出一部分项目进行审计从而得出结论的方法。（　　）

13. 统计抽样是根据概率论理论来选取样本,进而推断总体的方法。
（　　）

14. 审计人员取得的书面证据证明力都很强。（　　）

四、简答题

1. 审计师通常依据各类交易、账户余额和列报的相关认定确定审计目标,根据审计目标设计审计程序。以下给出了采购交易的审计目标,并列举了部分实质性程序。

（1）审计目标:

A. 所记录的采购交易已发生,且与被审计单位有关。

B. 所有应当记录的采购交易均已记录。

C. 与采购交易有关的金额及其他数据已恰当记录。

D. 采购交易已记录于恰当的账户。

E. 采购交易已记录于正确的会计期间。

（2）实质性程序:

F. 将采购明细账中记录的交易同购货发票、验收单和其他证明文件比较。

G. 根据购货发票反映的内容,比较会计科目表上的分类。

H. 从购货发票追查至采购明细账。

I. 从验收单追查至采购明细账。

J. 将验收单和购货发票上日期与采购明细账中的日期进行比较。

K. 检查购货发票、验收单、订货单和请购单的合理性和真实性。

L. 追查存货的采购至存货明细记录。

要求:请根据题中给出的审计目标,指出对应的相关认定;针对每一审计目标,选择相应的实质性程序（一项实质性程序可能对应一项或多项审计目标,每一审计目标可能选择一项或多项实质性程序）。请将财务报表相关认定及选择的实质性程序字母序号填入给定的表格中（见表1-3）。

表1-3

相关认定	审计目标	实质性程序
	所记录的采购交易已发生,且与被审计单位有关	
	所有应当记录的采购交易均已记录	
	与采购交易有关的金额及其他数据已恰当记录	
	采购交易已记录于恰当的账户	
	采购交易已记录于正确的会计期间	

2. 假设审计师在执行天逸公司财务报表审计时分别发现表 1-4 中的事项，请分别针对每一事项指明被审计单位违反了哪一项认定。要求：先写出认定的大类，再写出认定的名称，例如："与各类交易和事项相关的认定：发生"。

表 1-4

财务报表审计时分别发现的事项	违反的认定	所属类别
本期交易推迟至下期记账，或者将下期应当记录的交易提前到本期记录	截止	与各类交易和事项相关的认定
期末少计提累计折旧错误	准确性	与各类交易和事项相关的认定
在销售明细账中记录了并没有发生的一笔销售业务	发生	与各类交易和事项相关的认定
不存在某顾客，在应收账款明细表中却列入了对该顾客的应收账款	存在	与期末账户余额相关的认定
财务报表附注没有分别对原材料、在产品和产成品等存货成本核算方法做恰当的说明	分类和可理解性	与列报相关的认定
将不属于被审计单位的债务记入账内	权利和义务	与期末账户余额相关的认定
将出售某经营性固定资产（并非企业的日常交易事项）所得的收入记录为主营业务收入	分类	与各类交易和事项相关的认定
没有将一年内到期的长期负债列为一年内到期的非流动负债	分类和可理解性	与列报相关的认定
发生了一项销售交易，但没有在销售明细账和总账中记录	完整性	与各类交易和事项相关的认定
在销售交易中有如下情况：①发出商品的数量与账单上的数量不符；②开具账单时运用了错误的销售价格；③账单中的乘积或加总有误；④在销售明细账中记录了错误的金额	准确性	与各类交易和事项相关的认定
存在对某客户的应收账款，在应收账款明细表中却没有列入对该客户的应收账款	完整性	与期末账户余额相关的认定
关联交易类型、金额没有在财务报表附注中作恰当披露	准确性和计价	与列报相关的认定
关联方和关联交易，没有在财务报表中充分披露	完整性	与列报相关的认定
将现销记录为赊销	分类	与各类交易和事项相关的认定

学习情境二 计划审计工作

 **职业能力目标**

了解首次接受委托和连续审计初步业务活动的不同侧重点，了解总体审计策略和具体审计计划的作用，掌握初步业务活动的目的和内容，掌握审计风险和审计重要性的内涵。能根据资料单向被审计单位索要会计资料，并填制与初步业务活动相关的审计工作底稿，能正确制定总体审计策略，能根据总体审计策略编制具体审计计划，能对审计风险和审计重要性水平作出初步评估。

 **典型工作任务**

1. 认识初步业务活动的目的和内容。
2. 签订审计业务约定书。
3. 制定总体审计策略。
4. 编制具体审计计划。
5. 初步评估审计风险的高低。
6. 依据审计风险确定初始的重要性水平。

 阅读资料

1.《中国注册会计师审计准则第1111号——就审计业务约定条款达成一致意见》
2.《中国注册会计师审计准则第1201号——计划审计工作》
3.《中国注册会计师审计准则第1221号——计划和执行审计工作时的重要性》

学习子情境一
接受业务委托

2013年12月3日，恒信会计师事务所的注册会计师钱波接到好朋友李杰的电话，说有一个亲戚开办的鹏飞有限责任公司2013年度的会计报表拟委托会计师事务所审计，正在寻找合适的会计师事务所。李杰希望钱波能够承接对该公司的审计。钱波一方面受朋友所托，另一方面也认为开拓了一个新客户，于是非常爽快地答应了。同时钱波考虑该项业务的复杂性和特殊性，除按规定标准收取审计费外，另在业务约定条款中提出增加2万元赶工费，并于2014年2月1日亲自带领审计小组到鹏飞有限责任公司实施审计。鹏飞有限责任公司属于私营公司，主营计算机软件开发，兼营计算机硬件、配件等，自开业5年来业务发展很好，但从没有接受过注册会计师审计。注册会计师钱波是恒信会计师事务所的出资人之一，业务专长是对工业企业，尤其是国有工业企业进行会计报表审计。恒信会计师事务所在承接此项业务时有什么问题吗？

■ 职业判断

会计师事务所在接受审计业务之前，必须进行初步业务活动以评估是否接受委托，开展审计工作。

一、初步业务活动的目的和内容

（一）初步业务活动的目的

注册会计师在计划审计工作前，需要开展初步业务活动，实现以下三个主要目的：第一，具备执行业务所需的独立性和能力；第二，不存在因管理层诚信问题而可能影响注册会计师保持该项业务的意愿的事项；第三，与被审计单位之间不存在对业务约定条款的误解。

（二）初步业务活动的内容

注册会计师在本期审计业务开始时应当开展下列初步业务活动：一是针对保持客户关系和具体审计业务实施相应的质量控制程序；二是评价遵守相关职业道德要求的情况；三是就审计业务约定条款达成一致意见。

二、签订审计业务约定书

（一）审计业务约定书的含义

审计业务约定书是指会计师事务所与被审计单位签订的，用以记录和确认审计业务的委托与受托关系、审计目标和范围、双方的责任以及报告的格式等事项的书面协议。审计业务约定书应由会计师事务所和委托人双方的法定代表人或其授权人共同签订，并加盖委托人和会计师事务所的印章。

签订后的审计业务约定书具有法定约束力，具有与经济合同同等的法律效力，成为委托人和受托人双方之间在法律上的生效契约。如果出现法律诉讼，它是确定双方责任的首要依据之一。此外，从审计工作本身来看，当委托和受托目标全部实现后，即审计工作全部完成后，注册会计师应将审计业务约定书妥善保管，作为一项重要的审计工作底稿资料，纳入审计档案管理。

（二）审计业务约定书的基本内容

审计业务约定书的具体内容和格式可能因被审计单位的不同而不同，但应当包括以下主要内容：

（1）财务报表审计的目标和范围；
（2）注册会计师的责任；
（3）管理层的责任；
（4）指出用于编制财务报表所适用的财务报告编制基础；
（5）提及注册会计师拟出具的审计报告的预期形式和内容，以及对在特定情况下出具的审计报告可能不同于预期形式和内容的说明。

上述条款都是审计业务约定书的必备条款。如果情况需要，注册会计师应当考虑在审计业务约定书中列明下列内容：在某些方面对利用其他注册会计师和专家工作的安排；与审计涉及的内部审计人员和被审计单位其他员工工作的协调；预期向被审计单位提交的其他函件或报告；与治理层整体直接沟通；在首次接受审计委托时，对与前任注册会计师沟通的安排；注册会计师与被审计单位之间需要达成进一步协议的事项。

对于连续审计，注册会计师应当考虑是否需要根据具体情况修订业务约定的条款，以及是否需要提醒被审计单位注意现有的业务约定条款。

业务操作

首次接受审计委托的初步业务活动

步骤一：与被审计单位面谈，讨论下列事项：
（1）审计的目标；
（2）审计报告的用途；
（3）管理层对财务报表的责任；

(4) 审计范围;

(5) 执行审计工作的安排,包括出具审计报告的时间要求;

(6) 审计报告格式和对审计结果的其他沟通形式;

(7) 管理层提供必要的工作条件和协助;

(8) 注册会计师不受限制地接触任何与审计有关的记录、文件和所需要的其他信息;

(9) 必要时利用被审计单位专家或内部审计人员的程度;

(10) 审计收费。

步骤二:初步了解被审计单位及其环境,并予以记录。

为了确定是否接受被审计单位的审计委托,并在决定接受委托后做好审计工作计划,审计人员必须充分了解被审计单位及其环境,以评估客户的风险大小。需要了解的基本内容包括:

(1) 客户的诚信;

(2) 客户的经营风险;

(3) 客户的财务状况。

步骤三:征得被审计单位书面同意后,与前任注册会计师沟通。

后任注册会计师向前任注册会计师询问的内容应当合理、具体,既不能过于宽泛,也不宜过于琐碎。必要沟通过程中通常值得关注和询问的事项包括:

(1) 是否发现被审计单位管理层存在诚信方面的问题;

(2) 前任注册会计师与管理层在重大会计、审计等问题上存在的意见分歧;

(3) 前任注册会计师曾与被审计单位治理层沟通过的关于管理层舞弊、违反法规行为以及内部控制的重大缺陷等问题;

(4) 前任注册会计师认为导致被审计单位变更会计师事务所的原因。

步骤四:评价是否具备执行该项审计业务所需要的独立性和专业胜任能力。

会计师事务所应主要考虑:

(1) 项目组的时间和资源;

(2) 项目组的专业胜任能力;

(3) 执业的独立性;

(4) 预计收取的费用及可回收比率。

步骤五:完成业务承接评价表填制,样表见表 2 - 1。

表 2 - 1　　　　　　　　　　　　业务承接评价表

被审计单位:_____	索引号:_____
项目:_____	财务报表截止日/期间:_____
编制:_____	复核:_____
日期:_____	日期:_____

1. 客户法定名称(中/英文):_____
2. 客户地址:_____
电话:_____ 传真:_____
电子信箱:_____ 网址:_____
联系人:_____

续表

3. 客户性质（国有/外商投资/民营/其他）：
_____

4. 客户所属行业、业务性质与主要业务：
_____

5. 最初接触途径（详细说明）
（1）本所职工引荐 _____
（2）外部人员引荐 _____
（3）其他（详细说明）_____

6. 客户要求我们提供审计服务的目的以及出具审计报告的日期：
_____

7. 治理层及管理层关键人员（姓名与职位）：

姓　名	职　位
……	

8. 主要财务人员（姓名与职位）：

姓　名	职　位
……	

9. 直接控股母公司、间接控股母公司、最终控股母公司的名称、地址、相互关系、主营业务及持股比例：
_____

10. 子公司的名称、地址、相互关系、主营业务及持股比例：
_____

11. 合营企业的名称、地址、相互关系、主营业务及持股比例：
_____

12. 联营企业的名称、地址、相互关系、主营业务及持股比例：
_____

13. 分公司名称、地址、相互关系、主营业务：
_____

14. 客户主管税务机关：
_____

15. 客户法律顾问或委托律师（机构、经办人、联系方式）：
_____

16. 客户常年会计顾问（机构、经办人、联系方式）：
_____

17. 前任注册会计师（机构、经办人、联系方式）、变更会计师事务所的原因，以及最近三年变更会计师事务所的频率。
_____

18. 根据对客户及其环境的了解，记录下列事项：

事　项	是	否	不适用
客户的诚信			
经营风险			
财务状况			

续表

客户的风险级别（高/中/低）：
19. 根据本所目前的情况，考虑下列事项： 项目组的时间和资源 项目组的专业胜任能力 执业的独立性 预计收取的费用及可回收比率
20. 其他方面的意见：

项目负责合伙人：	风险管理负责人（必要时）：
基于上述方面，我们_____（接受或不接受）此项业务。	基于上述方面，我们_____（接受或不接受）此项业务。
签名	签名
日期	日期

最终结论：
签名　　　　　日期：

步骤六：签订审计业务约定书。

> **小提示**
> 在连续审计的初步业务活动中，在实施步骤一时应与被审计单位讨论相关项目有无变化，在实施步骤二时应了解被审计单位及其环境有无重大变化，步骤三肯定不需实施，步骤四与初次接受业务委托时一样进行，在实施步骤五时需要填制业务保持评价表，最后是否每一年均要签订审计业务约定书，需要视情况而定。

接引例，恒信会计师事务所在进行了初步业务活动之后，与鹏飞有限责任公司签订了审计业务约定书。

审计业务约定书

甲方：鹏飞有限责任公司

乙方：恒信会计师事务有限责任公司

兹由甲方委托乙方对甲方 2013 年度财务报表进行审计，经双方协商，达成如下约定：

一、业务范围及审计目标

（1）乙方接受甲方委托，对甲方按照《企业会计准则》编制的 2013 年 12 月 31 日的资产负债表、2013 年度的利润表、股东权益变动表、现金流量表以及财务报表附注（以下统称财务报表）进行审计。

（2）乙方通过执行审计工作，对财务报表的下列方面发表审计意见：①财务报表是否按照《企业会计准则》的规定编制；②财务报表是否在所有重大方面公允反映甲方的财务状况、经营成果和现金流量。

二、甲方的责任与义务

（一）甲方的责任

（1）根据《中华人民共和国会计法》及《企业财务会计报告条例》，甲方及甲方负责人有责任保证会计资料的真实性和完整性。因此，甲方管理层有责任妥善保存和提供会计记录（包括但不限于会计凭证、会计账簿及其他会计资料），这些记录必须真实、完整地反映甲方的财务状况、经营成果和现金流量。

（2）按照《企业会计准则》的规定编制财务报表是甲方管理层的责任，这种责任包括：①设计、实施和维护与财务报表编制相关的内部控制，以使财务报表不存在由于舞弊或错误而导致的重大错报；②选择和运用恰当的会计政策；③做出合理的会计估计。

（二）甲方的义务

（1）及时地为乙方的审计工作提供其所要求的全部会计资料和其他有关资料（在2014年1月15日之前提供审计所需的全部资料），并保证所提供资料的真实性和完整性。

（2）确保乙方不受限制地接触任何与审计有关的记录、文件和所需的其他信息。

（3）甲方管理层对其做出的与审计有关的声明予以书面确认。

（4）为乙方派出的有关工作人员提供必要的工作条件和协助，主要事项将由乙方于外勤工作开始前提供清单。

（5）按本约定书的约定及时足额支付审计费用以及乙方人员在审计期间的交通、食宿和其他相关费用。

三、乙方的责任和义务

（一）乙方的责任

（1）乙方的责任是在实施审计工作的基础上对甲方财务报表发表审计意见。乙方按照《中国注册会计师审计准则》（以下简称审计准则）的规定进行审计。审计准则要求注册会计师遵守职业道德规范，计划和实施审计工作，以对财务报表是否不存在重大错报获取合理保证。

（2）审计工作涉及实施审计程序，以获取有关财务报表金额和披露的审计证据。选择的审计程序取决于乙方的判断，包括对由于舞弊或错误导致的财务报表重大错报风险的评估。在进行风险评估时，乙方考虑与财务报表编制相关的内部控制，以设计恰当的审计程序，但目的并非对内部控制的有效性发表意见。审计工作还包括评价管理层选用会计政策的恰当性和做出会计估计的合理性，以及评价财务报表的总体列报。

（3）乙方需要合理计划和实施审计工作，以使乙方能够获取充分、适当的审计证据，为甲方财务报表是否不存在重大错报获取合理保证。

（4）乙方有责任在审计报告中指明所发现的甲方在某些重大方面没有遵循企业会计准则编制财务报表且未按乙方的建议进行调整的事项。

（5）由于测试的性质和审计的其他固有限制，以及内部控制的固有局限性，不可避免地存在某些重大错报在审计后可能仍然未被乙方发现的风险。

（6）在审计过程中，乙方若发现甲方内部控制存在乙方认为的重要缺陷，应向甲方提交管理建议书。但乙方在管理建议书中提出的各种事项，并不代表已全面说明所有可能存在的缺陷或已提出所有可行的改善建议。甲方在实施乙方提出的改善建议前应全面评估其影响。未经乙方书面许可，甲方不得向任何第三方提供乙方出具的管理建议书。

（7）乙方的审计不能减轻甲方及甲方管理层的责任。

（二）乙方的义务

（1）按照约定时间完成审计工作，出具审计报告。乙方应于2014年3月31日前出具审计报告。

（2）除下列情况外，乙方应当对执行业务过程中知悉的甲方信息予以保密：①取得甲方的授权；②根据法律法规的规定，为法律诉讼准备文件或提供证据，以及向监管机构报告发现的违反法规行为；③接受行业协会和监管机构依法进行的质量检查；④监管机构对乙方进行行政处罚（包括监管机构处罚前的调查、听证）以及乙方对此提起行政复议。

四、审计收费

（1）本次审计服务的收费是以乙方各级别工作人员在本次工作中所耗费的时间为基础计算的。乙方预计本次审计服务的费用总额为人民币25万元。

（2）甲方应于本约定书签署之日起15日内支付40%的审计费用，其余款项于审计报告草稿完成日结清。

（3）如果由于无法预见的原因，致使乙方从事本约定书所涉及的审计服务实际时间较本约定书签订时预计的时间有明显的增加或减少时，甲乙双方应通过协商，相应调整本约定书第四条第（1）项下所述的审计费用。

（4）如果由于无法预见的原因，致使乙方人员抵达甲方的工作现场后，本约定书所涉及的审计服务不再进行，甲方不得要求退还预付的审计费用；如上述情况发生于乙方人员完成现场审计工作，并离开甲方的工作现场之后，甲方应另行向乙方支付人民币5万元的补偿费，该补偿费应于甲方收到乙方的收款通知之日起5日内支付。

（5）与本次审计有关的其他费用（包括交通费、食宿费等）由甲方承担。

五、审计报告和审计报告的使用

（1）乙方按照《中国注册会计师审计准则第1501号——对财务报表形成审计意见和出具审计报告》、《中国注册会计师审计准则第1502号——在审计报告中发表非无保留意见》和《中国注册会计师审计准则第1503号——在审计报告中增加强调事项段和其他事项段》规定的格式和类型出具审计报告。

（2）乙方向甲方致送审计报告一式3份。

（3）甲方在提交或对外公布审计报告时，不得修改乙方出具的审计报告及其后附的已审计财务报表。当甲方认为有必要修改会计数据、报表附注和所作的说明时，应当事先通知乙方，乙方将考虑有关的修改对审计报告的影响，必要时，将重新出具审计报告。

六、本约定书的有效期间

本约定书自签署之日起生效，并在双方履行完毕本约定书约定的所有义务后终止。但其中第三（二）（2）、四、五、八、九、十项并不因本约定书终止而失效。

七、约定事项的变更

如果出现不可预见的情况，影响审计工作如期完成，或需要提前出具审计报告，甲、乙双方均可要求变更约定事项，但应及时通知双方，并由双方协商解决。

八、终止条款

（1）如果根据乙方的职业道德及其他有关专业职责、适用的法律法规或其他任何法定的要求，乙方认为已不适宜继续为甲方提供本约定书约定的审计服务时，乙方可以采取向甲方提出合理通知的方式终止履行本约定书。

（2）在终止业务约定的情况下，乙方有权就其于本约定书终止之日前对约定的审计服务项目所做的工作收取合理的审计费用。

九、违约责任

甲、乙双方按照《中华人民共和国合同法》的规定承担违约责任。

十、适用法律和争议解决

本约定书的所有方面均应适用中华人民共和国法律进行解释并受其约束。本约定书履行地为乙方出具审计报告所在地，因本约定书所引起的或与本约定书有关的任何纠纷或争议（包括关于本约定书条款的存在、效力或终止，或无效之后果），双方选择以下两种解决方式：

（1）向有管辖权的人民法院提起诉讼；

（2）提交仲裁委员会仲裁。

十一、双方对其他有关事项的约定

本约定书一式两份，甲、乙方各执一份，具有同等法律效力。

甲方：鹏飞股份有限责任公司　　　　乙方：恒信会计师事务有限责任公司
授权代表：李宁　　　　　　　　　　授权代表：赵静
2012 年 12 月 5 日　　　　　　　　　2012 年 12 月 5 日

引例分析

恒信会计师事务所如果要接受鹏飞公司的审计委托，从独立性和专业胜任能力原则方面考虑，不能委派钱波承担该项审计业务，应当委派熟悉计算机行业，并具有丰富的软件领域审计经验的其他注册会计师承接该项业务，同时应当提请注册会计师在审计中注意鹏飞公司属于私营公司和以前年度没有接受过注册会计师审计这两个方面所带来的审计风险。该案例中，钱波在独立性以及对高新科技行业的审计能力都存在疑问时，却毫不犹豫地承接了业务，容易导致审计失败。

学习子情境二
编制审计计划

情境引例

恒信会计师事务所对一家制造业大型公司执行审计工作已多年，由于该公司的内部控制一直是令人满意的，而且该公司所处的行业非常稳定，实施控制测试和实质性程序的结果都表明，该公司财务报表合法、公允，因此从未向该公司出具过非无保留意见审计报告。

今年，该会计师事务所派一位新招募来的职员负责这项审计工作。主任会计师通知他，今年的预算时间应当与以前年度保持一致。审计期间他向会计师事务所报告了以下事项：该公司最近对其存货系统实行电算化改造；总会计师在此期间辞职，其职位空闲有两个月；控制测试发现许多错误。尽管如此，原定的预算时间并未做出修改。由于时间紧迫，审计人员未对电算化系统进行测试。年末审计恰恰在预算时间内完成，最终表示了无保留意见。会计师事务所负责人对审计组的工作效率和成果感到很满意。但几个月后这家公司陷入严重的财务困境，无法偿还到期债务。产生该状况的问题何在呢？

■ 职业判断

审计计划，是指注册会计师为了完成各项审计业务，达到预期的审计目标，在具体执行审计程序之前编制的工作计划。编制与实施审计计划，并对审计计划的执行情况进行检查，可以保证审计工作有效地进行，有利于合理利用审计资源。

审计计划包括总体审计策略和具体审计计划。

一、总体审计策略

（一）总体审计策略的内容

总体审计策略用于界定审计范围、确立审计的报告目标、确定审计项目组的工作方向、合理配置审计资源等,并指导制订具体审计计划。

注册会计师应当在总体审计策略中清楚地说明审计资源的规划和调配,包括确定执行审计业务所必需的审计资源的性质、时间安排和范围。具体包括:

(1)向具体审计领域调配的资源,包括向高风险领域分派有适当经验的项目组成员、就复杂的问题利用专家工作等;

(2)向具体审计领域分配资源的多少,包括分派到重要地点进行存货监盘的项目组成员的数量、在集团审计中复核组成部分注册会计师工作的范围、向高风险领域分配的审计预算时间等;

(3)何时调配这些资源,即是在期中审计阶段还是在关键的截止日期调配资源等;

(4)如何管理、指导、监督这些资源的利用,包括预期何时召开项目组预备会和总结会、预期项目合伙人和经理如何进行复核、是否需要实施项目质量控制复核等。

(二)制定总体审计策略应考虑的事项

总体审计策略在制定时,注册会计师需要考虑以下主要事项:

1. 审计工作范围

(1)编制财务报表适用的会计准则和相关会计制度;

(2)特定行业的报告要求;

(3)预期的审计工作涵盖范围,包括需审计的集团组成部分的数量及所在地点;

(4)母公司和集团组成部分之间存在的控制关系的性质,以确定如何编制合并财务报表;

(5)其他注册会计师参与审计被审计单位组成部分的范围;

(6)需审计的业务分部,包括是否需要具备专门知识;

(7)内部审计工作的可利用性及对内部审计工作的拟信赖程度。

2. 报告目标

(1)提交审计报告的时间要求;

(2)预期就审计工作的性质、范围和时间等与管理层和治理层进行沟通的时间安排;

(3)与组成部分注册会计师沟通,包括组成部分的报告类型、报告时间及与审计相关的事项;

3. 审计工作方向

(1)确定适当的重要性水平;

(2)初步识别可能存在较高的重大错报风险的领域;

(3)项目组人员的选择(在必要时包括项目质量控制复核人员)和工作分工,包括向重大错报风险较高的审计领域分派具备适当经验的人员;

(4)项目预算,包括考虑为重大错报风险可能较高的审计领域分配适当的工作时间。

(5)向项目组成员强调在收集和评价审计证据过程中保持职业怀疑必要性的方式等。

二、具体审计计划

具体审计计划是依据总体审计策略制定的,比总体审计策略更加详细。具体审计计划包括项目组成员拟实施的审计程序的性质、时间和范围。

1. 风险评估程序

为了足够识别和评估财务报表重大错报风险,具体审计计划应包括风险评估程序的性质、时间和范围。

2. 计划实施的进一步审计程序

针对评估的认定层次的重大错报风险,注册会计师应计划实施进一步审计程序的性质、时间和范围。

注册会计师计划的进一步审计程序可以分为进一步审计程序的总体方案和拟实施的具体审计程序两个层次。进一步审计程序的总体方案主要是指注册会计师针对各类交易、账户余额和披露决定采用的总体方案(包括实质性方案或综合性方案)。具体审计程序则是对进一步审计程序的总体方案的延伸和细化,它通常包括控制测试和实质性程序的性质、时间安排和范围。另外,完整、详细的进一步审计程序的计划包括对各类交易、账户余额和披露实施的具体审计程序的性质、时间安排和范围,以及抽取的样本量等。

在实务中,注册会计师可以统筹安排进一步审计程序的先后顺序,如果对某类交易、账户余额或披露已经做出计划,则可以安排先行开展工作,与此同时再制定其他交易、账户余额和披露的进一步审计程序。

3. 计划实施的其他审计程序

计划实施的其他审计程序可以包括上述进一步审计程序的计划中没有涵盖的、根据其他审计准则要求注册会计师应当执行的既定程序。如阅读含有已审计财务报表的文件中的其他信息、与被审计单位律师直接沟通等。

调查显示,由于计算机系统错误的存货定价及未考虑存货的过期贬值,导致了高估存货价值。由于新任总会计师伪造发票,并维持销售收入水平与以前年度相当,因此高估了销售收入和债权。此外,负责存货审计的助理人员,是一个刚刚毕业的学生,只测试了很少的存货样本。这些样本中存在的存货计价错误被认定为不重要,因此没有追加进一步的审计程序。由于预算时间的限制,没有执行债务周转率等分析程序。这些情况导致了此次审计失败。因此,实施审计程序之前进行充分的审计计划对于审计成败是至关重要的。

三、总体审计策略与具体审计计划的关系

计划审计工作是一个持续、不断修正的过程,贯穿于整个审计业务的始终。注册会计师针对总体审计策略中所识别的不同事项,制订具体审计计划,并考虑通过有效利用审计资源以实现审计目标。值得注意的是,虽然制定总体审计策略的过程通常在具体审计计划之前,但是两项计划具有内在紧密联系,对其中一项的决定可能会影响甚至改变对另外一项的决定。例如,注册会计师在了解被审计单位及其环境的过程中,注意到被

审计单位对主要业务的处理依赖复杂的自动化信息系统,因此计算机信息系统的可靠性及有效性对其经营、管理、决策以及编制可靠的财务报告具有重大影响。对此,注册会计师可能会在具体审计计划中制定相应的审计程序,并相应调整总体审计策略的内容,做出利用信息风险管理专家的工作的决定。

> (1) 注册会计师可以同被审计单位的治理层和管理层就计划审计工作的时间安排、总体策略、具体审计计划的某些内容等情况进行沟通,但要保持职业谨慎,以防止由于具体审计程序易于被管理层或治理层预见而损害审计工作的有效性。
> (2) 制订审计计划仍然是注册会计师的责任。
> (3) 审计计划不是一成不变的,需根据审计业务的实际情况及时修正、更新,贯穿于整个审计过程。注册会计师应记录对审计计划做出重大更改的理由以及采取的应对措施。

业务操作

制定审计计划

步骤一:编制总体审计策略

恒信会计师事务所负责玉成有限责任公司的年度报告审计,在2013年度第四季度分析了被审计单位的实际情况以后,注册会计师赵静编制了当年的审计计划。表2-2是总体审计策略的简略格式。

表2-2　　　　　　　　　　　总体审计策略

被审计单位:	玉成有限责任公司	索引号:	BE
项目:	总体审计策略	财务报表截止日/期间:	2013.12.31
编制:	赵静	复核:	孙兵
日期:	2013年11月20日	日期:	2013年12月2日

一、被审计单位基本情况 (略)

二、审计目的与审计范围

接受玉成有限责任公司董事会委托,对该公司2013年12月31日的资产负债表及2013年度的利润表和现金流量表,对这些报表的合法性和公允性发表审计意见,出具审计报告。

三、初步审计策略

玉成有限责任公司是常年客户,不进行全面的控制测试,但对一些变动较大的项目实施重点关注;按业务循环进行实质性测试。

四、评价内部控制和审计风险

玉成有限责任公司内部控制制度完善，实施效果良好，本年度中没有发现影响内部控制有效性的重大事项，但该公司本年度的盈利水平有较大幅度的下降，可能存在一定的财务问题，审计风险相对较大。

五、重要会计问题及重点审计领域

1. 营业收入、营业成本
2. 影响利润的其他损益项目
3. 应收账款
4. 存货

六、重要性水平初步评估

采用经验参考数据来估算各报表的重要性水平，选择最低者为报表层次的重要性水平。

根据资产总额估算：65 000×1% = 650（万元）

根据所有者权益总额估算：35 000×1% = 350（万元）

根据营业收入净额估算：30 000×1% = 300（万元）

根据利润总额估算：10 000×5% = 500（万元）

结合玉成有限责任公司的审计风险，初步确定该公司报表层次的重要性水平为300万元。

七、审计工作进度及时间、费用预算

外勤工作自2014年1月21日至1月24日，共4个工作日；编写审计报告自2014年2月1日至2月5日，共5个工作日；审计报告送出日为2014年2月10日。

审计收费按日为基础计算，预算为20万元。

八、审计项目组组成及人员分工（略）

九、对专家、内部审计人员及其他审计人员的利用

年度报表常规审计，无须利用专家和其他审计人员，但在审计过程中需与该公司内部审计人员进行必要的沟通。

十、其他事项（略）

十一、计划修改记录（略）

步骤二：根据总体审计策略编制具体审计计划

接引例，依据总体审计策略发现，本年度的盈利水平有较大幅度的下降，可能存在一定的财务问题，审计风险相对较大。据此我们以收入及其相关的账户作为重点，对具体的审计计划加以介绍。

首先进行总体分析：对收入循环进行总体分析，分析当期收入变动的合理性，确定审计策略。

然后分科目审验：

（一）应收账款

1. 执行"获取或编制应收账款明细表，复核加计正确并与总账数、报表数及明细账合计数核对是否相符"程序

（1）向客户索取或根据明细账编制"应收账款明细表"；

（2）复核加计，与报表数、总账数和明细账合计数核对相符；

（3）分析明细账余额，对于出现贷方余额的项目，应查明原因，必要时作重分类调整；

（4）结合关联交易查验，关注关联方欠款；

2. 执行"查验应收账款账龄分析是否正确"程序

（1）获取客户最明细一级的"科目汇总表"，对其中应收账款部分的增减变动进行分析，并编制"应收账款回款分析表"；

（2）根据当期收款情况，分析期末余额的账龄；对于账龄2年以上的欠款应查阅上期审计底稿（连续审计）或追溯查验，并关注收回的可能性；

（3）充分关注是否存在与债务人发生纠纷的款项；

（4）分析应收账款回款率，重点关注大额客户的回款率（比如前5名）。

3. 执行"选取账龄长、金额大的债权，进行函证（包括重分类转入项目）"程序

（1）编制"应收账款函证结果汇总比较情况表"；

（2）函证时，应重点选择账龄长、金额大以及发生纠纷的账户，对于关联单位以及异常账户也应列入函证范围内；

（3）审计人员应当亲自控制询证函的发送和收回，尽量索取回函。对于回函不符金额，应要求客户解释不符原因，并重点检查客户提供的相关资料，同时要观察有无未经认可的大额销售，必要时建议客户作适当调整；

（4）为了不影响审计工作进度，审计人员也可以在发函证的同时利用电话、传真等方式先取得函证结果，以提高审计工作效率，但在审计报告之前一定要获取回函的原件，以支持审计结论和审计意见。

4. 执行"未回函的，可再次复询，如不复询可采用替代审计程序进行检查"以及"抽查明细账发生额，检查原始凭证与账面记录是否相符，检查资金流入来源是否正常"程序

5. 对异常项目及关联方欠款，即使回函相符，仍应取证并审核相关交易合同，判断交易的合法性、真实性

6. 检查坏账损失的会计处理是否经授权批准，账务处理是否正确

7. 涉及债务重组、资产置换的事项，审查有关协议等法律文件及手续是否齐备，账务处理是否正确，并判断交易的合法性和真实性

8. 执行"检查应收账款是否已被抵押、质押，并做出记录"程序

9. 执行"验明应收账款的披露是否恰当"程序

（二）主营业务收入

1. 执行"获取或编制主营业务收入、成本项目明细表，复核加计正确并核对与总账、明细账、报表发生额是否相符"程序

（1）向客户索取或根据明细账编制"主营业务收入、成本项目明细表"；

（2）复核加计，与报表数、总账数和明细账合计数核对相符。

2. 执行"检查收入确认的业务流程是否与前期一致，执行是否有效"程序

（1）对企业的销售流程进行调查；

（2）了解公司的收入和收款的内部控制制度并进行符合性测试。

3. 执行"比较本年度各月各种主营业务收入、成本及毛利率的波动情况,分析其变动趋势是否正常"程序

（1）比较本年各月收入、成本的波动趋势是否异常；

（2）本年各月波动和去年比较,是否合理。

4. 执行"对收入结构进行分析,与上年进行比较是否异常,如有异常,分析异常的原因"程序

5. 执行"计算本期重要产品的毛利率,分析与上期毛利率变化,查验收入与成本配比情况"程序

（1）根据收入结构的分析,对公司主要产品进行毛利率分析；

（2）关注主要产品的收入成本是否配比。

6. 根据普通发票或增值税发票申报表,测算全年收入,与实际入账金额核对,并检查是否存在虚开增值税发票或已销售而未开票情况

7. 获取产品价格目录,抽查售价是否符合价格政策,有无价格异常或转移收入情况

执行"计算本期重要产品的毛利率,分析与上期毛利率变化,查验收入与成本配比情况"程序时,可以将获取的产品价格目录与重要产品的各月平均售价进行比对,在检查收入真实性抽查凭证时,同时关注售价是否有背离产品价格目录的异常现象。

8. 执行"抽查销售业务的销售合同、原始凭证（发票、货运单据）,并追查至记账凭证及明细账"程序

（1）收入的真实性查验应结合应收账款进行,查验要点见"应收账款借方发生额真实性查验程序"；

（2）重点关注大额客户的销售真实性：

①要求客户提供销售前 10 名销售额；

②查验销售前 10 名客户的销售合同,核对全年产品品种、销量是否相符；

③对销售前 10 名的客户,函证发生额。

9. 执行"实施截止日测试,抽查资产负债表日前后的销售收入与退货记录,对跨年度的重大销售项目应予以调整"程序

（1）从发票到出库单,进行销售截止测试；

（2）从出库单到发票,进行销售截止测试。

10. 结合对资产负债表日应收账款的函证程序,观察有无未经认可的大额销售

11. 检查销售退回与折让手续是否符合规定,是否按规定进行会计处理,查验其真实性、合法性

12. 调查向关联方销售的情况,审查其价格是否公允

13. 执行"验明主营业务收入的披露是否恰当"程序

学习子情境三 评估审计风险及其重要性

根据中国注册会计协会（以下简称中注协）报道，截至3月30日，中注协分不同主题，共6批次约谈了毕马威华振、中磊等15家证券资格会计师事务所（以下简称证券所），提示2011年上市公司年报审计风险。6次约谈主题分别为"频繁变更审计机构的上市公司年报审计风险防范"、"被惩戒事务所及注册会计师执行上市公司年报审计风险防范"、"处在盈亏边缘的上市公司年报审计风险防范"、"业绩大幅波动的上市公司年报审计风险防范"、"被媒体曝光、可能涉嫌财务造假的上市公司年报审计风险防范"、"审计费用在同行业中处于较低水平的上市公司年报审计风险防范"。相关证券所的主任会计师、负责质量控制或技术标准的合伙人以及执行上市公司2011年年报审计业务的签字注册会计师接受约谈。很多人不理解，为什么中注协要大费周章推进这项工作？对证券所来说有何意义？

职业判断

在执行审计过程中注册会计师应当考虑重要性及重要性与审计风险的关系，否则很可能导致审计失败。

一、审计风险

审计风险是指财务报表存在重大错报时注册会计师发表不恰当审计意见的可能性。可接受的审计风险的确定，需要考虑会计师事务所对审计风险的态度、审计失败对会计师事务所可能造成损失的大小等因素。其中，审计失败对会计师事务所可能造成的损失大小又受所审计财务报表的用途、使用者的范围等因素的影响。但必须注意，审计业务是一种保证程度高的鉴证业务，可接受的审计风险应当足够低，以使注册会计师能够合理保证所审计财务报表不含有重大错报。审计风险取决于重大错报风险和检查风险。

（一）重大错报风险

重大错报风险是指财务报表在审计前存在重大错报的可能性。重大错报风险与被审计单位的风险相关，且独立存在于财务报表的审计中。在设计审计程序以确定财务报表整体是否存在重大错报时，注册会计师应当从财务报表层次、各类交易、账户余额和披露认定层次方面考虑重大错报风险。

> 无论哪一个层次的重大错报风险对于注册会计师来说均是不可控风险，因而无法决定其风险的大小，只能评估其高低。

1. 财务报表层次的重大错报风险

财务报表层次重大错报风险与财务报表整体存在广泛联系，可能影响多项认定。此类风险通常与控制环境有关，但也可能与其他因素有关，如经济萧条。此类风险难以界定是某类交易、账户余额和披露的具体认定；相反，此类风险增大了任何项目的不同认定发生重大错报的可能性。

2. 认定层次的重大错报风险

注册会计师应同时考虑各类交易、账户余额和披露认定层次的重大错报风险，考虑的结果直接有助于注册会计师确定认定层次上实施的进一步审计程序的性质、时间安排和范围，以获取充分、适当的审计证据，保证在审计工作完成时，以可接受的低审计风险水平对财务报表整体发表审计意见。认定层次的重大错报风险又可以进一步细分为固有风险和控制风险。

（1）固有风险。固有风险是指在考虑相关的内部控制之前，某类交易、账户余额或披露的某一认定易于发生错报（该错报单独或连同其他错报可能是重大的）的可能性。某些类别的交易、账户余额和披露及其认定的固有风险是比较高的，例如复杂的计算比简单计算更可能出错；受重大计量不确定性影响的会计估计发生错报的可能性较大。产生经营风险的外部因素也可能影响固有风险，比如技术进步可能导致某项产品陈旧，进而导致存货易于发生高估错报。被审计单位及其环境中的某些因素还可能与多个甚至所有类别的交易、账户余额和披露有关，进而影响多个认定的固有风险。这些因素包括维持经营的流动资金匮乏、被审计单位处于夕阳行业等。

（2）控制风险。控制风险是指某类交易、账户余额或披露的某一认定发生错报，该错报单独或连同其他错报是重大的，但没有被内部控制及时防止或发现并纠正的可能性。控制风险取决于与财务报表编制有关的内部控制的设计和运行的有效性。由于控制的固有局限性，某种程度的控制风险始终存在。

> 固有风险和控制风险往往难以单独进行评估，因此将这两者合并称为"重大错报风险"。但这并不意味着，注册会计师不可以单独对固有风险和控制风险进行评估。具体采用的评估方法取决于会计师事务所偏好的审计技术和方法及实务上的考虑。

（二）检查风险

检查风险是指如果存在某一错报，该错报单独或连同其他错报可能是重大的，注册会计师为将审计风险降至可接受的低水平而实施程序后没有发现这种错报的风险。检查风险取决于审计程序设计的合理性和执行的有效性。由于注册会计师通常并不对所有的交易、账户余额和披露进行检查，以及其他原因，检查风险不可能降低为零。其他原因包括注册会计师可能选择了不恰当的审计程序、审计过程执行不当，或者错误解读了审计结论。这些其他因素可以通过适当计划、在项目组成员之间进行恰当的职责分配、保持职业怀疑态度以及监督、指导和复核助理人员所执行的审计工作得以解决。

（三）检查风险与重大错报风险的关系

在既定的审计风险水平下，可接受的检查风险水平与认定层次重大错报风险的评估结果呈反向关系。评估的重大错报风险越高，可接受的检查风险越低；评估的重大错报风险越低，可接受的检查风险越高。检查风险与重大错报风险的反向关系用数学模型表示如下：

审计风险 = 重大错报风险 × 检查风险

即：可接受的检查风险 = 可接受的审计风险 ÷ 重大错报风险

这个模型也就是审计风险模型。假设针对某一认定，注册会计师将可接受的审计风险水平设定为3%，注册会计师实施风险评估程序后将重大错报风险评估为15%，则根据这一模型，可接受的检查风险为20%，注册会计师根据确定的可接受检查风险（20%），设计审计程序的性质、时间安排和范围。当然在实务中，注册会计师不一定用绝对数量表示这些风险水平，而是选用"高"、"中"、"低"等文字描述。

【工作实例2-1】恒信会计师事务所的注册会计师钱波和黎平接受指派，审计鹏华股份有限公司（以下简称鹏华公司）2013年度会计报表。现正在编制审计计划。根据鹏华公司的具体情况和审计质量控制的要求，恒信会计师事务所要求钱波和黎平将鹏华公司年报审计业务的可接受审计风险水平控制在5%的水平上。会计师事务所的业务指导手册规定，10%（含）以下的风险水平为低水平，10%~40%（含）的风险水平为中等水平，超过40%的风险水平为高水平。

钱波和黎平根据以往的经验和对被审计单位及其环境了解的结果，将鹏华公司固有风险评估为高水平，为80%，控制风险评估为低水平，为10%。那么此次审计应当将检查风险控制在什么水平以下？

实例解析

步骤一：固有风险和控制风险合起来被称作重大错报风险，即重大错报风险 = 固有风险 × 控制风险。因此此实例中重大错报风险 = 80% × 10% = 8%。

步骤二：利用审计风险模型，可以推算出检查风险，即可接受的检查风险 = 可接受的审计风险 ÷ 重大错报风险。因此此实例中可接受的检查风险 = 5% ÷ 8% = 12.5%，为中等水平。

步骤三：注册会计师钱波和黎平应根据推算出的检查风险，设计恰当的审计程序，确定审计程序实施的范围和时间，以便将检查风险控制在12.5%以下。

二、评估审计重要性

审计重要性是审计的一个基本概念,其运用贯穿于整个审计过程。一是在计划审计工作时,注册会计师应当考虑导致财务报表发生重大错报的原因,并应当在了解被审计单位及其环境的基础上,确定一个可接受的重要性水平,即首先为财务报表层次确定重要性水平,以发现在金额上重大的错报。同时注册会计师还应当评估各类交易、账户余额和披露认定层次的重要性,以便确定进一步审计程序的性质、时间安排和范围,将审计风险降至可接受的低水平。二是在确定审计意见类型时,注册会计师也需要考虑重要性水平。

(一) 重要性的含义

审计重要性是指被审计单位会计报表中错报或漏报的严重程度,这一严重程度在特定环境下可能影响会计报表使用者的判断或决策。重要性概念可从下列方面进行理解:

(1) 如果合理预期错报(包括漏报)单独或汇总起来可能影响财务报表使用者依据财务报表做出的经济决策,则通常认为错报是重大的;

(2) 对重要性的判断是根据具体环境做出的,并受错报的金额或性质的影响,或受两者共同作用的影响;

(3) 判断某事项对财务报表使用者是否作用重大,需要考虑财务报表使用者整体共同的财务信息需求。由于不同财务报表使用者对财务信息的需求可能差异很大,因此不考虑错报对个别财务报表使用者可能产生的影响。

(二) 重要性水平的确定

审计重要性在量上表现为审计重要性水平。注册会计师在确定审计的重要性水平时,需要考虑对被审计单位及其环境的了解、审计的目标、财务报表各项目的性质及其相互关系、财务报表项目的金额及其波动幅度,同时还应当从性质和数量两个方面合理确定重要性水平。

1. 从数量方面考虑重要性

确定多大错报会影响到财务报表使用者做出决策,是注册会计师运用职业判断的结果。很多注册会计师根据所在会计师事务所的惯例及自己的经验,考虑重要性。通常先选定一基准,再乘以某一百分比作为财务报表整体的重要性。

(1) 选择恰当的基准。在确定可选基准时应考虑的因素包括:

①财务报表主要的要素,比如资产、负债、所有者权益、收入和费用总额等;

②是否存在特定会计主体的财务报表使用者特别关注的项目,比如为了评价财务业绩,使用者可能更关注利润、收入或净资产;

③被审计单位的性质、所处的生命周期阶段以及所处行业和经济环境;

④被审计单位的所有权结构和融资方式,如果被审计单位仅通过债务而非权益进行融资,财务报表使用者可能更关注资产及资产的索偿权,而非被审计单位的收益;

⑤基准的相对波动性,波动太大的财务数据不适宜作为基准。

适当的基准取决于被审计单位的具体情况,对于以营利为目的的实体,通常以经常性业务的税前利润作为基准。就选定的基准而言,数据来源通常包括前期财务成果和财务状况、本期最新的财务成果和财务状况、本期的预算和预测结果。当然，本期最新的财务成果和财务状况、本期的预算和预测结果需要根据被审计单位情况的重大变化（如重大的企业并购）和被审计单位所处行业和经济环境情况的相关变化等做出调整。

（2）确定恰当的比例。为选定的基准确定百分比需要运用职业判断。百分比和选定的基准之间存在一定的联系，如经常性业务的税前利润对应的百分比通常比营业收入对应的百分比要高。例如，对以营利为目的的制造行业实体，注册会计师可能认为经常性业务的税前利润的是适当的；而对非营利组织，注册会计师可能认为总收入或费用总额的1%是适当的。百分比无论是高一些还是低一些，只要符合具体情况，都是适当的。

2. 实际执行的重要性

实际执行的重要性，是指注册会计师确定的低于财务报表整体重要性的一个或多个金额，旨在将未更正和未发现错报的汇总数超过财务报表整体的重要性的可能性降至适当的低水平。

确定实际执行的重要性并非简单机械的计算，需要注册会计师运用职业判断，并考虑下列因素的影响：①对被审计单位的了解（这些了解在实施风险评估程序的过程中得到更新）；②前期审计工作中识别出的错报的性质和范围；③根据前期识别出的错报对本期错报做出的预期。

通常而言，实际执行的重要性为财务报表整体重要性的50%~75%。接近财务报表整体重要性50%的情况：①经常性审计；②以前年度审计调整较多；项目总体风险较高（如处于高风险行业，经常面临较大市场压力，首次承接的审计项目或者需要出具特殊目的报告等）。接近财务报表整体重要性75%的情况：①经常性审计；②以前年度审计调整较少；③项目总体风险较低（如处于低风险行业，市场压力较小）。

此外，如果注册会计师根据不同的基准和百分比确定了多个重要性水平，基于职业谨慎、减少审计风险的考虑，注册会计师通常选择较低的重要性水平。

【工作实例2-2】接前例，鹏华公司未经审计的财务报表显示，2013年度资产总额为180 000万元，净资产为88 000万元，营业收入为240 000万元，利润总额为36 000万元，净利润为24 120万元。为了确定会计报表层次的重要性水平，注册会计师钱波和黎平决定以资产总额、净资产、营业收入以及净利润作为判断基础，采用固定比率法，选定这些判断基础的固定比率分别为0.5%、1%、0.5%和5%。请代为计算并确定鹏华公司2013年度会计报表的重要性水平，列示其计算过程。

实例解析

步骤一：按照注册会计师确定的基准和相应的比例计算重要性水平。

按资产总额计算：180 000 × 0.5% = 900万元

按净资产总额计算：88 000 × 1% = 880万元

按营业收入计算：240 000 × 0.5% = 1 200万元

按净利润计算：24 120 × 5% = 1 206万元

步骤二：出于职业谨慎的考虑，按照最小化原则，选取其中最小的数据作为实际执行的重要性水平，即为880万元。

3. 从性质方面考虑重要性

在某些情况下，金额相对较少的错报可能会对财务报表产生重大影响。例如，一项不重大的违法支付或者没有遵循某项法律规定，但该支付或违法行为可能导致一项重大的或有负债、重大的资产损失或者收入损失，应认为上述事项是重大的。下列描述了可能在性质上影响重要性判断的因素：

（1）对财务报表使用者需求的感知。他们对财务报表的哪一方面最感兴趣。
（2）获利能力趋势。
（3）因没有遵守贷款契约、合同约定、法规条款和法定的或常规的报告要求而产生错报的影响。
（4）计算管理层报酬（奖金等）的依据。
（5）由于错误或舞弊而使一些账户项目对损失的敏感性。
（6）重大或有负债。
（7）通过一个账户处理大量的、复杂的和相同性质的个别交易。
（8）关联方交易。
（9）可能的违法行为、违约和利益冲突。
（10）财务报表项目的重要性、性质、复杂性和组成。
（11）可能包含了高度主观性的估计、分配或不确定性。
（12）管理层的偏见，即管理层是否有动机将收益最大化或者最小化。
（13）管理层一直不愿意纠正已报告的与财务报告相关的内部控制的缺陷。
（14）与账户相关联的核算及报告的复杂性。
（15）自前一个会计期间以来账户特征发生的改变（例如，新的复杂性、主观性或交易的种类）。
（16）个别极其重大但不同的错报抵销产生的影响。

现代公司面临的经营环境是高风险和高复杂性的，这种变化推动审计方法演进到风险导向审计，它要求注册会计师在审计中对审计风险的评估应贯穿于整个审计过程，特别是上市公司财务报告的审计，是审计风险集中的领域。中注协从行业监管的角度提示证券所重视有助于注册会计师关注上市公司的重大错报风险产生的环节，从而有针对性地设计审计程序，更有效率和质量地进行年度报告的审计。

情境小结

本情境主要介绍了会计师事务所在接受业务委托之前要进行的必要的准备工作，即初步业务活动和接受业务委托之后审计计划的制订，包括总体审计策略和具体审计计划，以及审计风险的评估和审计重要性的确定，它们为审计工作有条不紊地开展起到指导作用。

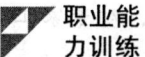

[知识训练]

一、单项选择题（下列答案中有一项是正确的，将正确答案填入括号内）

1.（   ）是指会计师事务所与被审计单位签订的，用以记录和确认审计业务的委托与受托关系、审计目标和范围、双方的责任以及报告格式等事项的书面协议。

A. 审计计划　　　　　　　　　　B. 审计业务约定书

C. 总体审计策略　　　　　　　　D. 具体审计计划

2. 会计师应当在本期审计业务开始时开展初步业务活动，以确保在计划审计工作时执行审计工作的注册会计师达到（   ）的要求。

A. 合理利用专家工作　　　　　　B. 独立性和专业胜任能力

C. 对客户的商业机密保密　　　　D. 按适当的方式收费

3. 下列哪一项工作不是签订审计业务约定书前应做的工作（   ）。

A. 会计师事务所应明确被审计单位应协助的工作

B. 初步了解被审计单位的基本情况

C. 会计师事务所评价的被审计单位的专业胜任能力

D. 确定总体审计策略

4. 具体审计计划不包括下列哪一项内容（   ）。

A. 计划实施的风险评估程序　　　B. 计划实施的进一步审计程序

C. 评估的重大错报风险　　　　　D. 向具体审计领域调配的资源

5. 下列说法中，不正确的有（   ）。

A. 审计业务约定书是由会计师事务所与被审计单位签订的

B. 注册会计师应对执业过程中获知的信息保密

C. 业务约定书中必须包括利用专家工作的安排

D. 业务约定书中应对审计收费予以约定

6. 东方会计师事务所承接了顺达上市公司2013年度的财务报表审计业务，派出了注册会计师张敏进入顺达股份有限公司进行审计，注册会计师张敏按资产总额5 000万元的2‰计算了资产负债表的重要性水平，按净利润600万元的2%计算了利润表的重要性水平，则其最终应取（   ）万元作为财务报表层次的重要性水平。

A. 8　　　　　　　　　　　　　　B. 0

C. 10　　　　　　　　　　　　　D. 12

7. 在签署审计业务约定书之前，注册会计师初步了解被审计单位基本情况时，一般不会将（   ）作为了解的重点。

A. 组织结构　　　　　　　　　　B. 经营风险

C. 重大错报风险　　　　　　　　D. 以前年度接受审计的情况

8. 下列内容中，不属于具体审计计划的是（   ）。

A. 对高风险领域安排的审计时间预算，对专家工作的利用和对其他注册会计师工作的复核范围

B. 为识别和评估财务报表重大错报风险计划实施的风险评估程序的性质、时间和范围

C. 针对所有重大交易、账户余额、列报认定的重大错报风险计划实施的进一步审计程序的性质、时间和范围

D. 注册会计师针对审计业务需要实施的其他审计程序

9. 对于（　　），注册会计师应当根据具体情况评估是否要求对审计业务约定条款作出修改，以及是否需要提醒被审计单位注意现有的条款。

A. 连续审计　　　　　　　　B. 常年审计
C. 年报审计　　　　　　　　D. 首次审计

10. 在制定（　　）时，注册会计师应当确定财务报表整体的重要性。

A. 总体审计策略　　　　　　B. 具体审计计划
C. 审计方案　　　　　　　　D. 质量控制制度

11. 下列有关审计重要性的表述中，错误的有（　　）。

A. 在考虑一项错报是否重要时，既要考虑错报的金额，又要考虑错报的性质

B. 如果一项错报单独或连同其他错报可能影响财务报表使用者依据财务报表做出的经济决策，则该项错报是重要的

C. 如果已识别但尚未更正的错报汇总数接近但不超过重要性水平，注册会计师无须要求管理层调整

D. 重要性的确定离不开职业判断

12. 在执行审计业务时，注册会计师应当确定合理的重要性水平。下列做法正确的是（　　）。

A. 通过调高重要性水平，降低评估的重大错报风险

B. 通过调低重要性水平，降低评估的重大错报风险

C. 在确定计划的重要性水平时，应当考虑对被审计公司及其环境的了解

D. 在确定计划的重要性水平时，应当考虑实施进一步审计程序的结果

13. 在确定计划实施的审计程序后，如果注册会计师决定接受更低的重要性水平，审计风险将增加。下列做法正确的是（　　）。

A. 如有可能，通过扩大控制测试范围或实施追加控制测试，降低评估的检查风险

B. 通过修改计划实施的实质性程序的性质、时间和范围，降低检查风险

C. 如有可能，通过扩大实质性程序范围或实施追加的实质性程序，降低评估的重大错报风险

D. 通过修改计划实施的控制测试的性质、时间和范围，降低评估的

审计风险

14. 审计风险取决于重大错报风险和检查风险，下列表述正确的是（　　）。
   A. 在既定的审计风险水平下，注册会计师应当实施审计程序，将重大错报风险降至可接受的低水平
   B. 注册会计师应当合理设计审计程序的性质、时间和范围，并有效执行审计程序，以控制重大错报风险
   C. 注册会计师应当合理设计审计程序的性质、时间和范围，并有效执行审计程序，以消除检查风险
   D. 注册会计师应当获得认定层次充分、适当的审计证据，以便在完成审计工作时，能够以可接受的低审计风险对财务报表整体发表意见

15. 注册会计师需要获取的审计证据的数量受错报风险的影响。下列表述正确的是（　　）。
   A. 评估的错报风险越高，则可接受的检查风险越低，需要的审计证据可能越多
   B. 评估的错报风险越高，则可接受的检查风险越高，需要的审计证据可能越少
   C. 评估的错报风险越低，则可接受的检查风险越低，需要的审计证据可能越少
   D. 评估的错报风险越低，则可接受的检查风险越高，需要的审计证据可能越多

16. 以下各项中，与天麟公司财务报表层次重大错报风险评估最相关的是（　　）。
   A. 应收账款周转率呈明显下降趋势
   B. 持有大量高价值且易被盗窃的资产
   C. 生产成本计算过程相当复杂
   D. 控制环境薄弱

17. 在进行风险评估时，注册会计师通常采用的审计程序是（　　）。
   A. 将财务报表与其所依据的会计记录相核对
   B. 实施分析程序以识别异常的交易或事项，以及对财务报表和审计产生影响的金额、比率和趋势
   C. 对应收账款进行函证
   D. 以人工方式或使用计算机辅助审计技术，对记录或文件中的数据计算准确性进行核对

18. 下列与重大错报风险相关的表述中，正确的是（　　）。
   A. 重大错报风险是因错误使用审计程序而产生的
   B. 重大错报风险是假定不存在相关内容控制，某一认定发生重大错报的可能性

C. 重大错报风险独立于财务报表审计而存在

D. 重大错报风险可以通过合理实施审计程序予以控制

19. 在控制检查风险时，注册会计师应当采取的有效措施是（　　）。

A. 调高重要性水平

B. 测试内部控制的有效性，以降低控制风险

C. 进行穿行测试，以降低固有风险

D. 合理设计和有效实施进一步审计程序

20. 在确定重要性水平时，下列各项中通常不宜作为计算重要性水平基准的是（　　）。

A. 持续经营产生的利润　　　　B. 非经常性收益

C. 资产总额　　　　　　　　　D. 营业收入

二、多项选择题（下列答案中有多项是正确的，将正确答案填入括号内）

1. 会计师事务所在接受审计业务委托前，需要了解被审计单位的情况包括（　　）。

A. 公司的财务状况

B. 公司的经营风险

C. 公司是否有财务报表舞弊的记录

D. 公司的应收账款账龄

2. 审计业务约定书应当包括的主要内容有（　　）。

A. 管理层对财务报表的责任　　B. 审计范围

C. 审计收费　　　　　　　　　D. 违约责任

3. 在签订审计业务约定书之前，会计师事务所要评价被审计单位的专业胜任能力，包括（　　）。

A. 执行审计的能力　　　　　　B. 独立性

C. 保持应有关注的能力　　　　D. 编制审计工作底稿的能力

4. 会计师事务所在评价是否可以接受委托时，应考虑的主要因素包括（　　）。

A. 项目组的时间和资源　　　　B. 项目组的专业胜任能力

C. 项目组的独立性　　　　　　D. 出具何种意见的审计报告

5. 注册会计师应当在总体审计策略中清楚地说明下列内容（　　）。

A. 向具体审计领域调配的内容

B. 向具体审计领域分配资源的数量

C. 何时调配资源

D. 如何管理、指导、监督资源的利用

6. 注册会计师弘晖正在制定惠基公司的总体审计策略，在考虑审计资源的规划和调配时，以下说法中正确的有（　　）。

A. 向高风险领域分派有适当经验的项目组成员，就复杂的问题利用专家工作

B. 增加重要存货存放地实施存货监盘的项目组成员的数量
C. 确定在期中审计阶段还是在关键的截止日期调配资源
D. 确定何时召开项目组预备会和总结会，项目负责人和经理如何进行复核，是否需要实施项目质量控制复核

7. 在审计风险模型中，以下关于检查风险的说法中，正确的有（　　）。
A. 检查风险取决于审计程序设计的合理性和执行的有效性
B. 通过设计和执行有效的审计程序可以将检查风险降低为零
C. 检查风险与重大错报风险呈反向变动
D. 注册会计师可以通过控制重大错报风险来降低检查风险

8. 以下关于重大错报风险的说法中，不恰当的有（　　）。
A. 注册会计师可以通过降低重大错报风险而减少审计程序
B. 财务报表层次的重大错报风险与财务报表整体广泛联系，通常与控制环境有关
C. 认定层次的重大错报风险进一步分为固有风险和检查风险
D. 在既定的审计风险水平下，可接受的检查风险水平与评估的认定层次重大错报风险呈反向关系

9. 关于重要性和审计风险的关系中，下列说法中不恰当的有（　　）。
A. 为了降低审计风险，注册会计师调高了重要性水平
B. 重要性水平越高，审计风险越低
C. 重要性水平与审计证据之间呈反向变动
D. 重要性是站在财务报表使用者角度进行判断的，与审计风险不存在关系

三、判断题（正确的在括号内打"√"，错误的打"×"）

1. 计划审计工作并非审计业务的一个孤立阶段，而是一个持续的、不断修正的过程，贯穿于整个审计业务的始终。（　　）
2. 注册会计师在执行审计业务时必须与客户保持实质上和形式上的独立。（　　）
3. 注册会计师在首次接受某公司审计委托前，必须与前任注册会计师沟通。（　　）
4. 审计业务约定书有经济合同性质，一经双方签字认可，即具有法定约束力。（　　）
5. 审计业务约定书是由签字的注册会计师与委托人签订的书面协议。（　　）
6. 总体审计策略的详细程度随被审计单位的规模及该项审计业务的复杂程度的不同而定。（　　）
7. 为了防止审计程序被管理层或治理层预见，注册会计师不可以同被审计单位的治理层和管理层就审计计划进行沟通。（　　）
8. 因审计证据、审计风险均与审计重要性之间呈反向关系，故审计

风险与所需审计证据的数量之间必呈同向变动的关系。　　　　（　）

9. 如果注册会计师设定的审计风险为5%，评估的固有风险为20%，控制风险为15%，则可接受的检查风险应为166.67%。　　　　（　）

10. 在小型单位审计中，全部审计工作可能由一个很小的审计项目组执行，因此注册会计师无须编制总体审计策略和具体审计计划。（　）

11. 注册会计师对重大错报风险的评估是一种判断。若评估的重大错报风险比较低，注册会计师可以不用针对被审计单位所有重大的各类交易、账户余额、列报实施实质性程序。　　　　（　）

四、简答题

1. 注册会计师刘睿负责对常年审计客户昌盛公司2013年度财务报表进行审计，撰写了总体审计策略和具体审计计划，部分内容摘录如下：

（1）初步了解2013年度昌盛公司及其环境未发生重大变化，拟信赖以往审计中对管理层、治理层诚信形成的判断。

（2）因对昌盛公司内部审计人员的客观性和专业胜任能力存有疑虑，拟不利用内部审计的工作。

（3）如对计划的重要性水平做出修正，拟通过修改计划实施的实质性程序的性质、时间和范围来降低重大错报风险。

（4）假定昌盛公司在收入确认方面存在舞弊风险，拟将销售交易及其认定的重大错报风险评估为高水平，不再了解和评估相关控制的合理性并确定其是否已得到执行，直接实施细节测试。

（5）因昌盛公司于2013年9月关闭某地办事处并注销其银行账户，拟不再函证该银行账户。

（6）2013年度昌盛公司购入股票作为可供出售金融资产核算。除实施问询程序外，预期无法获取有关管理层持有意图的其他充分、适当的审计证据，拟就询问结果获取管理层书面声明。

要求：针对上述事项（1）至（6），逐项指出注册会计师拟定的计划是否存在不当之处。如有不当之处，简要说明理由。

2. 资料：某审计人员在评估被审计单位的审计风险时，分别设计了以下四种情况：

风险类别	情况一	情况二	情况三	情况四
可接受的审计风险	4%	4%	5%	5%
重大错报风险	80%	50%	80%	50%

请回答：（1）上述四种情况下的检查风险水平分别是多少？

（2）哪种情况需要审计人员获取最多的审计证据？为什么？

3. 资料：注册会计师对长江股份有限公司2011年度会计报表进行审

计，其未经审计的有关会计报表项目金额如下（单位：人民币万元）：

会计报表项目名称	金额
资产总计	180 000
股东权益总计	98 000
主营业务收入	420 000
利润总额	63 000
净利润	42 350

要求：（1）如果以资产总额、净资产（股东权益）、主营业务收入和净利润作为判断基础，采用固定比例法，并假定资产总额、净资产、主营业务收入和净利润的固定百分比数值分别为 0.5%、1%、0.5% 和 5%，请代注册会计师计算确定长江股份有限公司 2011 年度会计报表层次的重要性水平（请列出计算过程）。

（2）简要说明重要性水平与审计风险之间的关系。

（3）简要说明重要性水平与审计证据之间的关系。

学习情境三
实施风险评估程序

 **职业能力目标**

熟悉风险评估的常用程序，能够合理和正确使用询问管理层和内部其他人员、观察和检查、分析等程序，从六大方面入手了解被审计单位及其环境，能够恰当地评估被审计单位报表层次和认定层次的重大错报风险，能够根据所评估的风险分别制定总体应对措施和设计、实施进一步审计程序以应对评估的重大错报风险。

 **典型工作任务**

1. 选择风险评估程序，获取审计风险相关信息。
2. 多方位了解被审计单位及环境，特别关注被审计单位内部控制。
3. 合理评估财务报表层次和认定层次的重大错报风险，特别关注被审计单位"特别风险"，对风险评估进行修正。
4. 根据评估风险制定总体应对措施并设计进一步审计程序。

 **阅读资料**

1.《中国注册会计师审计准则第 1211 号——通过了解被审计单位及其环境识别和评估重大错报风险》
2.《中国注册会计师审计准则第 1231 号——针对评估的重大错报风险采取的应对措施》

学习子情境一
评估重大错报风险

> **情境引例**
>
> 万福生科（300268.SZ）股份有限公司前身系湖南省桃源县鲁万福有限责任公司，是一家以粮食生产和加工为主的企业。公司于2011年9月27日登陆深交所创业板，当日股价最高涨到31.95元。2012年9月18日，公司收到《中国证券监督管理委员会调查通知书》，被立案调查。2013年3月1日，万福生科公告自查结果，承认2008年至2011年财务数据存在虚假记载，累计虚增收入7.4亿元左右，虚增营业利润1.8亿元左右，虚增净利润1.6亿元左右，并且2011年的盈利从6026.86万元下降至114.17万元，大幅下调约98%。2013年10月28日，公司公告由于公司已披露2012年、2013年三季度业绩亏损，如果公司财务数据调整后，2011年度出现亏损，且未来2013年度也系亏损的，公司股票将面临暂停上市的风险。截至2013年11月，公司股票在5.6元附近波动。
>
> 2013年05月10日证监会公布处罚决定，由于涉嫌舞弊，对万福生科公司董事长龚永福、CFO秦学军各处以30万元的罚款，其余19名高管分别处以5万元至25万元的罚款。对主审会计师事务所中磊会计师事务所，拟没收138万元收入，处以2倍罚款，撤销证券从业许可。对签字会计师处以13万元罚款，终身禁入市场。
>
> 万福生科公司和主审会计师事务所都受到了严厉惩罚，如果你是注册会计师，并负责对万福生科公司财务报表进行审计，你会从哪些方面来了解公司，识别重大错报风险呢？

■ 职业判断

一、审计风险准则对注册会计师的基本要求

如何发现被审计单位隐藏的审计风险并防范风险的发生，是每个审计人员都在思考的问题。随着经济的飞速发展以及企业经营环境的巨大变化，审计失败案例层出不穷，审计风险不断增加，以万福生科为典型代表的一系列知名公司的财务舞弊丑闻严重损害了公众对企业和审计职业的信心，作为审计人员，只有在全面充分了解被审计单位及其环境的基础上，合理评估财务报表中的重大错报风险，并针对所评估的风险积极采取有效的应对措施，才能将审计风险降低到可接受水平，提高审计工作的效率和质量。

审计风险准则要求注册会计师：

（1）必须了解被审计单位及其环境；

（2）在审计的所有阶段都要实施风险评估程序。审计师应当将识别的风险与认定层次可能发生错报的领域相联系，实施更为严格的风险评估程序，不得未经风险评估直接将风险设定为高水平。

（3）将识别的风险与实施的审计程序挂钩。在设计和实施进一步审计程序时，将审计程序的性质、时间安排和范围与识别、评估的风险相联系，防止机械地利用程序表从形式上迎合审计准则对程序的要求。

（4）针对重大的各类交易、账户余额和披露实施实质性程序。这是为了减少审计失误，对重大交易、账户余额和披露层次的审计提出的更严格的强制性要求。此时，不能过多地考虑成本效益的原则。

（5）将识别、评估和应对风险的关键程序形成审计工作记录，以保证执行质量，明确执行责任。实务中，审计工作记录主要是以审计工作底稿的形式出现。

作为审计领域的学习者，我们应当明确审计准则对风险评估的总体要求，初步学会选择适宜的风险评估程序以充分了解被审计单位及其环境，并在此过程中识别和评估财务报表的重大错报风险，设计和实施恰当的审计程序以减少审计失败的可能性。

二、风险评估的总体要求

审计准则规定，注册会计师应当了解被审计单位及其环境，以充分识别和评估财务报表重大错报风险，设计和实施进一步审计程序。这是风险评估的总体要求。

了解被审计单位及其环境是必要程序，它为注册会计师在下列关键环节做出职业判断提供了重要基础：①确定重要性水平，并随着审计工作的进程评估对重要性水平的判断是否仍然恰当；②考虑会计政策的选择和运用是否恰当，以及财务报表的列报是否恰当；③识别需要特别考虑的领域，包括关联方交易、管理层运用持续经营假设的合理性或交易是否具有合理的商业目的等；④确定在实施分析程序时所使用的预期值；⑤设计和实施进一步审计程序，以将审计风险降至可接受的低水平；⑥评价所获审计证据的充分性和适当性。

注册会计师应当运用职业判断确定需要了解被审计单位及其环境的程度。评价对被审计单位及其环境了解的程度是否恰当，关键是看注册会计师对被审计单位及其环境的了解是否足以识别和评估财务报表的重大错报风险。当然，要求注册会计师对被审计单位及其环境了解的程度，要低于管理层为经营管理企业而对被审计单位及其环境需要了解的程度。

了解被审计单位及其环境是一个连续和动态地收集、更新与分析信息的过程，贯穿于整个审计过程的始终。

小提示

三、选择适宜的风险评估程序

(一) 可供选择的风险评估程序

注册会计师了解被审计单位及其环境，目的是为了识别和评估财务报表重大错报风险。为了解被审计单位及其环境而实施的程序称为"风险评估程序"。注册会计师应当依据实施这些程序所获取的信息，评估重大错报风险。

了解被审计单位及其环境而实施的风险评估程序包括：询问被审计单位管理层和内部其他人员；实施分析程序；观察和检查。

1. 询问被审计单位管理层和内部其他人员

询问管理层和被审计单位内部其他人员是注册会计师了解被审计单位及其环境的一个重要信息来源。注册会计师可以考虑向管理层和财务负责人询问下列事项：

(1) 管理层所关注的主要问题如新的竞争对手、主要客户和供应商的流失、新的税收法规的实施以及经营目标或战略的变化等，以了解被审计单位的经营状况、发展趋势；

(2) 被审计单位最近的财务状况、经营成果和现金流量。如经营业绩是否良好，现金流量是否充分等，以了解被审计单位是否存在筹资困难导致的舞弊动机；

(3) 可能影响财务报告的交易和事项，或者目前发生的重大会计处理问题。如重大的购并事宜、重大诉讼等；

(4) 被审计单位发生的其他重要变化，如所有权结构、组织结构的变化，以及内部控制的变化等。

尽管注册会计师通过询问管理层和负责财务报告的人员可以获取大部分所需要的信息，但是管理层基于维护自身利益的需要，可能提供虚假信息导致该口头证据的不实性，注册会计师还应该有侧重地询问被审计单位内部的其他不同部门或不同级别的人员，以获取其他与识别重大错报风险有关的信息或对已获取信息进行佐证（见表 3-1）。

表 3-1　　　　　　　　　　风险评估询问对象及作用

询问对象	询问事项及其作用
治理层	询问治理结构等，了解编制财务报表的环境。
内部审计人员	询问内部控制及审计程序等，了解本年度针对被审计单位内部控制设计和运行有效性而实施的内部审计程序，以及管理层是否对实施这些程序的结果采取了适当的应对措施。
参与生成、处理或记录复杂或异常交易的员工	询问复杂或异常交易的处理及记录状况等，评价被审计单位选择和运用其会计政策的恰当性。
内部法律顾问	询问与被审计单位相关的法律事项，了解有关诉讼、遵守法律法规的情况、影响被审计单位的舞弊或舞弊嫌疑、产品保证、售后责任、与业务合作伙伴的安排（如合营企业）和合同条款的含义等。
营销或销售人员	询问销售政策、销售状况等，了解被审计单位营销策略的变化、销售趋势或与客户的合同安排。
采购和生产人员	询问采购和生产情况，了解原材料采购和生产数量及管理相关情况。
库管人员	询问仓库管理及库存情况，了解存货的收发、保管及盘点。

2. 实施分析程序

分析程序是指注册会计师通过研究不同财务数据之间以及财务数据与非财务数据之间的内在关系，对财务信息做出评价。分析程序还包括调查识别出的、与其他相关信息不一致或与预期数据严重偏离的波动和关系。

分析程序既可用于风险评估程序也可用于实质性程序和财务报表的总体复核。

分析程序有助于识别异常的交易或事项，以及对财务报表和审计产生影响的金额、比率和趋势。在具体实施时，应当预期可能存在的合理关系，并与被审计单位记录的金额、依据记录金额计算的比率或趋势相比较；如果发现异常或未预期到的关系，注册会计师应当在识别重大错报风险时考虑这些比较的结果。

【工作实例3-1】四川恒信会计师事务注册会计师周华在审计蓝枫机械有限责任公司过程中获取了该公司流动资产相关的数据如表3-2所示：

表3-2　　　　　蓝枫机械有限责任公司流动资产简表　　　　（单位：万元）

项目	2011年	2012年
货币资金	80	78
应收账款	320	500
存货	1 100	900
流动资产合计	1 500	1 478

已知蓝枫机械有限责任公司2013年经营稳定，业绩没有明显的增长。请你帮助周华运用分析程序查找蓝枫机械有限责任公司存货中可能存在的风险。

实例解析

步骤一：根据上述数据编制蓝枫机械有限公司流动资产分析表（见表3-3）：

表3-3　　　　　蓝枫机械有限公司流动资产分析表　　　　（单位：万元）

项目	2011年		2012年		2012年较2011年增长	
	金额	百分比	金额	百分比	金额	百分比
货币资金	80	5.33%	78	5.28%	-2	-0.05%
应收账款	320	21.33%	500	33.83%	180	12.5%
存货	1 100	73.34%	900	60.89%	-200	-12.45%
流动资产合计	1 500	100%	1 478	100%	-22	—

步骤二：对分析表实施分析程序，关注其中异常变化。

在分析表中，可以看到蓝枫公司2013年流动资产总额与2012年相比没有明显的变化，但是应收账款占流动资产的比重提高了 12.5 个百分点，存货占流动资产的比重降低了 12.45 个百分点。应收账款的大幅度增加说明企业可能放宽了信用政策，可能伴随更高的坏账风险，而同时对应的存货减少则说明被审计单位可能存在跨期记账的问题。

> 如果注册会计师进行分析时使用了高度汇总的数据，如营业收入或净利润数据，则分析实施分析程序的结果可能显示财务报表整体存在重大错报风险，注册会计师应当将分析结果连同识别重大错报风险时获取的其他信息一并考虑。 **小提示**

3. 观察和检查

耳听为虚、眼见为实，观察和检查程序不仅可以提供有关被审计单位及其环境的真实信息，还可以印证管理层和其他相关人员的询问结果。观察和检查程序见表 3-4。

表 3-4　　　　　　　　　　　　观察和检查程序

具体程序	应起的作用
观察生产经营活动	增加对被审计单位人员如何进行生产经营活动及实施内部控制的了解。
检查文件、记录和内部控制手册	了解被审计单位组织结构和内部控制制度的建立和健全情况。
阅读由管理层和治理层编制的报告	了解自上一期审计结束至本期审计期间发生的重大事项。
实地查看生产经营场所和设备	有机会与员工进行交流，增强对经营活动及重大因素的了解。
追踪交易在财务报告信息系统中的处理过程（穿行测试）	确定交易流程和相关控制是否与之前通过其他程序所获得的了解一致，并确定相关控制是否得到执行。

4. 其他审计程序和信息来源

除了采用上述基本程序从被审计单位内部获取信息外，还可以从被审计单位外部获取信息识别重大错报风险。

（1）其他审计程序。询问被审计单位聘请的外部法律顾问、专业评估师、投资顾问和财务顾问等以及阅读外部信息包括证券分析师、银行、评级机构出具的有关被审计单位及其所处行业的经济或市场环境等状况的报告，贸易与经济方面的报纸期刊、法规或金融出版物，以及政府部门或者民间经济组织发布的行业报告和统计数据等。这些外部信息作为第三方提供的证据比被审计单位内部提供的证据更具有可靠性，有助于我们更好地评估被审计单位在整个市场环境中所处的地位，以及经营业绩的真实性。

（2）其他信息来源。在客户接受或保持过程中获取的信息。对新的审计业务，在承接阶段对被审计单位及其环境进行初步了解确定是否承接新业务；对连续审计业务，在每年续约过程中对上年审计业务做出总体评价，并更新对审计单位的了解和风险评估结果，确定是否续约。

向被审计单位提供其他服务（如执行中期财务财务报表审阅业务）所获得的经验。

根据审计准则的要求，注册会计师应当从六个方面了解被审计单位及其环境，但是无须在了解每个方面都实施以上所有的风险评估程序。如了解内部控制时通常不用分析程序。但在对被审计单位及其环境获取了解的整个过程中，注册会计师通常会实施上述所有的风险评估程序。

【工作实例3-2】 四川恒信会计师事务所注册会计师钱波正在对长征公司2013年财务报表进行审计。在了解长征公司的过程中获取以下信息：长征公司生产某种大型设备，按订单生产，公司成立以来经营一直比较稳定。根据2013年财务报表，账面利润大幅增加。公司目前正在拟建厂房，扩大规模，并为引进战略投资者做准备。

经获取2011年~2013年报表，有关数据如表3-5所示（金额单位：万元）。

表3-5

项目	2010年度	2011年度	2012年度
总资产	9 338	9 403	9 689
存货	3 218	3 527	4 012
负债	9 571	9 858	9 424
所有者权益	-233	-455	265
销售收入	8 132	9 985	9 978
销售成本	6 712	8 210	6 512
营业外收支净额	50	40	45
净利润	-68	-16	650

如果你是注册会计师钱波你将设计哪些风险评估程序以获取更多与审计相关信息？

实例解析

步骤一：对所获取报表资料实施分析程序。公司2013年净利润大幅度增长，在销售收入没有明显增长的情况下扭亏为盈，鉴于公司营业外收支对公司利润的影响有限，可以考虑对其销售毛利率进行分析；又由于公司2013年资产中流动资产变动幅度较大，可以考虑对其存货周转率进行对比分析（见表3-6）。

表3-6

项目	2010年度	2011年度	2012年度
毛利率	17.46%	17.78%	34.74%
存货周转率（次）	2.53	2.83	2.49

通过相关指标的计算可以看到，2013年公司存货周转率不升反降，可以排除资产周转速度加快对公司净利润上升带来的正面影响；因此公司2013年利润大幅增长主要是毛利率上升所致。在销售收入没有明显变化的情况下，销售毛利率的上升主要源于销售成本的大幅度下降。

步骤二：针对所发现的问题实施询问程序。钱波首先询问了该公司管理层，管理层回答公司今年引进了一条新生产线，有效地降低了人工成本；此外公司以前在成本控制上比较欠缺，今年新领导上任后严抓管理、加强成本控制，也降低了成本。仅此，在公司经营稳定的情况下，钱波可以对长征公司管理层的置换原因以及新生产线在降低人工成本以及生产成本方面的有效性提出质疑。钱波还可以询问财务经理及相关内部审计人员，了解被审计单位在账务处理上的错误和缺陷。

步骤三：实施观察和检查程序。结合公司目前正在拟建厂房，扩大规模，并为引进战略投资者做准备的情况，检查公司相关文件和会议记录，考虑公司可能存在为引进投资者舞弊的嫌疑。注册会计师钱波还可以通过实地查看存货等了解被审计单位存货的周转情况和保管情况，通过检查销售合同和执行穿行测试对销售的真实性和记账期间的正确性进行核实。

（二）重视项目组内部的讨论

项目组内部的讨论有助于审计人员共享信息，在所有业务阶段都非常必要。具有较多经验的成员，例如项目合伙人、其他成员可以分享其见解和以往获取的被审计单位的经验，以便更好地了解被审计单位和寻找审计线索。

审计准则要求项目合伙人和项目组其他关键成员应当讨论被审计单位财务报表存在重大错报的可能性以及如何根据被审计单位的具体情况运用适用的财务报告编制基础。项目合伙人应当确定向未参与讨论的项目组成员通报哪些事项。项目组内部的讨论要素见表3-7。

表3-7 项目组内部讨论涉及要素

讨论要素	要素解析
讨论目标	通过讨论可以使成员更好地了解在各自负责的领域中，由于舞弊或错误导致财务报表重大错报的可能性，并了解各自实施审计程序的结果如何影响审计的其他方面，包括对确定进一步审计程序的性质、时间安排和范围的影响。
讨论内容	被审计单位面临的经营风险、财务报表容易发生错报的领域以及发生错报的方式，特别是由于舞弊导致重大错报的可能性。
参与讨论的人员	项目组的关键成员应当参与讨论。
讨论的时间和方式	项目组应当根据审计的具体情况，在整个审计过程中持续交换有关财务报表发生重大错报可能性的信息。

业务操作

运用风险评估程序了解被审计单位及其环境

注册会计师应当从下列六个方面了解被审计单位及其环境：①行业状况、法律环境、监管环境及其他外部因素；②被审计单位的性质；③被审计单位对会计政策的选择和运用;④被审计单位的目标、战略及相关经营风险;⑤被审计单位财务业绩的衡量和评价;⑥被审计单位的内部控制。通常,被审计单位这些方面可能会互相影响,注册会计师在对被审计单位及其环境的各方面进行了解和评估时,应当考虑各个因素之间的关系,以更好地实施风险评估程序。

> 注册会计师针对上述六个方面实施的风险评估程序的性质、时间安排和范围取决于审计业务的具体情况,如被审计单位的规模和复杂程度,以及注册会计师的相关审计经验。此外,注册会计师还应当关注被审计单位及其环境在上述各方面与以前期间相比发生的重大变化,这对充分了解被审计单位及其环境、识别和评估重大错报风险尤为重要。

步骤一:了解被审计单位的行业状况、法律环境、监管环境及其他外部因素。

1. 行业状况

注册会计师应当了解的行业状况包括:所处行业的市场与竞争情况;生产经营的季节性和周期性;与被审计单位产品相关的生产技术;能源供应与成本;行业的关键指标和统计数据。了解行业状况有助于注册会计师识别与被审计单位所处行业有关的重大错报风险。

2. 法律环境与监管环境

注册会计师应当了解被审计单位所处的法律环境及监管环境,主要包括:适用的会计准则、会计制度和行业特定惯例;对经营活动产生重大影响的法律法规及监管活动;对开展业务产生重大影响的政府政策,包括货币、财政、税收、贸易等政策;与被审计单位所处行业和所从事经营活动相关的环保要求。了解法律环境与监管环境主要原因在于:一是某些法律法规或监管要求不遵守可能对被审计单位经营活动有重大影响;二是某些法律法规或监管要求(如环保法规)规定了被审计单位某些方面的责任和义务;三是某些法律法规或监管要求决定了被审计单位需要遵守的行业管理和核算要求。

3. 其他外部因素

注册会计师需要关注三个方面:一是当前的宏观经济状况以及未来的发展趋势如何;二是目前国内或本地区的经济状况(如增长率、通货膨胀、失业率、利率等)怎样影响被审计单位的经营活动;三是被审计单位的经营活动是否受到汇率波动或全球市场力量的影响。

> 注册会计师对行业状况、法律环境与监管环境以及其他外部因素了解的范围和程度会因被审计单位所处行业、规模以及其他因素的不同而不同。

【工作实例3-3】蓝田股份有限公司是一家以经营农副水产品种养、加工和销售为主的企业。1996年6月18日,蓝田股票在上交所挂牌交易,号称"中国农业第一股"。公司1995年净利润2 743.72万元,1996年上市当年翻番实现5 927万元,1997年至1999年三年分别为14 261.87万元、36 472.34万元和54 302.77万元。2002年元月21

日、22日,生态农业(原蓝田股份600709)的股票突然被停牌,直至最后退市。请站在审计人员的角度结合行业状况对公司风险进行评估。

实例解析

步骤一:分析农业企业的行业状况。蓝田股份是一家以经营农副水产品为主的企业,该行业产品的生产很大程度上受产品生长周期和季节、气候的影响,行业整体利润增长缓慢,利润率较低。蓝田股份1995~1997年期间,利润年年翻番,有悖常规,存在虚假的可能性。

步骤二:分析蓝田股份主营产品的行业状况。蓝田股份的利润主要来源于洪湖水产公司,主营产品是水产品。2000年年报显示蓝田股份水产品的整体毛利率为32%,远远高于行业20%的水平,存在虚假的可能性。可以进一步分析其具体产品。

(1)产品——鸭子。蓝田股份所产鸭子"青壳一号",只吃小鱼和草根,一只鸭子年产蛋高达300多只,比普通鸭子高出1倍以上;价格也奇高,平均纯利为0.4元,一只鸭子一年的利润相当于两台彩电。不符合鸭子的生长规律和市场价格。

(2)产品——鱼。蓝田股份仅20万亩水田,按照产品鱼的销售额计算,每亩水面产值达到2万~3万元,即每亩水面至少要产3 000~4 000公斤鱼,意味着不到一米多深的水塘里,每平方米水面下要有50~60公斤鱼,不符合鱼类产品的生长规律。

可见,蓝田股份不管是整体利润还是主营产品毛利、主营产品的生长规律,都违背了行业常理。不难推测,公司财务报表在收入和利润的真实性上都存在重大错漏报。

步骤二:了解被审计单位的性质。

了解被审计单位的性质有助于注册会计师理解预期在财务报表中反映的各类交易、账户余额和列报。

1. 所有权结构

对被审计单位所有权结构的了解有助于注册会计师识别关联方关系并了解被审计单位的决策过程。

注册会计师应当了解被审计单位识别关联方的程序,获取被审计单位提供的所有关联方信息,并考虑关联方关系是否已经得到识别、关联方交易是否得到恰当记录和充分披露。关联方之间有着重大的经济利益关系,使得其常互相配合,伪造数据,粉饰报表。注册会计师识别这些关联关系,有助于及时发现重大舞弊风险。

2. 治理结构

了解治理结构应考虑:董事会的构成情况,董事会内部是否有独立董事;治理结构中是否设有审计委员会或监事会及其运作情况;治理层是否能够在独立于管理层的情况下对被审计单位事务(包括财务报告)做出客观判断。治理层是独立于管理层之外对被审计单位管理能进行有效监督的一线机构。被审计单位的治理结构是否良好,直接影响到被审计单位的经营和财务运作实施是否得到有效的监督,能否降低财务报表发生重大错报的风险。如果被审计单位治理层能实际良好运行,意味着其内部控制制度可能得到加强,发生重大错报的可能性就会降低。

3. 组织结构

注册会计师应当了解被审计单位组织结构,考虑复杂组织结构可能导致的重大错报风险,包括财务报表合并、商誉摊销和减值、长期股权投资核算以及特殊目的实体核算等问题。通常被审计单位组织结构越复杂,机构越庞大,管理难度越大,管理漏洞可能越多,财务报表出现重大错报的风险越大,审计风险也越高。

小思考

如果北方公司在多个地区拥有子公司、合营企业或其他成员机构,存在多个业务分部或地区分部,会给审计人员带来哪些重大错报风险?

4. 经营活动

了解被审计单位的经营活动有助于识别预期在财务报表中反映的主要交易类别、重要账户余额和列报。被审计单位经营活动的主要类别及举例见表3-8。

表3-8　　　　　　　　　　　主要经营活动类别

经营活动类别	举　例
主营业务的性质	主营业务是制造业还是批发与零售;是银行、保险还是其他金融服务;是公用事业、交通运输还是提供技术产品和服务。
与生产产品或提供劳务相关的市场信息	主要客户和合同、付款条件、利润率、市场份额、竞争者、出口、定价政策、产品声誉、质量保证、营销策略和目标等。
业务的开展情况	业务分部的设立情况、产品和服务的交付、衰退或扩展的经营活动的详情等。
联盟、合营与外包情况	——
地区分部与行业细分	是否涉及跨地区经营和多种经营,各个地区和各行业分部的相对规模以及相互之间是否存在依赖关系。
从事电子商务的情况	是否通过互联网销售产品和提供服务以及从事营销活动。
生产设施、仓库和办公室的地理位置,存货存放地点和数量	
关键客户	销售对象是少量的大客户还是众多的小客户;是否有被审计单位高度依赖的特定客户;是否有造成高回收性风险的若干客户或客户类别;是否与某些客户订立了不寻常的销售条款或条件。
货物和服务的重要供应商	是否签订长期供应合同、原材料供应的可靠性和稳定性、付款条件,以及原材料是否受重大价格变动的影响。

续表

经营活动类别	举例
劳动用工安排	分地区用工概况、劳动力供应情况、工薪水平、退休金和其他福利、股权激励或者其他奖金安排以及与用工事项相关的政府法规。
研究与开发活动及其支出	——
关联方交易	有些客户或供应商是否为关联方；对关联方和非关联方是否采用不同的销售和采购条款。此外，还存在哪些关联方交易，对这些交易采用怎样的定价政策。

如工作实例3-3所示，了解被审计单位的经营活动可以与整个行业经济状况联系起来，以发现其中的异常数据。

5. 投资活动

注册会计师应当了解被审计单位近期拟实施的并购活动与资产处置情况以及与之相关的经营风险；证券投资、委托贷款的发生与处置；固定资产和无形资产等资本性投资活动；联营、合营等不纳入合并范围的投资。了解被审计单位的投资活动有助于注册会计师关注被审计单位在经营策略和方向上的重大变化，也有助于评估被审计单位是否存在由投资而产生的经营风险和筹资风险。

6. 筹资活动

注册会计师应当了解被审计单位的债务结构和相关条款、主要子公司和联营企业、债务实际受益方及关联方、衍生金融工具的使用目的以及运用的种类、范围和交易对手等。了解被审计单位筹资活动有助于注册会计师评估被审计单位在融资方面的压力，并进一步考虑被审计单位在可预见的未来的持续经营能力，从而评估被审计单位是否存在舞弊的动机。

7. 财务报告

了解财务报告相关内容如会计政策和行业特定管理、收入确认惯例、公允价值会计核算、外币资产和负债与交易、异常或复杂交易的会计处理，有助于审计人员评估被审计单位在特殊业务的处理上是否存在由于知识欠缺、业务处理不熟悉、政策理解不透彻等产生的记录失误。

步骤三：了解被审计单位对会计政策的选择和运用。

就被审计单位对会计政策的选择和运用而言，注册会计师应关注：

（1）被审计单位本期发生的企业合并等重大和异常交易的会计处理方法；

（2）在缺乏权威性标准或共识、有争议的或新兴领域采用的重要会计政策有哪些，为什么选用这些会计政策以及选用这些政策产生的影响；

（3）会计政策的变更的原因，会计政策的变更是否是法律、行政法规或适用的会计准则和相关会计制度要求的变更，是否能提供更可靠、相关的信息并进行了充分的披露。

（4）新颁布的财务报告准则、法律法规，以及被审计单位何时采用、如何采用这些规定。

（5）是否采用激进的会计政策、方法、估计和判断，财会人员是否拥有足够运用会计准则的知识、经验和能力，是否拥有足够的资源支持会计政策的运用。

了解被审计单位会计政策的选择和运用有助于审计人员发现其是否存在与会计准则和相关制度不一致的处理方法,从而进一步判定其所造成的影响是否构成财务报表重大错报。

步骤四:了解被审计单位经营风险。

经营风险是指可能对被审计单位实现目标和实现战略的能力产生不利影响的重要状况、事项、情况、作为或不作为而导致的风险,或由于制定不恰当的目标和战略而导致的风险。

不同的企业不同的事项可能导致被审计单位面临不同的经营风险。不能随环境的变化做出相应的调整固然可能产生经营风险,但是调整的过程也可能导致经营风险。注册会计师应当了解被审计单位是否存在与下列方面相关的目标和战略及相关的经营风险。

(1) 行业发展。行业发展可能导致被审计单位不具备足以应对行业变化的人力资源和业务专长等风险,从而导致经营业绩下降。

(2) 开发新产品或提供新服务。开发新产品或提供新服务可能使被审计单位面临开发失败风险,也可能导致被审计单位产品责任增加或由于市场评估不准确而形成新产品滞销。

(3) 业务扩张。盲目的业务扩张可能导致被审计单位对市场需求的估计不准确,从而造成扩张的负效应。

(4) 新的会计要求。新的会计要求实施时,由于被审计单位的理解或操作不当,可能导致被审计单位执行法规不当或不完整,或会计处理成本增加。

(5) 监管要求。监管更加严格可能导致被审计单位法律责任增加。

(6) 本期及未来的融资条件。相关行业对融资的门槛提高可能导致被审计单位由于无法满足融资条件而失去融资机会,也可能由于无法满足融资条件而面临原债权人起诉或者破产。

(7) 信息技术的运用。高科技含量的信息技术尽管可以简化工作量,但也可能使被审计单位面临新信息系统与原业务流程难以融合等风险。

(8) 实施战略的影响,特别是由此产生的需要运用新的会计要求的影响。

经营风险与重大错报风险是既有联系又相互区别的两个概念。前者比后者范围更广。多数经营风险最终都会产生财务后果,从而影响财务报表。但并非所有的经营风险都会导致重大错报风险。注册会计师了解被审计单位的经营风险有助于识别财务报表重大错报风险,但没有责任识别和评估对财务报表没有影响的经营风险。

小思考

企业当前的目标是在某一特定期间内进入某一新的海外市场,企业选择的战略是在当地成立合资公司。请问企业可能面临哪些经营风险,财务报表又可能出现哪些重大错报风险?目标、战略、经营风险和重大错报风险之间有什么联系?

步骤五：了解被审计单位财务业绩的衡量和评价。

注册会计师应了解被审计单位管理层对财务业绩的衡量和评价情况并关注下列信息：一是关键业绩指标、关键比率、趋势和经营统计数据；二是同期财务业绩比较分析；三是预算、预测、差异分析，分部信息与分部、部门或其他不同层次的业绩报告；四是员工业绩考核与激励性报酬政策；五是被审计单位与竞争对手的业绩比较。

注册会计师了解被审计单位财务业绩的衡量和评价，是为了考虑管理层是否面临某些关键财务业绩指标的压力。此外，了解管理层认为重要的关键业绩指标，有助于注册会计师深入了解被审计单位的目标和战略。

【工作实例3-4】 注册会计师黎平在对黄河文具有限责任公司2013年财务报表审计过程中获取以下信息：

（1）黄河文具有限责任公司利润表（摘要）：（单位：万元）。

营业收入	2 000
营业成本	1 500
毛利	500
毛利率（%）	25
净利润	600
净利率（%）	30

（2）由于新型文具的不断出现，黄河文具有限责任公司生产的传统钢笔和铅笔滞销严重。

（3）黄河文具有限责任公司的控股股东是长江文具有限责任公司，其董事会成员有一半由长江文具有限责任公司委派。

（4）黄河文具有限责任公司管理章程规定，公司每年利润的20%将用于对公司高层管理人员的奖励。

要求：如果你是黎平将会做怎样的分析。

实例解析

步骤一：关注被审计单位对财务业绩的衡量和评价。

（1）同行业同年毛利率平均水平为15%，并且被审计单位上年预算本年毛利率为18%，被审计单位报表毛利率25%有虚高嫌疑；

（2）由于新型文具不断出现，传统钢笔和铅笔滞销严重，黄河公司已全面调低商品价格，同时由于原材料成本上涨，黄河文具毛利率不太可能比上年高；

（3）被审计单位净利率高于毛利率，营业外收支应该作为审计重点，结合公司奖励政策，不排除营业外收入有虚高嫌疑。

步骤二：了解被审计单位所处环境。

黄河文具所处市场是一个传统文具正在被淘汰的市场，公司面临很激烈的竞争，这种情况下需要对公司的良好盈利能力持谨慎态度。

步骤三：了解被审计单位的性质。

黄河文具有限公司控股股东长江文具有限责任公司与其所处行业一样，地域相近，并且黄河文具公司董事会成员有一半由长江文具公司委派，应该重点关注该关联关系对公司利润的影响。

步骤六：了解被审计单位的内部控制。

内部控制是被审计单位为了合理保证财务报告的可靠性，经营的效率和效果以及对法律法规的遵守，由治理层、管理层和其他人员设计与执行的政策及程序。注册会计师只需要关注与审计相关的内部控制。

内部控制包括五要素：控制环境、风险评估过程、与财务报告相关的信息系统和沟通；控制活动；对控制的监督。无论如何，注册会计师应当重点考虑，被审计单位的某项控制是否能够以及如何防止或发现并纠正各类交易、账户余额和披露存在的重大错报。

除非存在某些可以使控制得到一贯运行的自动化控制，注册会计师对控制的了解不能够代替对控制运行有效性的测试。

【工作实例3-5】 四川恒信会计师事务所注册会计师赵静和孙斌正在对南方公司进行审计，审计过程中与其内部审计机构人员张方进行了沟通，张方提到了在进行内部审计时发现的一些情况：

（1）内部审计部门设在财务部门由财务经理统管；

（2）公司按销售收入一定比例给业务员赊销限额，并将每月赊销发生额、余额作为考核指标，实际执行时由业务员全权处理。

问题：

①执行审计业务时与内部审计部门沟通是否必要？

②简要分析该公司的内部控制制度。

实例解析

步骤一：被审计单位内部审计部门是其内部控制的重要组成部分，是对被审计单位内部控制及会计信息的再监督。与内部审计部门沟通非常必要，有助于注册会计师更好地了解被审计单位内部控制的设计和运行以及管理层是否对实施这些程序的结果采取了适当的应对措施，从而有助于对财务报表重大错报风险的评估。

步骤二：公司的内部控制制度存在下列缺陷：

内部审计部门设在财务部门，独立性较差，容易受到管理层干涉；以赊销发生额、余额作为考核业务员的指标，实际执行时又由其全权处理，对赊销权限和考核没有严格控制，可能导致业务员虚增业绩或乱发赊销增加坏账风险。

基于上述内部控制的重大缺陷,注册会计师可以认定被审计单位内部控制设计较差。

现在我们可以解决引例提出的思考了。

审计一家企业,首先要了解公司所处行业状况并进行对比分析。万福生科公司是一家以粮食生产为主的企业,整个农业行业,实际上利润都较低薄,而报告期内,万福生科公司整体毛利率一直处于23%左右的水平,变动幅度不明显,利润数据出现异常。

其次,了解公司性质不难发现,在所有权结构及治理机构上,万福生科董事长龚永福与杨荣华夫妻共占80.38%,家族型上市公司会使内部治理无法发挥制衡作用;在经营活动上,万福生科的客户中,有很多是中小型民营企业和个体工商户,但是对他们的销售收入有些却是上千万,甚至几千万。实际上,五大客户湖南傻牛食品已停产达数年之久;东莞常平湘盈粮油经营部只是一个仅50平方米的店;天津中意糖果销售额实为118.73万元,却虚报为1 341.95万元;怀化小丫丫食品子虚乌有;湖南祁东佳美食品销售额实为223万,却虚报为1 415万。

再次,还可以结合公司财务数据进一步分析。

(1) 万福生科近三年存货周转率分别为1.71次、1.46次和1.56次,而农林牧渔行业近三年平均存货周转速度为3.44次、3.45次和3.68次。这意味着公司销售收入可能虚高。

(2) 2012年半年报显示公司预付账款余额达1亿多元。作为一家粮食精加工企业,万福生科采购的生产原材料是稻谷。通常来讲,这类企业与农户进行结算时采取现结方式,而财报中出现大额预付账款,显得不符合常理。

(3) 2012年上半年,万福生科在建工程科目的账面余额从8 675万元增加至1.80亿元,这个过于巨大的数字,与万福生科往年的经营活动规模相比,愈发令人不解。

如果注册会计师能使用上述程序多方面了解万福生科及其环境,完全可以识别公司存在舞弊嫌疑,以及虚增营业收入、调整利润的重大错报风险。

步骤七:评估重大错报风险。

评估重大错报风险是风险评估阶段的最后一个步骤。审计人员评估出的被审计单位的重大错报风险分为两个层次,一个属于财务报表层次,一个属于交易、账户余额和认定层次。财务报表层次重大错报风险通常与控制环境有关,并与财务报表整体存在广泛联系,可能影响多项认定,而难以具体界定于某类交易、账户余额、列报的具体认定,如被审计单位管理层不诚信、被审计单位在经济不稳定的国家开展业务等。认定层次的重大错报风险通常仅与特定的某类交易、账户余额和披露的认定相关,如长期股权投资的计价错误,坏账准备的计提比例不当等。

此外,注册会计师还需要关注一类非常的重大错报风险,即特别风险。特别风险是注册会计师需要特别考虑的重大错漏报风险的简称,它通常与重大的非常规交易和判断事项有关。在判断某项交易是否属于特别事项时，注册会计师通常需要特别考虑被审计单位是否存在舞弊事项。

通过实施风险评估程序获取的关于风险因素和抵消控制风险的信息，将全部用于评估财务报表层次以及各类交易、账户余额和披露认定层次重大错报风险，并且以重大错报风险汇总表的形式予以记录，见表3-9、表3-10。风险评估结果将作为确定进一步审计程序的性质、时间和范围的基础，以应对识别的风险。

表3-9　　　　　　　　　　识别的重大错报风险汇总表

识别的重大错报风险	对财务报表的影响	相关的各类交易类别、账户余额和披露认定	是否与财务报表整体广泛相关	是否属于特别风险	是否属于仅通过实质性程序无法应对的重大错报风险
记录识别的重大错报风险	描述对财务报表的影响和导致财务报表发生重大错报的可能性	列示相关的交易、账户余额和披露及认定	考虑是否属于财务报表层次的重大错报风险	考虑是否属于特别风险	考虑是否属于仅通过实质性程序无法应对的重大错报风险
……					

表3-10　　　　　　　　评估认定层次的重大错报风险汇总表

重大账户	认定	识别的重大错报风险	风险评估结果
列示重大账户，例如，应收账款	列示相关的认定，例如，存在、完整性、计价或分摊	汇总实施审计程序识别出的与该账户的某些认定相关重大错报风险	评估该项认定的重大错报风险水平（应考虑控制是否合理、是否得到执行）
……			

小思考

判断被审计单位存在的下列事项属于认定层次还是报表层次，意味着公司可能存在什么风险？

①复杂的联合或合资；②重大的关联方交易；③在经济不稳定的国家和地区开展业务；④资产的流动性出现问题；⑤重要客户流失；⑥融资能力受到限制；⑦管理层缺乏诚信或承受异常压力。

评估重大错报风险与了解被审计单位及其环境一样，是一个连续和动态的收集、更新与分析信息的过程，贯穿于整个审计过程的始终。

小提示

【工作实例3-6】周华注册会计师为宏利股份有限公司（以下简称宏利公司）2013年度财务报表审计项目负责人。通过了解宏利公司及其环境，发现当年宏利公司所处行业由于一些新竞争者的加入，不仅分割了一部分市场，还导致产品价格下降了 10%。管理层为了扩大销量，稳住利润，增设了两个直销点，并将销售人员的业绩提成增加 2 个百分点。

已审计的 2012 年度财务报表显示，收入 100 000 万元，成本 85 000 万元，应收账款 3 000 万元。

未经审计的 2013 年度财务报表显示，收入 105 000 万元，成本 89 000 万元，应收账款 15 000 万元。

请针对所了解的上述情况，帮助周华评估风险并填制表 3 – 11。

实例解析

步骤一：分析报表层次风险。宏利公司所处行业市场竞争激烈，与所处环境相关，属于报表层次风险。

步骤二：分析认定层次风险。宏利公司产品价格下跌意味着公司存货可能出现减值；管理层增设直销点意味着销售费用可能大幅度提升；管理层决定增加销售人员业绩提成意味着销售人员不考虑客户信用盲目销售的可能性增加，从而可能导致坏账的大幅度增加。

步骤三：填制表格如表 3 – 11 所示：

表 3 – 11　　　　　　　　　识别的重大错报风险汇总表

识别的重大错报风险	对财务报表的影响	相关的各类交易类别、账户余额和披露认定	是否与财务报表整体广泛相关	是否属于特别风险	是否属于仅通过实质性程序无法应对的重大错报风险
行业竞争激烈	所处环境不利，可能使得管理层有舞弊的动机		是	是	是
价格下跌 10%	营业收入可能记录虚高，存货可能记录不准确	营业收入的发生和准确性 存货的计价与分摊、存在	否	否	否
增设直销点	销售费用可能漏记	销售费用的发生和准确性	否	否	否
增加业绩提成	应收款项可能增加	应收款项的存在和计价与分摊	否	否	否
应收账款大幅度增加	坏账准备可能计提不足导致应收款项多记	应收款项的计价与分摊	否	否	否

【工作实例 3 – 7】北方公司主要从事小型电子消费品的生产和销售。注册会计师周华和孙斌负责审计北方公司 2013 年度财务报表。

资料一：注册会计师周华在审计工作底稿中记录了所了解的北方公司情况及其环境，部分内容摘录如下：

（1）2013年年初，北方公司董事会决定将每月薪酬发放日由当月最后1日推迟到次月5日，同时将员工薪酬水平平均上调10%。北方公司2012年员工队伍基本稳定。

（2）2013年下半年，受金融衍生品投资失败的影响，北方公司主要竞争对手之一的南海公司（非北方公司的关联公司）及其下属全资子公司——南湖公司均陷入财务困境。为取得南湖公司的机器设备，北方公司于2013年8月31日与南海公司签订协议，以1亿元购入其所持南湖公司的全部股权。按照协议约定，南湖公司于2013年9月30日遣散了全部员工，并向北方公司移交了全部资产和负债。北方公司于2013年10月将南湖公司的全部机器设备和存货转移到北方公司下属生产基地，并对设备进行了重新组合安装，同时向南湖公司派出新的管理团队和员工，南湖公司转而负责北方公司部分产品的销售。

（3）2013年9月1日，北方公司与向荣公司签订协议，自当月起，由向荣公司为北方公司于2013年第4季度投放市场的一款新产品——A产品提供为期12个月的广告服务。北方公司于2013年9月1日向向荣公司预付6个月基本广告服务费，每月10万元。另外，按照协议约定，北方公司于每月月末按当月该产品销售收入的5%向向荣公司另行支付追加广告服务费。

（4）自2013年11月起，北方公司将主要产品交货方式由在北方公司仓库交货，改为运至客户指定交货地点交客户签收，但客户需承担北方公司因此而发生运费的80%。

（5）2013年年末，有网民称北方公司B产品含有较高的有害化学成分，会对消费者健康造成不良影响，北方公司随即发表声明，表示B产品有害化学成分含量没有超出现行安全标准，并公布了国家有关部门的检测报告。但大部分网络调查显示，仍有超过半数的网民对B产品安全性表示忧虑。

（6）前任注册会计师就2012年度会计报表出具了无法表示意见的审计报告，但拒绝就相关事项与周华沟通。

资料二：注册会计师周华在审计工作底稿中记录了所获取的北方公司合并财务数据，部分内容摘录如表3-12所示：

表3-12 （金额单位：万元）

项 目	未审数 2012年			已审数 2011年		
	A产品	B产品	其他产品	A产品	B产品	其他产品
营业收入	3 000	6 000	12 000	0	5 000	117 000
营业成本	2 000	6 700	111 000	0	4 600	90 000
存货	A产品	B产品	其他产品	A产品	B产品	其他产品
账面余额	170	600	30 000	0	500	23 000
减：存货跌价准备	0	0	0	0	0	0
存货账面价值	170	600	30 000	0	500	23 000

续表

项目	未审数 2012年			已审数 2011年		
	A产品	B产品	其他产品	A产品	B产品	其他产品
固定资产						
固定资产原值		298 000			265 500	
减：累计折旧		177 200			154 700	
减：减值准备		400			400	
固定资产账面价值		120 400			110 400	
商誉—购入南湖公司形成		600			0	
预付款项						
基本广告服务费		20			0	
追加广告服务费		100			0	
年末余额		120			0	
应付职工薪酬		6			5	
预计负债—产品质量保证		100			90	
销售费用—运输费		120			0	

针对资料一（1）至（6）项，结合资料二，假定不考虑其他条件，请逐项指出资料一所列事项是否可能存在重大错报风险。如果存在，请简要说明理由，判断其属于财务报表层次还是认定层次。如果属于认定层次分别说明该风险所涉及的财务报表项目名称和相关认定。请将分析结果填列于表3-13。

表3-13

事项序号	是否存在重大错报风险（是/否）	理由	重大错报风险属于财务报表层次还是认定层次	财务报表项目名称	财务报表项目认定
(1)					
(2)					
(3)					
(4)					
(5)					
(6)					

实例解析

步骤一：结合财务报表上的数据逐项分析每一种情况是否存在重大错报风险。

（1）北方公司董事会决定将每月薪酬发放日由当月最后1日推迟到次月5日，同时将员工薪酬水平平均上调10%。北方公司2013年员工队伍基本稳定。考虑到应付职工薪酬在资产负债表日要比年初数多出一个月的金额，且工薪上涨达10%，总体应付职工薪酬年末数应当远远大于年初数。而被审计单位账面仅有少量余额，与上年年末余额很接近，应付职工薪酬账户存在重大错报风险。

（2）南海公司、南湖公司均陷入财务困境。北方公司合并南湖公司时，形成商誉的可能性极小，存在重大错报风险。

（3）按北方公司与向荣公司签订协议，北方公司于2013年9月1日向向荣公司预付6个月广告服务费，每月10万元。基本广告服务费年末余额应为30万元。按照协议约定，北方公司于每月月末按当月产品销售收入的5%向向荣公司另行支付追加广告服务费，年末追加广告服务费不应当有余额。预付账款和销售费用账户存在重大错报风险。

（4）交货地点的改变，只要相应控制完善，没有重大错报风险。

（5）有网民称北方公司B产品含有较高的有害化学成分，会对消费者健康造成不良影响，虽然北方公司否认该事项，但大部分网络调查显示，仍有超过半数的网民对B产品安全性表示忧虑，相关产品销售会因此受到影响，存货有减值风险。

（6）

步骤二：表格填制如表3-14所示：

表3-14

事项序号	是否存在重大错报风险（是/否）	理 由	重大错报风险属于财务报表层次还是认定层次	财务报表项目名称	财务报表项目认定
（1）	是	北方公司2013年员工队伍基本稳定。在每月薪酬发放日由当月最后1日推迟到次月5日，同时将员工薪酬水平平均上调10%的情况下，总体应付职工薪酬年末数应当远远大于年初数。而被审计单位账面仅有少量余额，与上年年末余额很接近，存在重大错报风险。	认定层次	应付职工薪酬	完整性、计价和分摊
（2）	是	南海公司、南湖公司均陷入财务困境。北方公司合并南湖公司时，形成商誉的可能性极小。	认定层次	商誉	存在
（3）	是	按北方公司与向荣公司签订协议，北方公司于2013年9月1日向向荣公司预付6个月广告服务费，每月10万元。基本广告服务费年末余额应为30万元。按照协议约定，北方公司于每月月末按当月产品销售收入的5%向向荣公司另行支付追加广告服务费，年末追加广告服务费不应当有余额。	认定层次	预付款项、销售费用	存在完整性
（4）	否				
（5）	是	超过半数的网民对B产品安全性表示忧虑，相关产品销售会因此受到影响，存货有减值风险。	认定层次	存货	计价和分摊
（6）	是		报表层次		

学习子情境二
应对重大错报风险

注册会计师张宏在审计志高公司的过程中，发现该公司曾因虚构利润，发布虚假信息遭受处罚，同时前任会计师事务所及注册会计师对志高公司更换事务所的原因也含糊其辞，不予透露。此外，张宏还发现志高公司的存货和应收账款在市场环境稳定的情况下与上年相比有大幅度提升。据此，张宏认为志高公司管理层可能存在诚信问题使得会计报表出现重大错漏报的机率增加，志高公司会计报表可能存在重大舞弊风险。张宏应该怎样应对所发现的这些重大错报风险呢？

■ 职业判断

在学习子情境一中我们已经学会了如何选择风险评估程序，在了解被审计单位及其环境的过程中，识别和评估财务报表层次以及各类交易、账户余额和认定层次的重大错报风险，接下来我们将针对评估的财务报表层次的重大错报风险确定总体应对措施，针对评估的认定层次重大错报风险设计和实施进一步审计程序，以将审计风险降低至可接受的低水平。

一、针对财务报表层次重大错报风险的总体应对措施

在财务报表重大错报风险的评估过程中，注册会计师应当确定，识别的重大错报风险是与特定的某类交易、账户余额和披露的认定相关，还是与财务报表整体广泛相关，进而影响多项认定。如果是后者则属于财务报表层次的重大错报风险。

（一）总体应对措施

注册会计师应当针对评估的财务报表层次重大错报风险确定下列总体应对措施：

（1）向项目组强调保持职业怀疑的必要性。

（2）指派更有经验或具有特殊技能的审计人员，或利用专家的工作。由于各行业在经营业务、经营风险、财务报告、法规要求等方面具有特殊性，审计人员的专业分工细化成为一种趋势。审计项目组成员中应有一定比例的人员曾经参加过被审计单位以前年度的审计，或具有被审计单位所处特定行业的相关审计经验。必要时，要考虑利用信息技术、税务、评估、精算等方面专家的工作。

(3) 提供更多的督导。对于财务报表层次重大错报风险较高的审计项目，审计项目组的高级别成员，如项目合伙人、项目经理等经验丰富的人员，要为其他成员提供更详细、更经常、更及时的指导和监督并加强项目质量复核。

(4) 在选择拟实施的进一步审计程序时融入更多的不可预见的因素，以避免既定思维对审计方案的限制和审计效果的人为干涉。注册会计师可以通过以下方式提高审计程序的不可预见性：①对某些未测试过的低于设定的重要性水平或风险较小的账户余额和认定实施实质性程序；②调整实施审计程序的时间，使被审计单位不可预期；③采用不同的审计抽样方法，使当期抽取的测试样本与以前有所不同；④选取不同的地点实施审计程序或预先不告知被审计单位所选定的测试地点。根据上述思路，设定不同认定的不可预见程序。

(5) 对拟实施审计程序的性质、时间安排或范围做出总体修改。薄弱的控制环境带来的风险会对财务报表产生广泛影响，很难局限于某一交易、账户余额和披露，应当采取总体应对措施。如果控制环境存在缺陷，注册会计师在对拟实施审计程序的性质、时间安排和范围做出总体修改时应当考虑：①在期末而非期中实施更多的审计程序；②通过实施实质性程序获取更广泛的审计证据；③增加拟纳入审计范围的经营地点的数量。

(二) 总体应对措施对拟实施进一步审计程序的总体审计方案的影响

财务报表层次重大错报风险会对财务报表的多项认定产生广泛影响应，相应增加注册会计师对认定层次重大错报风险的评估难度。因此，评估的财务报表层次重大错报风险以及采取的总体应对措施，对拟实施进一步审计程序的总体审计方案具有重大影响。

拟实施进一步审计程序的总体审计方案包括实质性方案和综合性方案。其中实质性方案是指注册会计师实施的进一步审计程序以实质性程序为主；综合性方案是指注册会计师在实施进一步审计程序时，将控制测试与实质性程序结合使用。当评估的财务报表层次重大错报风险属于高风险水平（并相应采取更强调审计程序不可预见性以及重视调整审计程序的性质、时间安排和范围等总体应对措施）时，拟实施进一步审计程序的总体方案往往更倾向于实质性方案。

二、针对认定层次重大错报风险的进一步审计程序

(一) 认识进一步审计程序

进一步审计程序相对风险评估程序而言，是指注册会计师针对评估的各类交易、账户余额和披露认定层次重大错报风险实施的审计程序，包括控制测试和实质性程序。

注册会计师应当针对评估的认定层次重大错报风险设计和实施进一步审计程序，包括审计程序的性质、时间安排和范围，并使其与评估的认定层次重大错报风险具备明确的对应关系以提高审计效率和效果。

> **小提示**
> 尽管在应对评估的认定层次重大错报风险时，拟实施的进一步审计程序的性质、时间安排和范围都应当确保其具有针对性，但进一步审计程序的性质是最重要的。

（二）设计进一步审计程序时的考虑因素

在设计进一步审计程序时，注册会计师应当考虑下列因素：

（1）风险的重要性。风险的重要性是指风险造成的后果的严重程度，风险的后果越严重，越需要注册会计师关注和重视，越需要精心设计有针对性的进一步审计程序。

（2）重大错报发生的可能性。重大错报发生的可能性越大，越需要注册会计师精心设计进一步审计程序。

（3）涉及的各类交易、账户余额和披露的特征。不同的交易、账户余额和披露，产生的认定层次的重大错报风险存在差异，适用的审计程序也有差别，需要注册会计师区别对待并设计有针对性的进一步审计程序予以应对。

（4）被审计单位采用的特定控制的性质。不同性质的控制（人工控制还是自动化控制）对注册会计师设计进一步审计程序具有重要影响。

（5）注册会计师是否拟获取审计证据，以确定内部控制在防止或发现并纠正重大错报风险方面的有效性。如果注册会计师在风险评估时预期内部控制运行有效，随后拟实施的进一步审计程序就必须包括控制测试，且实质性程序自然会受到之前控制测试结果的影响。

综合上述几方面因素，注册会计师应当根据对认定层次重大错报风险的评估结果，恰当选用实质性方案或综合性方案。基于成本效益的考虑可以采用综合性方案设计进一步审计程序。即将测试控制运行的有效性与实质性程序结合使用。但在某些情况下（如仅通过实质性程序无法应对重大错报风险），注册会计师必须通过实施控制测试，才可能有效应对评估出的某一认定的重大错报风险；而在另一些情况下（如被审计单位没有有效的与认定相关的控制或者实施控制测试不符合成本效益原则），更应实施实质性程序。

> 注册会计师对重大错报风险的评估毕竟是一种主观判断，可能无法充分识别所有的重大错报风险，同时内部控制存在固有局限性（特别是管理层凌驾于内部控制之上的可能性），因此，无论选择何种方案，都应当对所有重大交易、账户余额和披露实施实质性程序。   **小提示**

（三）确定进一步审计程序的性质

1. 进一步审计程序性质的含义

进一步审计程序的性质是指进一步审计程序的目的和类型。进一步审计程序的目的包括通过实施控制测试以确定内部控制运行的有效性，通过实施实质性程序以发现认定层次的重大错报；进一步审计程序的类型包括检查、观察、询问、函证、重新计算、重新执行和分析程序。

在应对评估的风险时，合理确定审计程序的性质是最重要的。不同的审计程序应对特定认定错报风险的效力不同。例如，对收入完整性认定相关的重大错报风险，控制测试通常更能有效应对；对于收入发生认定相关的重大错报风险，实质性程序通常更能有效应对。对应收账款的函证可以为应收账款在某一时点存在的认定提供审计证据,但通常不能为应收账款的计价认定提供审计证据。对应收账款的计价认定,通常需要实施其他更有效的审计程序如审查应收账款的账龄和期后收款情况,了解欠款客户的信用情况等。

2. 进一步审计程序的性质的选择

确定进一步审计程序的性质,首先需要考虑认定层次重大错报风险的评估结果,评估的认定层次重大错报风险越高,对通过实质性程序获取的审计证据的相关性和可靠性的要求越高,从而影响进一步审计程序的类型及其综合运用。例如,当注册会计师判断某类交易协议的完整性存在更高的重大错报风险时,除了检查文件外,还可能决定向第三方询问或函证协议条款的完整性。

除了从总体上把握认定层次重大错报风险的评估结果对选择进一步审计程序的影响外,在确定拟实施的审计程序时,还应考虑评估的认定层次重大错报风险产生的原因,包括考虑各类交易、账户余额和披露的具体特征及内部控制。

> **小提示**
> 如果在实施进一步审计程序时拟利用被审计单位信息系统生成的信息,注册会计师应就信息的准确性和完整性获取审计证据。如注册会计师在对被审计单位的存货期末余额实施实质性程序时,拟利用被审计单位各个存货存放地点及其余额清单就应获取关于这些信息的准确性和完整性的审计证据。

(四)确定进一步审计程序的时间安排

进一步审计程序的时间是指注册会计师何时实施进一步审计程序或审计证据适用的期间或地点。

进一步审计程序的时间选择,一个层面是注册会计师选择在何时实施进一步审计程序,涉及如何权衡期中与期末实施审计程序的关系;一个层面是选择获取什么期间或地点的审计证据,主要涉及如何权衡期中与期末审计证据的关系以及以前审计获取的审计证据与本期审计获取的审计证据的关系。这两个层面的最终落脚点都是如何确保获取审计证据的效率和效果。

当评估的重大错报风险较高时,应当在期末或接近期末实施实质性程序或者采用不通知的方式或在管理层不能预见的时间实施审计程序。

在期中实施进一步审计程序有助于注册会计师在审计工作初期识别重大事项,并在管理层的协助下及时解决这些事项或针对这些事项制定有效的实质性方案或综合性方案。但在期中实施进一步审计程序难以获取有关接近期中及期中以后的充分适当的审计证据,管理层也可能事后对期中以前的相关会计记录做出调整甚至篡改,因此,如果在期中实施了进一步审计程序,还应针对剩余期间获取审计证据。

在确定何时实施审计程序时应考虑:

(1)控制环境。控制环境越薄弱越应在期末实施进一步审计程序。

(2)何时能得到相关信息。例如某些控制活动可能仅在期中及以前发生,而之后可能难以观察。

(3) 错报风险的性质。

(4) 审计证据适用的期间或时点。例如为了获取资产负债表日的存货余额证据则不适宜在与资产负债表日间隔过长的期中时点或期末以后时点实施存货监盘等相关审计程序。

> **小思考**
>
> 将财务报表与会计记录相核对，检查财务报表编制过程中所作的会计调整；被审计单位在期末或接近期末发生了重大交易或重大交易在期末尚未完成，能否在期中实施审计程序？

（五）确定进一步审计程序的范围

进一步审计程序的范围是指实施进一步审计程序的数量，包括抽取的样本量、对某项控制活动的观察次数等。

在确定进一步审计程序的范围时，应考虑：

(1) 确定的重要性水平。确定的重要性水平越低，实施的范围越广。

(2) 评估的重大错报风险。

(3) 计划获取的保证程度。计划获取的保证程度，是指通过所实施的审计程序对测试结果可靠性所获取的信心。计划获取的保证程度越高，对测试结果可靠性要求越高，所实施的进一步审计程序的范围越广。

引例分析

鉴于此，张宏拟决定对既定的审计程序进行修改，采取下列措施以降低审计风险。

(1) 向全体审计人员说明此情况，提醒其保持职业谨慎；

(2) 要求项目组分配更多的经验注册会计师和该行业专家；

(3) 针对存货，向以前审计过程中接触不多的一线生产人员询问；在不通知被审计单位的情况下，到以前没有关注过的一个小仓库监盘；

(4) 针对销售和应收账款，不仅向负责处理大客户账户的销售部人员也向负责处理小客户的销售部人员询问；对收入按明细类别进行更详细的分析；针对销售和销售退回延长截止测试期间；对应收账款的回收情况做更明细的调查；扩大应收账款的函证范围。

情境小结

本情境按照了解被审计单位及其环境→识别被审计单位财务报表重大错报风险→应对识别出的重大错报风险→设计实施应对方案的逻辑顺序，对风险评估和应对进行了简单的介绍。学习了本情境，应熟悉从哪些方面、通过什么程序、利用哪些信息渠道对被审计单位及其环境进行了解，以有效识别出被审计单位的重大错报风险,采取有针对性的应对措施,尽可能减少审计风险。

职业能力训练

[知识训练]

一、单项选择题(下列答案中有一项是正确的,将正确答案填入括号内)

1. 注册会计师了解被审计单位及其环境,其目的是( )。
   A. 识别和评估财务报表重大错报风险
   B. 识别和评估财务报表层次重大错报风险
   C. 识别和评估认定层次重大错报风险
   D. 设计和实施进一步审计程序

2. 注册会计师在了解被审计单位的内部控制时,需要针对( )得出结论。
   A. 被审计单位内部控制设计的是否合理
   B. 被审计单位内部控制是否得到执行
   C. 被审计单位内部控制执行的效果
   D. 一项控制单独或者连同其他控制是否能够有效防止或发现并纠正重大错报,并确定控制得到执行

3. 注册会计师为了解被审计单位及其环境而实施的程序称为( )。
   A. 风险评估程序   B. 分析程序
   C. 实质性程序   D. 控制测试

4. 注册会计师对被审计单位所有权结构的了解有助于识别( )。
   A. 关联方关系   B. 财务报告
   C. 治理结构   D. 组织结构

5. 审计风险准则要求注册会计师在审计的所有阶段都要实施风险评估程序,并且应当将识别的风险与( )可能发生错报的领域相联系。
   A. 财务报表层次   B. 认定层次
   C. 披露   D. 各类账户余额

6. 无论评估的重大错报风险结果如何,注册会计师都应当针对重大的各类交易、账户余额和披露实施( )。
   A. 细节测试   B. 实质性程序
   C. 分析程序   D. 控制测试

7. 以下针对风险评估程序的观点中,错误的是( )。
   A. 注册会计师实施风险评估程序的目的是为了识别和评估财务报表重大错报风险
   B. 了解被审计单位及其环境是风险评估的基础和前提,是注册会计师执行财务报表审计的必要程序

C. 风险评估程序主要以询问、观察和检查为主

D. 注册会计师通过询问获取的大部分信息来自于管理层和负责财务报告的人员，注册会计师也可以通过询问被审计单位内部的其他不同层级的人员获取信息

8. 下列情形中，最有可能导致注册会计师王维不能执行财务报表审计的是（　　）。

A. 晨星公司管理层没有清晰区分内部控制要素

B. 晨星公司管理层没有根据变化的情况修改相关的内部控制

C. 晨星公司管理层凌驾于内部控制之上

D. 注册会计师王维对晨星公司管理层的诚信存在严重疑虑

9. 注册会计师王维没有义务实施的程序是（　　）。

A. 查找丙公司内部控制运行中的所有重大缺陷

B. 了解丙公司情况及其环境

C. 实施审计程序，以了解丙公司内部控制的设计

D. 实施穿行测试，以确定丙公司相关控制活动是否得到执行

10. 注册会计师针对销售交易，追踪从订单处理→核准信用状况及赊销条款→填写订单并准备发货→编制货运单据→订单运送/递送至客户或由客户提货→开具销售发票→复核发票的准确性并邮寄/送至客户→生成销售日记账→汇总销售日记账，并过账至总账和应收账款明细账等交易的整个流程，考虑之前对相关控制的了解是否正确和完整，并确定相关控制是否得到执行，这是（　　）。

A. 重新执行测试　　　　　　　　B. 抽样测试

C. 实质性测试　　　　　　　　　D. 穿行测试

11. 风险评估程序中，询问采购和生产人员的主要目的是（　　）。

A. 了解编制财务报表的环境

B. 了解仓库管理及库存情况

C. 了解原材料采购和生产数量以及管理情况

D. 了解内部控制设计和运行有效性而实施的内部审计程序，以及管理层是否对实施这些程序的结果采取了适当的应对措施

12. 以下（　　）属于应对财务报表层次重大错报风险的总体应对措施。

A. 在进行存货审计时扩大存货监盘的范围

B. 在进行应收账款审计时扩大函证的范围

C. 在进行收入审计时对某些金额没有超过重要性水平的明细进行抽查

D. 指派更有经验或具有特殊技能的审计人员

13. 进一步审计程序，指注册会计师针对评估的各类交易、账户余额和披露认定层次重大错报风险实施的审计程序，以下不属于进一步审计程序的是（　　）。

A. 风险评估程序　　　　　　　　B. 控制测试程序

C. 实质性程序　　　　　　　　D. 细节测试

14. 如果控制环境存在缺陷，注册会计师对拟实施审计程序的性质、时间安排和范围作出总体修改，以下错误的是（　　）。

A. 在期末而非期中实施更多的审计程序
B. 通过实施实质性程序获取更广泛的审计证据
C. 增加拟纳入审计范围的经营地点的数量
D. 在期中而非期末实施更多的审计程序

15. 以下属于认定层次重大错报风险的是（　　）。

A. 在经济不稳定的国家和地区开展业务
B. 管理层不诚信
C. 应收账款坏账准备计提比例不足
D. 新的信息系统的引用

二、多项选择题（下列答案中有多项是正确的，将正确答案填入括号内）

1. 注册会计师了解被审计单位及其环境，可以起到（　　）作用。

A. 确定重要性水平和在实施分析程序时所使用的预期值
B. 考虑会计政策的选择和运用是否恰当，以及财务报表的列报是否适当
C. 设计和实施进一步审计程序，以将审计风险降至可接受的低水平
D. 评价所获取审计证据的充分性和适当性

2. 在了解被审计单位及其环境时，注册会计师应实施的风险评估程序有（　　）。

A. 询问管理层和内部其他人员　　B. 分析程序
C. 观察　　　　　　　　　　　　D. 检查

3. 注册会计师在实施风险评估程序时，通过询问，可以获取（　　）信息。

A. 询问财务负责人可以了解到新的竞争对手、主要客户和供应商的流失、新的税收法规的实施以及经营目标或战略的变化等信息
B. 询问管理层，可以了解到被审计单位最近的财务状况、经营成果和现金流量
C. 询问治理层，有助于注册会计师理解财务报表编制的环境
D. 询问内部审计人员，有助于获取本年度针对被审计单位内部控制设计和运行有效性而实施的内部审计程序，以及管理层是否根据实施这些程序的结果采取了适当的应对措施

4. 注册会计师在了解被审计单位的性质时，需要从以下（　　）方面进行了解。

A. 财务报告
B. 所有权结构、治理结构、组织结构
C. 经营活动、投资活动、筹资活动
D. 被审计单位的目标、战略

5. 以下关于经营风险与财务报表重大错报之间的关系,说法正确的有(   )。
   A. 多数经营风险最终都会产生财务后果从而导致财务报表产生重大错报风险
   B. 多数经营风险最终都会产生财务后果从而影响财务报表,但并非所有的经营风险都会导致重大错报风险
   C. 经营风险可能对各类交易、账户余额和披露认定层次或财务报表层次产生直接影响
   D. 注册会计师有责任识别和评估被审计单位所有的经营风险
6. 内部控制是被审计单位设计和执行的政策和程序,其目标包括(   )。
   A. 合理保证财务报告的可靠性   B. 绝对保证财务报告的可靠性
   C. 合理保证经营的效率和效果   D. 遵守适用的法律法规
7. 审计风险准则要求注册会计师(   )。
   A. 必须了解被审计单位及其环境
   B. 在审计的所有阶段都要实施风险评估程序
   C. 将识别的风险与实施的审计程序挂钩
   D. 针对重大的各类交易、账户余额和披露实施实质性程序
8. 以下关于项目组内部的讨论正确的是(   )。
   A. 项目组内部讨论的主要目的是为了确定审计重要性水平
   B. 项目组内部讨论可以使成员更好地了解在各自负责的领域中,由于舞弊或者错误导致财务报表重大错报的可能性
   C. 项目组的关键成员应当参加讨论
   D. 项目组应当根据审计的具体情况,在整个审计过程中持续交换有关财务报表发生重大错报可能性的信息
9. 注册会计师可以从以下方面了解被审计单位及其环境(   )。
   A. 行业状况、法律环境、监管环境及其他外部因素
   B. 被审计单位的性质及其对会计政策的选择和运用
   C. 被审计单位的目标、战略及相关经营风险
   D. 被审计单位财务业绩的衡量和评价以及被审计单位的内部控制
10. 了解被审计单位财务业绩的衡量和评价应关注(   )。
    A. 关键业绩指标、关键比率、趋势和经营统计数据
    B. 同期财务业绩比较分析
    C. 预算、预测、差异分析,分析信息与分部、部门或其他不同层次的业绩报告
    D. 员工业绩考核与激励性报酬政策
11. 注册会计师识别的两个层次的重大错报风险是(   )。
    A. 财务报表层次   B. 交易、账户余额和认定层次
    C. 重要事项层次   D. 普通事项层次

三、判断题

1. 实施控制测试与了解内部控制所采用的审计程序大体相同,主要区别在于了解内部控制所采用的审计程序中通常不包括重新执行。（   ）
2. 实施控制测试与了解内部控制的目的相同。（   ）
3. 了解被审计单位及其环境是一个连续和动态地收集、更新与分析信息的过程,贯穿于整个审计过程的始终。（   ）
4. 如果被审计单位控制制度非常的完善,注册会计师可以信赖被审计单位的控制措施,不需要再进行实质性程序。（   ）
5. 进一步审计程序是相对风险评估程序而言,是指注册会计师针对评估的各类交易、账户余额和披露认定层次重大错报风险实施的审计程序,包括控制测试和实质性程序。（   ）
6. 进一步审计程序包括控制测试和实质性程序,因此进一步审计程序的总体审计方案包括控制性方案和实质性方案。（   ）
7. 多数经营风险最终都会产生财务后果,从而影响财务报表。但并非所有的经营风险都会导致重大错报风险。（   ）
8. 项目组内部的讨论在所有业务阶段都非常必要,具有较多经验的成员,可以分享其见解和以往获取的被审计单位的经验,以便更好地了解被审计单位和寻找审计线索。（   ）
9. 注册会计师针对财务报表层次重大错报风险应制定总体应对措施,针对认定层次重大错报风险应设计进一步审计程序。（   ）
10. 注册会计师对报表层次的重大错报风险的评估结果不仅影响总体应对措施的制定,还影响进一步审计程序的设计。（   ）

四、简答题

1. 注册会计师王军为华兴股份有限公司（以下简称华兴公司）2013年度财务报表审计项目负责人。通过了解华兴公司及其环境,发现当年华兴公司所处行业属于没落行业,主营产品甲产品市场平均售价降幅达到20%。基于公司利润持续下降、职工收入不见增长,公司管理层提出2013年度的目标是：加大营销力度,清仓淘汰产品,转型适销新品,抢回市场份额,增加职工收入。

华兴公司经审计的2012年度财务报表显示,营业收入为2 000万元,2013年未经审计的财务报表显示,营业收入为3 000万元。

为了转型新产品,华兴公司于2013年7月,引进了一系列新生产线,价值5 000万元,占公司资产总额的15%。

要求：在不考虑其他情况的条件下,根据上述资料,完成回答：

（1）华兴公司财务报表是否存在重大错报风险,如果有,属于报表层次和认定层次的重大错报风险分别有哪些？

（2）针对报表层次和认定层次的重大错报风险，注册会计师在设计进一步审计程序的总体方案时应该采取什么样的方案？

2. 恒信会计师事务所正在准备接受光大公司的委托审计其2013年的财务报表。光大公司以前年度是由城新事务所审计，并对2013年的财务报表出具了否定意见的审计报告。在接受委托之前，主管此项业务的恒信会计师事务所合伙人注册会计师周华经光大公司的允许与城新事务所进行了沟通，了解到光大公司的一些信息。以下为注册会计师周华了解的部分信息：

（1）光大公司是一家高新技术企业，拥有多项高新技术，但是日益激烈的市场竞争与国际高新技术企业的加入使公司变现能力和盈利能力逐年下降；

（2）公司的管理层年终奖与公司利润挂钩，所以管理人员只得竭尽全力地使报告的收入和每股收益最大化。在2012年度，光大公司的报表被城新事务所的注册会计师进行了调整，其中营业收入被调减了800万元，营业外收入被调减了100万元，涉及利润调整900万元，占原报告利润的50%；

（3）光大公司管理层与审计人员发生审计意见分歧，不愿意接受审计调整；董事会中无审计委员会，内部审计部门形同虚设；

（4）光大公司大多数交易采用计算机管理系统进行核算，核算系统内部控制政策和程序比较健全，但对资产的控制很差；最近实现的电算化系统中的固定资产记录并不是很准确。而且，该公司银行账户也被银行出纳人员全权控制；

（5）光大公司2013年财务报表附注中提到了一起由该公司竞争对手所提起的诉讼，称光大公司某项高新技术的知识产权存在侵权问题；

（6）光大公司2011~2013年3年的总收益水平持续下降，但是非经营活动收益率呈上升趋势，2013年度未经审计的净收益比2012年有大幅上升。

请结合上述材料回答以下问题：

（1）根据所了解的情况，你认为光大公司的重大错报风险水平是高、中还是低？为什么？

（2）根据题目所给的信息，你认为光大公司认定层次的重大错报风险集中的领域是哪些？

3. 大华公司主要从事小型电子消费品的生产和销售，产品销售以大华公司仓库为交货地点。大华公司日常交易采用自动化信息系统（以下简称系统）和手工控制相结合的方式进行。系统自2012年以来没有发生变化。王亮和张华两位注册会计师负责审计大华公司2013年度财务报表，并在审计工作底稿中记录了所了解的大华公司及其环境的情况，部分内容摘录如下：

（1）在2012年度实现销售收入增长10%的基础上，大华公司董事会确定2013年销售收入增长目标为20%。大华公司管理层实行年薪制，总体薪酬水平根据上述目标的完成情况上下浮动。大华公司所处行业2012年的平均销售增长率是12%。

（2）大华公司财务总监已为该公司工作超过6年，于2013年9月劳动合同到期后被大华公司的竞争对手高薪聘请。由于工作压力大，大华公司会计部门人员流动频繁，除会计主管服务超过4年外，其余人员的平均服务期少于2年。

（3）大华公司的产品面临快速更新换代的压力，市场竞争激烈。为巩固市场占有率，大华公司于2013年4月将主要产品（C产品）的销售价格下调了8%至10%。另外，大华公司在2013年8月推出了D产品（C产品的改良型号），市场表现良好，计划在2014年全面扩大产量，并在2014年1月停止C产品的生产。为了加快资金流转，大华公司于2014年1月针对C产品开始实施新一轮的降价促销，平均降价幅度达到10%。

要求：针对资料逐项指出资料中所列事项是否可能存在重大错报风险。如果存在，请简要说明理由，并分别说明该风险是属于财务报表层次还是认定层次。请将分析结果填列于表3-15。

表3-15

事项序号	是否存在重大错报风险	理　由	重大错报风险属于财务报表层次还是认定层次	交易或账户名称和认定
（1）				
（2）				
（3）				

4. 注册会计师邓丽负责审计卡罗公司2013年度财务报表。

资料一：注册会计师邓丽在审计工作底稿中记录了所了解的卡罗公司情况及其环境，部分内容摘录如下：

（1）由于2012年销售业绩未达到董事会制定的目标，卡罗公司于2013年2月更换了公司负责销售的副总经理。

（2）卡罗公司主要产品的销售在2013年发生了变化。2013年之前采用代销模式，在代理商对外销售相关产品后，卡罗公司根据代销清单以低于建议零售价7%的出厂价向代理商开具代销产品的销售发票，代理商有权退回未对外销售的产品。2013年年初开始改为经销模式，即由经销商（大部分是原先的代理商）以较优惠的出厂价（平均低于建议零售价13%）买断相关产品，卡罗公司向经销商发货即开具销售发票，经销商不再享有退回未销售产品的权利（产品质量原因除外）。2013年，卡罗公司主要原材料价格平均上涨约5%，但主要产品建议零售价与上年基本相同。

（3）卡罗公司主要竞争对手于2013年年末纷纷推出降价促销活动。

为了巩固市场份额，卡罗公司于2014年元旦开始全面下调了主要产品的建议零售价，不同规格的主要产品降价幅度从5%到20%不等。

（4）2013年年初，卡罗公司将房屋建筑物折旧年限由25年到35年变更为20年到35年，机器及其他设备折旧年限由8年到12年变更为8年到10年。残值率仍为3%。

（5）卡罗公司于2013年7月完工投入使用的一个仓库被有关部门认定为违章建筑，被要求在2014年6月底前拆除。

（6）2013年年初，卡罗公司启用新财务信息系统，并计划同时使用原系统6个月。由于同时运行两个系统对卡罗公司相关部门人员的工作量影响很大，2个月后，卡罗公司决定提前停用原系统。

（7）2013年年末，卡罗公司的母公司宣布在未来2年内将逐步增加对卡罗公司的投资。

资料二：注册会计师邓丽在审计工作底稿中记录了所获取的卡罗公司财务数据，部分内容摘录如表3-16、表3-17所示：

表3-16　　　　　　　　　　　　　　　　　　　　　　　　　金额单位：万元

项目	2013年	2012年
营业收入	64 750	58 480
营业成本	55 440	46 730
存货账面原值	8 892	8 723
减：存货跌价准备	370	480
存货账面价值	8 522	8 243

表3-17　　　　　　　　　　　　　　　　　　　　　　　　　金额单位：万元

项目	2013年年初数	本年增加	本年减少	2013年年末数
固定资产原值				
房屋建筑物	4 461	150	0	4 611
机器及其他设备	5 589	230	177	5 642
合计	10 050	380	177	10 253
累计折旧				
房屋建筑物	2 031	140	0	2 171
机器及其他设备	3 007	516	167	3 356
合计	5 038	656	167	5 527
固定资产减值准备	0	0	0	0
固定资产账面价值	5 012	380	666	4 726

要求：针对资料一（1）至（7）项，结合资料二，假定不考虑其他条件，逐项指出资料一所列事项是否可能表明存在重大错报风险。如果认

为存在,简要说明理由,并分别说明该风险属于财务报表层次还是认定层次。如果认为属于认定层次,指出相关事项主要与哪些财务报表项目的哪些认定相关。请填制完成表3-18。

表3-18

事项序号	是否存在重大错报风险	理由	重大错报风险属于财务报表层次还是认定层次	交易或账户名称和认定
(1)				
(2)				
(3)				
(4)				
(5)				
(6)				
(7)				

[能力训练]

北方阀门股份有限公司(以下简称"北方阀门")系2006年5月15日在原国有企业长河集团北方阀门厂的基础上改制设立的,其股权结构如表3-19所示:

表3-19

股东名称	持有股份数量(万股)	持股比例
长河集团	16 000	80%
海东投资有限公司	3 000	15%
富汇投资有限公司	1 000	5%
合计	20 000	100%

北方阀门主要从事各种工业阀门的研发、生产和销售。产品的品种和规格比较齐全,产品主要应用于化工、炼油、电力、冶金、造纸、医药等行业。北方阀门具有较高的知名度和良好的品牌优势,在国内外拥有相对稳定的客户群。

随着经济的快速发展,相关行业对工业阀门的需求增大,工业阀门行业发展较快。尽管北方阀门在最近几年销售额增长幅度较大,但由于民营企业纷纷进入工业阀门行业,导致北方阀门市场占有率呈逐年下降趋势。作为北方阀门主要产品的高中压阀门,面临的市场竞争非常激烈。

2013年行业分析报告显示,随着近期国家陆续出台有关化工等行业新的安全生产政策,预计大部分传统阀门将逐步被利用新材料和新技术生产的、满足更高安全标准的新产品所取代。2013年年底,部分从事工业阀门业务的民营企业率先推出相关新产品,市场反映较好,很快出现供不应求的局面。

北方阀门除生产通用阀门外,还按照部分客户的特定要求生产专用阀门。由于专用阀门的技术要求较高,相关客户均要求北方阀门提供安装服务及更长时间的保修服务,个别客户甚至要求在产品投入使用一段时间并检测合格后才确认收货。

北方阀门采用自营和代理的销售方式在国内市场销售产品。在自营销售方式下,北方阀门将产品发往各地的销售分公司,由销售分公司在当地进行销售。2013年,北方阀门新设立11个销售分公司,使得销售分公司数量达到24个。对部分大客户,为缩短供货周期,北方阀门将产品寄放在客户的仓库中,月末根据客户的实际使用数量确定本月的销售量。在代理销售方式下,北方阀门采取支付代理手续费的方式委托代理商销售产品,代理手续费按照销售收入的一定比例计算确定。对代理商未销售的产品,其风险和报酬由北方阀门承担或享有。为扩大产品销售量,2011年1月,北方阀门将代理手续费比例由5%提高到7%。对于销售超过一定金额的代理商,经总经理批准,代理手续费比例可以提高到8%。

北方阀门生产的部分产品用于出口,主要经由其子公司——北方阀门进出口有限公司(以下简称"北方进出口")销往美国市场。北方阀门的出口销售采用美元计价结算。受美国金融危机和美元汇率变动的影响,从2012年下半年开始,产品出口订单有所减少,应收部分美国客户款项的收回存在困难。为了增加出口,北方阀门下调了部分产品的出口价格。

北方阀门与主要原材料供应商签订了长期采购合同。合同约定,双方于每年年初确定当年原材料的供货价格;次年年初,供应商根据北方阀门上年实际采购原材料的金额向其返还3%的货款。

为了缓解资金紧张压力,除向银行借款外,北方阀门将收到的商业承兑汇票和银行承兑汇票全部予以贴现。

北方阀门根据公司章程的规定设立了董事会和监事会,并由董事会聘任管理层。作为从国有企业改制而来的股份有限公司,北方阀门董事会和管理层的多数成员来源于原北方阀门厂管理层。与改制前相比,北方阀门在机构设置、管理制度等方面变化不大。对于北方阀门重要的投融资安排以及人事任免,在董事会作出决议后,还需报长河集团批准。

最近几年,北方阀门部分高素质人才陆续跳槽到民营企业,这对其生产经营活动产生一定的影响。由于薪酬水平相对较低,北方阀门难以招聘到高素质研发人才,因此新产品研发进展缓慢。

为了提高管理层的薪酬水平,2013年7月北方阀门董事会制定了新的管理层激励方案。激励方案规定,如果北方阀门2013年度营业收入达到5亿元,管理层可以获得额外的高额奖励。

根据长河集团的统一要求,自2013年1月1日起,北方阀门开始同时启用新的财务软件。

北方阀门2013年未经审计的合并资产负债表和合并利润表如表3-20、表3-21所示:

表 3-20 合并资产负债表

（2013 年 12 月 31 日）

编制单位：北方阀门股份有限公司　　　　　　　　　　　　　　　　　　　金额单位：万元

项目	年末数	年初数	项目	年末数	年初数
流动资产：			流动负债：		
货币资金	4 320	3 993	应付账款	13 241	10 306
应收账款	14 060	9 250	预收款项	2 895	2 200
预付款项	1 773	406	应交税费	933	269
存货	16 072	11 137	流动负债合计	17 069	12 775
流动资产合计	36 225	24 786	非流动负债：		
			长期借款	3 000	1 000
			长期应付款	600	700
			非流动负债合计	3 600	1 700
			负债合计	20 669	14 475
非流动资产：			股东权益：		
可供出售金融资产		5 000	股本	20 000	20 000
长期股权投资	2 091	2 891	资本公积	450	3 500
固定资产	14 696	11 949	盈余公积	6 169	5 632
无形资产	3 100	2 062	未分配利润	6 940	3 104
开发支出	2 007	1 043	归属于母公司股东权益合计	33 559	32 236
商誉	480		少数股东权益	4 371	1 020
非流动资产合计	22 374	22 945	股东权益合计	37 930	33 256
资产总计	58 599	47 731	负债和股东权益总计	58 599	47 731

表 3-21 合并利润表

（2013 年度）

编制单位：北方阀门股份有限公司　　　　　　　　　　　　　　　　　　　金额单位：万元

项目	本年累计数	上年累计数
营业收入	50 629	35 740
其中：出口收入	6 013	7 863
内销收入	44 616	27 877
减：营业成本	38 108	28 127
营业税金及附加	278	131
销售费用	5 477	3 029
管理费用	3 639	3 195
财务费用	261	121
资产减值损失	100	60
加：投资收益	4 250	608

续表

项　目	本年累计数	上年累计数
利润总额	7 016	1 685
减：所得税费用	1 652	402
净利润	5 364	1 283
其中：归属于母公司股东的净利润	4 904	1 188
少数股东损益	460	95
加：其他综合收益	-3 050	2 500
综合收益总额	2 314	3 783
其中：归属于母公司股东的综合收益总额	1 854	3 688
归属于少数股东的综合收益总额	460	95

纳入北方阀门2011年度合并财务报表合并范围的子公司情况如表3-22所示：

表3-22

被投资单位名称	初始投资成本（万元）	年末持股比例
北方进出口	1 000	100%
黄海公司	3 000	90%
福华美标阀门有限公司	2 000	70%
金山公司	3 000	51%

要求：（1）根据资料简要分析北方阀门面临的主要经营风险。

（2）根据资料识别北方阀门2013年度财务报表存在的财务报表层次的重大错报风险，并针对所识别的财务报表层次的重大错报风险制定总体应对措施。

（3）根据资料识别北方阀门2013年度财务报表存在的认定层次的重大错报风险，指出所影响的财务报表项目和认定，并相应逐项设计进一步的实质性审计程序。

学习情境四 销售与收款循环的审计

 职业能力目标

能够识别销售与收款循环中的主要业务活动；熟悉销售与收款循环的内部控制；会对销售与收款循环进行控制测试；能够确定营业收入和应收账款的审计目标；会对营业收入和应收账款实施实质性程序；能够熟练编制销售与收款循环审计工作底稿。

 典型工作任务

1. 了解销售与收款循环中的主要业务活动。
2. 了解销售与收款循环的内部控制。
3. 对销售与收款循环进行控制测试。
4. 确定营业收入和应收账款的审计目标。
5. 对营业收入、应收账款实施实质性程序。
6. 编制销售与收款循环的审计工作底稿。

 阅读资料

1.《中国注册会计师审计准则第1312号——函证》
2.《中国注册会计师审计准则第1313号——分析程序》
3.《中国注册会计师审计准则问题解答第2号——函证》
4.《中国注册会计师审计准则问题解答第4号——收入确认》
5.《企业内部控制应用指引第9号——销售业务》
6. 财政部会计司解读《内部控制应用指引第9号——销售业务》

学习子情境一
认识销售与收款循环的特点

审计人员黎平在审查江南公司 12 月份的销售明细表时,发现以前盈利的 #XN-13 产品本月却发生了亏损。审查主营业务收入 #XN-13 产品明细账时,发现已销售 10 台,单价 32 000 元,增值税税率 17%,单价和税率与以前月份相同,单位成本却大幅度上升,由 11 月份的 23 000 元,上升到 34 500 元。再审查当月"库存商品"明细账时,却发现结转 15 台 #XN-13 产品成本,单位成本为 23 000 元,与前月相同。将"主营业务收入"明细账、"主营业务成本"明细账与"库存商品"明细账比较,发现少转 5 台产品的销售收入 160 000 元,应交增值税 27 200 元。为了查明此事,黎平进一步抽查了 12 月份有关 #XN-13 产品销售的销售发票存根、出库凭证,并逐一与"主营业务收入"明细账记录核对,查明已销售给华艺公司的 5 台 #XN-13 产品已开出销售发票,其收入却未记入"主营业务收入"明细账。黎平审查当月"银行存款日记账"的收款记录,并抽查收款凭证,其会计分录为:

借:银行存款　　　　　　　　　　　　　　　　187 200
　贷:预收账款　　　　　　　　　　　　　　　　187 200

该收款凭证后附两张单据,一张是信汇单,于 11 月 25 日入账,另一张是发货票,签发日为 12 月 10 日,预收款在先,开票在后,相差半个月。经询问有关会计人员证实,是由于会计人员对该项业务不熟,而将发货票直接粘在该收款凭证后面,未及时结转收入。

从本案例可以发现会计人员要将销售与收款循环的会计业务做好、审计人员要将销售与收款循环的审计业务做好,均必须了解销售与收款循环的特点,那应该至少要了解些什么内容呢?

职业判断

注册会计师在进行销售与收款循环涉及的审计业务时,应首先了解这一循环的主要活动和流程,以及主要活动产生的主要票单、凭证和相关记录。

一、识别销售与收款循环涉及的主要活动

(一)接受客户订单

客户提出订货要求是整个销售与收款循环的起点。从法律上讲,这是购买某种货物

或接受某种劳务的一种申请。

客户的订单只有在符合企业管理层的授权标准时，才能被接受。企业管理层一般都列出了已批准销售的客户名单。销售单管理部门在决定是否接受某客户的订单时，应追查该客户是否被列入这张名单。如果客户未被列入，则通常需要由销售单管理部门的主管来决定是否同意销售。

企业在批准了客户订单之后，通常应编制一式多联的销售单。销售单是证明管理层有关销售交易的"发生"认定的凭据之一，也是此笔销售的交易轨迹的起点。

（二）批准赊销信用

对于赊销业务，赊销批准是由信用管理部门根据管理层的赊销政策在每个客户的已授权的信用额度内进行的。信用管理部门的职员在收到销售单管理部门的销售单后，应将销售单与该客户已被授权的赊销信用额度以及至今尚欠的账款余额加以比较。执行人工赊销信用检查时，应合理划分工作职责，以避免销售人员为扩大销售而使企业承受不适当的信用风险。

企业的信用管理部门应对每个新客户进行信用调查，包括获取信用评审机构对客户信用等级的评定报告。无论批准赊销与否，都要求被授权的信用管理部门人员在销售单上签署意见，然后再将签署意见后的销售单返回订单管理部门。

设计信用批准控制的目的是为了降低坏账风险，因此，这些控制与应收账款账面余额的"计价和分摊"认定有关。

（三）按销售单供货

企业管理层通常要求商品仓库只有在收到经过批准的销售单时才能供货。设计这项控制程序的目的是为了防止仓库在未经授权情况下擅自发货。因此，已批准销售单的一联通常应送达仓库，作为仓库按销售单供货和发货给装运部门的授权依据。

（四）按销售单装运货物

将按批准的销售单供货与按销售单装运货物职责相分离，有助于避免负责装运货物的职员在未经授权的情况下装运产品。此外，装运部门职员在装运之前，还必须进行独立验证，以确定从仓库提取的商品都附有经批准的销售单，所提取的商品内容与销售单一致。

（五）向客户开具账单

开具账单是指开具并向客户寄送事先连续编号的销售发票。这些功能所针对的主要问题是：

（1）是否对所装运的货物都开具了账单（"完整性"认定问题）；

（2）是否只对实际装运的货物才开具账单，有无重复开具账单或虚构交易（"发生"认定问题）；

（3）是否按已授权批准的商品价目表所列价格计价开具账单（"准确性"认定问题）。

为了降低开具账单过程中出现遗漏、重复、错误计价或其他差错的风险，应设立以下的控制程序：

（1）开具账单部门职员在开具每张销售发票之前，独立检查是否存在装运凭证和相应的经批准的销售单；

（2）依据已授权批准的商品价目表开具销售发票；

（3）独立检查销售发票计价和计算的正确性；

（4）将装运凭证上的商品总数与相对应的销售发票上的商品总数进行比较。

上述的控制程序有助于确保用于记录销售交易的销售发票的正确性。因此，这些控制与销售交易的"发生"、"完整性"以及"准确性"认定有关。

（六）记录销售

在手工会计系统中，记录销售的过程包括区分赊销、现销，按销售发票编制转账凭证或现金、银行存款收款凭证。再据以登记销售明细账和应收账款明细账或现金、银行存款日记账。

记录销售的控制程序包括以下内容：

（1）只依据附有有效装运凭证和销售单的销售发票记录销售。这些装运凭证和销售单应能证明销货交易的发生及其发生的日期。

（2）控制所有事先连续编号的销售发票。

（3）独立检查已处理销售发票上的销售金额同会计记录金额的一致性。

（4）记录销售的职责应与处理销售交易的其他功能相分离。

（5）对记录过程中所涉及的有关记录的接触予以限制，以减少未经授权批准的记录发生。

（6）定期独立检查应收账款明细账与总账的一致性。

（7）定期向客户寄送对账单。并要求客户将任何例外情况直接向指定的未涉及执行或记录销货交易的会计主管报告。

上述这些控制与"发生"、"完整性"、"准确性"以及"计价和分摊"认定相关。

（七）办理和记录现金、银行存款收入

在办理和记录现金、银行存款收入时，最应关心的是货币资金失窃的可能性。货币资金失窃可能发生在货币资金收入登记入账之前或入账之后。处理货币资金收入时最重要的是要保证全部货币资金都必须如数、及时地记入现金、银行存款日记账或应收账款明细表，并如数、及时地存入银行。在这方面，汇款通知单起着很重要的作用。

（八）办理和记录销货退回、销货折扣与折让

在办理和记录销货退回、销货折扣与折让业务时，必须经授权批准，并应确保与办理此事的有关部门和职员各司其职，分别控制实物流和会计处理。在这方面，严格使用贷项通知单无疑会起到关键的作用。

（九）注销坏账

对企业发生的坏账，正确的处理方法应该是获取货款无法收回的确凿证据，经适当审批后及时作会计调整。

（十）提取坏账准备

坏账准备提取的数额必须能够抵补企业以后无法收回的销货款。

二、识别销售与收款循环涉及的主要凭证和会计记录

销售与收款循环涉及的典型的主要凭证和会计记录有：

（一）客户订购单

客户订购单即客户提出的书面购货要求。企业可以通过销售人员或其他途径，如采用电话、信函和向现有的及潜在的客户发送订购单等方式接受订货，取得客户订购单。订购单模板见图4-1。

客户订货单

供　方：	订单号：
地　址：	订货日期：
电　话：	出货日期：
传　真：	购　方：
联系人：	地　址：
联系电话：	电　话：
	传　真：
	订货人：

序号	图片	型号	颜色	品名	数量	单价	金额	备注
1								
2								
3								
4								
合计数量：					支	总金额：	￥0.00	

订单条款如下：
1、以上为供方厂内交货价格，运费由购方负责。
2、付款方式：（A、现金，B、汇款）
　①订购确认时支付订货总额____%即_____元，余款于出货前支付给供方，以汇款方式付款的汇到供方指定账号：
　户名：　　　　　　账号1：　　　　　　开户银行：
　　　　　　　　　　账号2：　　　　　　开户银行：
　②其他补充：_____
3、发货方式：（送货上门、自提、快递、拼柜、托运），托运部名称：　　　　　电话：
4、本协议合同一式二份，双方各执一份，双方签名后生效（传真复印文本生效），以中文文本为法律依据。

业务制单：	财务审核：	购方收货负责人：
日　期：	日　期：	（盖　章）
总经理审批：		日　期：
日　期：		

图4-1　订购单模板

（二）销售单

销售单是列示客户所订商品的名称、规格、数量以及其他与客户订购单有关信息的凭证，作为销售方内部处理客户订购单的凭据。订购单模板见图4－2。

销 售 单

购货单位:　　地址和电话:　　单据编号:

纳税识别号:　　开户行及账号:　　制单日期:

编 码	产品名称	规 格	单 位	单 价	数 量	金 额	备 注
合 计	人民币（大写）:						

业务联

总经理:　　销售经理:　　经手人:　　会计:　　签收人:

销 售 单

购货单位:　　地址和电话:　　单据编号:

纳税识别号:　　开户行及账号:　　制单日期:

编 码	产品名称	规 格	单 位	单 价	数 量	金 额	备 注
合 计	人民币（大写）:						

合计联

总经理:　　销售经理:　　经手人:　　会计:　　签收人:

销 售 单

购货单位:　　地址和电话:　　单据编号:

纳税识别号:　　开户行及账号:　　制单日期:

编 码	产品名称	规 格	单 位	单 价	数 量	金 额	备 注
合 计	人民币（大写）:						

仓库联

总经理:　　销售经理:　　经手人:　　会计:　　签收人:

销 售 单

购货单位:　　地址和电话:　　单据编号:

纳税识别号:　　开户行及账号:　　制单日期:

编 码	产品名称	规 格	单 位	单 价	数 量	金 额	备 注
合 计	人民币（大写）:						

存根联

总经理:　　销售经理:　　经手人:　　会计:　　签收人:

图4－2　销售单模板

（三）发运凭证

发运凭证即在发运货物时编制的，用以反映发出商品的规格、数量和其他有关内容的凭据。发运凭证的一联寄送客户，其余联（一联或数联）由企业保留。这种凭证可用做向客户开具账单的依据（见图4－3）。

物资类别	

出　库　单　　No.00131

年　　月　　日　　　连续号

提货单位或领货部门		发票号码或生产单号码		发出仓库		出库日期	
编号	名称及规格	单位	数量 要数	数量 实发	单价	金额	备注
合计							

(一)留存联

财会部门主管　记账　保管部门主管　发货　单位部门主管　制单

物资类别	

出　库　单　　No.00131

年　　月　　日　　　连续号

提货单位或领货部门		发票号码或生产单号码		发出仓库		出库日期	
编号	名称及规格	单位	数量 要数	数量 实发	单价	金额	备注
合计							

(二)记账联

财会部门主管　记账　保管部门主管　发货　单位部门主管　制单

物资类别	

出　库　单　　No.00131

年　　月　　日　　　连续号

提货单位或领货部门		发票号码或生产单号码		发出仓库		出库日期	
编号	名称及规格	单位	数量 要数	数量 实发	单价	金额	备注
合计							

(三)回执

财会部门主管　记账　保管部门主管　发货　单位部门主管　制单

图4-3　发运凭证模板

（四）销售发票

销售发票是一种用来表明已销售商品的名称、规格、数量、价格、销售金额、运费和保险费、开票日期、付款条件等内容的凭证。销售发票的一联寄送给客户，其余联由企业保留。销售发票也是在会计账簿中登记销售交易的基本凭据（见图4-4）。

3200063170　　**增值税专用发票**　　No 60972952

记账联　　　　开票日期：　年　月　日

购货单位	名　称： 纳税人识别号： 地址、电话： 开户行及账号：	密码区	*-*5436*6+76>22126690 加密版本：01 /073-68-<9-/+5172599　3100083620 8796>2017<226<-13--8/　01454880 77>+79*<*76479+9<>>//

货物或应税劳务名称	规格型号	单位	数量	单价	金额	税率	税额
合计							
价税合计（大写）				（小写）			

销售单位	名　称： 纳税人识别号： 地址、电话： 开户行及账号：	备注	

收款人：　　复核：　　开票人：　　销货单位（章）：

第一联：记账联　销货方记账凭证

3200063170　　**增值税专用发票**　　No 60972952

抵扣联　　　　开票日期：　年　月　日

购货单位	名　称： 纳税人识别号： 地址、电话： 开户行及账号：	密码区	*-*5436*6+76>22126690 加密版本：01 /073-68-<9-/+5172599　3100083620 8796>2017<226<-13--8/　01454880 77>+79*<*76479+9<>>//

货物或应税劳务名称	规格型号	单位	数量	单价	金额	税率	税额
合计							
价税合计（大写）				（小写）			

销售单位	名　称： 纳税人识别号： 地址、电话： 开户行及账号：	备注	

收款人：　　复核：　　开票人：　　销货单位（章）：

第二联：抵扣联　购货方扣税凭证

3200063170　　**增值税专用发票**　　No 60972952

发票联　　　　开票日期：　年　月　日

购货单位	名　称： 纳税人识别号： 地址、电话： 开户行及账号：	密码区	*-*5436*6+76>22126690 加密版本：01 /073-68-<9-/+5172599　3100083620 8796>2017<226<-13--8/　01454880 77>+79*<*76479+9<>>//

货物或应税劳务名称	规格型号	单位	数量	单价	金额	税率	税额
合计							
价税合计（大写）				（小写）			

销售单位	名　称： 纳税人识别号： 地址、电话： 开户行及账号：	备注	

收款人：　　复核：　　开票人：　　销货单位（章）：

第三联：发票联　购货方记账凭证

图 4－4　销售发票模板

(五) 商品价目表

商品价目表是列示已经授权批准的、可供销售的各种商品的价格清单。价格清单模板如表4-1所示。

表4-1　　　　　　　　　　德力西价格表

2014年

名称	编号	产品型号	内销价
交流接触器	1	CDC10-10A	45.76
	2	CDC10-20A	72.32
	3	CDC10-40A	134.51
	4	CDC10-60A	340.46
	5	CDC10-100A	514.00
	……		

(六) 贷项通知单

贷项通知单是一种用来表示由于销售退回或经批准的折让而引起的应收销货款减少的凭证。它是用来证明应收账款的减少。红字发票是贷项通知单的一种形式。

(七) 应收账款账龄分析表

应收账款账龄分析表按月编制，反映月末尚未收回的应收账款总额的账龄，并详细反映每个客户月末尚未偿还的应收账款数额和账龄。账龄分析表模板见图4-5。

应收账款账龄分析分级表

XXXX.X-X

编报单位：														单位：元
序号	客户名称	经济内容	发生日期/凭证	合同编号及经手人		应收款总额	合同期内总额	其中：按业务发生时间划分（必须填列金额）					未收回金额	对方资信状况及可收回分析
				经手人	编号			进入预警期	到期	逾期3个月至1年以内	逾期1-2年内	最后通牒期	追账期	付诸法律期		
合计		—														
1																
2																
3																
……																

图4-5　账龄分析表模板

(八) 应收账款明细账

应收账款明细账是用来记录每个客户各项赊销、还款、销售退回及折让的明细账。各应收账款明细账的余额合计数应与应收账款总账的余额相等。应收账款明细账一般采用三栏式账页，模板见图4-6。

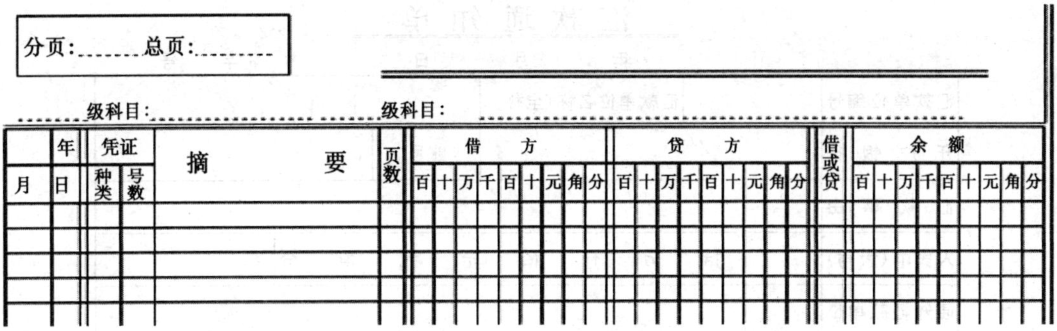

图 4-6 三栏式账页模板

（九）主营业务收入明细账

主营业务收入明细账是一种用来记录销售交易的明细账。它通常记载和反映不同类别商品或劳务的销售总额。主营业务收入明细账一般采用多栏式账页，见图 4-7。

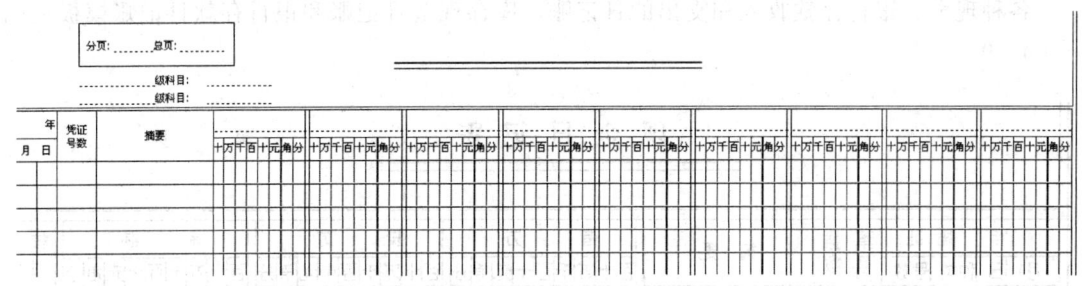

图 4-7 多栏式账页模板

（十）折扣与折让明细账

折扣与折让明细账是一种用来核算企业销售商品时，按销售合同规定为了及早收回货款而给予客户的销售折扣和因商品品种、质量等原因而给予客户的销售折让情况的明细账。企业也可以不设置折扣与折让明细账，而将该类业务直接记录于主营业务收入明细账。

（十一）汇款通知书

汇款通知书是一种与销售发票一起寄给客户，由客户在付款时再寄回销售单位的凭证。这种凭证注明了客户的姓名、销售发票号码、销售单位开户银行账号以及金额等内容。采用汇款通知书能使现金立即存入银行，可以提高对资产保管的控制。汇款通知书模板见图 4-8。

汇款通知单

汇款单位编号		汇款单位名称（全称）				
开户银行				账号		
汇款事由						
人民币（大写）	拾 万 仟 佰 拾 元 角 分 ￥					
通知汇款单位						

审批：　　　　部门主管：　　　　经办：　　　　10732012

图 4 - 8 汇款通知书

（十二）库存现金日记账和银行存款日记账

库存现金日记账和银行存款日记账是用来记录应收账款的收回或现销收入以及其他各种现金、银行存款收入和支出的日记账。库存现金日记账和银行存款日记账模板见图 4 - 9。

现金日记账　　　　第　页

年		凭证		票据号数	摘要	借方	贷方	余额	核对
月	日	种类	号数			百十万千百十元角分	百十万千百十元角分	百十万千百十元角分	

银行存款日记账　　　　第　页　开户行　账号

年		凭证		支票		摘要	借方	核对	贷方	核对	余额
月	日	种类	号数	类别	号数		百十万千百十元角分		百十万千百十元角分		百十万千百十元角分

图 4 - 9 库存现金日记账和银行存款日记账模板

（十三）坏账审批表

坏账审批表是一种用来批准将某些应收款项注销为坏账，仅在企业内部使用的凭证。坏账审批表模板见表 4 - 2。

表 4-2   坏账核销审批表

申报单位：

欠款单位	金额	后经办人
损失形成原因	会计审核：	年 月 日
申报单位	主管：	年 月 日
总经理	签字：	年 月 日

（十四）客户月末对账单

客户月末对账单是一种按月定期寄送给客户的用于购销双方定期核对账目的凭证。客户月末对账单模板见图 4-10。

对　账　单

对账单位：
地址：
电话：   传真：
对账日期：
客户名称：   联系人：
送货地址：   电话：   传真：

送货日期	物流单号	采购单号	品名	型号	数量	单位	单价（元）	金额（元）	备注
合计									

注：请您在收到对账单后，依订货单核对数量及型号规格，确认后请签字回传。如在两个工作日内没有收到您的回复，则视为同意上述对账信息。感谢您对我司的支持，谢谢配合！

制单：   审核：（签章）   客户确认：

图 4-10　客户月末对账单模板

（十五）转账凭证

转账凭证是指记录转账业务的记账凭证，它是根据有关转账业务的原始凭证编制的。转账凭证模板见图 4-11。

转账凭证

年　月　日　　　　　　　　　　　　　　　　　　　　转字第　号

摘要	总账科目	明细科目	借或贷	十 万 千 百 十 元 角 分	十 万 千 百 十 元 角 分
金额合计（大写）					

主管：　　　记账：　　　审核：　　　出纳：　　　制单：

附件　张

图 4 - 11　转账凭证模板

（十六）收款凭证

收款凭证是指用来记录现金和银行存款收入业务的记账凭证，它是根据有关收款业务的原始凭证编制的。收款凭证模板见图 4 - 12。

收　款　凭　证

字第　号

借方科目：_____　　　年　月　日

摘要	对方科目		借或贷	金额	
	总账科目	明细科目		千 百 十 万 千 百 十 元 角 分	
					[ ]
					[ ]
					[ ]
					[ ]
					[ ]
					[ ]
合 计					[ ]

会计主管：　　记账：　　出纳：　　复核：　　制单：　　收款人：

附单据　张

图 4 - 12　收款凭证模板

> **小提示**　由于每一家公司具体情况不一样，以上的活动以及凭证和相关记录在不同公司背景下将会有一些差异，不能一概而论。例如图 4 - 13 是鹏飞机械有限责任公司销售与收款循环的流程图。

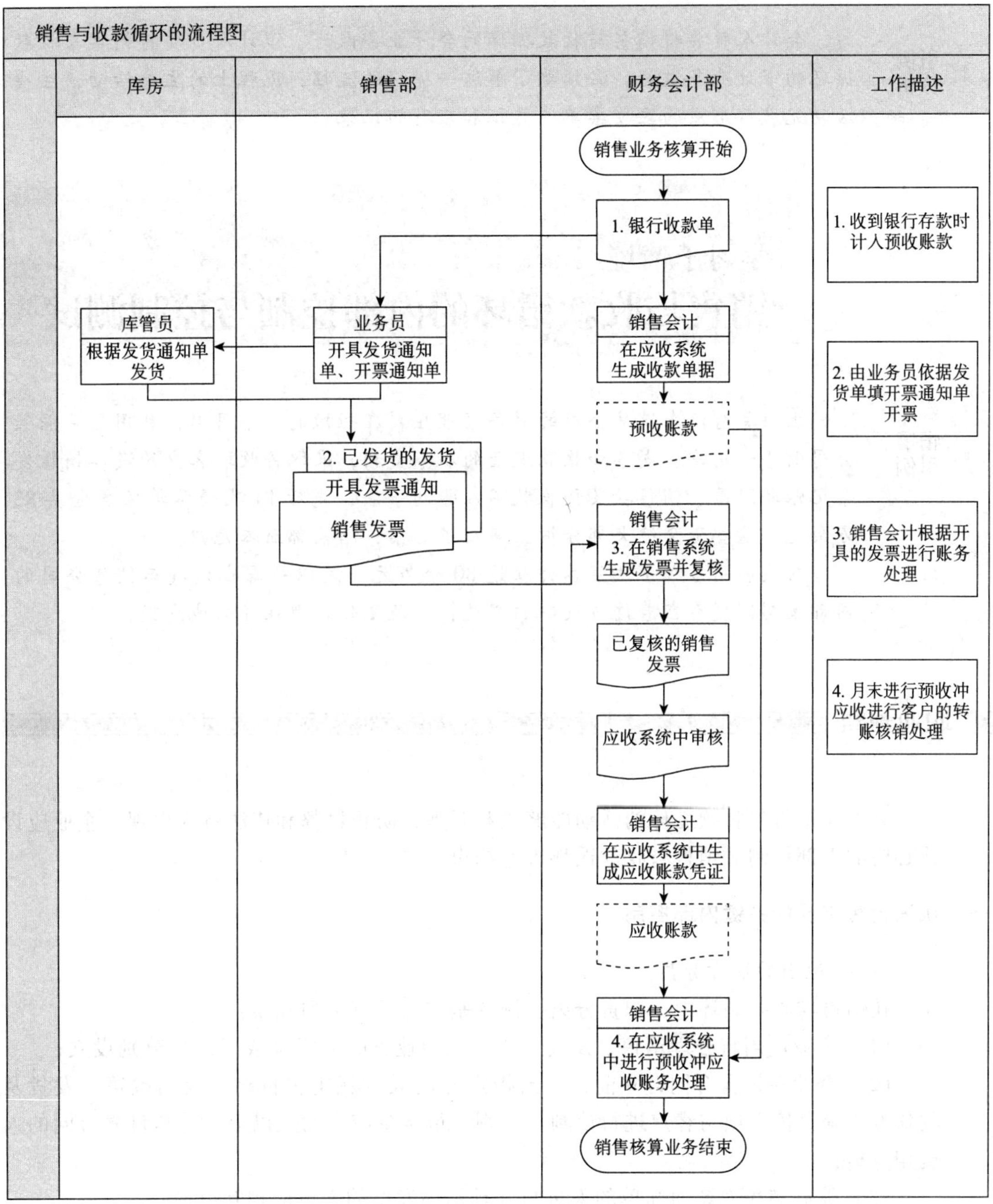

销售与收款循环的流程图

库房	销售部	财务会计部	工作描述
		销售业务核算开始 ↓ 1.银行收款单	1.收到银行存款时计入预收账款
库管员 根据发货通知单发货 ←	业务员 开具发货通知单、开票通知单	销售会计 在应收系统生成收款单据 ↓ 预收账款	2.由业务员依据发货单填开票通知单开票
	2.已发货的发货开具发票通知 销售发票	销售会计 3.在销售系统生成发票并复核 ↓ 已复核的销售发票 ↓ 应收系统中审核 ↓ 销售会计 在应收系统中生成应收账款凭证 ↓ 应收账款 ↓ 销售会计 4.在应收系统中进行预收冲应收账务处理 ↓ 销售核算业务结束	3.销售会计根据开具的发票进行账务处理 4.月末进行预收冲应收进行客户的转账核销处理

图4-13 鹏飞机械有限责任公司销售与收款循环流程图

 **小思考**

你能从上图看出该企业采用的销售方式吗？会计人员应在什么时候确认收入？

引例分析 会计人员要将销售与收款循环的会计业务做好,审计人员要将销售与收款循环的审计业务做好,必须要了解这一循环的流程,流程上的主要活动,主要活动完成后形成的主要票单、凭证和应有的记录。

学习子情境二
销售与收款循环的内部控制与控制测试

情境引例 上海灵智汽车销售公司的财务经理庄翼在短短的9个月内,利用负责保管公司财务专用章、支票和收取现金的职务便利,采取将收取客户的汽车销售发票记账联隐匿、销售款及预收款不入账的手法,先后14次侵吞单位资金共83万余元。这些资金绝大部分被庄某买了彩票,结果都血本无归。

庄某利用多种手法侵吞公款达80余万元,足以暴露出该汽车销售公司的内部控制制度存在着许多致命的不足,不足之处体现在什么地方呢?

▆ 职业判断

为了让销售与收款循环的活动能够顺利开展,防止舞弊和违法行为出现,企业应设计必要的内部控制对销售与收款循环进行约束。

一、认识销售交易的关键内部控制

(一) 适当的职责分离

在销售与收款循环中,职责分离控制的基本要求有下列几项:

(1) 企业应当将办理销售、发货、收款三项业务的部门(或岗位)分别设立;

(2) 企业在销售合同订立前,应当指定专门人员就销售价格、信用政策、发货及收款方式等具体事项与客户进行谈判。谈判人员至少应有两人以上,并与订立合同的人员相分离;

(3) 编制销售发票通知单的人员与开具销售发票的人员应相互分离;

(4) 销售人员应当避免接触销售现款;

(5) 企业应收票据的取得和贴现必须经由保管票据以外的主管人员的书面批准。

(二) 恰当的授权审批

注册会计师应当关注以下四个关键点上的审批程序:

(1) 在销售发生之前,赊销已经正确审批;

(2) 非经正当审批,不得发出货物;

(3) 销售价格、销售条件、运费、折扣等必须经过审批；

(4) 审批人应当根据销售与收款授权批准制度的规定，在授权范围内进行审批，不得超越审批权限。对于超过企业既定销售政策和信用政策规定范围的特殊销售业务，企业应当进行集体决策。

(三) 充分的凭证和记录

对内部控制来说，只有具备充分的凭证和充分的记录才有可能实现其各项控制目标。例如，企业在收到客户订单后，就立即编制一份预先编号的一式多联的销售单，分别用于批准赊销、审批发货、记录发货数量以及向客户开具账单等。在这种制度下，只要定期清点销售发票，漏开账单的情形几乎就不太会发生。相反的情况是，有的企业只在发货以后才开具账单，如果没有其他控制措施，漏开账单的情况就很可能会发生。

(四) 凭证的预先编号

对凭证预先进行编号，旨在防止销售以后遗漏向客户开具账单或登记入账，也可防止重复开具账单或重复记账。同时，对凭证编号控制上应做到清点。收款员对每笔销售开具账单后，将发运凭证按顺序归档，由另一位职员定期检查全部凭证的编号，并调查凭证缺号的原因，达到控制效果。

(五) 按月寄送对账单

由不负责现金出纳和销货及应收账款记账的人员按月向客户寄送对账单，能促使客户在发现应付账款余额不正确后及时反馈有关信息，因而这是一项有用的控制。为了使这项控制更加有效，最好将账户余额中出现的所有核对不符的账项，指定一位不掌管货币资金也不记录主营业务收入和应收账款账目的主管人员处理。

(六) 内部核查程序

由内部审计人员或其他独立人员核查销货业务的处理和记录，是实现内部控制目标所不可缺少的一项控制措施。

主要检查内容包括：

(1) 销售与收款交易相关岗位及人员的设置情况。重点检查是否存在销售与收款交易不相容职务混岗的现象。

(2) 销售与收款交易授权批准制度的执行情况。重点检查授权批准手续是否健全，是否存在越权审批行为。

(3) 销售的管理情况。重点检查信用政策、销售政策的执行是否符合规定。

(4) 收款的管理情况。重点检查销售收入是否及时入账，应收账款的催收是否有效，坏账核销和应收票据的管理是否符合规定。

(5) 销售退回的管理情况。重点检查销售退回手续是否齐全，退回货物是否及时入库。

二、认识收款交易的关键内部控制

与收款交易相关的内部控制内容：

（1）企业应当按照《现金管理暂行条例》、《支付结算办法》等规定，及时办理销售收款业务。

（2）企业应将销售收入及时入账，不得账外设账，不得擅自坐支现金。销售人员应当避免接触销售现款。

（3）企业应当建立应收账款账龄分析制度和逾期应收账款催收制度。销售部门应当负责应收账款的催收，财会部门应当督促销售部门加紧催收。对催收无效的逾期应收账款可通过法律程序予以解决。

（4）企业应当按客户设置应收账款台账，及时登记每一客户应收账款余额增减变动情况和信用额度使用情况。对长期往来客户应当建立起完善的客户资料，并对客户资料实行动态管理，及时更新。

（5）企业对于可能成为坏账的应收账款应当报告有关决策机构，由其进行审查，确定是否确认为坏账。企业发生的各项坏账，应查明原因，明确责任，并在履行规定的审批程序后做出会计处理。

（6）企业注销的坏账应当进行备查登记，做到账销案存。已注销的坏账又收回时应当及时入账，防止形成账外账。

（7）企业应收票据的取得和贴现必须经由保管票据以外的主管人员的书面批准。应有专人保管应收票据，对于即将到期的应收票据，应及时向付款人提示付款；已贴现票据应在备查簿中登记，以便日后追踪管理；并应制定逾期票据的冲销管理程序和逾期票据追踪监控制度。

（8）企业应当定期与往来客户通过函证等方式核对应收账款、应收票据、预收账款等往来款项。如有不符，应查明原因，及时处理。

引例分析

引例中的汽车销售公司内部控制的缺陷具体表现如下：

（1）不相容职位没有做到严格分离。内控制度中规定，货币资金支出的审批人应同出纳员、支票保管员和记账员相分离；货币资金收付及保管只能由经授权的出纳员负责处理，其他职员不得接触未经支付的货币资金和收到的货币资金。而该公司却将货币资金支出的审批权、支票的保管权和现金收入的保管权一并交与财务经理庄某，这是他能够屡屡得手的根源所在。此外，销售发票的开票人和收款人应相互分离。

（2）印鉴管理混乱。财务专用章应由专人保管，个人名章必须由个人或授权人员保管。严禁一人保管支付款项所需的全部印章。按规定需要有关负责人签字或盖章的经济业务，必须严格履行签字或盖章手续。按财务制度规定，各单位的银行印鉴和银行支票必须由会计、出纳分别管理，动用现金支票提款时，必须由会计、出纳分别加盖所保管的印章，由出纳到银行提取现金。这样规定，从制度上使会计和出纳相互制约、相互监督，可以防止违规违法问题的产生。但该单位的银行印鉴、银行支票却统统由财务经理一人保管。庄某则利用保管印鉴的方便条件，私自购买现金支票，侵吞公司资金。

（3）缺乏有效的现金收入内部控制制度。①现金交易应由销售人员汇总收款单，转交财务部门点收；②收款人员在收到现金货款之时，手续如上；③向客户收缴的即期支票不得径直前往银行提款，宜将支票汇总收款单转交财务部门；④企业各地分支机构应将现金转入当地银行的公司银行账内。这样可以从根本上杜绝其他人员挪用销售款的行为。

（4）支票的签发与保管制度存在隐患。所有支票必须预先连续编号，空白支票应存放在安全处，严格控制，妥善保管。具有权力签署支票者不能保管空白支票。每项支票支出，都必须经过指定的支票签署者的审批并签发。具有资格签署支票者，不能同时填写支票、编制付款凭证。这种职务上分离有助于保证已签发的支票只能用于某种被批准的应付款项和保证该签发的支票被记录在银行存款日记账上。已签署的支票应由支票签署人保管，直至支票由签署或其授权的其他职员寄出或递交给受票人为止，绝对不可再退交给编制支票的职员保管。支票签署应由熟悉业务的其他职员定期检查，以确定他们是否签署不适当的支票和他们的职责是否有不利于符合内部控制制度之处。

业务操作一

销售交易的控制测试

步骤一：确定销售交易的控制目标。

销售交易设立内部控制应达到以下目标：

1. 登记入账的销售交易确系已经发货给真实的客户（发生）
2. 所有销售交易均已登记入账（完整性）
3. 登记入账的销售数量确系已经发货的数量，已正确开具账单并登记入账（计价和分摊）
4. 销售交易的分类恰当（分类）；销售交易的记录及时（截止）
5. 销售交易已经正确记入明细账，并经正确汇总（准确性、计价和分摊）

步骤二：实施常用的控制测试程序。

1. 测试登记入账的销售交易确系已经发货给真实的客户
（1）检查销售发票副联是否附有发运凭证（或提货单）及销售单（或客户订购单）。
（2）检查客户的赊购是否经授权批准。
（3）询问是否寄发对账单，并检查客户回函档案。

2. 测试所有销售交易均已登记入账
（1）检查发运凭证连续编号的完整性。
（2）检查销售发票连续编号的完整性。

3. 测试登记入账的销售数量确系已经发货的数量，已正确开具账单并登记入账
（1）检查销售发票有无支持凭证。
（2）检查比对留下的证据。
（3）检查价格清单的准确性及是否经恰当批准。
4. 测试销售交易的分类恰当，销售交易的记录及时
（1）检查会计科目表是否适当。
（2）检查有关凭证上内部复核和核查的标记。
（3）检查尚未开具收款账单的发货和尚未登记入账的销售交易。
（4）检查有关凭证上内部核查的标记。
5. 测试销售交易已经正确记入明细账，并经正确汇总
（1）观察对账单是否已经寄出。
（2）检查内部核查标记。
（3）检查将应收账款明细账余额合计数与其总账余额进行比较的标记。

步骤三：通过测试程序获取的审计证据判断被审计单位销售交易内部控制执行和设计是否有效。

完成控制测试后，审计人员应对被审计单位的销售和收款循环的内部控制设计的合理性、运行的有效性进行评价，确定其是否存在重大的薄弱环节。若有重大的薄弱环节，则应确定其对实质性程序的影响，并以此为基础制定实质性程序方案。

业务操作二

收款交易的控制测试

步骤一：确定收款交易的控制目标。
收款交易设立内部控制应达到以下目标：
1. 登记入账的现金收入确实为企业已经实际收到的现金（存在或发生）
2. 收到的现金收入已全部登记入账（完整性）
3. 存入银行并记录的现金收入确系实际收到的金额（准确性）
4. 现金收入在资产负债表中的披露正确（列报）

步骤二：实施常用的控制测试程序。
1. 测试登记入账的现金收入确实为企业已经实际收到的现金
（1）观察。
（2）检查是否定期盘点，检查盘点记录。
（3）检查现金收入是否经过恰当的审批。
2. 测试收到的现金收入已全部登记入账
（1）观察。
（2）检查是否存在未入账的现金收入。
（3）检查是否定期盘点，检查盘点记录。

（4）检查是否向客户寄送对账单，了解是否定期实行。

（5）检查复核标记。

3. 测试是否每月核对实际收到的现金和登记入账的现金相符情况

（1）检查银行对账单。

（2）检查银行存款余额调节表。

（3）观察或检查是否每月寄送对账单。

4. 现金收入在资产负债表中的披露正确

观察现金日记账与总账的登记职责是否分离。

步骤三：通过测试程序获取的审计证据判断被审计单位收款交易内部控制执行和设计是否有效。

> 通过对销售与收款循环进行控制测试，可以得出控制测试结论：控制活动对实现控制目标是否有效；控制活动是否得到执行；控制活动是否有效运行；控制测试结果是否支持实施风险评估程序获取的审计证据。 **小提示**

【工作实例 4-1】注册会计师于 2014 年 1 月 5 日至 10 日对江南公司销售与收款循环的内部控制进行了解和测试，并在相关的审计工作底稿中作了记录，现摘录如下：

1. 江南公司产成品发出时，由销售部填制一式四联的出库单。仓库发出产成品后，将第一联出库单留存登记产成品卡片，第二联交销售部留存，第三、四联交会计部人员登记库存商品总账和明细账。

2. 会计人员负责开具销售发票，在开具销售发票之前，先取得仓库的发货记录和销售商品价目表，然后填写发票的数量、单价和金额。

要求：根据上述摘录，请注册会计师指出江南公司在销售与收款循环内部控制方面的缺陷，并提出改进建议。

实例解析

（1）会计人员同时登记库存商品总账和明细账，不相容职务未进行分离。应建议江南公司由不同的会计人员登记库存商品总账和明细账。

（2）会计人员开销售发票不能只依据发货单和价目表，因为实际销售的数量和结算价格可能会与发货单数量和价目表上的价格不一致。应建议江南公司会计人员先核对装运凭证和相应的经批准的销售单，并根据已授权批准的商品价格填写销售发票的价格，根据装运凭证上的数量填写销售发票的数量，再根据数量和价格计算出金额。

学习子情境三
销售与收款循环的实质性程序

情境引例

2006年7月16日,中国证监会对广东科龙电器股份有限公司及其责任人的证券违法违规行为做出行政处罚与市场永久性禁入决定。

科龙舞弊手法之一:虚构主营业务收入、少计坏账准备、少计诉讼赔偿金等编造虚假财务报告。科龙2001年年中报实现收入27.9亿元,净利润1 975万元,可是到了年报,则实现收入47.2亿元,净亏15.56亿元。科龙2001年下半年出现近16亿元巨额亏损的主要原因之一是计提减值准备6.35亿元。2001年的科龙年报被审计师出具了拒绝表示意见。到了2002年,科龙转回各项减值准备,对当年利润的影响是3.5亿元。有什么证据能够证明其巨额资产减值计提及转回都是"公允"的?如果2001年没有计提各项减值准备和广告费用,科龙电器2002年的扭亏为盈将不可能;如果没有2001年的计提和2002年的转回,科龙电器在2003年也不会盈利。可见,科龙电器2002年和2003年根本没有盈利,ST科龙扭亏只是一种会计数字游戏的结果。

科龙舞弊手法之二:使用不正当的收入确认方法,虚构收入,虚增利润,粉饰财务报表。经查,2002年科龙年报中共虚增收入4.033亿元,虚增利润近1.2亿元。其具体手法主要是通过对未出库销售的存货开具发票或销售出库单并确认为收入,以虚增年报的主营业务收入和利润。根据德勤会计师事务所的报告,科龙电器2004年第四季度有高达4.27亿元的销售收入没有得到验证,其中向一个不知名的新客户销售就达2.97亿元,而且到2005年4月28日审计时仍然没有收回。此后的2003年和2004年,同样是在高管的操纵下,科龙年报又分别虚增收入3.048亿元和5.127亿元,虚增利润8 935万元和1.2亿元。这意味着在高管入主科龙之后所出具过的3份公司年报都存在财务造假,将不曾实现的销售确认为当期收入。

德勤会计师事务所作为国际四大会计师事务所之一,为什么没有能够通过审计检查出科龙的财务作假的问题呢?

职业判断

销售与收款循环涉及的资产负债表项目包括应收票据、应收账款、长期应收款、预收款项、应交税费等,涉及的利润表项目包括营业收入、营业税金及附加、销售费用等。本子情境主要介绍营业收入和应收账款项目的实质性审计程序,上市公司的作假行为往往涉及这两个项目。

业务操作一

营业收入的审计

步骤一：确定营业收入的审计目标。

营业收入项目核算企业在销售商品、提供劳务等主营业务活动中所产生的收入，以及企业确认的除主营业务活动以外的其他经营活动实现的收入，包括出租固定资产、出租无形资产、出租包装物和商品、销售材料、用材料进行非货币性交换或债务重组等实现的收入。营业收入包括主营业务收入和其他业务收入。营业收入的审计目标如表 4 - 3 所示。

表 4 - 3　　　　　　　　　　营业收入的审计目标

审计目标	财务报表认定					
	发生	完整性	准确性	截止	分类	列报
A. 利润表中记录的营业收入已发生，且与被审计单位有关	√					
B. 所有应当记录的营业收入均已记录		√				
C. 与营业收入有关的金额及其他数据已恰当记录			√			
D. 营业收入已记录于正确的会计期间				√		
E. 营业收入已记录于恰当的账户					√	
F. 营业收入已按照企业会计准则的规定在财务报表中做出恰当的列报						√

步骤二：实施常用的实质性程序。

1. 获取或编制主营业务收入明细表

获取或编制主营业务收入明细表，复核加计是否正确，并与总账数和明细账合计数核对是否相符，结合其他业务收入科目与报表数核对相符。

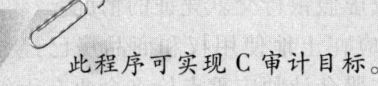

此程序可实现 C 审计目标。

小提示

2. 检查主营业务收入的确认条件、方法是否符合企业会计准则，前后期是否一致

根据《企业会计准则第 14 号——收入》的规定，企业销售商品收入，同时满足下列条件的，才能予以确认：

（1）企业已将商品所有权上的主要风险和报酬转移给购买方；

（2）企业既没有保留通常与所有权相联系的继续管理权，也没有对已售出的商品实施控制；

(3) 收入的金额能够可靠地计量；

(4) 相关的经济利益很可能流入企业；

(5) 相关的已发生或将发生的成本能够可靠地计量。

被审计单位应依据上述五个条件确认销售商品收入。注册会计师应对其进行测试，具体来说，有如下几点：

(1) 采用交款提货销售方式，应于货款已收到或取得收取货款的权利，同时已将发票账单和提货单交给买方时确认收入的实现。对此，注册会计师应重点检查企业是否收到货款或取得收取货款的权利；是否已将发票账单和提货单交付对方；有无扣压结算凭证，将当年收入转入下年入账，或者开假发票、虚列购货单位，虚增销售收入并在下年予以冲销的现象。

(2) 采用预收账款销售方式，应于商品已经发出时，确认收入的实现。对此，注册会计师应重点检查企业是否收到了货款，商品是否已经发出，有无将已收货款不入账转为下年收入，或开具假出库凭证，虚增收入的现象。

(3) 采用托收承付结算方式，应于商品已经发出，劳务已经提供，并已将发票账单提交银行办妥托收手续时确认收入的实现。对此，注册会计师应重点检查企业是否已发货，发货运单是否真实，托收手续是否办妥，托收承付结算回单是否正确等。

(4) 委托其他单位代销商品的，如果代销单位采用视同买断方式，应于代销商品发出时，按企业与代销单位确定的协议价确认收入的实现。对此，注册会计师应注意查明有无商品未销售、编制虚假代销清单、虚增本期收入的现象；如果代销单位采用收取手续费方式，应在代销单位将商品销售且企业已收到代销单位代销清单时确认收入的实现。

(5) 销售合同或协议明确销售价款的收取采用递延方式，实质上具有融资性质的，应当按照应收的合同或协议价款的公允价值确定销售商品收入金额。应收的合同或协议价款与其公允价值之间的差额，应当在合同或协议期间内采用实际利率法进行摊销，计入当期损益。

(6) 长期工程合同收入，一般应当根据完工百分比法合理确认收入。注册会计师应重点检查收入的计算、确认方法是否合规，并核对应计收入与实际收入是否一致，注意查明有无随意确认收入，虚增或虚减本期收入的现象。

(7) 委托外贸代理出口、实行代理制方式的，应在收到外贸企业代办的发运凭证和银行交款凭证时确认收入。对此，注册会计师应重点检查代办发运凭证和银行交款凭证是否真实，注意有无内外勾结，出具虚假发运凭证或虚假银行交款凭证的情况。

(8) 对外转让土地使用权和销售商品房的，通常应在土地使用权和商品房已经移交并将发票结算账单提交对方时，确认收入。对此，注册会计师应重点检查企业有无编造虚假移交手续，采用"分层套写"的方法开具虚假发票的行为，防止其高价出售、低价收账，从中贪污货款。如果企业事先与买方签订了不可撤销合同，按合同要求开发房地产，则按建造合同的处理原则处理。

此程序可实现 A、B、C、D 审计目标。

小提示

3. 必要时，实施实质性分析程序

分析程序一般流程如下：

（1）通过进行以下比较，同时考虑有关数据间关系的影响，以建立有关数据的期望值：

①将收入、成本及毛利率与同行业数据对比分析，分析差异的合理性。

②比较当年度及以前年度按不同品种、不同区域的主要产品的收入和毛利率，并查明异常情况的原因。

③比较当年度及以前年度截止日前后两个月的主营业务收入、毛利率，销售退回、销售折扣与折让的总额及其与主营业务收入的比率，并查明异常情况的原因。

④比较当年度及以前年度各月主营业务收入，分析其变动趋势是否正常，是否符合被审计单位季节性、周期性的经营规律，查明异常现象和重大波动的原因。

⑤根据产品生产能力、仓储能力和运输能力，原材料采购数量及单位产品材料耗用定额、生产工人数量、生产工时及劳动生产率分析产品生产量和销售量的合理性，并查明异常情况的原因。

⑥核对相互独立部门的数据，如：发票上记载的销售数量与发货单记载的数量、订单数量和产品销售成本中的销货数量；账面销售数量与商品采购和生产数量；出纳记录的销售收款与应收账款贷方发生额；应收账款借方发生额与销售订单金额总计；运货部门记录的运货数与仓库记录的发货量；主营业务收入贷方发生额与发运部门记录的运货价值；账面销售额与增值税纳税申报的收入。

⑦了解下游企业产品同期销售情况，分析被审计单位产品销售量的合理性，并查明异常情况的原因。

⑧将营业收入、主营业务利润与经营活动产生的现金流量、净利润、与收入相关的税金和费用等进行对比分析，判断营业收入、主营业务利润的合理性。

（2）确定可接受的差异额；

（3）将实际的情况与期望值相比较，识别需要进一步调查的差异；

（4）如果其差异超过可接受的差异额，调查并获取充分的解释和恰当的佐证审计证据。

（5）评估分析程序的测试结果。

不同的审计项目中，实质性分析程序的一般流程在基本上是一样的，在此后涉及其他项目的实质性分析程序时，将只介绍该项目分析的角度。　小提示

此程序可实现A、B、C审计目标。　小提示

4. 检查产品销售价格的合规性与合理性

注册会计师应向企业索取产品价格目录，并抽取一部分销售发票及主营业务收入明细账，检查其售价是否符合定价政策，并注意销售给关联方或关系密切的重要客户的产

品价格是否合理,有无低价或高价结算以转移收入和利润的现象。

此程序可实现 C 审计目标。

5. 抽查发运凭证

抽取本期一定数量的发运凭证,审查存货出库日期、品名、数量等是否与销售发票、销售合同、记账凭证等一致。

此程序可实现 A、B、C、D 审计目标。

6. 抽查记账凭证

抽取本期一定数量的记账凭证,审查入账日期、品名、数量、单价、金额等是否与销售发票、发运凭证、销售合同等一致。

此程序可实现 A、C、D 审计目标。

7. 函证本期销售额

结合对应收账款实施的函证程序,选择主要客户函证本期销售额。

此程序可实现 A、C 审计目标。

8. 核对出口销售单据

对于出口销售,应当将销售记录与出口报关单、货运提单、销售发票等出口销售单据进行核对,必要时向海关函证。

此程序可实现 A 审计目标。

9. 实施销售的截止测试

对销售实施截止测试,其目的主要在于确定被审计单位主营业务收入的会计记录归属期是否正确:应记入本期或下期的主营业务收入是否被推延至下期或提前至本期。

(1) 通过测试资产负债表日前后若干天一定金额以上的发运凭证,将应收账款和收入明细账进行核对;同时,从应收账款和收入明细账选取在资产负债表日前后若干天一定金额以上的凭证,与发运凭证核对,以确定销售是否存在跨期现象。

(2) 复核资产负债表日前后销售和发货水平,确定业务活动水平是否异常,并考虑是否有必要追加实施截止测试程序。

（3）取得资产负债表日后所有的销售退回记录，检查是否存在提前确认收入的情况。

（4）结合对资产负债表日应收账款的函证程序，检查有无未取得对方认可的大额销售。

（5）调整重大跨期销售。

注册会计师在审计中应注意把握三个与主营业务收入确认有着密切关系的日期：一是发票开具日期；二是记账日期；三是发货日期（服务业则是提供劳务的日期）。这里的发票开具日期是指开具增值税专用发票或普通发票的日期；记账日期是指被审计单位确认主营业务收入实现并将该笔经济业务记入主营业务收入账户的日期；发货日期是指仓库开具出库单并发出库存商品的日期。检查三者是否归属于同一适当会计期间是主营业务收入截止测试的关键所在。

考虑选择三条审计路线实施主营业务收入的截止测试：

一是以账簿记录为起点。从报表日前后若干天的账簿记录查至记账凭证，检查发票存根与发运凭证，目的是证实入账收入是否在同一期间已开具发票并发货，有无多记收入。

二是以销售发票为起点。从报表日前后若干天的发票存根查至发运凭证与账簿记录，确定已开具发票的货物是否已发货并于同一会计期间确认收入。具体做法是抽取若干张在报表日前后开具的销售发票的存根，追查至发运凭证和账簿记录，查明有无漏记收入现象。

三是以发运凭证为起点。从报表日前后若干天的发运凭证查至发票开具情况与账簿记录，确定主营业务收入是否已记入恰当的会计期间。

上述三条审计路线在实务中均被广泛采用，它们并不是孤立的，注册会计师可以考虑在同一被审计单位财务报表审计中并用这三条路线，甚至可以在同一主营业务收入项目审计中并用。

此程序可实现 D 审计目标。

小提示

10. 检查销售退回

如果被审计单位存在销售退回，注册会计师应检查相关手续是否符合规定；结合原始凭证检查其会计处理是否正确；结合存货项目审计检查其是否真实。

此程序可实现 A 审计目标。

小提示

11. 检查销售折扣与折让

（1）获取或编制折扣与折让明细表，复核加计正确，并与明细账合计数核对相符。

（2）取得被审计单位有关折扣与折让的具体规定和其他文件资料，并抽查较大的折扣与折让发生额的授权批准情况，与实际执行情况进行核对，检查其是否经过授权批准，是否合法、真实。

（3）检查销售折扣与折让是否及时足额提交对方，有无虚设中介、转移收入、私设账外"小金库"的情况。

（4）检查折扣与折让的会计处理是否正确。

此程序可实现 C 审计目标。
小提示

12. 检查有无特殊的销售行为

对于特殊的销售行为，如附有销售退回条件的商品销售、委托代销、售后回购、以旧换新、商品需要安装和检验的销售、分期收款销售、出口销售、售后租回等，注册会计师应确定恰当的审计程序进行审核。

此程序可实现 A、B、C、D、E 审计目标。
小提示

13. 调查向关联方销售的情况

注册会计师应调查被审计单位向关联方销售的情况，记录其交易品种、价格、数量、金额以及占主营业务收入总额的比例。对于合并范围内的销售活动，记录应予合并抵销的金额。

此程序可实现 A、C 审计目标。
小提示

14. 调查集团内部销售情况

注册会计师应调查被审计单位集团内部的销售情况，记录其交易品种、价格、数量和金额，并追查在编制合并财务报表时是否已予以抵销。

此程序可实现 A、C 审计目标。
小提示

15. 审核主营业务收入列报

确定主营业务收入的列报是否恰当。

此程序可实现 F 审计目标。
小提示

步骤三：通过实质性程序获取的审计证据判断被审计单位营业收入是否存在重大错报。

【工作实例 4-2】恒信会计师事务所注册会计师周华负责对京华公司销售与收款循环的营业收入和应收账款项目进行审计，2013 年度公司销售了四种产品，共获得的销售收入 48 185 057.00 元。请协助周华进行营业收入的实质性测试。

步骤一：对营业收入实施分析性程序。

1. 编制主营业务收入明细分析表（见表4-4）

表4-4　　　　　　　　　　　主营业务收入明细分析表

被审计单位：	京华公司	索引号：	SA3
项目：	主营业务收入分析	财务报表截止日/期间：	2013年度
编制：	周华	复核：	黎平
日期：	2014年1月12日	日期：	2014年1月13日

类别	2013年度		2012年度		收入变动额	收入变动比例（%）	结构变动比例（%）
	金额	比重（%）	金额	比重（%）			
W-1产品	32 771 541.80	68.01	30 652 129.50	66.66	2 119 412.30	6.91	1.35
W-2产品	10 404 361.20	21.59	8 649 432.30	18.81	1 754 928.90	20.29	2.78
W-3产品	3 704 232.40	7.69	4 659 742.80	10.13	-955 510.40	-20.51	-2.44
W-4产品	1 304 921.60	2.71	2 023 941.40	4.4	-719 019.80	-35.53	-1.69
合计	48 185 057.00	100	45 985 246.00	100	2 199 811.00	4.78	—

审计说明：
（1）本明细账所列各品种收入总额48 185 057.00元与报表核对一致；
（2）与去年同期比较：
①京华公司收入总额与去年同期比较有所增长，比例为4.78%；
②各品种结构比例与去年同期比较没有较大的变化。
（3）收入总额中，占比重较大的为W-1产品，其次为W-2产品，应着重抽查这两种产品；
（4）根据京华公司增值税纳税申报表估算全年收入，与账面已确认收入一致。

审计结论：

主营业务收入金额未见异常。

2. 编制产品年度毛利率变化分析表（见表4-5）

表4-5　　　　　　　　　　　产品年度毛利率变化分析表

被审计单位：	京华公司	索引号：	SA4
项目：	产品年度毛利率变化分析	财务报表截止日/期间：	2013年度
编制：	周华	复核：	黎平
日期：	2014年1月14日	日期：	2014年1月15日

项目	2013年			2012年			单价变化（%）	成本变化（%）
	平均单价	平均成本	毛利率	平均单价	平均成本	毛利率		
W-1产品	5 070.83	4 131.01	18.53	4 543.76	4 128.11	9.15	11.6	0.07
W-2产品	4 144.97	3 997.14	3.57	3 975.06	3 825.60	3.76	4.27	4.48
W-3产品	4 414.03	4 387.70	0.6	4 183.00	4 299.68	-2.79	5.52	2.05
W-4产品	4 789.86	4 802.61	-0.27	4 589.20	4 618.78	-0.64	4.37	3.98

续表

审计说明：

（1）W-1产品的毛利率大幅提高，主要原因是该产品市场价格不断提高，而平均成本几乎没有变化；

（2）W-2产品的毛利率基本持平；

（3）W-3产品的毛利率由负变正；

（4）W-4产品的毛利率由去年的-0.64%上升为-0.27%。

审计结论：

W-1产品和W-3产品毛利率异常，应重点抽样检查。

步骤二：对营业收入实施抽凭测试，重点抽取W-1、W-2、W-3三种产品。检查结果见表4-6。

表4-6　　　　　　　　　　　主营业务收入抽凭测试结果表

被审计单位：	京华公司	索引号：	SA5
项目：	主营业务收入抽凭测试	财务报表截止日/期间：	2013年度
编制：	周华	复核：	黎平
日期：	2014年1月16日	日期：	2014年1月17日

日期	凭证号	摘要	金额	对应科目	检查内容 1	2	3	4	附件
1月18日	156	销售W-1产品	14 325 786.68	应收账款	√	√	√	√	专用发票、付款通知单、出厂票
3月15日	357	销售W-2产品	6 743 012.46	应收账款	√	√	√	√	专用发票、付款通知单、出厂票
4月28日	458	销售W-1产品	12 785 326.87	应收账款	√	√	√	√	专用发票、付款通知单、出厂票
5月26日	579	销售W-3产品	8 690 456.80	应收账款	√	√	√	√	专用发票、付款通知单、出厂票
7月16日	723	销售W-2产品	23 768 325.69	应收账款	√	√	√	√	专用发票、付款通知单、出厂票
8月23日	865	销售W-1产品	5 320 684.75	应收账款	√	√	√	√	专用发票、付款通知单、出厂票
9月28日	913	销售W-3产品	18 087 564.60	应收账款	√	√	√	√	专用发票、付款通知单、出厂票
……									

审计说明：

（1）细节测试的目的：验证收入发生的真实性、准确性，同时达到双重测试的目的。

（2）测试方法：采用逆查法，即从明细账中选取若干样本，核对记账凭证内容与所附原始凭证的一致性，并关注附件是否齐全、真实。

（3）检查内容：①授权是否合理；②附件是否齐全；③金额是否一致；④账务处理是否正确。

（4）经询问销售部门和财务部门相关人员，检查主营业务收入明细账，没有发现销售退回、折扣与折让情况，也没有特殊销售行为。

审计结论：

主营业务收入可以确认。

步骤三：对营业收入进行截止测试，测试结果见表4-7。

表 4-7

主营业务收入截止测试表

被审计单位：<u>京华公司</u>　　　　　索引号：<u>SA6</u>
项目：<u>主营业务收入截止测试</u>　　财务报表截止日/期间：<u>2013 年度</u>
编制：<u>周华</u>　　　　　　　　　复核：<u>黎平</u>
日期：<u>2014 年 1 月 17 日</u>　　　　日期：<u>2014 年 1 月 18 日</u>

从发货单到明细账

编号	发货单		发票内容					明细账				是否跨期（√ ×）
	日期	号码	日期	客户名称	货物名称	销售额	税额	日期	凭证号	主营业务收入	应交税费	
\multicolumn{13}{l}{截止日前　截止日期：2013 年 12 月 31 日}												
1	12月31日	2653#	12月31日	×客户	W-1产品	2 390 128.23	406 321.80	12月31日	1230#	2 390 128.23	406 321.80	×
2	12月30日	2650#	12月30日	×客户	W-2产品	2 307 650.12	392 000.52	12月30日	1229#	2 307 650.12	392 000.52	×
……												
\multicolumn{13}{l}{截止日后}												
1	1月1日	0001#	12月28日	×客户	W-3产品	532 764.96	90 570.04	1月1日	0012#	532 764.96	90 570.04	×
2	1月1日	0002#	12月28日	×客户	W-4产品	820 784.62	139 533.39	1月1日	0013#	820 784.62	139 533.39	×
……												

续表

从明细账到发货单

编号	明细账				发票内容						是否跨期（√ ×）
	日期	凭证号	主营业务收入	应交税费	日期	客户名称	货物名称	销售额	税额	日期	号码	
1	12月29日	1563#	3 678 341.92	625 318.13	12月29日	×客户	W-1产品	3 678 341.92	625 318.13	12月29日	1953#	×
2	12月30日	1586#	1 984 967.32	337 444.44	12月30日	×客户	W-2产品	1 984 967.32	337 444.44	12月30日	1958#	×
……												

截止日期：2013年12月31日

截止日前

截止日后

| 1 | 1月1日 | 0013# | 2 783 467.56 | 361 850.78 | 1月1日 | ×客户 | W-2产品 | 2 783 467.56 | 361 850.78 | 1月1日 | 0010# | × |
| 2 | 1月1日 | 0018# | 8 978 612.12 | 1 526 364.12 | 1月1日 | ×客户 | W-3产品 | 8 978 612.12 | 1 526 364.12 | 1月1日 | 0015# | × |

审计说明：

1. 测试目的：检查京华公司截止日前后发货的产品是否已记录于恰当的会计期间。
2. 经过测试，没有发现跨期事项。

步骤四：编制营业收入审定表，见表 4 - 8。

表 4 - 8　　　　　　　　　　　营业收入审定表

被审计单位：	京华公司	索引号：	SA1
项目：	营业收入审定表	财务报表截止日/期间：	2013 年度
编制：	周华	复核：	黎平
日期：	2014 年 1 月 18 日	日期：	2014 年 1 月 19 日

项目类别	本期未审数	账项调整 借方	账项调整 贷方	本期审定数	上期审定数
一、主营业务收入					
W－1 产品	32 771 541.80			32 771 541.80	30 652 129.50
W－2 产品	10 404 361.20			10 404 361.20	8 649 432.30
W－3 产品	3 704 232.40			3 704 232.40	4 659 742.80
W－4 产品	1 304 921.60			1 304 921.60	2 023 941.40
小计	48 185 057.00			48 185 057.00	45 985 246.00
二、其他业务收入					
材料销售	89 642.00			89 642.00	97 653.20
……					
小计	98 763.00			98 763.00	105 342.00
营业收入合计	48 283 820.00			48 283 820.00	46 090 588.00

审计说明：

（1）从审定表中可以看出，京华公司营业收入包括主营业务收入和其他业务收入，表中所列数据与总账、明细账、报表核对一致。

（2）主营业务收入确认标志为产品发出、经营部开出提货单并经财务部审核后开具发票。该公司收入确认标志符合准则规定的五个条件，并与上年保持一致。

审计结论：

报表数经审计后无调整事项，可以确认。

业务操作二

应收账款的审计

步骤一：确定应收账款的审计目标。

应收账款是指企业因销售商品、提供劳务等原因，应向购货客户或接受劳务的客户收取的款项，是企业在信用活动中形成的债权性资产。应收账款余额包括应收账款账面余额和相应的坏账准备两部分。应收账款审计的目标见表 4 - 9。

表 4-9　　　　　　　　　　　应收账款审计目标

审计目标	财务报表认定				
	存在	完整性	权利和义务	计价和分摊	列报
A. 资产负债表中记录的应收账款是存在的	√				
B. 所有应当记录的应收账款均已记录		√			
C. 记录的应收账款由被审计单位拥有或控制			√		
D. 应收账款以恰当的金额包括在财务报表中，与之相关的计价调整已恰当记录				√	
E. 应收账款已按照企业会计准则的规定在财务报表中做出恰当列报					√

步骤二：实施应收账款的实质性程序。

1. 获取或编制应收账款明细表

（1）复核加计正确，并与总账数和明细账合计数核对相符；结合坏账准备科目与报表数核对相符。

（2）检查非记账本位币应收账款的折算。对于用非记账本位币（通常为外币）结算的应收账款，注册会计师应检查被审计单位外币应收账款的增减变动是否按业务发生时的市场汇率或期初市场汇率折合为记账本位币金额，所选折合汇率前后各期是否一致；期末外币应收账款余额是否按期末市场汇率折合为记账本位币金额；折算差额的会计处理是否正确。

（3）分析有贷方余额的项目，查明原因，必要时，建议作重分类调整。

（4）结合其他应收款、预收账款等往来项目的明细余额，查明有无同一客户多处挂账、异常余额或与销售无关的其他款项，如有，应做出记录，必要时提出调整建议。

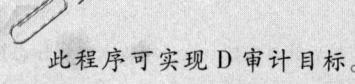此程序可实现 D 审计目标。小提示

2. 实施实质性分析程序

常用的分析角度有：

（1）比较当年度及以前年度的应收账款余额，并查明异常情况的原因。

（2）比较当年度及以前年度应收账款的账龄，并查明异常情况的原因。

（3）比较当年度及以前年度应收账款与主营业务收入的比率，结合当前经济环境及信用政策判断其合理性。

（4）比较当年度及以前年度应收账款的回收期，结合当前经济环境、信用政策及行业平均水平判断其合理性。

（5）比较当年度及以前年度坏账准备与主营业务收入的比率、坏账准备与应收账款的比率、坏账损失，并查明异常情况的原因。

（6）比较截止日前后两个月末应收账款的余额、主要客户及其余额，并查明异常情况的原因。

此程序可实现 A、B、D 审计目标。 小提示

3. 检查应收账款账龄分析是否正确

（1）获取或编制应收账款账龄分析表。注册会计师可以通过获取或编制应收账款账龄分析表来分析应收账款的账龄，以便了解应收账款的可收回性。应收账款账龄分析表的格式见表 4-10。

表 4-10　　　　　　　　　应收账款账龄分析表

　　　　年　　月　　日　　　　　　　　　　　货币单位：

顾客名称	期末余额	账　龄			
		1 年以内	1~2 年	2~3 年	3 年以上
合计					

应收账款的账龄，是指资产负债表中的应收账款从销售实现、产生应收账款之日起，至资产负债表日止所经历的时间。编制应收账款账龄分析表时，可以选择重要的顾客及其余额列示，不重要的或余额较小的，可以汇总列示。 小提示

（2）如果应收账款账龄分析表由被审计单位编制，测试其计算的准确性。

（3）检查原始凭证，如销售发票、运输记录等，测试账龄核算的准确性。

此程序可实现 D 审计目标。　小提示

4. 向债务人函证应收账款

注册会计师可以在考虑被审计单位的经营环境、内部控制的有效性、账户或交易的性质、被询证者处理询证函的习惯做法及回函的可能性等基础上，确定应收账款函证的内容、范围、时间安排和方式。

（1）确定函证的范围和对象。注册会计师应当对应收账款实施函证，除非有充分证据表明应收账款对财务报表不重要，或函证很可能无效。如果认为函证很可能无效，注册会计师应当实施替代审计程序，获取充分、适当的审计证据。如果不对应收账款函证，注册会计师应当在审计工作底稿中说明理由。

函证数量的多少、范围是由诸多因素决定的，主要有：

①应收账款在全部资产中的重要性。若应收账款在全部资产中所占的比重较大，则函证的范围应相应大一些。

②被审计单位内部控制的强弱。若内部控制较为健全，则可以相应减少函证数量；反之，则应相应扩大函证范围。

③以前期间的函证结果。若以前期间函证中发现过重大差异，或欠款纠纷较多，则函证范围应相应扩大一些。

一般情况下，注册会计师应选择以下项目作为函证对象：大额或账龄较长的项目；与债务人发生纠纷的项目；重大关联方项目；主要客户（包括关系密切的客户）项目；交易频繁但期末余额较小甚至余额为零的项目；可能产生重大错报或舞弊的非正常的项目。

（2）选择函证时间。注册会计师通常以资产负债表日为截止日，在资产负债表日后适当时间实施函证。如果重大错报风险评估为低水平，注册会计师可选择资产负债表日前适当日期为截止日实施函证，并对所函证项目自该截止日起至资产负债表日止发生的变动实施实质性程序。

（3）设计询证函。询证函的设计可能直接影响回函率，以及从回函中获取的审计证据的可靠性和性质。在设计询证函时，注册会计师需要考虑的因素包括：

①函证针对的认定；

②识别出的重大错报风险，包括舞弊风险；

③询证函的版面设计和表达方式；

④以往审计或类似业务的经验；

⑤沟通的方式（如以纸质、电子或其他介质等形式）；

⑥管理层对被询证者的授权或是否鼓励被询证者向注册会计师回函。只有询证函包含管理层授权时，被询证者可能才愿意回函；

⑦预期的被询证者确认或提供信息（如被询证者能够提供的信息是单张发票金额还是总额）的能力。

（4）选择函证方式。注册会计师可采用积极的或消极的函证方式实施函证，也可将两种方式结合使用。

方式一：积极式函证

积极式函证是指要求被询证者直接向注册会计师回复，表明是否同意询证函所列示的信息，或填列所要求的信息的一种询证方式。

积极式函证要求被询证者在所有情况下都必须回函，确认所列示的信息是否正确或填列询证函要求的信息。通常认为，对积极式询证函的回函能够提供可靠的审计证据。但存在被询证者对所列示信息根本不验证就予以回函确认的风险。为了降低这种风险，注册会计师可以采用另外一种形式的询证函，即在询证函中不列明账户余额（或其他信息），而是要求被询证者填列有关信息或进一步提供信息。但是，采用这种空白式询证函要求被询证者做出更多工作，可能导致回函率降低。

在采用积极式函证时，只有注册会计师收到回函，才能为财务报表认定提供审计证据。注册会计师没有收到回函，原因可能是：被询证者根本不存在；被询证者没有收到询证函；被询证者没有理会询证函。注册会计师没有收到回函时，无法证明所函证信息是否正确。在这种情况下，注册会计师应当考虑与被询证者联系，要求对方做出回应或再次寄发询证函。如果未能得到被询证者的回应，注册会计师应当实施替代审计程序。

积极式询证函的参考格式如下。

（格式一）　　　　　　　　　　企业询证函

　　　　　　　　　　　　　　　　　　　　　　　　　　　　　　编号：

××（公司）：

　　本公司聘请的××会计师事务所正在对本公司××年度财务报表进行审计，按照中国注册会计师审计准则的要求，应当询证本公司与贵公司的往来账项等事项。下列数据出自本公司账簿记录，如与贵公司记录相符，请在本函下端"信息证明无误"处签章证明；如有不符，请在"信息不符"处列明不符金额。回函请直接寄至××会计师事务所。

　　回函地址：

　　邮编：　　　　电话：　　　　传真：　　　　联系人：

1. 本公司与贵公司的往来账项列示如下：

单位：元

截止日期	贵公司欠	欠贵公司	备　注

2. 其他事项。

　　本函仅为复核账目之用，并非催款结算。若款项在上述日期之后已经付清，仍请及时复函为盼。

　　　　　　　　　　　　　　　　　　　　　　　　　　　　　（公司盖章）
　　　　　　　　　　　　　　　　　　　　　　　　　　年　　月　　日

结论：1. 信息证明无误。

　　　　　　　　　　　　　　　　　　　　　　　　　　　　　（公司盖章）
　　　　　　　　　　　　　　　　　　　　　　　　　　年　　月　　日
　　　　　　　　　　　　　　　　　　　　　　　　　　经办人：

　　　 2. 信息不符，请列明不符的详细情况：

　　　　　　　　　　　　　　　　　　　　　　　　　　　　　（公司盖章）
　　　　　　　　　　　　　　　　　　　　　　　　　　年　　月　　日
　　　　　　　　　　　　　　　　　　　　　　　　　　经办人：

（格式二）　　　　　　　　　　企业询证函

　　　　　　　　　　　　　　　　　　　　　　　　　　　　　　编号：

××（公司）：

　　本公司聘请的××会计师事务所正在对本公司××年度财务报表进行审计，按照中国注册会计师审计准则的要求，应当询证本公司与贵公司的往来账项等事项。请列示截止××年×月×日贵公司与本公司往来款项余额。回函请直接寄至××会计师事务所。

　　回函地址：

　　邮编：　　　　电话：　　　　传真：　　　　联系人：

本函仅为复核账目之用,并非催款结算。若款项在上述日期之后已经付清,仍请及时复函为盼。

(公司盖章)
年　　月　　日

1. 贵公司与本公司的往来账项列示如下:

单位:元

截止日期	贵公司欠	欠贵公司	备　注

2. 其他事项。

(公司盖章)
年　　月　　日
经办人:

方式二:消极式函证

消极式函证是指要求被询证者只有在不同意询证函所列示的信息时才直接向注册会计师回复的一种询证方式。

在采用消极式函证方式时,如果收到回函,能够为财务报表认定提供说服力强的审计证据。未收到回函可能是因为被询证者已收到询证函且核对无误,也可能是因为被询证者根本就没有收到询证函。因此,积极式函证通常比消极式函证提供的审计证据可靠。因而在采用消极式函证时,注册会计师通常还需辅之其他审计程序。

消极式询证函的参考格式如下。

企业询证函

编号:

××(公司):

本公司聘请的××会计师事务所正在对本公司××年度财务报表进行审计,按照中国注册会计师审计准则的要求,应当询证本公司与贵公司的往来账项等事项。下列数据出自本公司账簿记录,如与贵公司记录相符,则无须回复;如有不符,请直接通知会计师事务所,并在空白处列明贵公司认为正确的信息。回函请直接寄至××会计师事务所。

回函地址:

邮编:　　　　电话:　　　　传真:　　　　联系人:

1. 本公司与贵公司的往来账项列示如下:

单位:元

截止日期	贵公司欠	欠贵公司	备　注

2. 其他事项。

本函仅为复核账目之用，并非催款结算。若款项在上述日期之后已经付清，仍请及时核对为盼。

（公司盖章）
年　月　日

××会计师事务所：

上面的信息不正确，差异如下：

（公司盖章）
年　月　日
经办人：

（5）控制函证实施过程。注册会计师可以采取下列措施对函证实施过程进行控制：

①将被询证者的姓名、单位名称和地址与被审计单位有关记录核对；

②将询证函中列示的账户余额或其他信息与被审计单位有关资料核对；

③在询证函中指明直接向接受审计业务委托的会计师事务所回函；

④询证函经被审计单位盖章后，由注册会计师直接发出；

⑤将发出询证函的情况形成审计工作底稿；

⑥将收到的回函形成审计工作底稿，并汇总统计函证结果。

应收账款函证结果汇总表的格式见表4-12。

如果被询证者以传真、电子邮件等方式回函，注册会计师应当直接接收，并要求被询证者寄回询证函原件。

小提示

（6）对不符事项的处理。不符事项，是指被询证者提供的信息与询证函要求确认的信息不一致，或与被审计单位记录的信息不一致。

不符事项的原因分析：

①双方登记入账的时间不同。主要表现：一是询证函发出时，债务人已付款，而被审计单位尚未收到货款；二是询证函发出时，被审计单位的货物已经发出并已作销售记录，但货物仍在途中，债务人尚未收到货物；三是债务人由于某种原因将货物退回，而被审计位尚未收到；四是债务人对收到的货物的数量、质量及价格等方面有异议而全部或部分拒付货款等。

②一方或双方记账错误。

③被审计单位的舞弊行为。

如果函证发现了不符事项，注册会计师应当考虑不符事项是否构成错报及其对财务报表可能产生的影响，并将结果形成审计工作底稿。如果不符事项构成错报，注册会计师应当重新考虑所实施审计程序的性质、时间安排和范围。

小提示

(7) 对函证结果的总结和评价。

①重新考虑对内部控制的原有评价是否适当；控制测试的结果是否适当；分析程序的结果是否适当；相关的风险评估是否适当等。

②如果函证结果表明没有审计差异，则可以合理地推论，全部应收账款总体是正确的。

③如果函证结果表明存在审计差异，则应当估算应收账款总额中可能出现的累计差错是多少，估算未被选中进行函证的应收账款的累计差错是多少。为取得对应收账款累计差错更加准确的估计，也可以进一步扩大函证范围。

此程序可实现 A、C、D 审计目标。

5. 对未函证应收账款实施替代审计程序

对于函证未回函及未函证的应收账款，注册会计师应抽查有关原始凭证，如销售合同、销售订购单、销售发票副本、发运凭证等，以验证与其相关的应收账款的真实性。

此程序可实现 A 审计目标。

6. 确定已收回的应收账款金额

注册会计师应请被审计单位协助，在应收账款明细账上标出至审计时已收回的应收账款金额。对已收回金额较大的款项进行常规检查，如核对收款凭证、银行对账单、销售发票等，并注意凭证发生日期的合理性，分析收款时间是否与合同相关要素一致。

此程序可实现 A、C、D、E 审计目标。

7. 检查坏账的确认和处理

首先，注册会计师应检查有无债务人破产或者死亡的，以及破产或遗产清偿后仍无法收回的，或者债务人长期未履行清偿义务的应收账款；其次，注册会计师应检查被审计单位坏账的处理是否经授权批准，有关会计处理是否正确。

此程序可实现 D、E 审计目标。

8. 抽查有无不属于结算业务的债权

不属于结算业务的债权，不应在应收账款中核算。因此，注册会计师应抽查应收账款明细账，并追查有关原始凭证，查证被审计单位有无不属于结算业务的债权。如有，应作记录或建议被审计单位作适当调整。

此程序可实现 A 审计目标。

9. 检查应收账款的贴现、质押或出售

检查银行存款和银行借款等询证函的回函、会议记录、借款协议和其他文件，确定应收账款是否已被贴现、质押或出售，应收账款贴现业务是否满足金融资产转移终止确认条件，其会计处理是否正确。

此程序可实现 C 审计目标。

10. 检查关联方及其交易

标明应收关联方［包括持股 5% 以上（含 5%）股东］的款项，实施关联方及其交易审计程序，并注明合并财务报表时应予抵销的金额；对关联企业、有密切关系的主要客户的交易事项作专门检查：

（1）了解交易事项的目的、价格和条件，作比较分析；

（2）检查销售合同、销售发票、发运凭证等相关文件资料；

（3）检查收款凭证等货款结算单据；

（4）向关联方或有密切关系的主要客户函询，以确认交易的真实性、合理性。

此程序可实现 A、B、C、D 审计目标。

11. 评价坏账准备计提的适当性

（1）取得或编制坏账准备计算表，复核加计正确，与坏账准备总账数、明细账合计数核对相符；

（2）将应收账款坏账准备本期计提数与资产减值损失相应明细项目的发生额核对，是否相符；

（3）检查应收账款坏账准备计提和核销的批准程序，取得书面报告等证明文件。评价计提坏账准备所依据的资料、假设及方法；

（4）实际发生坏账损失的，检查转销依据是否符合有关规定，会计处理是否正确；

（5）已经确认并转销的坏账重新收回的，检查其会计处理是否正确；

（6）检查函证结果。对债务人回函中反映的例外事项及存在争议的余额，审计师应查明原因并做记录。必要时，应建议被审计单位考虑是否存在坏账可能以及是否需要做相应的调整；

（7）实施分析程序。通过比较前期坏账准备计提数和实际发生数，以及检查期后事项，评价应收账款坏账准备计提的合理性；

（8）确定应收账款坏账准备的披露是否恰当。

此程序可实现 D 审计目标。

小提示

12. 确定应收账款的列报是否恰当

如果被审计单位为上市公司，则其财务报表附注中通常应披露期初、期末余额的账龄分析，期末欠款金额较大的单位账款，以及持有 5% 以上（含 5%）股份的股东单位账款等情况。

此程序可实现 E 审计目标。

小提示

步骤三：通过实质性程序获取的审计证据判断被审计单位应收账款是否存在重大错报。

【工作实例 4-3】接工作实例 4-2，恒信会计师事务所注册会计师周华对应收账款实施的审计程序，京华公司共有 100 家客户。请协助周华一起实施审计程序。

步骤一：编制应收账款明细表，复核加计正确并与总账数、报表数及明细账合计数核对是否相符。见表 4-11。

步骤二：对应收账款进行函证。

由于京华公司是会计师事务所的新客户，因此对 80 家客户全部进行了函证。函证结果见表 4-12。

步骤三：对未函证和未回复的应收账款实施替代性程序，替代性程序检查表见表 4-13。

步骤四：编制应收账款审定表，见表 4-14。

表4-11

应收账款明细表

被审计单位：	京华公司					索引号：	ZD2					
项目：	应收账款明细表					财务报表截止日/期间：	2013年12月31日					
编制：	周华					复核：	黎平					
日期：	2014年1月19日					日期：	2014年1月20日					

项目名称	期末未审数					账项调整		重分类调整		期末审定数				
	合计	1年以内	1年至2年	2年至3年	3年以上	借方	贷方	借方	贷方	合计	1年以内	1年至2年	2年至3年	3年以上
西华公司	6 329 875.32	6 329 875.32								6 329 875.32	6 329 875.32			
华华公司	9 128 653.75	9 128 653.75								9 128 653.75	9 128 653.75			
兖鲁公司	8 790 320.63	8 790 320.63								8 790 320.63	8 790 320.63			
……														
合计	33 729 539.06									33 729 539.60	33 729 539.60			

审计说明：
1. 应收账款明细账余额合计与审定数核对一致；
2. 经与其他往来款项核对，没有发现同一客户同时挂账项目；
3. 客户借贷方发生额与主营业务收入和增值税合计数配比，符合预估数据；
4. 通过核实各客户明细账，没有发现不属于本期业务的债权；
5. 检查银行存款询证函，没有发现应收账款存在质押情况；
6. 通过核实各客户往在期初、本期发生额及期末余额，没有发现异常项目，各客户不存在破产、死亡等情况。

表 4－12　　　　　　　　　　应收账款函证结果汇总表

被审计单位：京华公司　　　　　　　　　　　　　索引号：ZD3
项　　目：应收账款函证结果汇总表　　　　　　　财务报表截止日/期间：2013 年 12 月 31 日
编　　制：周华　　　　　　　　　　　　　　　　复核：黎平
日　　期：2014 年 1 月 20 日　　　　　　　　　　日期：2014 年 1 月 21 日

一、应收账款函证情况列表

项目 单位名称	询证函编号	函证方式	函证日期 第一次	函证日期 第二次	回函日期	账面金额	回函金额	经调节后是否存在差异
甲客户	01	积极式	2014 年 1 月 10 日		2014 年 1 月 15 日	6 329 875.32	6 329 875.32	
乙客户	02	积极式	2014 年 1 月 10 日		2014 年 1 月 15 日	9 128 653.75	9 128 653.75	
丙客户	03	积极式	2014 年 1 月 10 日	2014 年 1 月 15 日		8 790 320.63	未回函	
……								

二、对误差的分析

项　　目	金　　额
1. 已识别的误差	42 619.64
2. 推断出的总体误差（扣除已识别的误差）	3 892.36

审计说明：

1. 我们对应收账款余额抽取了 80 个样本予以函证，回函样本数为 64 个，回函率为 80%；
2. 对未回函的样本实施替代测试，参见底稿 ZD5；
3. 回函的样本中只有一个样本回函金额与 E 公司账面余额不符，差异为 42 619.64 元，推断总体错报金额较小，确认应收账款余额。

表 4－13　　　　　　　　　　应收账款替代性程序检查表

被审计单位：京华公司　　　　　　　　　　　　　索引号：ZD4
项　　目：应收账款替代测试表　　　　　　　　　财务报表截止日/期间：2013 年 12 月 31 日
编　　制：周华　　　　　　　　　　　　　　　　复核：黎平
日　　期：2014 年 1 月 20 日　　　　　　　　　　日期：2014 年 1 月 21 日

一、期初余额 7 989 540.25 元

二、借方发生额 13 657 853.54 元

序号	日期	凭证号	入账金额 金额	检查内容（用"√"、"×"表示） ①	②	③	④
1	2.16	1004	2 358 156.23	√	√	√	√
2	3.23	1138	1 869 329.56	√	√	√	√

续表

序号	日期	凭证号	金额	①	②	③	④
3	4.06	1245	1 012 430.32	√	√	√	√
……							
小计			8 331 290.66				
全年借方发生额合计			13 657 853.54				
测试金额占全年借方发生额的比例			61%				

三、贷方发生额 12 857 073.16 元

	入账金额			检查内容（用"√"、"×"表示）			
序号	日期	凭证号	金额	①	②	③	④
1	2.18	1008	1 436 542.90	√	√	√	√
2	3.14	1125	2 453 732.56	√	√	√	√
3	4.19	1246	1 890 795.53	√	√	√	√
……							
小计			7 971 385.26				
全年贷方发生额合计			12 857 073.16				
测试金额占全年贷方发生额的比例			62%				

四、期末余额 8 790 320.63 元

五、期后收款检查（略）

检查内容说明：①原始凭证是否齐全；②记账凭证与原始凭证是否相符；③账务处理是否正确；④是否记录于恰当的会计期间。

审计说明：
1. 测试目的：应收账款余额是否存在；款项回收的真实性。
2. 经替代测试，未函证和未回函的应收账款可以确认。

表 4-14　　　　　　　　　　　　　应收账款审定表

被审计单位：	京华公司	索引号：	ZD1
项目：	应收账款审定表	财务报表截止日/期间：	2013 年 12 月 31 日
编制：	周华	复核：	黎平
日期：	2014 年 1 月 21 日	日期：	2014 年 1 月 22 日

项目名称	期末未审数	账项调整		重分类调整		期末审定数	上期末审定数
		借方	贷方	借方	贷方		
一、账面余额合计	33 729 539.60					33 729 539.60	30 356 585.10
1 年以内	33 729 539.60					33 729 539.60	30 356 585.10
1 年至 2 年							
2 年至 3 年							
3 年以上							

续表

项目名称	期末未审数	账项调整		重分类调整		期末审定数	上期末审定数
		借方	贷方	借方	贷方		
二、坏账准备合计							
1年以内							
1年至2年							
2年至3年							
3年以上							
三、账面价值合计	33 729 539.60					33 729 539.60	30 356 585.10
1年以内	33 729 539.60					33 729 539.60	30 356 585.10
1年至2年							
2年至3年							
3年以上							

审计说明：

1. 上述明细表所列金额与总账、明细账、报表核对一致，款项内容均为销售货款；
2. 京华公司收款期为1个月，收款期较短。经分析应收账款各明细项目的期初余额、借贷方发生额、账龄划分无误；
3. 因京华公司应收账款账龄均为1年之内且未超过3个月，所以根据公司坏账准备计提政策，本期坏账准备余额为0；
4. 该公司平时预收的销售款通过应收账款贷方核算，期末如有余额，形成报表时自动重分类至预收账款；
5. 应收账款在报表及附注中已做出恰当披露。

审计结论：

应收账款审定数为33 729 539.60元。

情境小结

本情境按照销售与收款循环的特点→销售与收款循环的内部控制与控制测试→销售与收款循环的实质性程序的逻辑顺序，对销售与收款循环进行了抽丝剥茧。通过本情境的学习，学生应能够熟练掌握销售与收款循环相关业务的审计工作。这一循环涉及公司现金流入，是利润的主要来源，因此是舞弊发生的"重灾区"，在审计时应格外注意。

职业能力训练

[知识训练]

一、单项选择题（下列答案中有一项是正确的，将正确答案填入括号内）

1. 下列文件中，不属于销售和收款循环审计中应该审查的文件是（　　）。

A. 客户对账单 B. 发运单
C. 销售合同 D. 生产统计表

2. 为了确保年度内所有发出的货物均已开具发票，审计人员应从中抽取样本并与相关发票核对的样本总体是（　　）。

A. 当年的销售合同 B. 当年的销货单
C. 当年的发运单 D. 当年的订购单

3. 审计人员根据主营业务收入明细账中的记录抽取部分销售发票，追查销货合同、发货单等资料，其目的是（　　）。

A. 证实主营业务收入的完整性
B. 证实主营业务收入的真实性
C. 证实主营业务收入的总体合理性
D. 证实主营业务收入的披露充分性

4. 审计人员使用函证程序审查应收账款时，最难发现的错弊是（　　）。

A. 应收账款提前入账 B. 应收账款金额记录错误
C. 漏记应收账款 D. 虚列应收账款

5. 审计人员实施销售截止测试的目的是（　　）。

A. 确定已入账销售业务的真实性
B. 确定主营业务收入的数额是否正确
C. 查找未入账的销售业务
D. 确定主营业务收入的会计记录归属期是否正确

6. 在销售与收款循环的内部控制中，下列不正确的说法是（　　）。

A. 企业应当分别设立办理销售、发货、收款三项业务的部门（或岗位）
B. 由一名财务人员编制销售单并开具销售发票
C. 销售人员应当避免接触销售现款
D. 企业应收票据的取得和贴现必须经由保管票据以外的主管人员的书面批准

7. 销售与收款循环主要凭证和记录按业务顺序依次为（　　）。

A. 订货单、贷项通知单、现金日记账
B. 订货单、销货单、销货合同、发运凭证、销货发票
C. 销货日记账、发票、贷项通知单、收款凭证
D. 发货单、销货合同、订货单

8. 对被审计单位注销应收某客户 95 万元账款，审计人员应重点审查的内容是（　　）。

A. 注销坏账的审批文件 B. 赊销政策
C. 全年销售计划 D. 坏账准备的计提政策

9. 在采用下列结算方式中，不得以产品发出作为收入实现的是（　　）。

A. 预收货款结算方式 B. 支票结算方式
C. 商业汇票结算方式 D. 分期收款结算方式

10. 审查某企业坏账准备项目，发现其中 1 户已过期 3 年。据调查，

对方单位现金流量不足，近期无法改善其财务状况，所欠货款 700 万元。被审计单位按 1% 计提坏账准备，审计人员判断此项业务处理为（　　）。

A. 提取过高，应按 0.3% 提取，并对有关项目数额调整

B. 提取过高，应按 0.5% 提取，并对有关项目数额调整

C. 提取过低，应加大提取比例，并对有关项目数额调整

D. 提取正确

11. 抽查被审计单位随产品发出的全新包装箱 400 个，出租给 M 公司，每个包装箱收取抵押金 60 元，收款 24 000 元的银行存款。被审计单位所作的分录正确的是（　　）。

A. 应借记"银行存款"、贷记"预收账款"

B. 应借记"银行存款"、贷记"其他应收款"

C. 应借记"现金"、贷记"其他业务收入"

D. 应借记"银行存款"、贷记"其他应付款"

12. 对两次发出肯定式询证函后仍未得到回复的某笔应收账款，审计人员应当（　　）。

A. 将该笔应收账款确认为坏账

B. 认定被审计单位虚构应收账款户名，捏造应收账款

C. 查阅有关销货合同、发货单，验证应收账款的真实性

D. 编制应收账款账龄分析表

13. 审计人员重点抽查了 12 月份产品销售业务。发现以下情况（售价均不含增值税）：

（1）12 月 6 日，该企业向 A 公司出售设备一台，并负责安装调试，售价 120 000 元，当日收到 A 公司 20 000 元货款，其余货款待安装完毕并检验合格后支付。该企业当日确认销售收入 120 000 元。经调查，该设备目前尚未安装完毕。

（2）12 月 10 日，该企业与 B 公司签订售价 600 000 元的设备销售合同，并于当日确认销售收入 600 000 元。

（3）12 月 18 日，C 公司交来支票，向该企业购买售价为 300 000 元的不需安装设备一台。该企业当日即将提货单和销售发票开出交给 C 公司，并于当日确认了销售收入 300 000 元。

要求：根据对资料中 3 笔销售业务的分析，该企业共虚增主营业务收入为（　　）。

A. 100 000 元　　　　　　　　　B. 600 000 元

C. 720 000 元　　　　　　　　　D. 1 020 000 元

14. 华威公司于 2013 年 12 月 30 日接收了一份顾客赊购订购单，经注册会计师审查发现，该笔销售业务，入账日期为 2013 年 12 月 31 日，出库单日期为 2014 年 1 月 9 日，发运凭证为 2014 年 1 月 10 日，财务人员解释因为元旦放假，所以推迟了发货。针对该事项，注册会计师以下观点正确的是（　　）。

A. 该笔销售甲公司应于 2013 年 12 月 30 日入账
B. 该笔销售甲公司应于 2013 年 12 月 31 日入账
C. 该笔销售甲公司应于 2014 年 1 月 9 日入账
D. 该笔销售甲公司应于 2014 年 1 月 10 日入账

15. 文川公司 2012 年经过审计的财务报表显示应收账款周转率为 3.5，注册会计师在审计该公司 2013 年财务报表时，发现应收账款周转率提高到 5.5，在 2013 年甲公司销售平稳，未发生并购、债务重组等相关事宜，且应收账款期末余额与上年基本持平的情况下，注册会计师在评估重大错报风险时，应当首要关注的问题是（   ）。

A. 营业收入的高估　　　　　　B. 营业收入的低估
C. 应收账款的低估　　　　　　D. 应收账款的高估

16. 注册会计师在确定应收账款函证数量的范围时，下列说法不正确的是（   ）。

A. 应收账款在全部资产中的比重越大，应收账款函证数量应越多
B. 被审计单位内部控制越弱，应收账款函证数量应越多
C. 以前年度的回函差异越大，应收账款函证数量应越多
D. 欠款纠纷较多的企业，应收账款函证数量应越少

二、多项选择题（下列答案中有多项是正确的，将正确答案填入括号内）

1. 对营业收入截止期的审查有三条线索。即（   ）。
A. 从总账追查至明细账
B. 从决算日前后销售发票为起点追查发运单和明细账
C. 从决算日前后发运单为起点追查销售发票和明细账
D. 从决算日前后销货合同追查明细账

2. 销售与收款循环内部控制包括（   ）。
A. 批准采购与付款相互独立
B. 批准赊销与发货开票相互独立
C. 收取货款与记录相互独立
D. 批准坏账与收款、记账相互独立

3. 审计人员对被审计单位销售与收款循环不相容职责的划分情况进行检查时，可实施的审计程序有（   ）。
A. 观察信用部门与应收账款记账部门是否相互独立
B. 询问是否按期编制并向客户寄出对账单
C. 审查有关凭证上内部检查的标记，评价内部检查的有效性
D. 检查坏账准备的计提比例是否合理

4. 审查中发现"主营业务收入明细账"记有销售退回业务，但未查到退货凭证，可能存在的问题有（   ）。
A. 隐匿营业收入　　　　　　　B. 虚增营业收入
C. 偷税漏税　　　　　　　　　D. 虚增利润

5. 以下属于应收账款实质性审查内容的有（　　）。
   A. 取得或编制应收账款账龄分析表
   B. 发函询证应收账款
   C. 检查应收账款不相容职务的划分
   D. 审查坏账准备的提取

6. 审计人员对销售与收款循环进行内部控制测试的内容有（　　）。
   A. 发函询证应收账款
   B. 检查是否按期编制应收账款账龄分析表
   C. 实地观察不相容职务划分情况
   D. 审查销售发票是否经过授权批准

7. 在运用分析性复核方法检查主营业务收入的完整性时，审计人员可以实施的程序有（　　）。
   A. 计算本期主要产品的销售额和毛利率，并与上期比较
   B. 比较本期各月主营业务收入的波动情况
   C. 比较本期各月主营业务收入的实际数与计划数
   D. 计算本期存货周转率，并与上期比较

8. 某企业的销售与收款循环职责分工包括：销售部门无权批准赊销；发货与开票相互独立；应收账款会计员负责编制、寄送对账单；坏账注销与否由应收账款会计员决定；发送货物后并由该人及时记账。则该企业的销售和收款循环职责分工中，不符合内部控制要求的有（　　）。
   A. 销售部门无权批准赊销
   B. 发货与开票相互独立
   C. 应收账款会计员负责编制、寄送对账单
   D. 坏账注销与否由应收账款会计员决定

9. 销售与收款循环审计中，可以证明被审计单位销售业务真实发生的原始凭证有（　　）。
   A. 顾客订购单　　　　　　　　B. 销售单
   C. 发运单　　　　　　　　　　D. 验收报告

10. 被审计单位销售交易中需要事先连续编号的单据有（　　）。
    A. 客户订购单　　　　　　　　B. 销售单
    C. 发运凭证　　　　　　　　　D. 销售发票

11. 以下注册会计师针对主营业务收入实施的截止测试中，可以查找少计收入的有（　　）。
    A. 以销售发票为起点，从资产负债表日前后若干天的发票存根查至发运凭证与账簿记录
    B. 以账簿记录为起点，从资产负债表日前后若干天的账簿记录查至记账凭证，检查发票存根与发运凭证
    C. 以发运凭证为起点，从资产负债表日前后若干天的发运凭证查至发票开具情况与账簿记录

D. 核对相关凭证和账簿记录的金额是否正确

12. 当同时存在下列（   ）情况时，注册会计师可以采用消极的函证方式。

A. 重大错报风险评估为低水平
B. 涉及大量余额较小的账户
C. 预期不存在大量的错误
D. 没有理由相信被询证者不认真对待函证

三、判断题（正确的在括号内打"√"，错误的打"×"）

1. 被审计单位通过每月定期向顾客寄送对账单这一措施，既有助于其实现销货业务的真实性控制目标，又有助于其实现购货业务的真实性控制目标。（   ）

2. 被审计单位将不属于结算业务的债权记入"应收账款"，属于记入了不恰当的账户，需进行重分类调整。（   ）

3. 注册会计师通常以资产负债表日为截止日，在资产负债表日前适当时间内实施函证。（   ）

4. 如果被审计单位委托其他单位代销商品的，无论代销单位是按视同买断方式，还是按照收取手续的方式，被审计单位都应在代销商品已销售、企业收到代销清单时确认销售收入的实现。（   ）

5. 实施产品销售收入的截止测试，主要是为了查明产品销售收入业务的截止期限是否正确，以防止产品销售入账户内可能包括的不属于产品销售的业务。（   ）

6. 实施2010年度主营业务收入的截止测试时，注册会计师应当以该年度的销售发票为起点，以检查是否高估主营业务收入。（   ）

7. 函证应收账款时，如果向某债务单位寄发的首封积极式询证函未能收回，注册会计师应实施必要的替代审计程序，如检查与销售有关的合同、发货凭证等。（   ）

8. 确认了被审计单位的大多数客户均能认真对待询证函，并对询证函中不正确的情况予以及时反馈后，注册会计师就可采用消极函证。（   ）

9. 在对应收账款实施实质性测试时，注册会计师应检查应收款是否业已用于贴现，进一步判断贴现业务属于质押还是出售，检查其会计处理是否正确。（   ）

10. 如果上市公司对某些金额较大的应收账款计提坏账准备的比率低于5%或超过40%，则应在资产负债表的附注中说明理由。（   ）

11. 企业设计信用批准控制的目的是为了评定顾客信用等级，它与应收账款净额认定有关。（   ）

12. 在销售与收款循环审计中，注册会计师应当将销售业务的完整性作为重要目标进行实质性测试。（   ）

13. 由原始凭证追查至明细账是用来测试完整性目标，从明细账追查至原始凭证是用来测试真实性目标。（ ）

14. 在销售的截止测试中，注册会计师可以采用以账簿记录为起点的审计路线，以防止少计收入。（ ）

15. 在针对坏账准备实施的实质性程序中，可以运用分析程序的方法发现有重要问题的领域。（ ）

16. 应收账款的账龄分析将有助于了解坏账准备的计提是否充分。（ ）

17. 询证函由注册会计师利用被审计单位提供的应收账款明细账户名称及地址编制，并由被审计单位寄发；回函也应直接寄给被审计单位并由其转交给会计师事务所。（ ）

18. 如果函证结果表明没有审计差异，则注册会计师可以合理地推论，全部应收账款总体是正确的。（ ）

19. 对有确凿证据表明确实无法收回的应收账款，根据公司的管理权限，应经总经理批准作为坏账损失，冲销提取的坏账准备。（ ）

20. 被审单位应当将办理销售、发货、收款三项业务的部门（或岗位）分别设立，这是销售与收款业务相关职责适当分离的基本要求。（ ）

四、简答题

1. 注册会计师杨勇是花艺公司 2013 年度财务报表审计业务的项目负责人。在对该公司及其环境实施了解程序并评估重大错报风险后，察觉到在该公司 2013 年度发生的 36 505 笔销售业务中可能存在通过隐瞒和低估销售收入以偷漏销售税费的重大情况。

针对上述情况，杨勇需要设计进一步审计程序以应对评估的重大错报风险。具体包括确定销售收入的重点认定、设计相应的实质性程序并结合适当账户进行审计。

要求：（1）基于评估的重大错报风险，花艺公司与销售业务相关的哪些认定可能会存在重大错报（不限认定的个数）？请在选择的认定后画"√"，简单解释所选择认定的一般含义，并结合甲公司的具体情况，简单描述错报的具体方式，将答案填列在表 4-15 的空格中。

表 4-15

认定名称	所选的认定	错报的具体方式
发生		
完整性		
准确性		
截止		
分类		

(2) 针对所选择的每种认定的具体错报方式，代注册会计师杨勇设计最具有针对性的一种实质性程序，填列在表 4-16 相应的空格中。

表 4-16

认定名称	针对错报的具体方式设计的最具有针对性的实质性程序
发生	
完整性	
准确性	
截止	
分类	

(3) 为提高整个审计项目的工作效率，指出 A 注册会计师应当将对营业收入的审计与哪些相关账户的审计结合进行。

2. 诚信恒会计师事务所接受桃盛公司委托，审计了该公司 2013 年度财务报表。桃盛公司是上市公司，2011 年、2012 年连续亏损，2013 年度扭亏为盈。诚信恒会计师事务所审计人员对该公司实施了风险评估程序后，初步怀疑该公司有虚增销售收入的可能。审计人员将营业收入虚增列入重大错报风险领域。

要求：(1) 经了解相关内部控制后，注册会计师决定将开具销售发票这一环节作为控制测试的重点。为了降低开具销售发票过程中出现重复、遗漏、错误计价或其他差错，桃盛公司应设立哪些控制程序？

(2) 根据桃盛公司的情况，请回答高估销售收入主要的三类情形是什么？并简要设计出相应的应对程序，填写在表 4-17 相应的空格中。

表 4-17

高估收入主要的三类情形	相应的程序

(3) 注册会计师拟重点实施营业收入截止测试。填写表 4-18，分别回答截止测试三条审计路线中的起点是什么？每条路线的截止测试程序是什么？每条路线主要测试的目的是什么？

表 4-18

截止测试路线	测试起点	实施的截止测试程序	实施的主要目的
1			
2			
3			

[能力训练]

康意机电设备股份公司(以下简称康意公司)为境内上市公司,属于增值税一般纳税企业,适用的增值税税率为17%。华信会计师事务所的注册会计师,负责审计康意公司2013年度财务报表,在销售与收款循环审计中发现以下事项:

(1) M公司采用备抵法核算坏账,坏账准备按期末应收款项余额的5%计提,2013年期末坏账准备科目余额为219.05万元。2013年年末应收账款项目和其他应收款项目的余额构成如表4-19所示:

表4-19

应收账款——鹏飞公司	3 200万元	其他应收款——王红	0.4万元
应收账款——益华公司	1 500万元	其他应收款——李伟	0.25万元
应收账款——创能公司	-500万元	其他应收款——张宇	0.35万元
应收账款——新川公司	180万元		
合计	4 380万元	合计	1万元

(2) 康意公司生产了一种先进设备,按照国家规定该产品适用于增值税先征后返政策,2013年11月,实际缴纳增值税200万元,康意公司已进行了会计处理。2013年12月收到返还的增值税税额36万元,康意公司的会计处理如下:

借:银行存款　　　　　　　　　　　　　　　　　36
　　贷:营业税金及附加　　　　　　　　　　　　　　36

(3) 2013年12月31日,康意公司向鹏飞公司销售小型机电设备一批,增值税专用发票上注明销售价格为100万元,增值税税额为17万元。提货单和增值税专用发票已交鹏飞公司,鹏飞公司承诺10天内付款。康意公司答应给予鹏飞公司的现金折扣条件如下:2/10,1/20,n/30(假定计算现金折扣时不考虑增值税因素)。该批商品的实际成本为80万元。

康意公司会计分录处理如下:

借:应收账款　　　　　　　　　　　　　　　　　116
　　财务费用　　　　　　　　　　　　　　　　　　1
　　贷:主营业务收入　　　　　　　　　　　　　　100
　　　　应交税费——应交增值税(销项税额)　　　　17
借:主营业务成本　　　　　　　　　　　　　　　　80
　　贷:库存商品　　　　　　　　　　　　　　　　80

(4) 康意公司编号为w-12的机电设备2012年12月31日账面余额为1 500万元,已计提存货跌价准备270万元,2013年2月15日,康意公司将全部产品对外出售,售价1 150万元,增值税销项税额195.5万元,康意公司会计分录处理如下:

借:银行存款　　　　　　　　　　　　　　　　　1 345.5

贷：主营业务收入　　　　　　　　　　　　　　　　　1 150
　　　　应交税费——应交增值税（销项税额）　　　　　195.5
借：主营业务成本　　　　　　　　　　　　　　　　　　1 500
　　贷：库存商品　　　　　　　　　　　　　　　　　　　1 500

（5）康意公司于2013年6月30日与益华公司签订一项购销合同，合同规定，康意公司为益华公司生产两台大型机电设备并负责安装。合同价款为1 000万元，成本800万元。按合同规定，益华公司预付款30%，其余价款将在康意公司将商品运抵益华公司并安装检验合格后才予以支付，康意公司于发出商品时开出增值税专用发票。康意公司于当年12月31日将完成的商品运抵益华公司。2013年康意公司进行了如下会计处理：

借：银行存款　　　　　　　　　　　　　　　　　　　　300
　　贷：预收账款　　　　　　　　　　　　　　　　　　　300
借：预收账款　　　　　　　　　　　　　　　　　　　1 170
　　贷：主营业务收入　　　　　　　　　　　　　　　　1 000
　　　　应交税费——应交增值税（销项税额）　　　　　170
借：主营业务成本　　　　　　　　　　　　　　　　　　800
　　贷：库存商品　　　　　　　　　　　　　　　　　　　800

　　要求：假定不考虑康意公司财务报表层次的重要性水平，针对上述交易事项，注册会计师应分别提出何种审计处理建议？若建议做出审计调整的，请直接列示相应的审计调整分录。在编制审计调整分录时，不考虑调整分录对所得税和期末结转损益的影响。

学习情境五
采购与付款循环的审计

 **职业能力目标**

能够识别采购与付款循环中的主要业务活动,熟悉采购与付款循环的关键内部控制,了解采购与付款循环常用控制测试程序,能够根据被审计单位及其环境确定固定资产、应付账款的审计目标,会对固定资产和应付账款实施实质性程序,能够熟练编制采购与付款循环常用审计工作底稿。

 典型工作任务

1. 了解采购与付款循环的主要业务活动。
2. 熟悉采购与付款循环的内部控制。
3. 了解采购与付款循环常用控制测试程序。
4. 确定固定资产、应付账款的审计目标。
5. 对固定资产、应付账款实施实质性程序。
6. 编制采购与付款循环常用的审计工作底稿。

 阅读资料

1. 《企业内部控制应用指引第 7 号——采购业务》
2. 财政部会计司解读《企业内部控制应用指引第 7 号——采购业务》
3. 《企业内部控制应用指引第 8 号——资产管理》
4. 财政部会计司解读《企业内部控制应用指引第 8 号——资产管理》

学习子情境一
认识采购与付款循环的特点

情境引例

四川恒信会计师事务所审计师黎平和周华接受委托，对华丰实业有限公司2013年度财务报表进行审计，其中涉及采购与付款循环相关账户的审计。同时，华丰公司希望黎、周两位注册会计师能够为其指出公司在采购与付款循环内部控制中存在的缺陷并提出改进建议。注册会计师要审计采购与付款循环的相关业务，并能识别该业务循环中存在的控制缺陷，还要就控制缺陷提出改进建议，就必须先了解该循环的特点。大家知道采购与付款循环有些什么特点吗？

■ 职业判断

审计人员在审计采购与付款循环涉及的相关业务时，应首先了解这一循环的主要活动和流程，以及这些活动所涉及的主要凭证和相关记录。

一、识别采购与付款循环涉及的主要活动

（一）请购商品或劳务

企业采购货物或劳务，应先提出请购申请，即填写请购单。对需要购买的已经列入存货清单的项目由仓库负责填写请购单，对未列入存货清单的货物则由相关需求部门填写。一般企业对正常生产经营所需要的商品或劳务会进行一般授权，但对资本支出和租赁合同，企业则通常要求作特别授权，只允许指定人员提出请购。由于企业不同部门都可以提出请购申请填写请购单，因此可以不事先编号。但是为了便于控制，每张请购单须由对该类采购支出预算负责的主管人员签字批准。

请购单是证明有关采购交易的"发生"认定的凭据之一，也是采购交易轨迹的起点。

（二）编制订购单

采购部门根据经过批准的请购单发出订购单。对每张订购单，采购部门应确定最佳的供应来源。对一些大额、重要的采购项目，应采取竞价方式来确定供应商，以保证供货的质量、及时性和成本的低廉。

订购单应正确填写所需要的商品品名、数量、价格、厂商名称和地址等，预先予以顺序编号并经过被授权的采购人员签名。其正联应送交供应商，副联则送至企业内部的验收部门、应付凭单部门和编制请购单的部门。随后，应独立检查订购单的处理，以确

定是否确实收到商品并正确入账。这项检查与采购交易的"完整性"认定有关。

（三）验收商品

企业收到采购物资后，需进行严格的验收。验收部门首先应比较所收商品与订购单上的要求是否相符，如商品的品名、摘要、数量、到货时间等，然后再盘点商品并检查商品有无损坏。

验收完毕，验收部门应对已收货的每张订购单编制一式多联、预先编号的验收单，作为验收和检验商品的依据。验收人员将商品送交仓库或其他请购部门时，应取得经过签字的收据，或要求其在验收单的副联上签收，以确立他们对所采购的资产应负的保管责任。验收人员还应将其中的一联验收单送交应付凭单部门。

验收单是支持资产或费用以及与采购有关的负债的"存在或发生"认定的重要凭证。定期独立检查验收单的顺序以确定每笔采购交易都已编制凭单，则与采购交易的"完整性"认定有关。

（四）存储已验收的商品

仓储部门在对收到货物进行检查后签收，并确保存货的安全完整。将已验收商品的保管与采购的其他职责相分离，可减少未经授权的采购和盗用商品的风险。存放商品的仓储区应相对独立，限制无关人员接近。这些控制与商品的"存在"认定有关。

（五）编制付款凭单

记录采购交易之前，应付凭单部门应编制付款凭单。这项功能的控制包括：
(1) 确定供应商发票的内容与相关的验收单、订购单的一致性。
(2) 确定供应商发票计算的正确性。
(3) 编制按预先顺序编号的付款凭单，并附上支持性凭证，如订购单、验收单和供应商发票等（根据交易对象不同支持性凭证的种类、格式等可能会不一样）。
(4) 独立检查付款凭单计算的正确性。
(5) 在付款凭单上填入应借记的资产或费用账户名称。
(6) 由被授权人员在凭单上签字，以示批准照此凭单要求付款。所有未付凭单的副联应保存在未付凭单档案中，以待日后付款。经适当批准和有预先编号的凭单为记录采购交易提供了依据，因此，这些控制与"存在"、"发生"、"完整性"、"权利和义务"和"计价和分摊"等认定有关。

（六）确认与记录负债

与应付账款确认与记录相关的部门一般有责任核查所购置的财产，并在应付凭单登记簿或应付账款明细账中加以记录。在收到供应商发票时，应付账款部门应将发票上所记载的品名、规格、价格、数量、条件及运费与订购单上的有关资料核对，如有可能，还应与验收单上的资料进行比较。

应付账款确认与记录的一项重要控制是要求记录现金支出的人员不得经手现金、有价证券和其他资产。恰当的凭证、记录与恰当的记账手续，对业绩的独立考核和应付账款职能而言是必不可少的控制。

（七）付款

通常情况下由应付凭单部门负责确定尚未付款凭单在到期日付款，并将留存的未付款凭单及其附件根据授权审批权限送交审批人审批。审批人审批后，将未付款凭单连同附件交复核人复核，由被授权的财务部门的人员负责签署支票，被授权签署支票的人员应确定每张支票都附有一张已经适当批准的未付款凭单，并确定支票收款人姓名和金额与凭单内容的一致。然后交财务出纳人员付款。

（八）记录现金、银行存款支出

以支票结算方式为例，在手工系统下，会计部门应根据已签发的支票编制付款记账凭证，并据以登记银行存款日记账及其他相关账簿。以记录银行存款支出为例，有关控制包括：

（1）会计主管应独立检查记入银行存款日记账和应付账款明细账的金额的一致性，以及与支票汇总记录的一致性。

（2）通过定期比较银行存款日记账记录的日期与支票副本的日期，独立检查入账的及时性。

（3）独立编制银行存款余额调节表。

二、识别采购与付款循环涉及的主要凭证和会计记录

在内部控制比较健全的企业，处理采购与付款业务通常需要使用很多凭证和会计记录。典型的采购与付款循环所涉及的主要凭证和会计记录有：

（一）请购单

请购单是由产品制造、资产使用等部门的有关人员填写，送交采购部门，是申请购买商品、劳务或其他资产的书面凭证。请购单模板见图5-1。

请购单　　　　　　No.3047751

年　月　日

类别	编号	名称及规格	单位	数量	需用日期			请购原因及用途	备注
					年	月	日		

图5-1　请购单模板

（二）订购单

订购单是由采购部门填写，向供应商购买订购单上所指定商品、劳务或其他资产的书面凭证。订购单模板见图5-2。

××××公司采购订单

| 公司： | 联系人： | 电话： | 传真： |

根据我公司生产需要，现向贵公司订购产品如下：　　　　　　　　　　　　合同编号：

序号	代码	名称	规格	单位	数量	含税单价	含税金额	税率	发货日期	交货地点
1										
2										
3										
4										
5										
6										
质量要求	按合同要求					付款方式	验收合格入库，票到30天付款			
票据要求	贵公司要保证所提供发票的合法性，如因贵公司所提供的发票不合法所引起的法律责任及损失，由贵公司全部承担。									
备注										

要求：1. 通过邮寄、托运发货时请标明发货单位、收件人，否则因标识不清而造成的货物丢失，我方概不负责。

2. 如贵公司确认，请在24小时内签字盖章后回传_____，此订单双方签字盖章生效，与正式合同具有同等法律效力。

3. 自发货之日起请在_____个月内开票，否则不予结算，造成损失由贵公司承担。

供方代理人：		需方代理人：	
联系电话：		联系电话：	
签订日期：	年　月　日	签订日期：	年　月　日

图5-2　订购单模板

（三）验收单

验收单是收到商品、资产时所编制的凭证，列示从供应商处收到的商品、资产的种类和数量等内容。验收单模板见图5-3。

采购货物验收单

| 验收单位（公章）： | | 验收人： | | 电话： | | 验收日期： | 年 月 日 | 编号： |

序号	品名	型号及配置	数量	单价（元）	总价（元）	验收单位整体验收意见合格打"√"、不合格打"×"
1						
2						
3						
4						
5						

供应商				供货日期	年 月 日
付款方式（用"√"表示）	一次付清	是（　）		本次支付（用"√"表示）	
	分期付款	是（　）			
	其中：第一次支付		金额：￥		
	第二次支付		金额：￥		
	第三次支付		金额：￥		
	第四次支付		金额：￥		
	第五次支付		金额：￥		

注：1. 属于分期付款的项目，请用"√"表示本次支付为第几次支付。

2. 验收单位整体验收意见包括对货物数量、品牌、产地、规格型号及安装调试的验收意见。

采购项目经办人：

（采购项目公章）

图5-3　验收单模板

(四) 购货发票（卖方发票）

购货发票是供应商开具的，交给买方以证明发运的货物、交易的金额、付款条件等事项的凭证。购货发票的模板见图 5-4。

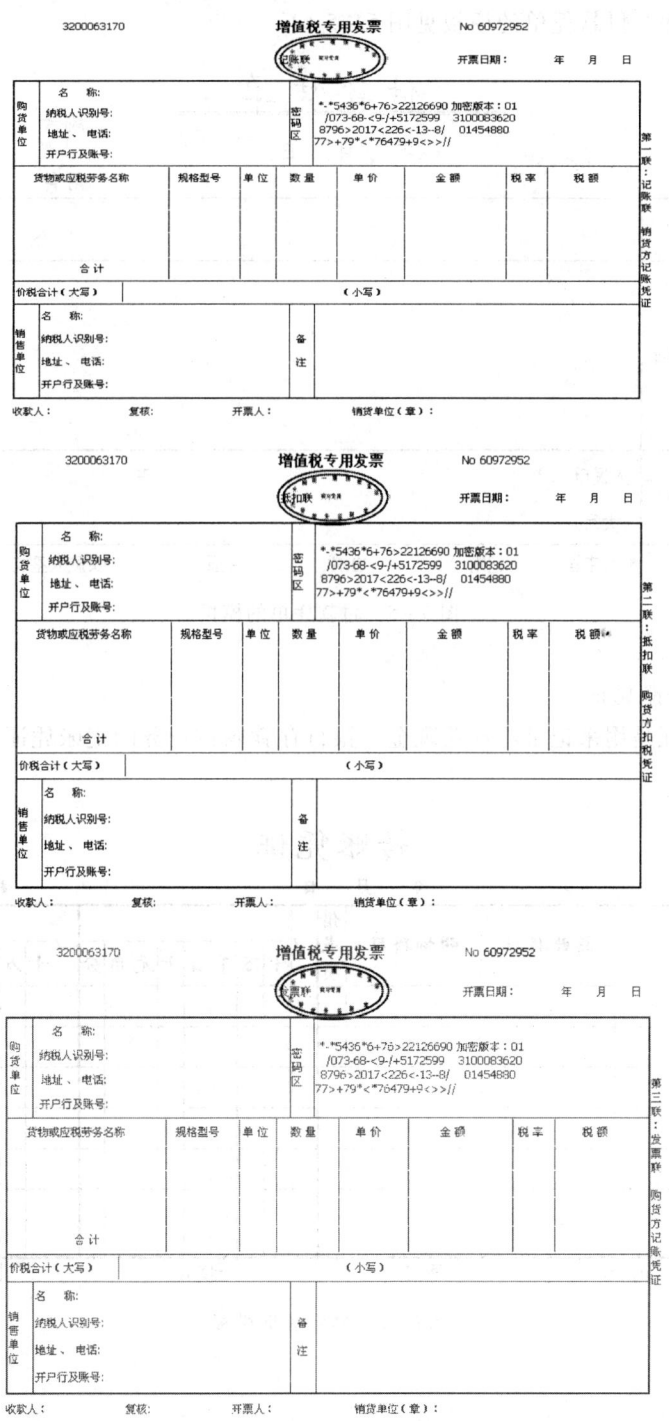

图 5-4　销售发票模板

（五）付款凭单

付款凭单是采购方企业的应付凭单部门编制的，载明已收到商品、资产或接受劳务的厂商、应付款金额和付款日期的凭证。付款凭单是采购方企业内部记录和支付负债的授权证明文件。付款凭单的模板见图5-5。

付款凭单

编号

年 月 日

附件

收款人	
付款用途	
金额	人民币（大写） ¥

财会主管 记账 出纳 主管 收款人签收

图5-5 付款凭单的模板

（六）转账凭证

转账凭证是用来记录不涉及现金、银行存款收付业务的记账凭证。转账凭证模板见图5-6。

转账凭证

年 月 日 转字第 号

摘要	总账科目	明细科目	借或贷	√	十	万	千	百	十	元	角	分	√	十	万	千	百	十	元	角	分
金额合计（大写）																					

附件 张

主管： 记账： 审核： 出纳： 制单：

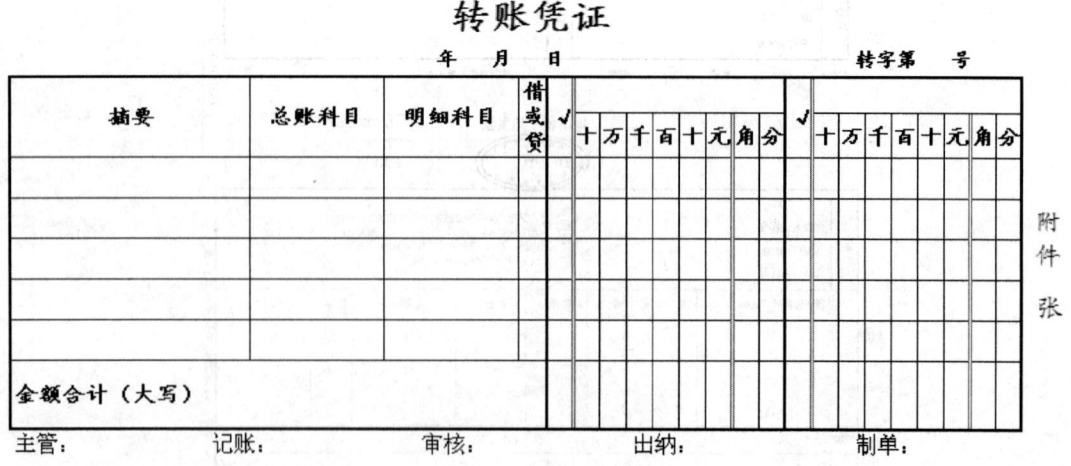

图5-6 转账凭证模板

（七）付款凭证

付款凭证包括现金付款凭证和银行存款付款凭证，是指用来记录库存现金和银行存款支出业务的记账凭证。付款凭证模板见图 5-7。

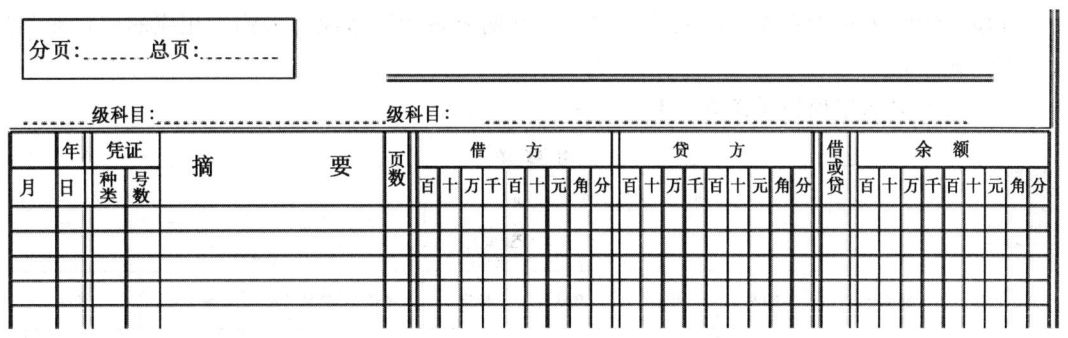

图 5-7　付款凭证模板

（八）应付账款明细账

一般采用三栏式账页格式，模板见图 5-8。

图 5-8　三栏式账页模板

（九）库存现金日记账和银行存款日记账

库存现金日记账和银行存款日记账模板见图 5-9。

现金日记账　　　　第　　页

年		凭证		票据号数	摘要	借方									贷方									余额									核对
月	日	种类	号数			百	十	万	千	百	十	元	角	分	百	十	万	千	百	十	元	角	分	百	十	万	千	百	十	元	角	分	

银行存款日记账　　　　第　　页

开户行

账　号

年		凭证		支票		摘要	借方									核对	贷方									核对	余额								
月	日	种类	号数	类别	号数		百	十	万	千	百	十	元	角	分		百	十	万	千	百	十	元	角	分		百	十	万	千	百	十	元	角	分

图 5－9　库存现金日记账和银行存款日记账模板

（十）卖方对账单

卖方对账单是由供货方按月编制的，标明期初余额、本期购买、本期支付给卖方的款项和期末余额的凭证。卖方对账单是供货方对有关交易的陈述，如果不考虑买卖双方在收发货物上可能存在的时间差等因素，其期末余额通常应与采购方相应的应付账款期末余额一致。

卖方对账单模板见图 5－10。

对 账 单

对账单位：

地址：

电话：　　　　传真：

对账日期：

客户名称：　　　　联系人：

送货地址：　　　　电话：　　　　传真：

送货日期	物流单号	采购单号	品名	型号	数量	单位	单价（元）	金额（元）	备注
合计									

注：请您在收到对账单后，依订货单核对数量及型号规格，确认后请签字回传。如在两个工作日内没有收到您的回复，则视为同意上述对账信息。感谢您对我司的支持，谢谢配合！

制单：　　　　审核：（签章）　　　　客户确认：

图 5－10　客户月末对账单模板

引例分析

审计人员要审计采购与付款循环的相关业务，必须事先了解这一循环的流程，识别流程上的主要活动，同时还要能识别主要活动完成后形成的相关凭证和记录，从而为审计人员进行采购与付款循环相关业务的审计打下坚实的基础。

图5-11是鹏飞机械有限责任公司采购与付款循环部分流程的示例图。由于不同公司情况各异，其他公司的该循环流程有或多或少的出入，不可一概而论。　　**小提示**

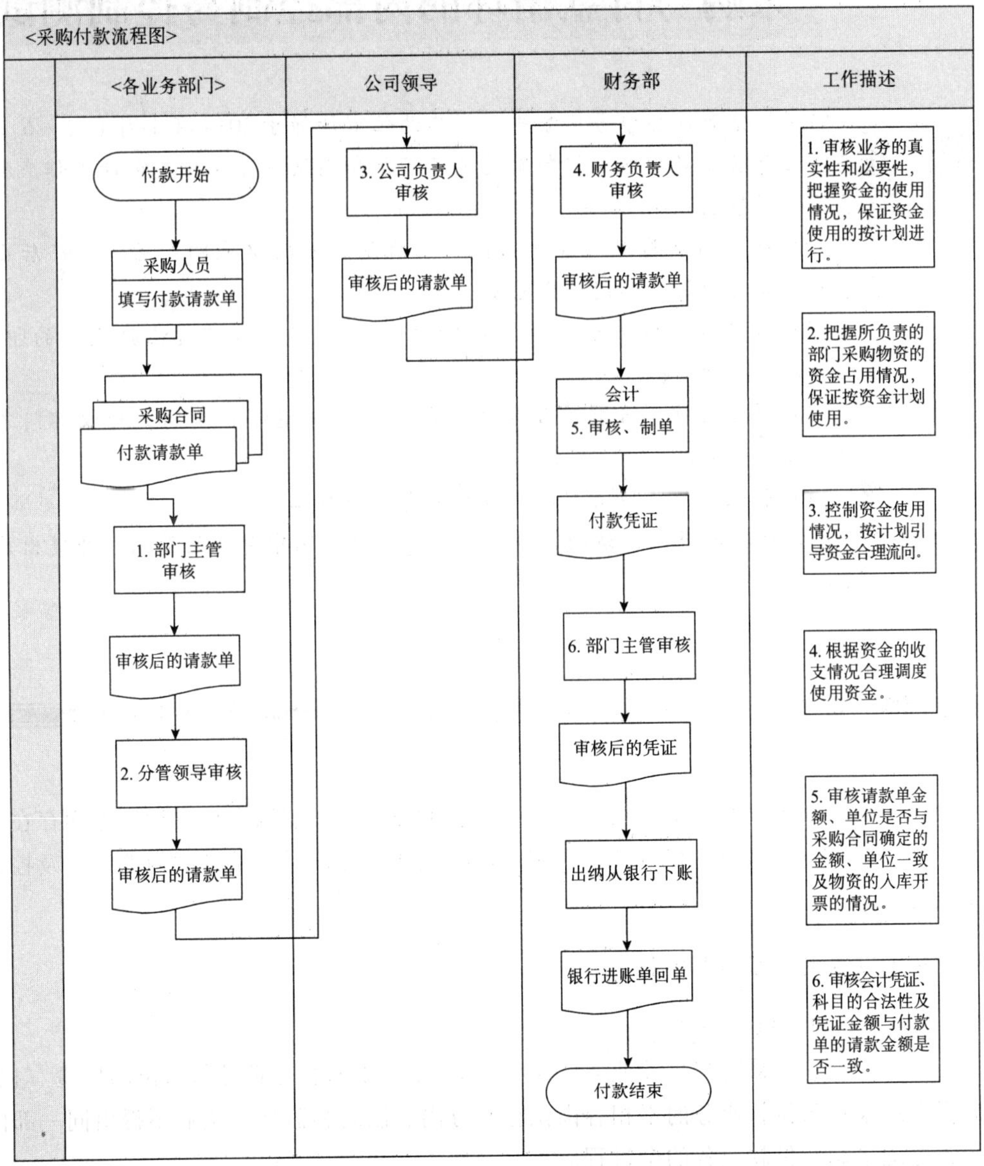

图 5-11　鹏飞公司采购与付款循环流程图

> **小思考**
>
> 采购与付款循环中签发付款支票应根据哪些原始凭证?

学习子情境二
采购与付款循环的内部控制与控制测试

【情境引例】

四川恒信会计师事务所黎平、周华两位审计师于 2014 年 1 月 1 日~6 日对华丰实业有限公司的内部控制制度进行了解和测试,并在相关审计工作底稿中记录了如下事项:

(1) 购货由采购部门负责根据自己填制的采购单采购,货物进厂后由隶属于采购部门的验收部门负责验收;

(2) 如果货物验收合格,验收部门就在采购单上盖"货已验讫"的印章,交给会计部门付款;

(3) 对于验收不合格的货物由验收部门直接退给供货商,验收部门不负责开验收报告单;

(4) 验收后的货物直接堆放在机器旁准备加工。

假定无其他事项,请指出华丰公司在内部控制中存在的缺陷,并提出建议措施。

■ 职业判断

为了找出华丰实业有限公司在采购与付款循环的内部控制设计及运行方面存在的缺陷,除了要了解该循环的特点外,大家还应熟悉并掌握该循环关键的内部控制及控制测试的方法。

一、认识采购交易的关键内部控制

(一) 合理的职责分工

企业应当建立采购与付款业务的岗位责任制,明确相关部门和岗位的职责、权限,确保办理采购与付款业务的不相容岗位相互分离、制约和监督。企业不得由同一部门或个人办理采购与付款业务的全过程。

企业采购与付款业务的不相容岗位至少包括:

（1）请购与审批；
（2）询价与确定供应商；
（3）采购合同的订立与审核；
（4）采购与验收；
（5）采购、验收与相关会计记录；
（6）付款的申请、审批与执行。

（二）完善的授权审批制度

交易处理的有效程序通常是以对这些交易规定明确的授权和批准开始的。在购货和付款循环中，较常见的授权审批程序包括：
（1）所有的购货都是根据经批准的请购单进行的；
（2）购货按正确的级别批准；
（3）购货价格应经过批准；
（4）付款应经过有关人员授权批准。

（三）充分的凭证和记录

充分、完善的凭证和记录的控制政策与程序应包括：
（1）购货业务应具备订购单、验收单和购货发票，并作为付款凭单的附件；
（2）健全的存货、固定资产、应付账款等账簿记录；
（3）订购单、验收单、付款凭单应顺序编号。

（四）采购与验收控制

（1）企业应当建立采购与验收环节的管理制度，对采购方式确定、供应商选择、验收程序等做出明确规定，确保采购过程的透明化。

（2）企业应当根据物品或劳务等的性质及其供应情况确定采购方式。一般物品或劳务等的采购应采用订单采购或合同订货等方式，小额零星物品或劳务等的采购可以采用直接购买等方式。同时，企业应当制定例外紧急需求的特殊采购处理程序。

（3）企业应当充分了解和掌握供应商的信誉、供货能力等有关情况，采取由采购、使用等部门共同参与比质比价的程序，并按规定的授权批准程序确定供应商。小额零星采购也应由经授权的部门事先对价格等有关内容进行审查。

（4）企业应当根据规定的验收制度和经批准的订单、合同等采购文件，由独立的验收部门或指定专人对所购物品或劳务等的品种、规格、数量、质量和其他相关内容进行验收，出具验收证明。对验收过程中发现的异常情况，负责验收的部门或人员应当立即向有关部门报告；有关部门应查明原因，及时处理。

（五）内部监督检查

企业应当建立对采购与付款内部控制的监督检查制度，明确监督检查机构或人员的职责权限，定期或不定期地进行检查。

监督检查的内容主要包括：

（1）采购与付款业务相关岗位及人员的设置情况。重点检查是否存在采购与付款业务不相容职务混岗的现象。

（2）采购与付款业务授权批准制度的执行情况。重点检查大宗采购与付款业务的授权批准手续是否健全，是否存在越权审批的行为。

（3）应付账款和预付账款的管理。重点审查应付账款和预付账款支付的正确性、时效性和合法性。

（4）有关单据、凭证和文件的使用和保管情况。重点检查凭证的登记、领用、传递、保管、注销手续是否健全，使用和保管制度是否存在漏洞。

二、认识付款交易的关键内部控制

与付款交易相关的内部控制内容有：

（1）企业应当按照《现金管理暂行条例》、《支付结算办法》等规定办理采购付款业务。

（2）企业财务部门在办理付款业务时，应当对采购发票、结算凭证、验收证明等相关凭证的真实性、完整性、合法性及合规性进行严格审核。

（3）企业应当建立预付账款和定金的授权批准制度，加强预付账款和定金的管理。

（4）企业应当加强应付账款和应付票据的管理，由专人按照约定的付款日期、折扣条件等管理应付款项。已到期的应付款项须经有关授权人员审批后方可办理结算与支付。

（5）企业应当建立退货管理制度，对退货条件、退货手续、货物出库、退货货款回收等做出明确规定，及时收回退货货款。

（6）企业应当定期与供应商核对应付账款、应付票据、预付账款等往来款项。如有不符，应查明原因，及时处理。

需要注意的是，由于企业所处行业性质、企业规模及内部控制健全程度等不同，与付款交易相关的内部控制内容可能会有所不同。

三、认识固定资产的关键内部控制

在本循环中有一项重要的资产就是固定资产。固定资产单位价值一般比较大，使用时间比较长，对企业的现金流量、损益的影响比较大，如果出现管理失控的问题，其所造成的损失将远远超过一般存货等流动资产。因此企业应建立健全固定资产的内部控制制度。

（一）固定资产的预算制度

预算制度是固定资产内部控制中最重要的部分。通常，大中型企业应编制旨在预测与控制固定资产增减和合理运用资金的年度预算；小规模企业即使没有正规的预算，对固定资产的购建也要事先加以计划。

（二）授权批准制度

完善的授权批准制度包括：企业的资本性预算只有经过董事会等高层管理机构批准

方可生效；所有固定资产的取得和处置均需经企业管理层书面认可。

（三）账簿记录制度

除固定资产总账外，被审计单位还需设置固定资产明细分类账和固定资产登记卡，按固定资产类别、使用部门和每项固定资产进行明细分类核算。固定资产的增减变化均应有充分的原始凭证。

（四）职责分工制度

对固定资产的取得、记录、保管、使用、维修、处置等，均应明确划分责任，由专门部门和专人负责。

（五）资本性支出和收益性支出的区分制度

企业应制定区分资本性支出和收益性支出的书面标准。通常需明确资本性支出的范围和最低金额，凡不属于资本性支出的范围、金额低于下限的任何支出，均应列作费用并抵减当期收益。

（六）固定资产的处置制度

固定资产的处置，包括投资转出、报废、出售等，均要有一定的申请报批程序。

（七）固定资产的定期盘点制度

对固定资产的定期盘点，是验证账面各项固定资产是否真实存在、了解固定资产放置地点和使用状况以及发现是否存在未入账固定资产的必要手段。

（八）固定资产的维护保养制度

固定资产应有严密的维护保养制度，以防止其因各种自然和人为的因素而遭受损失，并应建立日常维护和定期检修制度，以延长其使用寿命。

引例中，华丰实业有限公司存在如下缺陷：
(1) 采购部门根据自己编制的采购单采购，且验收部门属于采购部门；
(2) 验收部门在采购单上盖"货已验讫"的印章作为验收完毕的证明；进行会计账务处理和开票付款不相容的职责都由会计部门办理；
(3) 验收部门不办理有关手续，退货过于草率；
(4) 验收货物不能直接堆放在机器旁。
建议改进措施如下：
(1) 采购部门应根据相关需求部门填制的请购单进行采购，且验收部门应独立于采购、仓储部门；
(2) 验收部门应在验收完毕后填制一式多联的验收报告单，在报告单上预留空格，注明完全合格或拒收数量及原因，验收报告单分送采购、仓储、会计等部门；应由付款凭单部门编制付款凭单通过财务部门开票付款；

(3) 验收部门应在验收报告单上注明退回数量，并请供应商签名后方可退货；

(4) 货物应先经仓储部门点验和检查后签收，再凭完善的发货控制系统，进行领料加工。

业务操作

采购交易的控制测试

步骤一：确定采购交易的控制目标。

采购与付款循环内部控制的目标主要有：

(1) 所记录的采购都已收到物品或已接受劳务（存在或发生）；

(2) 已发生的采购交易均已记录（完整性）；

(3) 所记录的采购交易估价正确（准确性或计价和分摊）；

(4) 采购交易的分类正确（分类）；

(5) 采购交易按正确的日期记录（截止）；

(6) 采购交易被正确记入应付账款和存货等明细账中，并被正确汇总（准确性或计价和分摊）。

步骤二：实施常用的控制测试程序。

1. 测试所记录的采购都已收到物品或已接受劳务

(1) 查验付款凭单后是否附有完整的相关单据；

(2) 检查批准采购的标记；

(3) 检查注销凭证的标记；

(4) 检查内部核查的标记。

2. 测试已发生的采购交易均已记录

(1) 检查订货单连续编号的完整性；

(2) 检查验收单连续编号的完整性；

(3) 检查应付凭单连续编号的完整性。

3. 测试所记录的采购交易估价正确

(1) 检查内部审核的标记；

(2) 审核批准采购价格和折扣的标记。

4. 测试采购交易的分类的正确

(1) 检查工作手册和会计科目表；

(2) 检查有关凭证上的内部核查的标记。

5. 测试采购交易按正确的日期记录

(1) 检查工作手册并观察有无未记录的卖方发票存在；

(2) 检查有关凭证上内部核查的标记。

6. 测试采购交易被正确记入应付账款和存货等明细账中,并正确汇总

检查内部核查的标记。

步骤三:通过测试程序获取的审计证据判断被审计单位采购交易内部控制执行和设计是否有效。

完成控制测试后,审计人员应对被审计单位的购货和付款循环的内部控制设计的合理性、运行的有效性进行评价,确定其是否存在重大的薄弱环节。若有重大的薄弱环节,则应确定其对实质性程序的影响,并以此为基础制定实质性程序方案。

【工作实例 5-1】 审计师赵静在对冰爽饮料有限公司审计时对其采购与付款循环内部控制进行了解和测试,并在相关的审计工作底稿中作了记录,现摘录如下:

(1) 该公司的材料采购需要经授权批准后方可进行,采购部根据批准的请购单发出订购单。货物运达后,验收部根据订购单的要求验收货物,并编制一式多联的未连续编号的验收单。仓库根据验收单验收货物,在验收单签字后,将货物移入仓库加以保管。验收单上有数量、品名、单价等要素。验收单一联交采购部登记采购明细账和编制付款凭单,付款凭单经批准后,月末交会计部;一联交会计部登记材料明细账,一联由仓库保留并登记材料明细账。会计部根据只附验收单的付款凭单登记有关账簿。

(2) 会计部月末审核付款凭单后,支付采购款项。该公司授权会计部的经理签署支票,经理将其授权给会计人员小王负责,但保留了支票印章。小王根据已批准的凭单,在确定支票收款人名称与凭单内容一致后签署支票,并在凭单上加盖"已支付"的印章。审计人员对付款控制程序的穿行测试表明,未发现与公司规定有不一致之处。

请根据本节学习内容,指出冰爽饮料股份有限公司在采购与付款循环内部控制的设计与运行方面存在的缺陷,并提出改进建议。

实例解析

步骤一:冰爽饮料股份有限公司在采购与付款循环内部控制上存在的缺陷归纳如下:

(1) 验收单未连续编号,不能保证所有的采购都已记录或不被重复记录;

(2) 付款凭单未附订购单及供应商的发票等,会计部无法核对采购事项是否真实,登记有关账簿时,金额或数量可能会出现差错;

(3) 会计部月末审核付款凭单后才付款,未能及时将材料采购和债务登账并按约定时间付款。

步骤二:建议改进的措施有:

(1) 该公司应事先对验收单进行连续编号;

(2) 该公司应将订购单和发票等与付款凭单一起交会计部;

(3) 该公司采购部门应及时将付款凭单交会计部,按约定时间付款。

学习子情境三
采购与付款循环的实质性程序

情境引例

审计师钱波2014年1月11日正在对韵达公司的应付账款进行审计。根据需要，钱波决定对韵达公司下列四个明细账户中的两个进行函证。

请问，钱波应该选哪两个最重要的供货单位来进行函证？为什么？

公司名称	年末应付账款余额（元）	本年度进货金额（元）
海天公司	0	2 130 000
奉先公司	71 000	82 000
正大公司	25 000	125 000
启明星公司	43 000	369 000

职业判断

在资产负债表中，采购与付款循环涉及的主要项目包括：应付账款、应付票据、预付款项、固定资产、在建工程等。采购与付款交易的重大错报风险通常是低估费用和应付账款，从而高估利润、粉饰财务状况；该交易循环中的另一项重大错报风险是采购的商品、资产被错误分类，即对本应资本化的予以费用化，或对本应费用化的予以资本化。这都将影响利润和资产或负债。因此本子情境将详细介绍采购与付款循环中比较典型的项目——固定资产及应付账款的实质性程序。相信通过本子情境的学习，审计师钱波的烦恼即刻便会得到解决。

业务操作一

固定资产的审计

步骤一：确定固定资产的审计目标。

固定资产是指为生产商品、提供劳务、出租或经营管理而持有的，使用期限超过一个会计年度的有形资产。固定资产在企业资产总额中一般占有较大的比例，固定资产的安全完整对企业的生产经营影响极大，因此，审计人员应对其给予高度重视。固定资产的审计目标如表5-1所示：

表 5-1　　　　　　　　　　　　固定资产审计目标

审计目标	财务报表认定				
	存在	完整性	权利和义务	计价和分摊	列报
A. 资产负债表中记录的固定资产是存在的	√				
B. 所有应当记录的固定资产均已记录		√			
C. 记录的固定资产由被审计单位拥有或控制			√		
D. 固定资产以恰当的金额包括在财务报表中，与之相关的计价或分摊已恰当记录				√	
E. 固定资产已按照企业会计准则的规定在财务报表中做出恰当列报					√

步骤二：实施常用的实质性程序。

1. 获取或编制固定资产明细表

获取或编制固定资产明细表，复核加计是否正确，并与总账数和明细账合计数核对是否相符，结合累计折旧和固定资产减值准备与报表数核对是否相符。

此程序可实现 D 审计目标。

小提示

2. 实施实质性分析程序

常用的分析角度有：

（1）按类别分析当年和以前年度的固定资产、在建工程增减变动情况，并将新增固定资产与新增产品产量进行比较。

（2）按类别分析固定资产当年度折旧额和以前年度折旧额，如将折旧额与固定资产账面原值进行比较，按类别将固定资产账面价值与平均折旧率的乘积与账面折旧计提数进行比较。

（3）分析当年和以前年度固定资产维修费用占固定资产原值、营业收入和费用总额的比率。

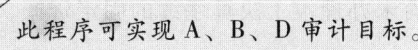

此程序可实现 A、B、D 审计目标。

小提示

3. 实地检查固定资产，确定其是否存在，关注是否存在已报废但仍未核销的固定资产

实地检查时，审计师可以以固定资产明细分类账为起点，进行实地追查，以证明会计记录中所列固定资产确实存在，并了解其目前的使用状况；也可以以固定资产实物为起点，追查至固定资产明细分类账，以获取实际存在的固定资产均已入账的证据。

实地检查的重点是本期新增加的重要固定资产，有时，观察范围也会扩展到以前期间增加的重要固定资产。观察范围的确定需要依据被审计单位内部控制的强弱、固定资产的重要性和审计师的经验来判断。如为首次接受审计，则应适当扩大检查范围。

此程序可实现 A 审计目标。
小提示

4. 检查固定资产的所有权或控制权

对各类固定资产，审计人员应获取、收集不同的证据以确定其是否归属被审计单位所有：

（1）对外购的机器设备等固定资产，通常经过审核采购发票、采购合同等予以确定。

（2）对于房地产类固定资产，尚需查阅有关的合同、产权证明、财产税单、抵押借款的还款凭据、保险单等书面文件。

（3）对融资租入的固定资产，应验证有关融资租赁合同，证实其并非经营租赁。

（4）对汽车等运输设备，应验证有关运营证件等。

此步骤可实现 C 审计目标。
小提示

5. 检查固定资产的增加

审计固定资产的增加，是固定资产实质性程序的重要内容。因为如果被审计单位没有正确核算固定资产的增加，将对资产负债表和利润表产生长期的影响。固定资产的增加有购置、自建、投资者投入、更新改造、债务人抵债、接受捐赠、无偿调入、盘盈等多种途径。审计中应注意：

（1）对于外购固定资产，通过核对采购合同、发票、保险单、发运凭证等资料，抽查测试其入账价值是否正确，授权批准手续是否齐备，会计处理是否正确；如果购买的是房屋建筑物，还应检查契税的会计处理是否正确；检查分期付款购买固定资产入账价值及会计处理是否正确。

（2）对于在建工程转入的固定资产，应检查固定资产确认时点是否符合会计准则的规定，入账价值与在建工程的相关记录是否核对相符，是否与竣工决算、验收和移交报告等一致；对已经达到预定可使用状态，但尚未办理竣工决算手续的固定资产，检查其是否已按估计价值入账，并按规定计提折旧。

（3）对于投资者投入的固定资产，检查投资者投入的固定资产是否按投资各方确认的价值入账，并检查确认价值是否公允，交接手续是否齐全；涉及国有资产的，是否有评估报告并经国有资产管理部门评审备案或核准确认。

（4）对于更新改造增加的固定资产，检查通过更新改造而增加的固定资产，增加的原值是否资本化条件，是否真实，会计处理是否正确；重新确定的剩余折旧年限是否恰当。

（5）对于企业合并、债务重组和非货币性资产交换增加的固定资产，检查产权过户手续是否齐备，检查固定资产入账价值及确认的损益和负债是否符合规定。

（6）对于融资租赁增加的固定资产，获取融资租入固定资产的相关证明文件，检查融资租赁合同的主要内容，并结合长期应付款、未确认融资费用科目检查相关的会计处理是否正确。

（7）对于通过其他途径增加的固定资产，应检查增加固定资产的原始凭证，核对其计价及会计处理是否正确，法律手续是否齐全。

此程序可实现 A、B、C、D 审计目标。

6. 检查固定资产的减少

固定资产的减少主要包括出售、报废、毁损、盘亏、向其他单位投资转出、抵偿债务、对外捐赠、无偿调出等。审计固定资产减少的主要目的在于查明固定资产的减少是否有正当理由，是否经授权批准，是否已做适当的会计处理。其审计要点如下：

（1）检查减少固定资产的授权批准文件。

（2）检查因不同原因减少固定资产的会计处理是否符合有关规定，验证其数额计算的准确性。

（3）结合固定资产清理，抽查账面转销额是否正确，并与银行存款、营业外支出等有关账户相核对。

（4）检查是否存在未作会计记录的固定资产减少业务。

此程序可实现 A、B、D 审计目标。

7. 检查固定资产的租赁

对于经营性租赁应注意审查：

（1）租赁是否签订合同、租约、手续是否完备，合同内容是否符合国家规定，是否经相关管理部门的审批。

（2）租入固定资产是否属企业必需；出租是否确属企业多余、闲置；双方是否认真履行合同，是否存在不正当交易。

（3）租金收取是否签有合同，有无多收或少收的情况；出租固定资产是否按规定计提折旧。

（4）租入固定资产有无久占不用，浪费损坏的现象；租出固定资产有无长期不收租金、无人过问，有无变相馈送、转让等情况。

（5）租入资产是否登入备查簿；对于租赁资产的改良，双方在合同中是否有约定。

融资租赁检查时，除参照经营租赁检查要点外，还要注意：

租入固定资产是否登记入账；最低租赁付款额及其现值的确定是否恰当；租入固定资产的计价是否合理；未确认融资费用的摊销是否恰当；折旧年限的确定和计提是否符合规定；其他有关会计处理是否正确等。

此程序可实现A、B、C、D审计目标。

8. 检查累计折旧

（1）获取或编制累计折旧分类汇总表，复核加计正确，并与总账数和明细账合计数核对。

（2）检查被审计单位制定的折旧政策和方法是否符合相关会计准则的规定，确定其所采用的折旧方法能否在固定资产预计使用寿命内合理分摊其成本，前后期是否一致，预计使用寿命和预计净残值是否合理。

（3）复核本期折旧费用的计提和分配：

①了解被审计单位的折旧政策是否符合规定，计提折旧范围是否正确，确定的使用寿命、预计净残值和折旧方法是否合理；如采用加速折旧法，是否取得批准文件。

②检查被审计单位折旧政策前后期是否一致；

③复核本期折旧费用的计提是否正确，尤其关注已计提减值准备的固定资产的折旧。

④检查折旧费用的分配方法是否合理，是否与上期一致；分配计入各项目的金额占本期全部折旧计提额的比例与上期比较是否有重大差异。

⑤注意固定资产增减变动时，有关折旧的会计处理是否符合规定，查明通过更新改造、接受捐赠或融资租入而增加的固定资产的折旧费用计算是否正确。

（4）将"累计折旧"账户贷方的本期计提折旧额与相应的成本费用中的折旧费用明细账户的借方相比较，检查本期所计提折旧金额是否已全部摊入本期产品成本或费用。若存在差异，应追查原因，并考虑是否应建议作适当调整。

（5）检查累计折旧的减少是否合理、会计处理是否正确。

此程序可实现D审计目标。

9. 检查固定资产减值准备

（1）获取或编制固定资产减值准备明细表，复核加计正确，并与总账数和明细账合计数核对相符。

（2）检查被审计单位计提固定资产减值准备的依据是否充分，会计处理是否正确。

（3）检查资产组的认定是否恰当，计提固定资产减值准备的依据是否充分，会计处理是否正确。

（4）计算本期末固定资产减值准备占期末固定资产原值的比率，并与期初该比率比较，分析固定资产的质量状况。

（5）检查被审计单位处置固定资产时原计提的减值准备是否同时结转，会计处理是否正确。

（6）检查是否存在转回固定资产减值准备的情况，确定减值准备在以后会计期间没有转回。

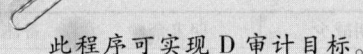
此程序可实现 D 审计目标。

小提示

10. 检查固定资产是否已在资产负债表上作出恰当披露

财务报表的附注通常应说明固定资产的确认条件、分类、计量基础和折旧方法；各类固定资产的使用寿命、预计净残值和折旧率；各类固定资产的期初和期末原价、累计折旧额及固定资产减值准备累计金额；当期确认的折旧费用；对固定资产所有权的限制及其金额和用于担保的固定资产账面价值；准备处置的固定资产名称、账面价值、公允价值、预计处置费用和预计处置时间等。

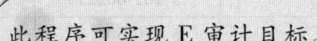
此程序可实现 E 审计目标。

小提示

步骤三：通过实质性程序获取的审计证据判断被审计单位固定资产是否存在重大错报。

【工作实例 5-2】 恒信会计师事务所注册会计师黎平、周华于 2014 年 1 月对逸飞公司实业有限公司的固定资产进行实质性测试。逸飞公司系生产型企业，2013 年固定资产期初余额 18 563 304.32 元、累计折旧期初余额 5 768 184.82 元，本期固定资产借方发生额 1 383 349.00 元、累计折旧本期提取增加 1 214 925.03 元，固定资产本期贷方发生额 6 383 955.16 元、累计折旧本期减少 2 582 414.35 元，固定资产期末余额 13 562 698.16 元、累计折旧期末余额 4 400 695.50 元，当期没有计提减值准备。请协助两位注册会计师共同完成固定资产的审计任务。

实例解析

步骤一：根据固定资产和累计折旧的明细账编制固定资产明细表（见表 5-2）。

表 5-2　　　　　　　固定资产、累计折旧及减值准备明细表

被审计单位：	逸飞公司	索引号：	Z02
项目：	固定资产、累计折旧及减值准备明细表	财务报表截止日/期间：	2013 年 12 月 31 日
编制：	黎平	复核：	赵静
日期：	2014 年 1 月 18 日	日期：	2014 年 1 月 19 日

项目名称	期初余额	本期增加	本期减少	期末余额	备注
一、原价合计	18 563 304.32	1 383 349.00	6 383 955.16	13 562 698.16	
其中：房屋、建筑物	5 450 000.00	1 350 000.00		6 800 000.00	
机器设备	12 072 676.86		6 138 510.86	5 934 166.00	
运输工具	870 207.46		245 444.30	624 763.16	
办公设备	170 420.00	33 349.00		203 769.00	

续表

项目名称	期初余额	本期增加	本期减少	期末余额	备注
二、累计折旧合计	5 768 184.82	1 214 925.03	2 582 414.35	4 400 695.50	
其中：房屋、建筑物	876 770.83	472 625.00		1 349 395.83	
机器设备	4 245 111.27	650 116.08	2 341 633.66	2 553 593.69	
运输工具	517 084.00	82 394.38	240 780.69	358 697.69	
办公设备	129 218.72	9 789.57		139 008.29	
三、固定资产减值准备合计					
其中：房屋、建筑物					
机器设备					
运输工具					
办公设备					
四、固定资产账面价值合计	12 795 119.5			9 162 002.7	
其中：房屋、建筑物	4 573 229.2			5 450 604.2	
机器设备	7 827 565.6			3 380 572.3	
运输工具	353 123.5			266 065.5	
办公设备	41 201.3			64 760.7	

审计说明：

期末账面固定资产原值、累计折旧合计数，与未审数核对一致。

步骤二：实地检查固定资产，编制固定资产盘点情况检查表（见表5-3）。

表5-3　　　　　　　　　固定资产盘点情况检查表

被审计单位：__逸飞公司__　　　　　　　　　索引号：__ZO3__
项目：__固定资产盘点情况检查表__　　　　财务报表截止日/期间：__2013年12月31日__
编制：__黎平__　　　　　　　　　　　　　　复核：__赵静__
日期：__2014年1月19日__　　　　　　　　　日期：__2014年1月20日__

序号	固定资产名称及型号	编号	管理部门	盘点	账面数量	实存数量	盈（亏）数量
1	花苑路厂房		车间、仓库	√	3幢，1 800M²	4幢，2 400M²	1幢，600M²
2	牌坊路厂房		办公室	√	1 000M²	0	-1 000M²
3	华联商厦4楼B座		办公室	√	400M²	400M²	
4	东风汽车	242-016	办公室	√	1	1	
5	轿车	242-017	办公室	√	1	1	
6	得利卡汽车	242-020	办公室	√	1	1	
7	叉车	297-003	仓库	√	1	1	
8	缝纫机	6B30-A-605-610	车间	√	6	6	
9	缝纫机	6B30-A-611	车间	√	1	0	-1
10	缝纫机	6B30-A-612-614	车间	√	3	3	
11	进口缝纫机	6B30-D-054	车间	√	1	0	-1

续表

序号	固定资产名称及型号	编号	管理部门	盘点	账面数量	实存数量	盈（亏）数量
12	下料机	6B38-B-092	车间	√	1	0	-1
13	下料机	6B38-B-125	车间	√	1	1	
14	龙门裁断机	6B38-C-005	车间	√	1	1	
15	内线机	6B41-007	车间	√	1	0	-1
16	内线机	6B41-010	车间	√	1	1	
17	蒸气除皱机	6B41-B-002	车间	√	1	1	
18	变速抛车	6B42-A-083	车间	√	1	0	-1
19	双头抛车	6B42-A-091	车间	√	1	1	
20	流水线	6B42-A-100	车间	√	1	1	
21	流水线	6B42-A-101	车间	√	0	1	1
22	空调机（五匹）	732-A-008-013	车间	√	6	6	
23	电脑（设计）	706-006-011	办公室	√	6	6	
24	空调器	723-007-008	办公室	√	2	2	
25	电脑	743DF	仓库	√	1	1	
26	电话交换机	761-005	办公室	√	1	1	
27	美能达数码相机	709-1	办公室	√	1	1	
28	扫描仪	706-027	办公室	√	1	1	

审计说明：

1. 盘盈的厂房于2013年6月已使用，决算审价报告书于2014年1月15日送达，仍记录在"在建工程"内。
2. 盘亏的厂房于2013年底已经被拆除。
3. 盘盈的流水线已经出售，但直到年底仍在继续使用。
4. 盘亏的小型机器已经报废处理。

建议逸飞公司对以上的盘盈亏进行调整处理。

步骤三：查验有关所有权证明文件，确定固定资产是否归客户所有。

检查了房屋建筑物的房产证和土地使用权证的原件、运输工具的行驶证和机动车登记证原件、机器设备增值税专用发票和验收证明，没有发现异常情况。

步骤四：抽查本期增加的固定资产，确认其入账价值的正确性、授权批准手续的齐备性，以及会计处理的正确性，编制固定资产增加检查表（见表5-4）。

表5-4 固定资产增加检查表

被审计单位：逸飞公司	索引号：Z03
项目：固定资产增加检查表	财务报表截止日/期间：2013年12月31日
编制：黎平	复核：赵静
日期：2014年1月20日	日期：2014年1月21日

续表

固定资产名称	取得日期	取得方式	固定资产类别	增加情况		凭证号	核对内容（用"√"、"×"表示）						
				数量	原价		1	2	3	4	5	6	7
电脑服务器	2012-11-30	外购	办公设备	1套	11 500.00	银付124#	√	√	√	√	√		
华联商厦4楼B座	2012-6-27	债务重组	房屋建筑物	400M²	1 350 000.00	转账3#	√	√	√	√	√		
……							√	√	√	√	√		

核对内容说明：1. 与发票是否一致；2. 与付款单据是否一致；3. 与购买/建造合同是否一致；4. 与验收报告或评估报告等是否一致；5. 审批手续是否齐全；6. 与在建工程转出数核对是否一致；7. 会计处理是否正确（入账日期和入账金额）。

审计说明：

经抽查后，本期新增固定资产的计价正确、手续完备，会计处理正确。

步骤五：抽查本期减少的固定资产，确认其入账价值的正确性、授权批准手续的齐备性，以及会计处理的正确性，编制固定资产减少检查表（见表5-5）。

表5-5 固定资产减少检查表

被审计单位：逸飞公司　　　　　　　　　　索引号：Z04
项目：固定资产减少检查表　　　　　　　　财务报表截止日/期间：2013年12月31日
编制：黎平　　　　　　　　　　　　　　　复核：赵静
日期：2014年1月20日　　　　　　　　　　日期：2014年1月21日

固定资产名称	取得日期	处置方式	处置日期	固定资产原价	账面价值	处置收入	净损益	核对内容（用"√"、"×"表示）			
								1	2	3	4
流水线	2008-1-1	出售	2012-2-26	5 456 824.00	3 588 275.06	5 456 824.00	1 868 548.94	√	√	√	×
设备	2009-1-2	出售	2012-1-26	131 686.86	790.14	8 600.00	7 809.86	√	√	√	√
设备	2009-5-4	出售	2012-3-26	550 000.00	207 812.00	125 000.00	-82 812.00	√	√	√	√

核对内容说明：1. 与收款单据是否一致；2. 与合同是否一致；3. 审批手续是否完整；4. 会计处理是否正确。

审计说明：

出售的流水线属于关联方交易，且实质上未交付给买方，按照实质重于形式的原则，建议转回。

步骤六：编制固定资产审定表（见表5-6）。

表5-6 固定资产审定表

被审计单位：逸飞公司　　　　　　　　　　索引号：Z01
项目：固定资产审定表　　　　　　　　　　财务报表截止日/期间：2013年12月31日
编制：黎平　　　　　　　　　　　　　　　复核：赵静
日期：2014年1月22日　　　　　　　　　　日期：2014年1月23日

续表

项目名称	期末未审数	账项调整		重分类调整		期末审定数	上期末审定数
		借方	贷方	借方	贷方		
一、原价合计	13 562 698.16	7 056 824.00	2 196 342.00			18 423 180.16	18 563 304.32
其中：房屋、建筑物	6 800 000.00	1 600 000.00	2 000 000.00			6 400 000.00	5 450 000.00
机器设备	5 934 166.00	5 456 824.00	196 342.00			11 194 648.00	12 072 676.86
运输工具	624 763.16					624 763.16	870 207.46
办公设备	203 769.00					203 769.00	170 420.00
二、累计折旧合计	4 400 695.50	657 836.10	2 338 547.51			6 081 406.91	5 768 184.82
其中：房屋、建筑物	1 349 395.83	562 083.33	38 000.00			825 312.50	876 770.83
机器设备	2 553 593.69	95 752.77	2 300 547.51			4 758 388.43	4 245 111.27
运输工具	358 697.69					358 697.69	517 084.00
办公设备	139 008.29					139 008.29	129 218.72
三、固定资产减值准备合计							
其中：房屋、建筑物							
机器设备							
运输工具							
办公设备							
四、固定资产账面价值合计	9 162 002.66					12 341 773.25	12 795 119.50
其中：房屋、建筑物	5 450 604.17					5 574 687.50	4 573 229.17
机器设备	3 380 572.31					6 436 259.57	7 827 565.59
运输工具	266 065.47					266 065.47	353 123.46
办公设备	64760.71					64 760.71	41 201.28

审计说明：

1. 盘盈的厂房应在2013年6月"在建工程"转入"固定资产"，并补提折旧。

    调整分录：借：固定资产——房屋建筑物   1 600 000.00

                 营业成本   38 000.00

           贷：固定资产——累计折旧   38 000.00

                 在建工程   1 600 000.00

2. 盘亏的厂房于2013年年底已经被拆除了，应进行转销。

    调整分录：借：营业外支出   1 437 916.67

              固定资产——累计折旧   562 083.33

           贷：固定资产——房屋建筑物   2 000 000.00

3. 盘盈的流水线已经出售，但直到年底仍在继续使用，按照实质重于形式的原则，不能视为正常的出售行为，应予转回，并补提折旧（431 998.57元）。

    调整分录：借：营业外收入   1 868 548.94

              营业成本   431 998.57

              固定资产——机器设备   5 456 824.00

           贷：固定资产——累计折旧   1 868 548.94

                其他应付款   5 456 824.00

                固定资产——累计折旧   431 998.57

4. 盘亏的小型机器已经报废处理，应从账面转销（收到的处置收入被错误地记录在"其他应付款"中）。

调整分录：借：其他应付款　　　　　　　　　　　　　　　　　80 000.00
　　　　　　　固定资产——累计折旧　　　　　　　　　　　　95 752.77
　　　　　　　营业外支出　　　　　　　　　　　　　　　　　20 589.23
　　　　　　贷：固定资产——机器设备　　　　　　　　　　　　　196 342.00

审计结论：

经调整后，固定资产的金额可以确认。

业务操作二

应付账款的审计

步骤一：确定应付账款的审计目标。

应付账款是企业在正常经营过程中，因购买材料、商品和接受劳务供应等而应付给供应单位的款项。应付账款是一项重要的流动负债，企业可能利用低估负债来修饰其财务状况，利用应付账款来转移收入等，因此，应付账款具有较高的固有风险。同时，对许多企业而言，应付账款的内部控制制度也远不如应收账款，因此应付账款的控制风险也较高。审计人员对于应付账款的实质性程序，应给予足够的重视。应付账款审计目标如表5-7所示：

表5-7　　　　　　　　　　　　应付账款审计目标

审计目标	财务报表认定				
	存在	完整性	权利和义务	计价和分摊	列报
A. 资产负债表中记录的应付账款是存在的	√				
B. 所有应当记录的应付账款均已记录		√			
C. 资产负债表中记录的应付账款是被审计单位应当履行的现实义务			√		
D. 应付账款以恰当的金额包括在财务报表中，与之相关的计价或分摊已恰当记录				√	
E. 应付账款已按照企业会计准则的规定在财务报表中做出恰当列报					√

步骤二：实施常用的实质性程序。

1. 获取或编制应付账款明细表，复核加计数是否准确，并与明细账、总账和报表的余额核对相符

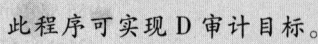
此程序可实现D审计目标。

小提示

2. 对应付账款实施分析程序

为了保证应付账款的总体合理性和发现错报,审计人员应对应付账款进行分析性程序。分析程序及其可能发现的潜在错报,可以考虑从以下角度进行分析:

(1) 比较当年度及以前年度应付账款的增减变动,并对异常情况做出解释。

(2) 比较当年度及以前年度应付账款的构成、账龄及主要供货商的变化,并查明异常情况的原因。

(3) 比较最近三个月及当年度平均应付账款支付期的变动情况。

(4) 比较当年度及以前年度应付账款支付期的变动情况。

(5) 比较截止日前后两个月应付账款的支付期、余额构成及主要供货商的变化,并查明异常情况的原因。

(6) 比较当年度及以前年度信用额度和折扣及其与采购金额的比例,并查明异常情况的原因。

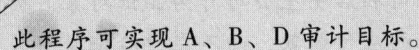
此程序可实现 A、B、D 审计目标。

小提示

3. 检查应付账款是否存在借方余额

结合预付账款的明细余额,查明是否在应付账款和预付账款两面同时挂账的项目;结合其他应付账款的明细余额,查明有无不属于应付账款的其他应付款。如有,应查明原因、做记录,必要时,建议被审计单位作重分类调整或会计误差调整。

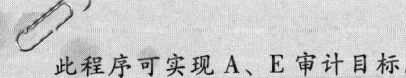
此程序可实现 A、E 审计目标。

小提示

4. 函证应付账款

向供应商函证应付账款并非一个必须的审计程序,因为函证不能保证查出未记录的应付账款,况且审计人员能够取得购货发票等外部凭证来证实应付账款的余额。但如果控制风险较高,某应付账款明细账户金额较大或被审计单位处于财务困难阶段,则应进行应付账款的函证。

函证时,审计人员应选择较大金额的债权人,以及那些在资产负债表日金额不大甚至为零,但为企业重要供货人的债权人作为函证对象。函证最好采用积极函证方式,并具体说明应付金额。同应收账款的函证一样,审计人员必须对函证的过程进行控制,要求债权人直接回函,根据回函情况编制函证结果汇总表并进行分析;对未回函的,应再次函证。经过多次函证仍存在未回函的重大项目,审计人员应采用替代审计程序。比如:可以检查决算日后应付账款明细账及现金和银行存款日记账,核实其是否已支付,同时检查该笔债务的相关凭证资料,核实交易事项的真实性。

此程序可实现 A、C 审计目标。

用替代程序进行查证时,可采用以下方法进行:

(1) 抽查应付账款余额形成的相关凭证,核对购货合同、购货发票、入库凭证、付款记录等原始资料,核实交易事项的真实性。

(2) 查阅应付账款余额期后的变动情况,并在明细表中作相应的记录。

(3) 对重要的原料供应商和关联方账户余额应进行重点审查。

(4) 根据查验中发现的问题,决定是否需增加审计内容,追加审计程序。

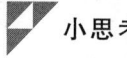

引例中,审计师钱波应选择海天公司和启明星公司作为函证对象。因为应付账款函证的目的在于查实有无未入账的应付账款,而不在于验证具有较大年末余额的应付账款。

海天公司的年末应付账款余额为 0,而且在本年内的交易金额最大,是韵达公司最重要的供应商,理应作为函证对象;启明星公司的年末余额虽然不是最大的,但它当年内与本公司的交易也很多,属于重要的供应商,同时启明星公司的年末余额也远远小于其本年度发生额,同海天公司一样可能存在低估负债的情况,因此对启明星公司也应予以函证。

小思考

应付账款函证与应收账款函证有什么不同?

5. 查找未入账的应付账款

为了防止企业低估负债,审计人员应审查被审计单位有无故意漏记应付账款的行为。例如,结合存货盘存,检查被审计单位在资产负债表日是否存在有材料入库凭证但未收到购货发票的经济业务;检查资产负债表日后收到的购货发票,确认其入账时间是否正确等。

如果发现有未入账的应付账款,应将有关情况详细记入审计工作底稿,然后根据其重要性确定是否需建议被审计单位进行相应的调整。

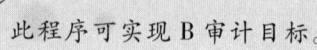

此程序可实现 B 审计目标。

6. 检查带有现金折扣的应付账款是否按发票记载的全部应付金额入账，在实际获得现金折扣时再冲减财务费用

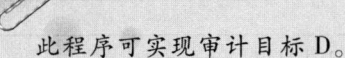
此程序可实现审计目标 D。

小提示

7. 被审计单位与债券人进行债务重组的，检查不同债务重组方式下的会计处理是否正确

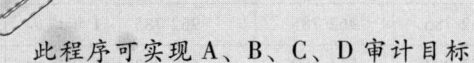
此程序可实现 A、B、C、D 审计目标。

小提示

8. 检查是否存在长期挂账的应付账款，对确实无法支付的应付账款是否按规定转入营业外收入，相关依据及审批手续是否完备

应付账款长期挂账（一般账龄一年以上）的原因一般有：
（1）货物存在质量问题，与供应商发生经济纠纷而挂账的；
（2）虚假业务形成的负债、虚设账户隐匿的利润；
（3）债权人破产清算、债务重组债权人豁免债务未及时进行账户处理等原因造成无需支付的应付账款。

此程序可实现 A、E 审计目标。

小提示

9. 验明应付账款在资产负债表上的披露是否恰当

一般来说，"应付账款"项目应根据"应付账款"和"预付账款"科目明细科目的期末贷方余额的合计数填列。如果被审计单位为上市公司，则通常在其财务报表附注中应说明有无欠持有 5% 以上（含 5%）表决权股份的股东单位账款；说明账龄超过 3 年的大额应付账款未偿还的原因，并在期后事项中反映资产负债表日后是否偿还。

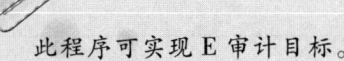
此程序可实现 E 审计目标。

小提示

步骤三：通过实质性程序获取的审计证据判断被审计单位应付账款是否存在重大错报。

【工作实例 5-3】 恒信会计师事务所注册会计师黎平、周华于 2014 年 1 月对华丰实业有限公司的应付账款进行实质性测试。华丰实业有限公司 2013 年应付账款期初余额为 12 338 252 元，本期借方发生额合计 66 333 604 元，本期贷方发生额合计 64 904 656 元，期末余额为 10 909 304 元。华丰实业有限公司截至 2013 年 12 月 31 日应付账款余额增减变动如表 5-8 所示，假定该事务所本次为首次接受华丰实业有限公司委托，请协助黎平、周华对应付账款进行实质性测试。

表 5-8　　　　　　　　　　　应付账款余额增减变动表

被审计单位：华丰实业有限公司　　　　　　　　　索引号：F3-3
项　　目：应付账款余额增减变动表　　　　　　　财务报表截止日/期间：2013 年 12 月 31 日
编　　制：黎平　　　　　　　　　　　　　　　　复核：周华
日　　期：2014 年 2 月 10 日　　　　　　　　　 日期：2014 年 2 月 11 日

债权人名称	期初余额 (1)	发生额 借方	发生额 贷方	期末余额 (2)	增减额 =(2)-(1)	账龄	备注
华文实业有限公司	576 980	6 910 846	6 333 866		-576 980		
佳明贸易有限公司			962 785	962 785	962 785	1 年以内	
三汇材料厂	77 890	6 966 986	6 377 904	-511 192	-589 082	1 年以内	*
朋明包装材料厂	768 969	4 568 299	4 389 579	590 249	-178 720	1 年以内	
永悦新材料开发公司	1 235 780	4 867 450	4 927 340	1 295 670	59 890	1 年以内	*
飞宇电动机有限公司	1 966 479	5 678 930	5 438 900	1 726 449	-240 030	1 年以内	*
元哲材料供应公司	658 779	9 672 049	9 769 869	756 599	97 820	1 年以内	
华益机械设备材料公司	976 686	8 595 089	8 856 758	1 238 355	261 669	1 年以内	*
永星轴承厂	1 943 658	9 646 057	10 278 675	2 576 276	632 618	1 年以内	
诚盛工贸公司	586 025			586 025		1~2 年	*
恒贸实业有限公司	3 547 006	1 858 918		1 688 088	-1 858 918	2~3 年	*
乐清刀具工具商店		7 568 980	7 568 980				
合　计	12 338 252	66 333 604	64 904 656	10 909 304	-1 428 948		

审计说明：

　　根据应付账款余额增减变动表，选择账龄长、余额大、本期业务频繁的主要供应商或关联方等账户确定为重点审计账户：
　　1. 诚盛工贸公司本期未发生经济业务，期初、期末余额无变动，账龄 1~2 年；
　　2. 恒贸实业公司期末余额 1 688 088 元，本期减少 1 858 918 元，而且只有借方发生额，账龄 2~3 年；
　　3. 三汇材料厂期末余额为 -511 192 元；
　　4. *为重点审计账户。由于华丰公司上年度非本事务所审计，决定增加对期末余额的函证量（发函 8 户），扩大对本期经济业务的抽查量。

实例解析

　　步骤一：获取或编制应付账款明细表，复核加计正确与总账数、报表数和明细账合计数核对是否相符（见表 5-9）。

表 5-9　　　　　　　　　　　应付账款明细表

被审计单位：华丰实业有限公司　　　　　　　　　索引号：F3-2
项　　目：应付账款明细表　　　　　　　　　　　财务报表截止日/期间：2013 年 12 月 31 日
编　　制：黎平　　　　　　　　　　　　　　　　复核：周华
日　　期：2014 年 2 月 10 日　　　　　　　　　 日期：2014 年 2 月 11 日

续表

债权人名称	内容	金额	贷方			借方	
			1年以内	1~2年	2~3年	金额	账龄
华文实业有限公司	货款	0.00					
佳明贸易有限公司	设备款	962 785.00	962 785.00				
三汇材料厂	货款	-511 192.00				511 192.00	1年
朋明包装材料厂	货款	590 249.00	590 249.00				
永悦新材料开发公司	货款	1 295 670.00	1 295 670.00				
飞宇电机有限公司	货款	1 726 449.00	1 726 449.00				
元哲材料供应公司	货款	756 599.00	756 599.00				
华益机械设备材料公司	货款	1 238 355.00	1 238 355.00				
永星轴承厂	货款	2 576 276.00	2 576 276.00				
诚盛工贸公司	货款	586 025.00		586 025.00			
恒贸实业公司	货款	1 688 088.00			1 688 088.00		
乐清刀具工具商店	货款						
		10 909 304.00	9 146 383.00	586 025.00	1 688 088.00	511 192.00	

审计说明：

明细账合计与总账、报表核对一致。

步骤二：对期末应付账款余额与上期末余额进行比较，了解其波动原因，对大额异常项目进行重点查验。（见表5-8）。

（1）根据应付账款明细账编制各明细账户的期末、期初余额增减变动表。

（2）对期末、期初余额进行总体分析、复核，初步确定本科目是否为审计重点项目，是否需实施详查。

（3）分析、复核各账户余额的增减及本期发生额变动情况，确定重点审计的账户。

步骤三：选择应付账款重要项目（包括零账户），函证其余额是否正确。编制函证结果汇总表（见表5-10）。

由于华丰实业有限公司上年度非本事务所审计，因此注册会计师决定增加对期末余额的函证数量，总计选择8户余额进行函证，占期末总户数的67%。

步骤四：根据回函情况，编制与分析函证结果汇总表，对未回函的，决定是否再次函证。

（1）根据回函及调节情况，编制函证结果汇总表。

（2）根据对回函情况的分析，如果未收到回函的，决定是否再次函证还是进行替代审计。

（3）对于函证的回函情况，应在明细表中作相应的标识。

步骤五：对未收到回函的、回函金额不相符或未能发函的重大项目，采取替代程序，确定余额是否真实。

该执行程序要求：

（1）检查该笔应付账款的相关凭证资料，核实交易事项的真实性。

（2）抽查决算日后应付账单款明细账及现金、银行日记账，核实其是否已支付货款并转销。

本案例对"飞宇电动机有限公司"实施替代测试，并查验了期后的付款及转账情况，详见表5-11。

表 5-10

应付账款函证结果汇总表

被审计单位：华丰实业有限公司　　　　索引号：F3-4
项目：应付账款函证结果汇总比较表　　　财务报表截止日／期间：2013年12月31日
编制：黎平　　　　　　　　　　　　　　复核：周华
日期：2014年2月10日　　　　　　　　　日期：2014年2月11日

序号	选取样本依据	发函询证纪要		是否收到回函（√）	收到回函			未收到回函			审计意见
		单位名称	期末余额		可以确认金额		难以确认金额	回函索引号	通过替代审计可确认金额	未核实金额	替代索引号	
					回函直接确认	调节后可以确认	争议未决金额 其他					
1	借方余额	三汇材料厂	-511 192.00	√	-511 192.00			F3-4-2				确认
2	零账户	华文实业有限公司	0.00	√		650 000.00		F3-4-4				确认
3	零账户	乐清刀具工具商店	0.00	√	0.00			F3-4-5				确认
4	大额	永星轴承厂	2 576 276.00	√	2 576 276.00			F3-4-6				确认
5	大额	永悦新材料开发公司	1 295 670.00	√	1 295 670.00			F3-4-7				确认
6	账龄长	诚盛工贸公司	586 025.00	√	586 025.00			F3-4-3				确认
7	大额	飞宇电机有限公司	1 726 449.00	×					1 726 449.00		F3-4-1	确认
8	账龄长	恒贸实业公司	1 688 088.00	×			1 688 088.00					虚构账户
合计			7 361 316.00		3 946 779.00	650 000.00	1 688 088.00		1 726 449.00			6 323 228.00

审计说明：
1. 抽取应付账款样本户数8户，占总户数的比例67%；抽取样本金额7 361 316.00元，占期末金额的比例67.48%；
2. 收到回函的样本6户，两家公司未回函，收到回函金额3 946 779元，占样本金额的比例53.61%，可确认金额占样本总额的比例85.78%；回函可以确认的金额4 587 779.00元，通过替代可确认金额1 726 449.00元。
3. 华文实业有限公司回函称2012年12月25日向华丰公司销售200吨螺纹钢，通过替代可确认销售，金额650 000.00元。

表 5-11

应付账款询证未回替代程序检查情况表

被审计单位：华丰实业有限公司　　　索引号：F3-4-1
项目：应付账款询证未回替代程序检查表　　财务报表截止日/期间：2013年12月31日
编制：黎平　　复核：周华
日期：2014年2月10日　　日期：2014年2月11日

债权人名称	贷（借）方入账			审计日止		应付账款付款内容					货物入库记录				
	日期	凭证号	金额	是否付款	事由	入库单	货名	数量（吨）	金额（含税）		入库单	发票号码	货名	数量（吨）	转账金额
上海飞宇电动机有限公司	12-03-27	转字3-27	1 356 780	√							#1578	#000456	XX1	51	765 430
	12-05-12	银付5-22	-1 356 780	√							#1579	#000456	XX2	43	591 350
	12-06-12	转字6-24	1 546 780		购材料	#1578	XX1	51	765 430						
					购材料	#1579	XX2	43	591 350						
	12-08-20	银付8-100	-1 546 780	√	购材料	#0014	XX1	53	789 340		#0014	#000789	XX1	53	789 340
					购材料	#0015	XX2	54	757 440		#0015	#000789	XX2	54	757 440
	12-8-30	转字9-144	808 891	√	购材料	#0104	XX1	39	589 780		#0104	#000845	XX1	39	589 780
	12-10-20	银付10-98	-808 891	√	购材料	#0105	XX2	15.65	219 111		#0105	#000846	XX2	15.65	219 111
	12-11-28	转字11-144	786 540	√							#0156	#012457	XX1	39	786 540
	12-12-09	转字12-14	939 909	√							#0174	#056890	XX2	16	939 909
合计			1 726 449												

审计说明：
1. 上海飞宇电动机有限公司是华丰实业有限公司存货主要供应商之一，抽查供货合同（索引号F3-4-5），公司采购货款至支付货款，在合同约定期一般为60天；
2. 该账户期末余额1 726 449元，是公司2012年11月28日，12月9日购买的材料，期末尚未支付货款，经替代程序检查，未见异常。至审计日，公司已支付货，情况正常。
3. 本次审计，对该账户余额发询证函，但未收到回函，经替代程序检查，未见异常。至审计日，公司已支付货，余额可以确认。

步骤六：检查是否存在未入账的应付账款。

结合存货监盘或盘点抽查检查被审计单位在决算日是否有大额料到单未到的经济业务。审计人员在仓库盘点存货时发现年末从华文实业公司购入的 200 吨螺纹钢已到货，由于未收到发票，期末未办理入账手续，建议作审计调整，暂估入账，详见应付账款审定表 5-12。

步骤七：对应付账款借方余额应采用同预付账款相同的程序审验其真实性并决定是否进行重分类调整。

本例对"三汇材料厂"的借方余额实施了函证程序，并查验了预付货款的合同等相关资料，确定该笔款项是预付货款后，建议进行重分类调整，参见应付账款审定表。

步骤八：检查应付账款长期挂账的原因，做出记录，对于确实无法支付的，检查是否根据企业会计准则要求，按规定做出相应的处理。

本例中，恒贸公司余额账龄 2~3 年，是以前年度虚列费用挂账的负债，余额是隐匿的利润，建议进行审计调整，详见应付账款审定表（见表 5-12）。

步骤九：编制应付账款审定表，得出审计结论，详见应付账款审定表。

表 5-12　　　　　　　　　　　　　　应付账款审定表

被审计单位：华丰实业有限公司　　　　　索引号：F3-1
项目：应付账款审定表　　　　　　　　　财务报表截止日/期间：2013 年 12 月 31 日
编制：黎平　　　　　　　　　　　　　　复核：周华
日期：2014 年 2 月 10 日　　　　　　　　日期：2014 年 2 月 12 日

单位：元

项目名称	期末未审数	账项调整		重分类调整		期末审定数	上期末审定数
		借方	贷方	借方	贷方		
华文实业有限公司			650 000.00			650 000.00	576 980.00
佳明贸易有限公司	962 785.00					962 785.00	
三汇材料厂	-511 192.00				511 192.00	0.00	77 890.00
朋明包装材料厂	590 249.00					590 249.00	768 969.00
永悦新材料开发公司	1 295 670.00					1 295 670.00	1 235 780.00
飞宇电机有限公司	1 726 449.00					1 726 449.00	1 966 479.00
元哲材料供应公司	756 599.00					756 599.00	658 779.00
华益机械设备材料公司	1 238 355.00					1 238 355.00	976 686.00
永星轴承厂	2 576 276.00					2 576 276.00	1 943 658.00
诚盛工贸公司	586 025.00					586 025.00	586 025.00
恒贸实业公司	1 688 088.00	3 547 006.00	1 858 918.00			0.00	3 547 006.00
乐清刀具工具商店						0.00	
小计	10 909 304.00	3 547 006.00	3 020 110.00		511 192.00	10 893 600.00	12 338 252.00

审计说明：

1. 从华文实业公司购入的 200 吨螺纹钢应暂估入账。

调整分录：借：存货 650 000.00
　　　　　　贷：应付账款——华文 650 000.00

2. 应付三汇材料厂的款项实质是预付货款，应进行重分类调整。

调整分录：借：预付款项——三汇 511 192.00
　　　　　　贷：应付账款——三汇 511 192.00

3. 应付恒贸公司的账款期初余额是以前年度虚列费用挂账的负债，导致利润隐匿。本期该公司又冲减应付账款1 858 918.00元（同时，本期管理费用冲减 998 918.00 元，销售费用冲减 860 000.00 元）。建议进行审计调整。

调整分录
　借：应付账款 3 547 006.00
　　贷：未分配利润（年初数） 2 660 254.50
　　　　应交税费——应交所得税 886 751.50
　借：管理费用 998 918.00
　　　销售费用 860 000.00
　　贷：应付账款 1 858 918.00

审计结论：

> 经审计调整后，应付账款审定数为 10 893 600.00 元。

本情境按照采购与付款循环的特点→采购与付款循环的内部控制与控制测试→采购与付款循环的实质性程序，逐层深入地对采购与付款循环进行了抽丝剥茧。通过本情境的学习，学生应能够熟练掌握采购与付款循环相关业务的审计工作。虽然我们只介绍了固定资产、应付账款这两个报表项目的实质性程序，但通过学习应该活学活用、举一反三，将这些方法灵活地运用到其他项目的审计工作中。

[知识训练]

一、单项选择题（下列答案中有一项是正确的，将正确答案填入括号内）

1. 在企业内部控制制度比较健全的情况下，下列可以证明有关采购交易的"发生"认定的凭据之一，同时也是采购交易轨迹的起点的是（　　）。

　　A. 订购单　　　　　　　　　　B. 请购单
　　C. 验收单　　　　　　　　　　D. 付款凭单

2. 注册会计师如果对应付账款进行函证，通常采用的函证方式为

(　　)。

  A. 积极式   B. 消极式

  C. 积极式和消极式的结合   D. 积极式或消极式均可

3. 在查找已提前报废但尚未做出会计处理的固定资产时，最有可能实施的是（　　）。

  A. 以检查固定资产实物为起点，检查固定资产的明细账和投保情况

  B. 以检查固定资产明细账为起点，检查固定资产实物和投保情况

  C. 以分析折旧费用为起点，检查固定资产实物

  D. 以检查固定资产实物为起点，分析固定资产维修和保养费用

4. 在购货业务中，采购部门在收到请购单后，只能对经过批准的请购单发出订购单。订购单一般为一式四联，其副联无需交送（　　）。

  A. 编制请购单的部门   B. 验收部门

  C. 应付凭单部门   D. 供应部

5. 下列有关固定资产审计程序的表述中，注册会计师认为不恰当的是（　　）。

  A. 对已交付使用但尚未办理竣工决算手续的固定资产，注册会计师应检查其是否已暂估入账并计提折旧

  B. 实施实地观察审计程序时，注册会计师可以以固定资产明细账为起点进行追查

  C. 注册会计师实地观察固定资产的重点应放在当期增加和减少的固定资产

  D. 审计固定资产减少的目的在于查明已减少的固定资产是否已做相应的会计处理

6. 采购与付款循环中属于采购交易的"完整性"认定的关键内部控制是（　　）。

  A. 验收单均经事先连续编号并已登记入账

  B. 采购经适当级别批准

  C. 采购的价格和折扣均经适当级别批准

  D. 注销凭证以防止重复使用

7. 属于固定资产内部控制弱点的是（　　）。

  A. 出租设备时，将所得收益贷记其他业务收入

  B. 设备通常在所估计使用寿命即将结束时才重置固定资产

  C. 出售设备时，将所得收益贷记营业外收入

  D. 所有设备的购买均由使用设备部门自行办理

8. 审计人员在审计某企业应付账款时，发现应付某公司货款200万元，账龄2年以上。但通过查阅凭证，询问被审计单位有关人员，未能取得证据证实其存在性。审计人员下一步应当（　　）。

  A. 做出账实不符结论   B. 向债权人进行询证

  C. 核对会计报表   D. 直接调整账项

9. 向生产负责人询问的以下事项中，最有可能获取审计证据的是（　　）。

　　A. 固定资产的抵押情况　　　　B. 固定资产折旧的计提情况

　　C. 固定资产的投保及其变动情况　D. 固定资产的报废或毁损情况

10. 验收商品是购货业务中的重要环节，验收单作为这一环节中关键凭证，备受审计人员的重视。在以下关于验收单的各种说法中，注册会计师不认可的是（　　）。

　　A. 验收部门应对已收到货物的每张订购单编制一式多联、预先编号的验收单

　　B. 验收人员在将已验收商品送交仓库或其他请购部门时，可要求接收人在验收单副联上签字，以确定签收部门的保管责任

　　C. 验收人员应将验收单的副联之一送交应付凭单部门

　　D. 验收单是支持"发生"的重要凭据，但被审计单位无法通过验收单发现购货交易"完整性"认定的错误

11. 证实已记录应付账款存在的是（　　）。

　　A. 抽取购货合同、购货发票和入库单等凭证，追查至应付账款明细账

　　B. 检查采购文件以确定是否使用预先编号的采购单

　　C. 从应付账款明细账追查至购货合同、购货发票和入库单等凭证

　　D. 向供应商函证零余额的应付账款

12. 审计人员对实存于企业的固定资产，收集查阅了契约、产权证明书、财产税单等有关凭证文件，其目的是为了证实（　　）。

　　A. 固定资产的存在性　　　　B. 固定资产的所有权

　　C. 固定资产折旧计算的准确性　D. 固定资产的完整性

13. 在验证某公司应付账款不存在漏报时，注册会计师获取的以下审计证据中，证据力最强的是（　　）。

　　A. 供应商提供的月对账单

　　B. 供应商开具的销售发票

　　C. 该公司编制的连续编号的订货单

　　D. 该公司编制的连续编号的验收报告

14. 下列不属于注册会计师对被审计单位的采购与付款业务实施的控制测试的是（　　）。

　　A. 检查采购与付款业务相关岗位及人员设置情况，有无不相容职务混岗的现象

　　B. 检查采购与付款业务授权批准手续是否健全，有无存在越权审批行为

　　C. 检查有无长期挂账的应付账款，注意其是否可能无需支付

　　D. 检查凭证的登记、领用、传递、保管、注销手续是否健全，使用和保管制度是否存在漏洞

15. 对于应付账款项目，注册会计师常常将检查有无未入账的业务作为重要的审计目标。在以下程序中，难以达到这一目标的程序是（　　）。

A. 结合存货监盘，检查在资产负债表日是否存在有材料入库凭证，但未收到购货发票的经济业务
B. 检查资产负债表日后收到的购货发票，关注购货发票的日期
C. 检查资产负债表日前应付账款明细账及现金、银行存款日记账
D. 检查资产负债表日后应付账款贷方发生额的相应凭证

16. 注册会计师在对甲公司 2013 年度财务报表进行审计时，发现该公司 2012 年 6 月 20 日开始自行建造的一条生产线，2013 年 6 月 1 日达到预定可使用状态，2013 年 7 月 1 日办理竣工决算，2013 年 8 月 1 日投入使用，该生产线建造成本为 740 万元，预计使用年限为 5 年，预计净残值为 20 万元。在采用年数总和法计提折旧的情况下，2013 年该设备应计提的折旧额为（   ）万元。
A. 240   B. 120
C. 100   D. 80

二、多项选择题（下列答案中有多项是正确的，将正确答案填入括号内）

1. 根据内部控制不相容职务分离的要求，下列职责应相互独立的有（   ）。
A. 提出采购申请与批准采购申请   B. 批准采购申请与采购
C. 存货保管与发出   D. 验收与付款

2. 在采购与付款循环中，如果以支票为结算方式，则以下对编制和签署支票的有关控制中正确的有（   ）。
A. 支票签署人不应签发无记名甚至空白的支票
B. 支票无需连续编号
C. 应由被授权的财务部门的人员负责签署支票
D. 支票一经签署，就应在其凭单和支持性凭证上用加盖印戳或打洞等方式将其注销，以免重复付款

3. 下列说法中正确的有（   ）。
A. 如果发现因重复付款、付款后退货、预付货款等原因导致某些应付账款账户出现较大借方余额，注册会计师除了在审计工作底稿中编制建议调整的重分类分录之外，还应建议被审计单位将这些借方余额在资产负债表中列示为资产
B. 注册会计师在审计 W 公司年度财务报表时，注意到与采购与付款循环相关的内部控制存在缺陷。其认为 W 公司管理层在资产负债表日故意推迟记录发生的应付账款，于是决定实施审计程序进一步查找未入账的应付账款
C. 如果被审计单位为上市公司，则通常在其财务报表附注中应说明有无欠持有 10% 以上表决权股份的股东单位账款
D. 注册会计师在审查应付账款账户在资产负债表中披露的恰当性时，应核实资产负债表中"应付账款"项目是否根据"应付账款"和

"预收账款"科目的期末贷方余额的合计数填列

4. 审计人员运用分析性复核方法对固定资产折旧进行审查时，可以采用的方法有（　　）。

A. 将应计提折旧的固定资产乘以本期的折旧率，分析折旧计提的总体合理性

B. 计算本期计提折旧额占固定资产原值的比例，并与上期比较

C. 将成本费用中的折旧费用明细记录与"累计折旧"账户贷方的本期计提额比较

D. 将本期计提折旧额除以全年销售收入并将该比例与上期比较

5. 被审计单位对下列各项固定资产计提了折旧，审计人员认为正确的有（　　）。

A. 经营性租出固定资产

B. 融资租入固定资产

C. 已经提足折旧继续使用的固定资产

D. 单独计价入账的土地

6. 注册会计师在对被审计单位的应付账款进行审计时，一般应选择的函证对象有（　　）。

A. 较大金额的债权人

B. 所有的债权人

C. 在资产负债表日金额不大、甚至为零的债权人，而且不是企业重要供货人的债权人

D. 在资产负债表日金额不大、甚至为零，但为企业重要供货人的债权人

7. 选择应付账款的重要项目函证其余额和交易条款，对未回函的再次发函或实施替代的检查程序，主要与应付账款（　　）目标相关。

A. 存在　　　　　　　　　　B. 完整性

C. 权利和义务　　　　　　　D. 计价和分摊

8. 下列选项中，验证应付账款是真实存在的，可通过（　　）程序测试。

A. 对未列入本期的预付账款进行测试

B. 从应付账款清单追查卖方发票和卖方对账单

C. 函证应付账款重点是大额、异常项目

D. 对未列入本期的负债进行测试

9. 注册会计师在审计应付账款过程中，实施的审计程序对查找未入账应付账款有效的有（　　）。

A. 从供应商发票、验收报告或入库单追查至应付账款明细账

B. 检查资产负债表日后应付账款明细账贷方发生额的相关购货发票等凭证

C. 从财务部门获取被审计单位与其供应商之间的对账单并与应付账款进行核对

D. 针对资产负债表日后付款项目，检查银行对账单及有关付款凭证（如银行划款通知、供应商收据等）

10. 在审查固定资产业务时发现被审计单位调增了一台设备的入账价值，对此审计人员认为比较合理的解释是（　　）。
A. 该设备增加了改良装置
B. 同类设备的市场价格上升
C. 该设备已提足折旧但仍在使用
D. 该设备原入账价值由于某种差错而被少计

三、判断题（正确的在括号内打"√"，错误的打"×"）

1. 通常由采购部门提出请购，并由其办理采购业务。（　　）
2. 应付账款应同应收账款一样必须实施函证，以验证其是否真实存在。（　　）
3. 固定资产的折旧主要取决于企业的折旧政策，带有一定的主观性。（　　）
4. 注册会计师对负债项目的审计，主要是防止企业低估债务。（　　）
5. 若某一应付账款明细账户年末余额为零，注册会计师不必将其列为函证对象。（　　）
6. 实施实地观察审计程序时，审计人员可以以固定资产明细账为起点，进行实地追查，以证明会计记录中所列固定资产确实存在，并了解其目前的使用状况。（　　）
7. 已达到预定可使用状态但在年度内尚未办理竣工决算手续的固定资产，应按估计价值暂估入账，并计提折旧。待办理了竣工决算手续后，再按照实际成本调整原来的暂估价值，并调整原已计提的折旧额。（　　）
8. 对于因债务人抵债而获得的固定资产，应检查产权过户手续是否齐备，固定资产计价确认的损益是否符合相关会计准则的规定。（　　）

四、简答题

1. 天海股份有限公司产品销售以天海公司仓库为交货地点。天海公司目前主要采用手工会计系统。注册会计师李华和王宁负责于2013年10月25日至11月10日对天海公司的内部控制进行了解、测试与评价：

（1）对需要购买的已经列入存货清单的项目由仓库负责填写请购单，对未列入存货清单的由相关需求部门填写请购单。每张请购单须由对该类采购支出负责预算的主管人员签字批准。

（2）采购部收到经批准的请购单后，由其职员小李进行询价并确定供应商，再由其职员小张负责编制和发出预先连续编号的订购单。订购单一式四联，经被授权的采购人员签字后，分别送交供应商、负责验收的部门、提交请购单的部门和负责采购业务结算的应付凭单部门。

（3）验收部门根据订购单上的要求对所采购的材料进行验收，完成验收后，将原材料交由仓库人员存入库房，并编制预先连续编号的验收单交仓库人员签字确认。验收单一式三联，其中两联分送应付凭单部门和仓库，一联留存验收部门。

（4）应付凭单部门核对供应商发票、验收单和订购单，并编制预先连续编号的付款凭单。在付款凭单经被授权人员批准后，应付凭单部门将付款凭单连同供应商发票及时送交会计部门，并将未付款凭单副联保存在未付款凭单档案中。会计部门收到附有供应商发票的付款凭单后即应及时编制有关的记账凭证，并登记原材料和应付账款账簿。

要求：针对资料中第（1）至第（4）项，判断天海公司的内部控制程序在设计上是否存在缺陷。如果存在缺陷，请分别予以指出，并简要说明理由，提出改进建议。

2. 审计人员2014年1月15日审计鑫龙公司的财务报表时，决定对某些应付账款进行函证，表5-13所列为拟作为函证对象的往来客户。

表5-13　　　　　　　应付账款年末余额与本年进货金额　　　　　　　单位：元

客户	年末应付账款余额	本年度进货金额
科达公司	29 000	346 000
澳柯玛公司	0	1 230 000
家乐福公司	12 000	201 000
百佳公司	57 000	96 000

要求：试从上列被审计单位中选出两个最重要的被审计单位作为函证对象，并说明理由。

3. 立信会计师事务所的注册会计师张扬按照审计小组的分工，专门负责审查华城公司2013年度财务报表中的固定资产及累计折旧项目。

资料一：在审计开始时，注册会计师张扬通过实施实质性分析程序，发现华城公司的固定资产原值与上年相比有显著上升。根据在其他企业固定资产项目的经验，他确定了以下两个重要的项目审计目标：

（1）华城公司对本年新增的固定资产是否拥有所有权，是否存在，计价是否正确；

（2）本年减少的固定资产是否均已进行会计记录。

资料二：华城公司在2013年度发生了以下固定资产增加业务：

（1）从平遥公司购进的一台 A-130 机床；

（2）由蜀通建筑公司新建完工、交付使用的办公大楼；

（3）从鑫和投资公司融资租入的生产流水线；

（4）由方天公司投资转入的运输设备。

要求：（1）对于一笔款项同时购入多项没有单独标价的固定资产，

注册会计师张扬应当检查哪些文件与凭证，以证实其所有权与存在性；华城公司应如何进行会计处理，张扬方可确认其计价的正确性。

（2）指出张扬为证实华城工程公司对上述每项固定资产拥有所有权，应实施何种具体的实质性程序。

[能力训练]

1. 浪之依公司是一家大型服装加工企业。注册会计师接受委托审计浪之依公司 2013 年财务报表。通过对被审计单位的了解，针对固定资产项目，注册会计师了解到如下事项：

资料一：

（1）浪之依公司大部分拉布机使用寿命即将到期，公司打算在 2013 年淘汰该批设备，重新购置新的拉布机。

（2）2013 年 6 月 30 日，浪之依公司更新换代出售了一批传统缝纫机。

（3）2013 年 11 月 30 日，浪之依公司引进智能包缝机一批。

（4）2013 年 12 月，浪之依公司出售一批熨烫机。

资料二：财务报表附注摘录（见表 5-14）

表 5-14　　　　　　　　　固定资产——原价　　　　　　　　　单位：元

固定资产	2011 年期末余额（已审数）	本年增加额	本年减少额	2012 年期末余额
拉布机	1 750	0	0	1 750
传统缝纫机	2 500	0	1 300	1 200
智能包缝机	0	3 500	0	3 500
熨烫机	1 121	110	120	1 111
合计	5 371	3 610	1 420	7 561

累 计 折 旧　　　　　　　　　单位：元

固定资产	2011 年期末余额（已审数）	本年增加额	本年减少额	2012 年期末余额
拉布机	875	115	0	990
传统缝纫机	2 000	100	800	1 300
智能包缝机	0	2.92	0	2.92
熨烫机	308	61.6	135	234.6
合计	3 183	279.52	935	2 575.52

资料三：

注册会计师为应对固定资产项目存在的重大错报风险，拟定了如下审计程序：

（1）了解被审计单位的折旧政策是否符合规定，确定的使用寿命、预计净残值和折旧方法是否合理。

（2）检查固定资产的抵押、担保情况。

（3）检查被审计单位折旧政策前后期是否一致。

（4）复核本期折旧费用的计提是否正确。

要求：（1）针对资料（一）并结合资料（二），请运用实质性分析程序，指出W公司各项固定资产是否存在重大错报风险，并简要说明理由，填入表5－15。

表5－15

资料一 事项序号	是否可能存在重大 错报风险（是/否）	理由
（1）		
（2）		
（3）		
（4）		

（2）指出要求（1）所评估的重大错报风险的层次，以及与之相关的认定。

（3）判断资料（三）中注册会计师拟定的审计程序是否可以应对注册会计师所评估的重大错报风险，如果不能，请说明可以证明的认定，填入表5－16。

表5－16

资料三 程序编号	是否可以应对所评估的重大错报风险	可以证明的认定
（1）		
（2）		
（3）		
（4）		

要求：分析存在的问题，提出处理意见，并编制审计调整分录。

2. 注册会计师正在对金源公司2013年度财务报表进行审计。相关资料如下：

资料一：注册会计师审计公司2013年度财务报表的"固定资产"和"累计折旧"项目时，发现下列情况：

（1）"生产用固定资产"中有固定资产——A设备已于2013年1月份停用，并转入"未使用固定资产"，同时也停止计提折旧。

（2）公司所使用的单冷空调，当年计提折旧仅按实际使用的月份（5～9月）提取。

（3）5月份购入设备一台，价值65万元，当月达到预定可使用状态，

8月份交付使用，金源公司从9月份起开始计提折旧。

（4）金源公司对设备B采用平均年限法计提折旧。该设备预计可使用年限为10年，预计净残值率为5%，公司确定的该设备的年折旧率为10%。

资料二：注册会计师实施的审计程序部分摘录如下：

（1）检查2013年购入的固定资产的发票金额并追查至账簿记录；

（2）实地视察固定资产，并查明其产权的归属；

（3）结合2013年发生的长期借款项目查明有无以固定资产担保或抵押等情况；

（4）索取或编制融资租赁设备汇总表，追查到相关的融资租赁协议。

要求：（1）针对资料一的情况，评价被审计单位的会计处理，并给出恰当的建议。

（2）针对资料二的情况，请分别指出这些审计程序主要是针对固定资产的何种认定。

学习情境六 生产与仓储循环的审计

 **职业能力目标**

通过本情境学习，应能够识别生产与存货循环中的主要业务活动；熟悉生产与存货循环的内部控制测试；会对生产与存货循环进行控制测试；能够确定生产与存货循环相关报表项目的审计目标并设计合理的实质性审计程序；能够熟练编制生产与存货循环相关工作底稿。

 典型工作任务

1. 了解生产与存货循环中的主要业务活动。
2. 了解生产与存货循环的内部控制。
3. 对生产与存货循环进行控制测试。
4. 确定存货和营业成本的审计目标。
5. 对存货和营业成本实施实质性程序。
6. 编制生产与存货循环的审计工作底稿。

 阅读资料

1. 《企业内部控制应用指引第8号——资产管理》
2. 财政部会计司解读《企业内部控制应用指引第8号——资产管理》
3. 《中国注册会计师审计准则第1311号——对存货、诉讼和索赔、分部信息等特定项目获取审计证据的具体考虑》
4. 《中国注册会计师审计准则问题解答第3号——存货监盘》

学习子情境一
认识生产与仓储循环的特点

审计人员周华在审查江南公司12月份的存货明细表时，发现以前库存不多的WX#21产品本期库存数量较大。将"主营业务收入"明细账、"主营业务成本"明细账与"库存商品"明细账比较，发现两笔销售WX#21产品的业务未结转成本1 000 000元。为了查明此事，审计人员周华进一步抽查了12月份有关WX#21产品销售的销售发票存根、出库凭证，并逐一与"主营业务成本"和"库存商品"明细账记录核对，查明已销售给长江公司的WX#21产品已开出销售发票，但并无产品出库单，也没有结转产品销售成本的记账凭证。会计人员解释是自己是新来的，不了解这个业务，自己来了后也没有发现产品出库单，所以就没有进行账务处理。

从本案例可以发现会计人员要将生产与仓储循环的会计业务做好、审计人员要将生产与仓储循环的审计业务做好，均必须了解生产与仓储循环的特点，那应该至少要了解些什么内容呢？

▣ 职业判断

审计人员在进行生产与仓储循环的审计业务时，应首先了解这一循环的主要活动和流程，以及主要活动产生的主要票单、凭证和相关记录。

一、识别生产与仓储循环涉及的主要活动

生产与存货循环所涉及的主要业务活动包括：计划和安排生产；发出原材料；生产商品；核算产品成本；储存商品；发出商品等，涉及的部门包括生产计划部门、仓库部门、生产部门、人事部门、销售部门、会计部门等。

（一）计划和安排生产

生产计划部门的职责是根据客户订购单或者对销售预测和产品需求的分析来决定生产授权。如决定授权生产，即签发预先顺序编号的生产任务通知单。该部门通常应将发出的所有生产任务通知单顺序编号并加以记录控制。

（二）发出原材料

仓库部门的责任是根据从生产部门收到的领料单发出原材料。领料单上必须列示所需的材料数量和种类，以及领料部门的名称。领料单可以一料一单，也可以多料一单。

通常需一式三联。仓库发料后，将其中一联连同材料交给领料部门，一联留在仓库登记材料明细账，一联交会计部门进行材料收发核算和成本核算。

（三）生产商品

生产部门在收到生产任务通知单及领取原材料后，便将生产任务分解到每一个生产工人，并将所领取的原材料交给生产工人，据以执行生产任务。生产工人在完成生产任务后，将完成的产品交质检部门验收后办理入库手续；或是将所完成的产品移交下一个生产部门，作进一步加工并办理交接手续。

（四）核算产品成本

为了正确核算并有效控制产品成本，必须建立健全成本会计制度，将生产控制和成本核算有机结合在一起。一方面，生产过程中的各种记录、生产通知单、领料单、计工单、入库单等文件资料都要汇集到会计部门，由会计部门对其进行检查和核对，了解和控制生产过程中存货的实物流转；另一方面，会计部门要设置相应的会计账户，会同有关部门对生产过程中的成本进行核算和控制。

（五）储存商品

产品完工入库，须由仓储部门先行点验和检查，点验和检查完毕后开具事先顺序编号的商品入库单，将其中一联交会计部门。据此，仓储部门确立了本身应承担的责任，并对验收部门的工作进行验证。除此之外，仓储部门还应根据产成品的品质特征分类存放，并填制标签。

（六）发出商品

产成品的发出须由独立的发运部门进行。装运产成品时必须持有经有关部门核准的发运通知单，并据此编制出库单。出库单一般为一式四联，一联交仓库部门；一联由发运部门留存；一联送交顾客；一联作为给顾客开发票的依据。

二、识别生产与仓储循环涉及的主要凭证和会计记录

生产与存货循环由将原材料转化为产成品的有关活动组成。该循环包括制定生产计划、控制、保持存货水平以及与制造过程有关的交易和事项，涉及领料、生产加工、销售产成品等主要环节。生产与仓储循环所涉及的凭证和记录主要包括：

（一）生产指令

生产指令又称"生产任务通知单"或"生产通知单"，是企业下达生产商品等生产任务的书面文件，用以通知仓储部门组织材料发出，生产车间组织产品生产，会计部门组织成本核算。生产指令模板见图6-1。

生产通知单　　NO.*******

_____车间

订单编号	产品名称	生产数量	前工序完成日期	质量要求	完工日期	完成转移车间	工艺	备注

① 车间

作业说明：
1. 接收时要核查清楚数量、重量、质量要求经签收后由签收车间负责。
2. 后工序要按照生产部指定日期范围内追前工序交货，如有问题请及时通知生产部。
3. 完成后送货到下一工序。

制表：_____　　日期：_____

SH4-022

生产通知单　　NO.*******

_____车间

订单编号	产品名称	生产数量	前工序完成日期	质量要求	完工日期	完成转移车间	工艺	备注

② 生产部

作业说明：
1. 接收时要核查清楚数量、重量、质量要求经签收后由签收车间负责。
2. 后工序要按照生产部指定日期范围内追前工序交货，如有问题请及时通知生产部。
3. 完成后送货到下一工序。

制表：_____　　日期：_____

SH4-022

图 6-1　生产指令模板

（二）领发料凭证

领发料凭证是企业为控制材料发出所采用的各种凭证，如领料单、限额领料单、领料登记簿、材料发出汇总表等。会计部门用以进行商品的成本核算。领发料凭证模板见图 6-2。

领料单

领料单号：　　　　　　　领料部门：　　　　　　　领料日期：
领料类别：　　　　　　　制造令号（BOM）：　　　　生产通知号：
发料仓库：

材料编码	货位号	材料名称	材料类别	规格	计量单位	数量	单价	金额
合　计								

审核人：　　　　发料员：　　　　记账人：　　　　部门负责人：　　　　领料人：

图6-2　领发料凭证模板

（三）产量和工时记录

产量和工时记录是登记工人或生产班组在出勤时间内完成产品数量、质量和生产这些产品所耗费工时数量的原始记录。生产类型不同的企业或同一企业不同生产车间的产量和工时记录的内容与格式可能不同。常见的产量和工时记录主要有工作任务通知单、工序进程单、工作班产量报告、产量通知单、产量明细表、废品通知单等。会计部门在进行成本核算用以对费用的分配。工作任务通知单、产量明细表和废品通知单模板见图6-3至6-5。

工作任务通知单

编　号		时　间		任务下达者	
任务负责人				任务接收时间	
任务执行者				要求完成时间	
任务等级		□一般　□重要　□紧急　□非常重要　□非常紧急			
任务名称					
任务内容和要求：					
任务完成情况					
完成时间	□提前完成　□按时完成　□延期完成　□未能完成				
完成质量	□优秀　　□良好　　□一般　　□差				
任务负责人小结：					
上级评价：					

图6-3　工作任务通知单模板

日产量进程统计表

规格	型号	月	日	单位	日产定额量	当日产量	合格品	次品	操作人	班长
		月	日							
		月	日							
		月	日							
		月	日							
		月	日							
		月	日							
		月	日							
		月	日							
		月	日							
		月	日							
		月	日							
		月	日							
		月	日							
		月	日							

注：班长和操作人须每日统计，确保日定额量按时完工，并签名。

图6-4 产量明细表模板

公司编号：MSWX-065	废 品 通 知 单		NO.QT000401	
废品名称	制造厂	发生工序	发现工序	
废品代码	产品图号	报废数	日期	
废品特征原因				
			检验员：	
责任人	责任单位		厂长	
质量确认	责任单位主管		废品回收员	
材料（元）	总工时	其他（元）	可回收数量	
人工（元）	损失金额合计（元）		废品工时	
第一联 质量科　第二联 车间会计　第三联 库房保管　第四联 库房粉料；跨厂此单在48小时内处理完　本厂此单在24小时内处理完				

图6-5 废品通知单模板

（四）工薪汇总表及工薪费用分配表

工薪汇总表是为了反映企业全部工薪的结算情况，并据以进行工薪总分类核算和汇总整个企业工薪费用而编制的，它是企业进行工薪费用分配的依据。工薪费用分配表反映了各生产车间各产品应负担的企业应支付给生产工人以及为工人支付的各项工薪及福利费。会计部门用以进行商品的成本核算。工薪汇总表及工薪费用分配表模板见图6-6。

×× 公司工资结算汇总表

年　月　日　　　　　　　　　　　　　　　　　　　　　　　　　　单位：元

车间或部门		职工类别	基本工资	岗位津贴	奖金	通讯费	缺勤应扣	应付工资	代扣款项			扣款合计	实发工资
									社会保险费（11%）	住房公积金（10.5%）	个人所得税		
基本生产车间	机加工车间	生产工人											
		管理人员											
		小计											
	装配测试车间	生产工人											
		管理人员											
		小计											
	包装车间	生产工人											
		管理人员											
		小计											
辅助生产车间	机修车间	生产工人											
		管理人员											
		小计											
	供电车间	生产工人											
		管理人员											
		小计											
行政管理部门													
销售部门													
职工食堂													
合计													

图 6-6　工薪汇总表及工薪费用分配表模板

（五）材料费用分配表

材料费用分配表是用来汇总反映各生产车间各产品所耗费的材料费用的原始记录。模板见图 6-7。

材料费用分配汇总表

借方科目	原材料						周转材料					
	投产量	单位产品耗用材料定额	定额成本	分配率	分配额	直接耗用	合计	投产量	单位产品耗用材料定额	定额成本	分配率	分配额	直接耗用	合计
基本生产成本													
辅助生产成本													
制造费用													
管理费用													
其他业务成本													
合计													

图 6-7　材料费用分配表模板

（六）制造费用分配汇总表

制造费用分配汇总表是用来汇总反映各生产车间各产品所应负担的制造费用的原始记录。模板见图 6-8。

制造费用分配表

车间/部门:				
产品名称	分配标准	分配数量	分配率	分配金额

图 6-8 制造费用分配汇总表模板

（七）成本计算单

成本计算单是用来归集成本计算对象所应承担的生产费用，计算该成本计算对象的总成本和单位成本的记录。模板见图 6-9。

产品成本计算表

年　月　日

产品名称：				
成本项目	期初在产品	本期发生费用	期末在产品成本	本月完工产品成本
直接材料				
辅助材料				
直接人工				
制造费用				
合计				

图 6-9 成本计算单模板

（八）存货明细账

存货明细账是用来反映各种存货增减变动情况和期末库存数量及相关成本信息的会计记录。存货明细账一般采用数量金额式账页格式，模板见图 6-10。

图 6-10 数量金额式账页格式

> **小提示**　由于每一家公司具体情况不一样，以上的活动以及凭证和相关记录在不同公司背景下将会有一些差异，不能一概而论。例如图 6-11 是鹏飞机械有限责任公司生产与仓储循环中成本核算的流程图。

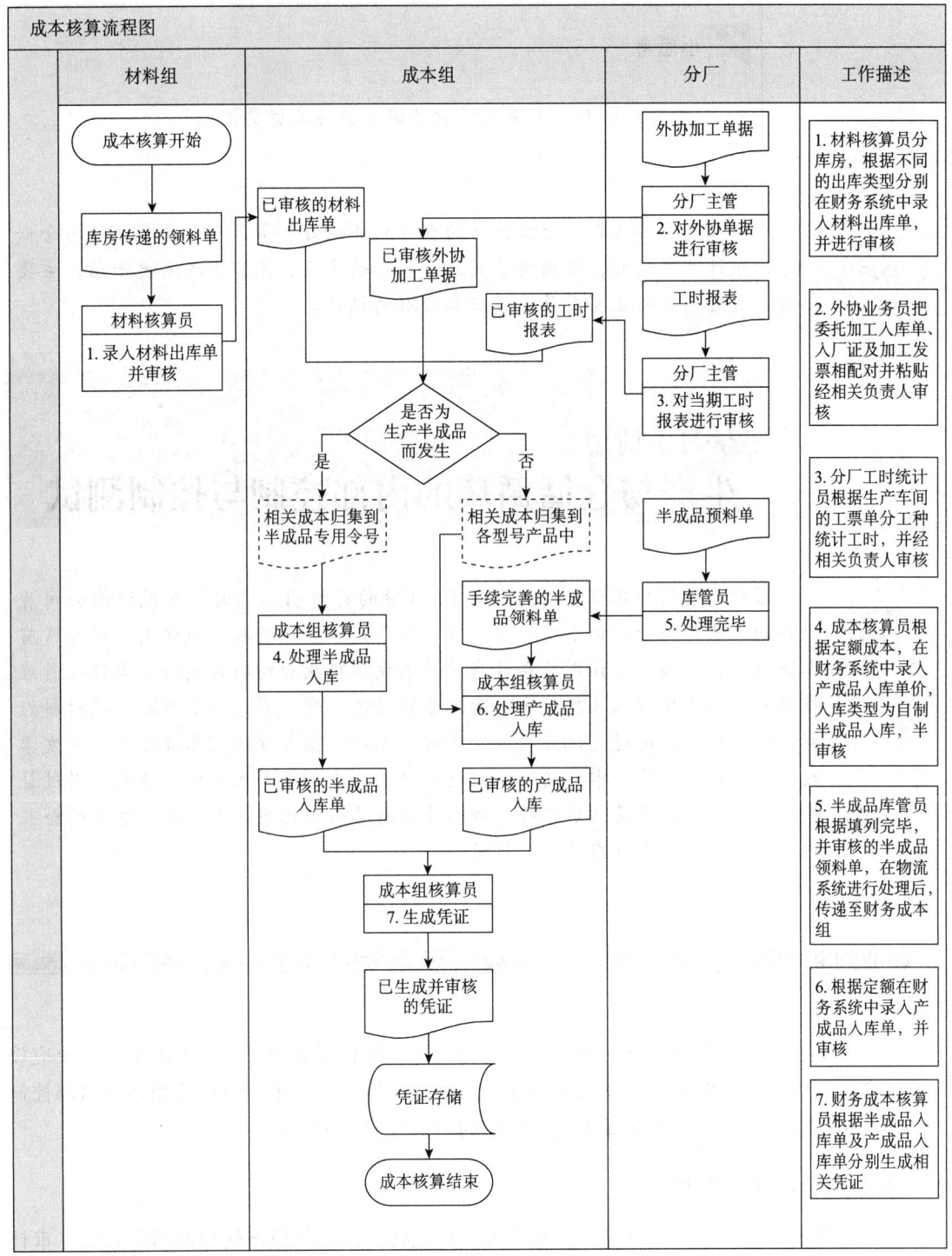

图 6-11 鹏飞公司生产与存货循环成本核算流程图

小思考

你能从图 6-11 看出该企业采用的成本计算方法？

会计人员要将生产与仓储循环的会计业务做好、审计人员要将生产与仓储循环的审计业务做好，必须要了解这一循环的流程，流程上的主要活动，主要活动完成后形成的主要票单、凭证和应有的记录。

学习子情境二
生产与仓储循环的内部控制与控制测试

审计人员周华在审查江南公司 12 月份的存货明细表时，发现江南公司原材料的采购和保管均由小刘负责。审计人员进一步检查时发现江南公司经常有部分原材料报损，审计人员在监盘时并未发现报损原材料的残料。审计人员经观察材料入库发现入库数量和采购发票数量不一致，不久后小刘就申报材料毁损，经审计人员核对发现毁损数量正好是上次观察入库的入库数量与采购发票数量差。审计人员经审计发现小刘利用自己负责采购和保管职务便利，通过让供应商多开采购数量然后申报毁损的方法将其占为己有。审计人员发现的企业内部控制问题对审计有什么意义呢？

▇ 职业判断

为了让生产与仓储循环的活动能够顺利开展，防止舞弊和违法行为出现，企业应设计必要的内部控制对生产与仓储循环进行约束。总体上看，生产与仓储循环的内部控制主要包括存货的内部控制和成本会计制度的内部控制两项内容。

一、认识存货的关键内部控制

存货的内部控制还可以进一步划分为实物流转控制和价值流转控制两个方面。审计人员一般通过询问、观察、检查等方式对生产与仓储循环所涉及的内部控制进行了解，并初步评价内部控制。

1. 适当的职责分离

在生产与仓储循环中，职责分离控制的基本要求有下列几项：

(1) 存货请购与审批、审批与执行；
(2) 存货采购与验收、付款；
(3) 存货保管与相关会计记录；
(4) 存货发出申请、审批、相关会计记录；
(5) 存货处置申请、审批、相关会计记录。

2. 实物流转控制

存货的实物流转控制包括存货的采购、存储、生产和发运业务的控制。

3. 价值流转控制

存货的价值流转控制包括成本会计控制、发出计价控制及期末计价控制等内容。

二、认识成本会计制度的关键内部控制

成本会计制度将生产控制和成本核算控制有机结合。生产过程中的各种记录、入库单等原始凭证汇集到会计部门，由会计部分核对与检查，了解和控制生产过程中存货的实物流转；会计部门根据相关原始单据对生产过程中的成本进行核算和控制。成本会计制度的内部控制包括：

1. 制定成本核算会计制度，明确成本开支标准和范围，确定各项成本支出的审批与审核制度

(1) 生产任务指令的授权批准；
(2) 生产领用材料的授权批准；
(3) 生产工人薪酬的授权批准。

2. 确保成本核算是经审核原始单据为依据的，企业记录的成本是实际发生的
3. 确保企业所发生的各项成本支出都已经包括在成本中
4. 设置成本核算所需账户，选择适当的成本计算方法，方法一经选择不得随意变更
5. 选择适当的成本核算流程与账务处理程序
6. 定期或不定期进行存货盘点，确保存货的实存数与账存数相符

■ 业务操作

成本会计制度的控制测试

步骤一：确定生产与仓储循环的控制目标。

生产与仓储循环的控制目标包括：
(1) 生产业务是根据管理层一般或特定的授权进行的（发生）；
(2) 记录的成本为实际发生的而非虚构的（发生）；
(3) 所有耗费和物化劳动均已反映在成本中（完整性）；
(4) 成本以正确的金额，在恰当的会计期间及时记录于适当的账户（发生、完整性、准确性、计价和分摊）；

（5）对存货实施保护措施，保管人员与记录、批准人员相互独立（存在、完整性）；

（6）账面存货与实际存货定期核对相符（存在、完整性、计价和分摊）。

步骤二：实施常用的控制测试程序。

1. 测试生产业务是根据管理层一般或特定的授权进行的

检查凭证中是否包括三个关键点（生产指令的授权批准；领料单的授权批准；工薪的授权批准）恰当审批。

2. 测试记录的成本为实际发生的而非虚构的

通过检查有关成本的记账凭证是否附有生产通知单、领发料凭证、产量和工时记录、工薪费用分配表、材料费用分配表、制造费用分配表等，原始凭证的顺序编号是否完整。

3. 测试所有耗费和物化劳动均已反映在成本中

通过检查生产通知单、领发料凭证、产量和工时记录、工薪费用分配表、材料费用分配表、制造费用分配表的顺序编号是否完整。

4. 测试成本以正确的金额，在恰当的会计期间及时记录于适当的账户

（1）选取样本测试各种费用的归集和分配以及成本的计算；

（2）测试是否按照规定的成本核算流程进行核算和账务处理。

5. 测试对存货实施保护措施，保管人员与记录、批准人员相互独立

通过询问和观察存货与记录的接触控制以及相应的批准程序。

6. 测试账面存货与实际存货是否定期核对相符

通过询问和观察存货盘点程序。

步骤三：通过测试程序获取的审计证据判断被审计单位成本会计制度内部控制执行和设计是否有效。

完成控制测试后，审计人员应对被审计单位的成本会计制度内部控制设计的合理性、运行的有效性进行评价，确定其是否存在重大的薄弱环节。若有重大的薄弱环节，则应确定其对实质性程序的影响，并以此为基础制定实质性程序方案。

通过对生产与仓储循环进行控制测试，可以得出控制测试结论：控制活动对实现控制目标是否有效；控制活动是否得到执行；控制活动是否有效运行；控制测试结果是否支持实施风险评估程序获取的审计证据。

引例分析 审计人员一般通过询问、观察、检查等方式对生产与仓储循环所涉及的内部控制，如职务分离、授权与审批、凭证和记录控制等几个方面内容进行了解，并初步评价内部控制。根据评估的结果决定细节性检查的范围、时间。

【工作实例6-1】注册会计师于2014年1月7日至12日对江南公司生产与仓储循环的内部控制进行了解和测试，并在相关的审计工作底稿中作了记录，现摘录如下：

公司仓库保管员负责登记存货明细账，以便对仓库中的所有存货项目的收、发、存进行永续记录。当收到验收部门送交的存货和验收单后，根据验收单登记存货领料单。平时，各车间或其他部门如果需要领取原材料，都可以填写领料单，仓库保管员根据领

料发出原材料。公司辅助材料的用量很少，因此领取辅助材料时，没有要求使用领料单。各车间经常有辅助材料剩余（根据每天特定工作购买而未消耗掉，但其实还可再为其他工作所用的），这些材料由车间自行保管，无须通知仓库。如果仓库保管员有时间，偶尔也会对存货进行实地盘点。

请根据本节学习内容，指出江南公司生产与仓储循环内部控制的设计与运行方面存在的缺陷，并提出改进建议：

实例解析

步骤一：江南公司在生产与仓储购循环内部控制上存在的缺陷归纳如下：

（1）存货的保管和记账职责未分离。将可能导致存货保管人员监守自盗，并通过篡改存货明细账来掩饰舞弊行为，存货可能被高估。

（2）仓库保管员收到存货时不填制入库通知单，而是以验收单作为记账依据。将可能导致一旦存货数量或质量上发生问题，无法明确是验收部门还是仓库保管人员的责任。

（3）领取原材料未进行审批控制。将可能导致原材料的领用失控，造成原材料的浪费或被贪污，以及生产成本的虚增。

（4）领取辅助材料时未使用领料单和进行审批控制、对剩余的辅助材料缺乏控制。将可能导致辅助材料的领用失控，造成辅助材料的浪费或被贪污，以及生产成本的虚增。

（5）未实行定期盘点制度。将可能导致存货出现账实不符现象，且不能及时发现，及计价不准确。

步骤二：建议改进的措施有：

（1）建立永续盘存制，仓库保管人员设置存货台账，按存货的名称分别登记存货收、发、存的数量；财务部门设置存货明细账，按存货的名称分别登记存货收、发、存的数量、单价和金额。

（2）仓库保管员在收到验收部门送交的存货和验收单后，根据入库情况填制入库通知单，并据以登记存货实物收、发、存台账。入库通知单应事先连续编号，并由交接各方签字后留存。

（3）对原材料和辅助材料等各种存货的领用实行审批控制。即各车间根据生产计划编制领料单，经授权人员批准签字，仓库保管员经检查手续齐备后，办理领用。

（4）对剩余的辅助材料实施假退库控制。

（5）实行存货的定期盘存制。

学习子情境三
生产与仓储循环的实质性程序

审计人员周华在审查江南公司 12 月份的存货（生产成本的直接材料）项目时发现：生产成本中直接材料金额为 37 692 元，其中期初在产品的直接材料为 680 元；企业"原材料"和"材料成本差异"资料为："原材料"期初为 110 000 元，本期购进 41 200 元，生产领用 341 000 元；"材料成本差异"期初借方余额 162 元，本期借方余额 360 元。审计人员在经过自己重新计算后发现企业多计入 2 571 元于生产成本的直接材料中。请问审计人员在审计存货时的审计目标是什么？如何才能实现其确定的审计目标？

■ 职业判断

生产与仓储循环涉及的主要报表项目有存货和营业成本。生产与存货交易的重大错报风险通常是影响存货存在、完整性、权利和义务、计价和分摊等认定的存货的高估风险。相应地，注册会计师针对上述重大错报风险应实施实质性审计程序的目标在于获取关于存货存在、完整性、权利和义务、计价和分摊等多项认定的审计证据。

■ 业务操作一

存货的审计

步骤一：确定存货的审计目标。

存货是指企业在日常活动中持有以备出售的产成品或商品、处在生产过程中的在产品、在生产过程或提供劳务过程中耗用的材料和物料等。存货项目具有种类繁多、收发频繁和计价方法众多等原因，让存货在管理和核算上容易产生薄弱环节。

存货审计中，应按会计报表项目和账户的内容特点，针对管理当局的认定，确定具体审计目标，从而揭示其中的关系、规律和审计方法的要点、程序。存货的审计目标如表 6-1 所示：

表 6-1   存货审计目标

审计目标	财务报表认定				
	存在	完整性	权利和义务	计价和分摊	列报
A. 资产负债表中记录的存货是存在的	√				
B. 所有应当记录的存货均已记录		√			
C. 记录的存货由被审计单位拥有或控制			√		
D. 存货以恰当的金额包括在财务报表中,与之相关的计价或分摊已恰当记录				√	
E. 存货已按照企业会计准则的规定在财务报表中做出恰当列报					√

步骤二:实施常用的实质性程序。

1. 获取或编制存货明细表

获取或编制存货明细表,复核加计是否正确,并与总账数和明细账合计数核对是否相符。

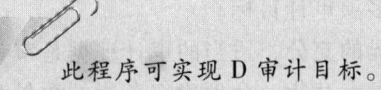 此程序可实现 D 审计目标。
小提示

2. 实施分析性程序

存货的分析性程序可以从以下几个角度进行:

(1) 按存货品种及存放地点、存货类别,比较当年度及以前年度数量和金额的增减变动,并对异常情况做出解释;

(2) 按存货成本构成、存货平均成本、材料采购价格差异,比较当年度及以前年度的增减变动,并对异常情况做出解释;

(3) 比较当年度及以前年度直接材料、直接人工、制造费用占生产成本的比例,并查明异常情况的原因;

(4) 比较当年度及以前年度存货跌价准备占存货余额的比例,并查明异常情况的原因;

(5) 按存货残损情况、存货账龄、库存可用月数,比较当年度及以前年度的增减变动,并对异常情况做出解释;

(6) 比较会计期间截止日前后两个月的产品毛利率,并对异常波动做出解释;

(7) 比较当年度及以前年度已售存货的数量,并查明异常情况的原因;

(8) 比较存货库存量与生产量及库存能力的差异,并分析其合理性;

(9) 比较存货的实际用量与预算用量的差异,并分析其合理性;

(10) 比较当年度与以前年度的存货周转率,并查明异常情况的原因;

(11) 核对下列相互独立部门的数据:仓库记录的材料领用量与生产部门记录的材料领用量;工资部门记录的人工成本与生产部门记录的工时和工资标准之积;仓库记录的产成品入库量与生产部门记录的产品生产量;发票记录的数量与发货量;发票记录的

数量与订货量；发票记录的数量与主营业务成本记录的销售量；产品销售量与生产量或采购量；产品销售量和平均单位成本之积与账面产品销售成本。

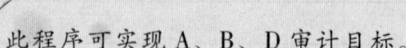此程序可实现A、B、D审计目标。

小提示

3. 存货监盘

（1）明确存货监盘的定义与作用。存货监盘是指审计人员现场观察被审计单位存货的盘点并根据需要对已盘点存货进行适当检查。存货监盘有两个含义：一是审计人员应亲临盘点现场观察被审计单位盘点；二是审计人员应根据需要对已盘点的存货实行适当抽查。在会计报表的审计中，除非出现无法实施存货监盘的特殊情况，审计人员应实施替代程序，审计人员都应当亲自观察存货盘点的过程，实施存货监盘程序。

存货监盘主要针对的是存货的存在认定，其次是完整性认定及权利和义务的认定，目的是取得有关存货数量和状况的审计证据，以确定被审计单位记录的存货确实存在，已经反映了被审计单位拥有的全部存货，并属于被审计单位的合法财产。存货监盘作为存货审计的一项核心审计程序，通常可同时实现上述多项审计目标。

尽管实施存货监盘，获取有关期末存货数量和状况的充分、适当的审计证据是审计人员的责任，但这并不能取代被审计单位管理层定期盘点存货、合理确定存货的数量和状况的责任。

（2）编制存货监盘的计划。

①制定存货监盘计划的基本要求。审计人员应当考虑被审计单位存货的特点、盘存制度和存货内部控制的有效性等情况，在评价被审计单位管理层制定的存货盘点程序的基础上，编制存货监盘计划，对存货监盘做出合理安排。

有效的存货监盘需要制定周密、细致的计划。为了避免误解并有助于有效地实施存货监盘，审计人员通常需要与被审计单位就存货监盘等问题达成一致意见。因此，审计人员首先应当充分了解被审计单位存货的特点、盘存制度和存货内部控制的有效性等情况，并考虑获取、审阅和评价被审计单位预定的盘点程序。

②制定存货监盘计划应考虑的相关事项。在编制存货监盘计划时，审计人员需要考虑以下事项：

ⅰ与存货相关的重大错报风险。存货通常具有较高水平的重大错报风险，影响重大错报风险的因素具体包括：存货的数量和种类、成本归集的难易程度、陈旧过时的速度或易损坏程度、失窃的难易程度。

ⅱ与存货相关的内部控制的性质。在制定存货监盘计划时，审计人员应当了解被审计单位与存货相关的内部控制，并根据内部控制的完善程度确定进一步审计程序的性质、时间安排和范围。

ⅲ对存货盘点是否制定了适当的程序，并下达了正确的指令。审计人员一般需要复核或与管理层讨论其存货盘点程序。如果认为被审计单位的存货盘点程序存在缺陷，审计人员应当提请被审计单位调整。

ⅳ存货盘点的时间安排。如果存货盘点在财务报表日以外的其他日期进行，注册会计师除实施存货监盘审计程序外，还应当实施其他审计程序，以获取审计证据，确定存货盘点日与财务报表日之间的存货变动是否已得到恰当的记录。

ⅴ被审计单位是否一贯采用永续盘存制。存货数量的盘存制度一般为实地盘存制和永续盘存制。存货盘存制度不同，审计人员需要做出的存货监盘安排也不同。如果被审计单位通过实地盘存制确定数量，则审计人员要参加此种盘点。如果被审计单位采用永续盘存制，审计人员应在年度中一次或多次参加盘点。

ⅵ存货的存放地点，以确定适当的监盘地点。审计人员应了解所有的存货存放地点，既可以防止被审计单位或自己发生任何遗漏，也有助于恰当地分配审计资源。

ⅶ是否需要专家协助。审计人员可能不具备其他专业领域专长与技能。在确定资产数量或资产实物状况（如矿石堆），或在收集特殊类别存货（如艺术品、稀有玉石、房地产、电子器件、工程设计等）的审计证据时，审计人员可以考虑利用专家的工作。

③存货监盘计划的主要内容。存货监盘计划应当包括以下主要内容：

ⅰ存货监盘的目标、范围及时间安排。存货监盘的主要目标包括获取被审计单位资产负债表日有关存货数量和状况以及有关管理层存货盘点程序可靠性的审计证据，检查存货的数量是否真实完整，是否归属被审计单位，存货有无损毁、陈旧、过时、残次和短缺等状况。

存货监盘范围的大小取决于存货的内容、性质以及与存货相关的内部控制的完善程度和重大错报风险的评估结果。

存货监盘的时间，包括实地察看盘点现场的时间、观察存货盘点的时间和对已盘点存货实施检查的时间等，应当与被审计单位实施存货盘点的时间相协调。

ⅱ存货监盘的要点及关注事项。存货监盘的要点主要包括审计人员实施存货监盘程序的方法、步骤，各个环节应注意的问题以及所要解决的问题。审计人员需要重点关注的事项包括盘点期间的存货移动、存货的状况、存货的截止确认、存货的各个存放地点及金额等。

ⅲ参加存货监盘人员的分工。审计人员应当根据被审计单位参加存货盘点人员分工、分组情况、存货监盘工作量的大小和人员素质情况，确定参加存货监盘的人员组成以及各组成人员的职责和具体的分工情况，并加强督导。

ⅳ检查存货的范围。审计人员应当根据对被审计单位存货盘点和对被审计单位内部控制的评价结果确定检查存货的范围。在实施观察程序后，如果认为被审计单位内部控制设计良好且得到有效实施，存货盘点组织良好，可以相应缩小实施检查程序的范围。

（3）执行存货监盘程序。在存货盘点现场实施监盘时，审计人员应当实施下列审计程序：

①评价管理层用以记录和控制存货盘点结果的指令和程序。

②观察管理层制定的盘点程序。在被审计单位盘点存货前，审计人员应亲临盘点现场，观察确定应纳入盘点范围的存货是否已经适当整理和排列以便于盘点，并附有盘点标识且符合规定，以防止遗漏或重复盘点。对未纳入盘点范围的存货应查明原因。对不属于被审计单位的存货，审计人员应当取得其规格、数量等相关资料，确定是否已分别存放和标明且未纳入盘点范围。

审计人员在监盘过程中，应当跟随被审计单位安排的存货盘点人员，注意观察被审计单位盘点人员是否按盘点计划执行，盘点人员是否准确无误地记录了被盘点存货的数量和状况。另外，注意观察存货的移动情况以防止遗漏或重复盘点。存货的状况包括毁损、陈旧、过时及残次的存货以适当确定存货的计价。

审计人一般应当获取盘点日前后存货收发及移动的凭证，检查库存记录与会计记录期末截止是否正确。

③检查存货。在存监盘过程中检查存货，虽然不一定确定存货的所有权，但有助于确定存货的存在，以及识别过时、毁损或陈旧的存货。审计人员应当把所有过时、毁损或陈旧存货的详细情况记录下来，这既便于进一步追查这些存货的处置情况，也能为测试被审计单位存货跌价资金为准备计提的准确性提供证据。

④抽查存货盘点。在对存货盘点结果进行测试时，审计人员可以从存货盘点记录中选取项目追查至存货实物，以及从存货实物中选取项目追查至盘点记录，以获取有关盘点记录准确性和完整性的审计证据。需要说明的是，审计人员应尽可能避免让被审计单位事先了解将抽盘的存货项目。除记录审计人员对存货盘点结果进行的测试情况外，获取管理层完成的存货盘点记录的复印件也有助于审计人员日后实施审计程序，以确定被审计单位的期末存货记录是否准确地反映了存货的实际盘点结果。

审计人员在实施抽盘程序时发现差异，很可能表明被审计单位的存货盘点在准确性或完整性方面存在错误。由于检查的内容通常仅仅是已盘点存货中的一部分，所以在检查中发现的错误很可能意味着被审计单位的存货盘点还存在着其他错误。一方面，审计人员应当查明原因，并及时提请被审计单位更正；另一方面，审计人员应当考虑错误的潜在范围和重大程度，在可能的情况下，扩大检查范围以减少错误的发生。审计人员还可要求被审计单位重新盘点。重新盘点的范围可限于某一特殊领域的存货或特定盘点小组。

⑤存货监盘结束时的工作。在被审计单位存货盘点结束前，审计人员应当：

ⅰ再次观察盘点现场，以确定所有应纳入盘点范围的存货是否均已盘点。

ⅱ取得并检查已填用、作废及未使用盘点表单的号码记录，确定其是否连续编号，查明已发放的表单是否均已收回，并与存货盘点的汇总记录进行核对。审计人员应当根据自己在存货监盘过程中获取的信息对被审计单位最终的存货盘点结果汇总记录进行复核，并评估其是否正确地反映了实际盘点结果。

如果存货盘点日不是资产负债表日，审计人员应当实施适当的审计程序，确定盘点日与资产负债表日之间存货的变动是否已得到恰当的记录。

（4）特殊情况的处理。

①在存货盘点现场实施存货监盘不可行。在某些情况下，实施存货监盘可能是不可行的。这可能是由存货性质和存放地点等因素造成的，如存货存放在对审计人员的安全有威胁的地点。如果在存货盘点现场实施存货监盘不可行，审计人员应当实施替代审计程序，主要包括：在内部控制健全有效的情况下，可以通过检查原始凭证、记账凭证以及其他相关资料，以获取有关存货的存在和状况的充分、适当的审计证据。

②因不可预见的情况导致无法在存货盘点现场实施监盘。有时，由于不可预见情况而可能导致无法在预定日期实施存货监盘，两种比较典型的情况包括：一是审计人员无法亲临现场，即由于不可抗力导致其无法到达存货存放地实施存货监盘；二是气候因

素，即由于恶劣的天气导致审计人员无法实施存货监盘程序，或由于恶劣的天气无法观察存货，如木材被积雪覆盖。

如果由于不可预见的情况无法在存货盘点现场实施监盘，审计人员应当另择日期实施监盘，并对间隔期内发生的交易实施审计程序。

③由第三方保管或控制的存货。如果由第三方保管或控制的存货对财务报表是重要的，审计人员应当实施下列一项或两项审计程序，以获取有关该存货存在和状况的充分、适当的审计证据：

ⅰ向持有被审计单位存货的第三方函证存货的数量和状况。

ⅱ实施检查或其他适合具体情况的审计程序。

此程序可实现A、B、D审计目标。

小提示

4. 存货计价测试

监盘程序主要是对存货的结存数量予以确认。为验证财务报表上存货余额的真实性，还必须对存货的计价进行审计，即确定存货实物数量和永续盘存记录中的数量是否经过正确的计价和汇总。存货计价测试主要是针对被审计单位所使用的存货单位成本是否正确所做的测试。

（1）样本的选择。计价审计的样本，应从存货数量已经盘点、单价和总金额已经计入存货汇总表的结存存货中选择。选择样本时应着重选择结存余额较大且价格变化比较频繁的项目，同时考虑所选样本的代表性。抽样方法一般采用分层抽样法，抽样规模应足以推断总体的情况。

（2）计价方法的确认。存货的计价方法多种多样，被审计单位应结合企业会计准则的基本要求选择符合自身特点的方法。审计人员除应了解掌握被审计单位的存货计价方法外，还应对这种计价方法的合理性与一贯性予以关注，没有足够理由，计价方法在同一会计年度内不得变动。

（3）计价测试。进行计价测试时，审计人员首先应对存货价格的组成内容予以审核，然后按照所了解的计价方法对所选择的存货样本进行计价测试。测试时，应尽量排除被审计单位已有计算程序和结果的影响，进行独立测试。测试结果出来后，应与被审计单位账面记录对比，编制对比分析表，分析形成差异的原因。如果差异过大，应扩大测试范围，并根据审计结果考虑是否应提出审计调整建议。

在存货计价审计中，由于被审计单位对期末存货采用成本与可变现净值孰低的方法计价，所以审计人员应充分关注其对存货可变现净值的确定及存货跌价准备的计提。

可变现净值是指企业在日常活动中，存货的估计售价减去至完工时估计将要发生的成本、估计的销售费用以及相关税费后的金额。企业确定存货的可变现净值，应当以取得的确凿证据为基础，并且考虑持有存货的目的以及资产负债表日后事项的影响等因素。

此程序可实现 D 审计目标。

5. 存货截止测试

存货截止测试，就是检查截止到资产负债表日（12 月 31 日）已记录，并已包括在 12 月 31 日存货盘点范围的存货，是否包含有尚未购入或已出售的部分。审计人员检查库存记录与会计记录期末截止是否正确。审计人员在对期末存货进行截止测试时应当关注：

（1）所有截止日以前入库的存货项目是否均已包括在盘点范围内，并已反映在截止日以前的会计记录中；任何截止日以后入库的存货项目是否均未包括在盘点范围内，也未反映在截止日以前的会计记录中。

（2）所有截止日以前装运出库的存货项目均未包括在盘点范围内，且未包括在截止日的账面余额中；任何截止日以后入库装运出库的存货项目是否均已包括在盘点范围内，并已包括在截止日的账面余额中。

（3）所有已确认销售但尚未装运出库的商品是否均未包括在盘点范围内，且未包括在截止日的账面余额中；所有已记录购货但尚未入库的存货是否均包括在盘点范围内，并已反映在会计记录中。

此程序可实现 A、B 审计目标。

6. 检查存货是否按照企业会计准则的规定在财务报表中做出恰当列报

此程序可实现 E 审计目标。

步骤三：通过实质性程序获取的审计证据判断被审计单位存货是否存在重大错报。

存货的审计目标为：资产负债表上记录的存货是真实的，并且是真正属于被审计单位的或由被审计单位控制的，应该记录的存货已经全部记录在报表上，且以恰当的金额包括在财务报表中，在报表列示时是按照企业会计准则的要求进行的。注册会计师应根据被审计单位的实际情况设计恰当的审计程序去实现既定的审计目标。

【工作实例 6-2】恒信会计师事务所注册会计师黎平于 2014 年 1 月对丽华实业有限公司的原材料进行实质性测试。该公司属于制造业。原材料期初余额 3 751 093.30 元，本期借方发生额合计 71 143 876.63 元，本期贷方发生额合计 71 130 353.96 元，期末余额 3 764 615.97 元。该公司原材料分为毛坯、辅助材料及备品备件三大类。原材料发出计价采用当月一次加权平均法。请协助黎平对原材料进行实质性测试。

实例解析

步骤一：获取或编制原材料明细表，复核加计是否正确，并与总账余额、存货—原材料类合计数核对是否相符（见表 6-2）。

表 6-2　　　　　　　　　　　　存货明细表

被审计单位：丽华实业有限公司　　　　　　索引号：ZI3
项目：原材料明细表　　　　　　　　　　　财务报表截止日/期间：2013 年 12 月 31 日
编制：黎平　　　　　　　　　　　　　　　复核：周华
日期：2014 年 1 月 31 日　　　　　　　　　日期：2014 年 2 月 1 日

单位：元

	类别期初数	本期增加	本期减少	期末数
毛坯	2 253 356.23	68 175 276.23	67 895 313.19	2 533 319.27
辅助材料	107 560.62	1 166 853.18	1 134 121.84	140 291.96
备品备件	1 390 176.45	1 801 747.22	2 100 918.93	1 091 004.74
合计	3 751 093.30	71 143 876.63	71 130 353.96	3 764 615.97

审计说明：
1. 明细合计与总账、报表数一致。
2. 经比较，原材料期末余额与期初余额未发现异常波动的情形。

步骤二：抽查核对明细账是否与仓库台账或卡片记录相符。原材料仓库结存清单见表 6-3。

表 6-3　　　　　　　　　　　原材料仓库结存清单
　　　　　　　　　　　　　　2012 年 12 月 31 日　　　　　　　　　单位：元

品种、规格名称	数量单位	结存数量	结存金额
主料 ZA	只	14 500	9 047.01
主料 ZB	只	214 200	153 274.93
主料 ZC	只	188 150	68 666.71
主料 ZD	只	375 500	147 111.42
主料 ZE	只	24 000	14 070.81
主料 ZF	只	36 500	24 175.99
主料 ZG	只	1 415 714	1 028 234.88
主料 ZH	只	6 100	3 649.76
主料 ZI	只	88 000	32 926.88
主料 ZJ	只	64 000	48 082.05
主料 ZK	只	5 500	4 028.63
主料 ZL	只	104 000	79 276.73

续表

品种、规格名称	数量单位	结存数量	结存金额
主料 ZM	只	135 500	48 510.16
主料 ZN	只	90 400	54 008.21
主料 ZO	只	79 200	44 270.77
主料 ZP	只	1 178 500	431 177.51
主料 ZQ	只	118 000	44 548.93
主料 ZR	只	19 500	7 506.13
主料 ZS	只	45 700	26 174.86
主料 ZT	只	122 300	47 421.72
主料 ZU	只	394 800	213 934.36
主料 ZV	只	8 000	3 220.82
主要材料小计		4 728 064	2 533 319.27
辅料 FA	张	33 250	6 290.71
辅料 FB	张	1 183	4 148.77
辅料 FC	罐	2 146	56 686.72
辅料 FD	卷	2 835	36 829.60
辅料 FE	卷	275	846.16
辅料 FF	只	1 978	9 298.29
辅料 FG	只	692	354.87
辅料 FH	只	6 000	15 129.40
辅料 FI	只	490	816.67
辅料 FJ	只	2 970	2 411.54
辅料 FK	只	440	2 810.54
辅料 FL	卷	144	800.45
辅料 FM	只	550	1 057.69
辅料 FN	只	6 200	2 605.41
辅料 FO	只	240	205.14
辅助材料小计		—	140 291.96
B1 类备件		略	47 070.66
B2 类备件		略	240 054.92
B3 类备件		略	788 761.94
通用备件		略	15 117.22
备品备件小计		略	1 091 004.74
原材料合计			3 764 615.97

审计说明：

明细账余额与仓库账明细余额核对相符。

步骤三：抽查原材料入库记账凭证。检查结果见表6-4。

表6-4　　　　　　　　　　　　原材料入库抽凭测试结果表

被审计单位：丽华实业公司　　　　　　　　　索引号：ZI5
项目：原材料入库抽凭测试　　　　　　　　　财务报表截止日/期间：2013年12月31日
编制：黎平　　　　　　　　　　　　　　　　复核：周华
日期：2014年1月31日　　　　　　　　　　　日期：2014年2月2日

单位：元

日期	凭证编号	摘要	对应科目	借或贷	金额	核对内容 1	2	3	4
2月28日	T-26	外购入库	应交税金-应交增值税（进）	借	1 046 081.19	√	√	√	√
			应付账款-S公司	贷	7 199 500.00				
2月28日	T-51	外购入库	应交税金-应交增值税（进）	借	562 961.54	√	√	√	√
			应付账款-Y公司	贷	3 874 500.00				
4月29日	T-50	外购入库	应交税金-应交增值税（进）	借	656 788.46	√	√	√	√
			应付账款-Y公司	贷	4 520 250.00				
4月29日	T-53	外购入库	应交税金-应交增值税（进）	借	743 931.60	√	√	√	√
			应付账款-S公司	贷	5 120 000.00				
5月31日	T-44	外购入库	应交税金-应交增值税（进）	借	938 269.23	√	√	√	√
			应付账款-X公司	贷	6 457 500.00				
6月27日	T-18	外购入库	应交税金-应交增值税（进）	借	1 348 666.67	√	√	√	√
			应付账款-X公司	贷	9 282 000.00				

核对内容说明：1. 原始凭证内容完整；2. 有授权批准；3. 计价恰当；4. 账务处理正确。

审计结论：

抽查未发现异常。

步骤四：实施原材料监盘。

1. 原材料监盘结果（见表6-5）

表6-5　　　　　　　　　　　　原材料监盘表

被审计单位：丽华实业公司　　　　　　　　　索引号：ZI6
项目：原材料监盘　　　　　　　　　　　　　财务报表截止日/期间：2013年12月31日
编制：黎平　　　　　　　　　　　　　　　　复核：周华
日期：2014年1月31日　　　　　　　　　　　日期：2014年2月2日

续表

存货名称和规格	单位	截止日存货结存数（仓库账面数）		截止日存货结存数（实际盘存数）		盘点差异	差异原因分析
		数量	索引	数量	索引		
主料 ZB	只	86 700	Z12-18-7-8	86 700	Z12-18-7-1	0	
主料 ZD	只	1 500	Z12-18-7-8	1 500	Z12-18-7-2	0	
主料 ZG	只	497 714	Z12-18-7-8	497 714	Z12-18-7-3	0	
主料 ZP	只	13 500	Z12-18-7-8	13 500	Z12-18-7-4	0	
主料 ZU	只	280 800	Z12-18-7-8	280 800	Z12-18-7-5	0	
……							

审计结论：

监盘未发现异常。

2. 编制监盘小结（模板见表 6-6）

表 6-6　　　　　　　　　　　存货监盘报告

被审计单位：_____　　　　索引号：__ZI5-1__
项目：__存货监盘报告_____　　　　财务报表截止日/期间：_____
编制：_____　　　　　　　复核：_____
日期：_____　　　　　　　日期：_____

一、盘点日期：　　　年　　月　　日
二、盘点仓库名称：_____
仓库负责人：_____；
仓库记账员：_____；仓库保管员：_____
仓库概况：（描述仓库共____间，各仓库的特点）

_____
_____
_____
_____
_____
_____

三、监盘参加人员：
监盘人员（_____事务所）注册会计师：_____
监盘人员（_____事务所）注册会计师：_____
监盘人员（××公司财务处）：_____
监盘人员（××公司供销处）：_____
××公司盘点负责人：_____
××公司盘点人员：_____
上述人员在监盘过程中，除_____外，自始至终未离开现场。
四、监盘开始前的工作：

续表

项　　目	是或否	工作底稿编号
1. 索取《期末存货盘点计划》		
2. 索取该仓库《存货收发存月报表》		
3. 索取存货的《盘点清单》		
4. 索取盘点前该仓库收料、发料的最后一张单证		
5. 存货是否已停止流动		
6. 废品、毁损物品是否已分开堆放		
7. 货到单未到的存货是否已暂估入账		
8. 发票未开，客户已提取的存货是否已单独记录		
9. 发票已开，客户未提取的存货是否已单独记录（或单独堆放）		
10. 存货是否已按存货的型号、规格排放整齐		
11. 外单位寄存的货物是否已分开堆放		
12. 代外单位保管的货物是否已分开堆放		
13. 外单位代销的货物是否已分开堆放		
14. 其他非本公司的货物是否已分开堆放		
15. 委托外单位加工的存货、存放外单位的存货，是否收到外单位的书面确认书		
16. 最近一次盘点存货的日期		
17. 最近一次对计量用具（地秤、秤量器和其他计量器）的校对		
18. 是否有存货的记录位置或存放图		

五、监盘进行中的工作：

1. 监盘从____点开始，共分_____个监盘小组，每个小组_____人。

　a. 一人点数并报出型号、规格；

　b. 一人记录《盘点清单》；

　c. 一人_____。

2. 核对仓库报表结存数量与仓库存货账结存数量是否相符；仓库存货账结存数量与仓库存货卡数量是否相符；填制《存货表、账、卡核对记录表》。

3. 盘点结束，索取《盘点清单》及《存货盘盈、盘亏汇总表》。

六、复盘

1. 盘点结束后，选择数额较大、收发频繁的存货项目进行复盘。

2. 复盘人员为：_____

3. 复盘记录详见《存货监盘结果汇总表》（附后）。

4. 复盘统计：

续表

品种、型号共_____种，复盘_____种，占_____%；
金额共_____元，复盘达_____元，占_____%；

5. 计算复盘正确率：

复盘共_____种，其中复盘正确的有____种，占_____%；
复盘金额共_____元，其中复盘正确的有_____元，占_____%；

6. 确定存货中属于残次、毁损、滞销积压的存货及其对当年损益的影响：

存货中属于残次、毁损、滞销积压的存货的金额：

其中：原材料：_____元；
　　　在产品：_____元；
　　　产成品：_____元；
　　　库存商品：_____元；
　　　　　　：_____元；
　　　合　计：_____元。

七、盘点结束后的工作：

1. 再次观察现场并检查盘点表单；
2. 复核盘点结果汇总记录；
3. 关注盘点日与资产负债表日之间存货的变动情况；
4. 关注存货盘点结果与永续盘存记录之间出现重大差异的处理；
5. 关注被审计单位盘点方式及其结果无效时的处理，如果认为被审计单位的盘点方式及其结果无效，注册会计师应当提请被审计单位重新盘点。
6. 请参加复盘人员在《存货监盘结果汇总表》上签字；
7. 索取由仓库人员填写的《复盘差异说明》（请用文字说明，并加盖单位公章）。

八、对盘点及复盘的评价：

1. 仓库管理人员对存货很（一般、不）熟悉；
2. 盘点工作及复盘工作很（一般、不）认真；
3. 对会计师需要的资料很（一般、不）配合。
4. 监盘结果总体评价：……

　　　　　　　　　监盘人员签名：_____
　　　　　　　　　　　　　　　　_____
　　　　　　　　　　　　　　　　_____
　　　　　　　　　　　　　　　　_____

　　步骤五：检查原材料发出计价方法是否前后期一致，抽查期末原材料计价是否正确。

　　以主料 ZP 为例，检查其计价情况，检查结果见表 6-7。

表 6-7　　　　　　　　　　原材料结转计价测试表

被审计单位：	丽华实业公司	索引号：	ZI9
项目：	原材料结转计价测试	财务报表截止日/期间：	2013 年 12 月 31 日
编制：	黎平	复核：	周华
日期：	2014 年 2 月 6 日	日期：	2014 年 2 月 10 日

续表

单位：元

月份	收入 数量	收入 购价	收入 单位成本	收入 金额	发出 数量	发出 应结转的单位成本	发出 应结转成本	结存 数量	结存 单位成本	结存 金额
1月1日								1 040 000	0.3644	379 020.89
1月	2 327 000	0.4600	0.3932	914 888.89	1 663 000	0.3843	639 076.91	1 704 000	0.3843	654 832.87
2月	3 300 000	0.4600	0.3932	1 297 435.90	4 019 500	0.3901	1 568 174.32	984 500	0.3901	384 094.44
3月	5 987 000	0.4600	0.3932	2 353 863.24	5 702 500	0.3927	2 239 575.94	1 269 000	0.3927	498 381.74
4月	10 047 340	0.4641	0.3966	3 985 022.57	8 176 340	0.3962	3 239 372.27	3 140 000	0.3962	1 244 032.04
5月	9 136 900	0.4671	0.3993	3 648 096.58	7 038 900	0.3985	2 804 877.79	5 238 000	0.3985	2 087 250.83
6月	4 906 000	0.4700	0.4017	1 970 786.33	7 235 000	0.4000	2 894 311.80	2 909 000	0.4000	1 163 725.36
7月	9 933 500	0.4700	0.4017	3 990 380.34	9 676 500	0.4013	3 883 488.72	3 166 000	0.4013	1 270 616.99
8月	2 127 500	0.4445	0.3799	808 341.03	4 522 000	0.3927	1 775 960.74	771 500	0.3927	302 997.28
9月	4 785 000	0.4280	0.3658	1 750 410.26	3 190 000	0.3696	1 178 866.20	2 366 500	0.3696	874 541.34
10月	3 685 000	0.4280	0.3658	1 348 017.10	4 845 500	0.3662	1 717 901.91	188 500	0.3662	442 932.41
11月	3 674 000	0.4280	0.3658	1 343 993.16	4 691 500		—			69 023.66
12月	990 000	0.4280	0.3658	362 153.85		0.3659		1 178 500	0.3659	431 177.51
小计	60 899 240			23 773 389.25	60 760 740		23 721 232.63	1 178 500		431 177.51

审计结论：

经复核无差异，该项原材料发出时按加权平均法结转可以确认。

步骤六：编制原材料审定表（见表6-8）。

表 6-8　　　　　　　　　　　　　原材料审定表

被审计单位：	丽华实业公司	索引号：	ZI21
项目：	原材料审定表	财务报表截止日/期间：	2013年12月31日
编制：	黎平	复核：	周华
日期：	2014年3月6日	日期：	2014年3月10日

单位：元

项目类别	本期未审数	账项调整		本期审定数	上期审定数
		借方	贷方		
毛坯	2 533 319.27			2 533 319.27	2 253 356.23
辅助材料	140 291.96			140 291.96	107 560.62
备品备件	1 091 004.74			1 091 004.74	1 390 176.45
合计	3 764 615.97			3 764 615.97	3 751 093.30

审计结论：

报表数经审计后无调整事项，可以确认。

业务操作二

营业成本的审计

步骤一：确定营业成本的审计目标。

营业成本是指企业从事对外销售商品、提供劳务等主营业务活动和销售材料、出租固定资产、出租无形资产、出租包装物等其他经营活动发生的实际成本。营业成本包括主营业务成本和其他业务成本。营业成本计算结转是否准确直接影响当期损益，因此，审计人员应结合生产成本和存货审计进行营业成本审计。营业成本的审计目标如表6-9所示：

表 6-9　　　　　　　　　　　　　营业成本审计目标

审计目标	财务报表认定					
	发生	完整性	准确性	截止	分类	列报
A. 利润表中记录的营业成本已发生，且与被审计单位有关	√					
B. 所有应当记录的营业成本均已记录		√				
C. 与营业成本有关的金额及其他数据已恰当记录			√			
D. 营业成本已记录于正确的会计期间				√		
E. 营业成本已记录于恰当的账户					√	
F. 营业成本已按照企业会计准则的规定在财务报表中作出恰当的列报						√

步骤二：实施常用的实质性程序。

1. 获取或编制营业成本明细表

获取或编制营业成本明细表，复核加计是否正确，并与总账数和明细账合计数核对是否相符。

此程序可实现 C 审计目标。

2. 实质性分析程序，分析波动原因

常用的分析角度有：

（1）比较当年度及以前年度不同品种产品的主营业务成本和毛利率，并查明异常情况的原因。

（2）比较当年度及以前年度各月主营业务成本的波动趋势，并查明异常情况的原因。

（3）比较被审计单位与同行业统计资料的毛利率，并查明异常情况的原因。

（4）比较当年度及以前年度截止日前后两个月的毛利率，并查明异常情况的原因。

（5）比较当年度及以前年度的存货周转率，并查明异常情况的原因。

（6）比较当年度及以前年度主要产品的单位成本，并查明异常情况的原因。

（7）比较当年度及以前年度各月主要产品的单位成本，并查明异常情况的原因。

此程序可实现 A、B、C 审计目标。

3. 检查营业成本的内容和计算方法是否符合企业会计准则规定，前后期间是否一致

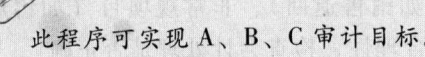此程序可实现 A、B、C 审计目标。

4. 复核营业成本明细表的正确性，编制生产成本与主营业务成本倒轧表（见表 6-10），并与相关科目交叉索引

生产成本及销售成本倒轧表公式：

直接材料成本 = 原材料期初余额 + 本期购进 − 原材料期末余额 − 其他发出

生产成本 = 直接材料 + 直接人工 + 制造费用

产品生产成本 = 生产成本 + 期初在产品成本 − 期末在产品成本

主营业务成本 = 产品生产成本 + 产成品期初余额 − 产成品期末余额

表 6-10　　　　　　　　　　　生产成本与主营业务成本倒轧表

项目	未审数	调整或重分类金额借（贷）	审定数
原材料期初余额			
加：本期购进			
减：原材料期末余额			
其他发出			
直接材料成本			
加：直接人工			
制造费用			
生产成本			
加：期初在产品成本			
减：期末在产品成本			
产品生产成本			
加：产成品期初余额			
减：产成品期末余额			
主营业务成本			

此程序可实现 A、B、C 审计目标。

小提示

5. 抽查营业成本结转明细清单，比较营业成本的品种、规格、数量与营业收入的口径是否一致，是否符合可比原则

此程序可实现 A、B 审计目标。

小提示

6. 检查营业成本明细账中重大调整事项（如销售退回）、非常规项目（如售后回购），检查业务的相关原始凭证，评价真实性和合理性，检查会计处理是否正确

此程序可实现 A、B、C、D、E 审计目标。

小提示

7. 检查营业成本是否按企业会计准则的规定在财务报表中作出恰当列报

此程序可实现 F 审计目标。

小提示

步骤三：通过实质性程序获取的审计证据判断被审计单位营业成本是否存在重大错报。

情境小结

本情境按照生产与仓储循环的特点→生产与仓储循环的关键内部控制与控制测试→存货和营业成本审计的实质性程序的逻辑顺序,对生产与仓储循环进行了介绍。通过本情境的学习,学生应能够熟练掌握生产与仓储循环主要活动和流程,熟悉存货和营业成本常用审计程序。

职业能力训练

[知识训练]

一、单项选择题(下列答案中有一项是正确的,将正确答案填人括号内)

1. 审计人员应当确认被审计单位负责永续盘存记录的部门是( )。
   A. 会计部门   B. 仓储部门
   C. 验收部门   D. 采购部门

2. 与采购相关的内部控制的总体目标是( )。
   A. 所有的交易都已经作出了适当的记录
   B. 所有交易都已经获得适当的授权与批准
   C. 确保与存货的接触必须得到管理层的指示和批准
   D. 所有收到的商品都已得到记录

3. 对存货进行定期盘点是管理当局的责任,盘点计划应由( )负责制定。
   A. 注册会计师   B. 被审计单位管理层
   C. 管理层和注册会计师 D. 会计师事务所

4. 下列哪项不属于存货监盘计划应当包括的内容( )。
   A. 存货监盘的目标、范围及时间安排
   B. 产品成本的计算
   C. 参加存货监盘人员的分工
   D. 检查存货的范围

5. 在执行存货监盘程序时,下列做法不正确的是( )。
   A. 未将受托代管的存货纳入存货的盘点范围
   B. 对于存放在公共仓库中的存货注册会计师应通过函证进行查验
   C. 对于途存货注册会计师将其排除在盘点范围之外
   D. 对于由于性质特殊而无法实施监盘的存货,注册会计师应当实施替代的审计程序

6. 甲公司从事某种放射性极强的有害物质的生产,因辐射及政府机密的原因,导致注册会计师及所聘用的专家无法对存货实施直接监盘。可供审计人员选择的下列替代监盘程序中,效果最好的是( )。
   A. 检查甲公司资产负债表日后发生的销货交易

B. 向甲公司的顾客或供应商函证

C. 实施分析性程序或利用甲公司内部审计人员的工作

D. 检查甲公司进货交易凭证或追查至生产、使用及处置报告

7. 如果被审计单位的存货占总资产的5%，注册会计师无法对其实施存货监盘，也没有可以依赖的替代程序，则注册会计师应当发表的审计意见类型为（　　）。

  A. 标准无保留意见　　　　　　　B. 保留意见

  C. 否定意见　　　　　　　　　　D. 无法表示意见

8. 下列有关注册会计师进行的存货计价测试中的表述不正确的有（　　）。

  A. 抽样方法一般采用分层抽样法，抽样规模应足以推断总体的情况

  B. 被审计单位的计价方法一经确定，在同一会计年度内不得随意变动

  C. 选择样本时应着重选择结存余额较小且价格变动很小的项目

  D. 选择样本时应着重选择结存余额较大且价格变化比较频繁的项目

9. 注册会计师在审计时发现被审计单位销售了一批存货，账面余额为100万元，已计提的存货跌价准备为20万元，取得的销售价款为130万元，则注册会计师认为被审计单位该销售应该结转的成本为（　　）万元。

  A. 100　　　　　　　　　　　　B. 130

  C. 110　　　　　　　　　　　　D. 80

10. 在对存货实施监盘程序时，以下做法中注册会计师不应该选择的是（　　）。

  A. 当存货被作为抵押品时，要求其他机构或人员进行确认

  B. 对于受托代存存货，实施向存货所有权人函证等审计程序

  C. 对于因特殊性质而无法监盘的存货，实施向顾客或供应商函证等程序

  D. 存货盘点程序完成后，注册会计师进入存货存放地点对已盘点存货实施抽查程序

11. 审计人员观察被审计单位存货盘点的主要目的是（　　）。

  A. 查明客户是否漏盘某些重要的存货项目

  B. 鉴定存货的质量

  C. 了解盘点指示是否得到贯彻执行

  D. 获得存货期末是否实际存在以及其状况的证据

12. 被审计单位健全有效的存货内部控制要求由独立的采购部门负责（　　）。

  A. 编制请购定单　　　　　　　　B. 编制购货订单

  C. 控制存货水平以免出现积压　　D. 检验购入货物的数量和质量

13. 一般来说，（　　）与存货与仓储循环有关，而与其他任何循环无关。

  A. 采购材料和储存材料　　　　　B. 购置设备和维护设备

C. 购买债券　　　　　　　　　　D. 生产产品和储存完工产品

14. 被审计单位对存货实地盘点时，审计人员应当（　　）。
A. 指挥盘点工作顺利进行　　　　B. 作为盘点小组成员进行盘点
C. 根据观察情况进行抽查　　　　D. 收集盘点单、编制盘点表

15. 与仓储相关的内部控制的总体目标是（　　）。
A. 所有的生产过程做出适当的记录
B. 所有交易都已经获得适当的授权与批准
C. 确保与存货实物的接触必须得到管理层的指示和批准
D. 所有收到的商品都已得到记录

16. 以下不属于存货监盘范围的大小取决于（　　）。
A. 评估的重大错报风险　　　　　B. 存货的性质
C. 与存货相关的内部控制　　　　D. 存货盘点的次数

二、多项选择题（下列答案中有多项是正确的，将正确答案填入括号内）

1. 生产与仓储循环所涉及的凭证和记录主要包括（　　）。
A. 生产指令、领发料凭证、产量和工时记录
B. 工薪汇总表及工薪费用分配表
C. 材料费用分配表、制造费用分配表
D. 成本计算单、存货明细账

2. 按照不相容职务分离的基本要求，担任企业存货保管职务的人员不得兼任（　　）职务。
A. 存货的清查　　　　　　　　　B. 存货的记账
C. 存货的采购　　　　　　　　　D. 存货处置的申请

3. 对于发出原材料这项主要业务活动，审计人员应当实施的控制测试有（　　）。
A. 抽取生产通知单检查是否与月度计划书中的内容一致
B. 抽取出库单及相关领料单检查是否正确输入并经适当层次复核
C. 抽取原材料盘点明细表并检查是否经适当层次复核
D. 抽取原材料领用凭证，检查是否与生产记录日报表一致

4. 导致存货审计复杂的主要原因有（　　）。
A. 存货存放于不同的地点　　　　B. 存货的多样性
C. 存货本身的陈旧　　　　　　　D. 存货计价方法的多样性

5. 如果存货对财务报表是重要的，审计人员应当对存货实施审计程序，这些程序是用做控制测试还是实质性程序，取决的因素有（　　）。
A. 审计人员的风险评估结果　　　B. 审计方案
C. 重要性水平　　　　　　　　　D. 实施的特定程序

6. 为了获取有关存货充分适当的审计证据，注册会计师实施监盘程序主要是针对存货的（　　）认定。
A. 存在　　　　　　　　　　　　B. 完整性

C. 权利和义务　　　　　　　　D. 计价和分摊

7. 在编制存货监盘计划时，注册会计师需要考虑的事项有（　　）。
   A. 与存货相关的重大错报风险　　B. 与存货相关的内部控制的性质
   C. 存货盘点的时间安排　　　　　D. 是否需要专家协助

8. 被审计单位与存货实地盘点相关的内部控制通常包括（　　）。
   A. 制定合理的存货盘点计划
   B. 配备相应的监督人员
   C. 将盘点结果与实地盘存记录进行独立的调节
   D. 对盘点表和盘点标签进行充分控制

9. 在存货监盘过程中，最重要的两项工作是（　　）。
   A. 制定盘点计划　　　　　　　B. 实地观察存货盘点
   C. 抽查存货　　　　　　　　　D. 编制审计工作底稿

10. 审计人员在对期末存货进行截止测试时，通常应当关注（　　）。
    A. 所有在截止日以前入库的存货项目是否均已包括在盘点范围内，并已反映在截止日以前的会计记录中；任何在截止日期以后入库的存货项目是否均未包括在盘点范围内，也未反映在截止日以前的会计记录中
    B. 所有在截止日以前装运出库的存货项目是否均未包括在盘点范围内，且未包括在截止日的存货账面余额中；任何在截止日期以后装运出库的存货项目是否均已包括在盘点范围内，并已包括在截止日的存货账面余额中
    C. 所有已确认为销售但尚未装运出库的商品是否均未包括在盘点范围内，且未包括在截止日的存货账面余额中
    D. 所有已记录为购货但尚未入库的存货是否均已包括在盘点范围内，并已反映在会计记录中

11. 在对存货进行监盘过程中，下列说法中错误的有（　　）。
    A. 注册会计师应当特别关注存货的状况，观察被审计单位是否已经恰当区分所有毁损、陈旧、过时及残次的存货
    B. 在检查已盘点的存货时，注册会计师应当从存货盘点记录中选取项目追查至存货实物，以测试盘点记录的完整性
    C. 注册会计师还应当从存货实物中选取项目追查至存货盘点记录，以测试存货盘点记录的完整性
    D. 注册会计师无须特别关注存货的移动情况

12. 因不可预见的因素导致无法在存货盘点现场实施存货监盘，注册会计师的下列做法正确的有（　　）。
    A. 提请被审计单位另择日期重新进行盘点
    B. 发表非无保留意见
    C. 测试检查日与资产负债表日之间发生的存货交易
    D. 查阅前任注册会计师工作底稿

三、判断题（正确的在括号内打"√"，错误的打"×"）

1. 尽管实施存货监盘，获取有关期末存货数量和状况的充分、适当的审计证据是审计人员的责任，但这并不能取代被审计单位管理层定期盘点存货、合理确定存货的数量和状况的责任。（　　）

2. 存货监盘针对的主要是存货的存在认定、完整性认定以及权利和义务的认定，存货监盘作为存货审计的一项核心审计程序，通常可同时实现上述多项审计目标。（　　）

3. 存货监盘所得到的实物证据，不仅能证实被审计单位对存货拥有的所有权，而且证实存货价值的正确性。（　　）

4. 存货保管、使用与记录人员可以参加存货的盘点。（　　）

5. 对于企业存放于由其他单位代为保管的存货，可直接向其他单位进行函证。（　　）

6. 如果被审计单位采取永续盘存制核算存货，注册会计师应当关注永续盘存制下的期末存货记录与存货盘点结果是否一致。如果这两者之间出现重大差异，注册会计师应当实施追加的审计程序，查明原因，并检查存货盘点结果是否已做出了适当调整。（　　）

7. 存货监盘不仅对期末结存数量和状况予以确认，还能验证财务报表上存货余额的真实性、准确性。（　　）

8. 在存货计价测试中，注册会计师选择样本时应着重选择结存余额较大且价格变化比较频繁的项目，同时考虑所选样本的代表性，一般抽样方法采用变量抽样法，抽样规模应足以推断总体的情况。（　　）

9. 当被审计单位对存货采用成本与可变现净值孰低原则进行期末计量时，审计人员认为对用于生产而持有的材料等，可直接将材料的成本与材料的市价进行比较，确定应计提的跌价准备。（　　）

10. 在复核或与管理层讨论其存货盘点计划时，审计人员应当考虑相关因素，以评价其能否合理地确定存货的数量和状况，如果认为被审订单位的存货盘点计划存在缺陷，注册会计师应当提请被审计单位调整。（　　）

11. 注册会计师可以通过查阅以前年度的存货监盘工作底稿，来了解被审计单位的存货情况、存货盘点程序以及其他在以前年度审计中遇到的重大问题。（　　）

12. 如果存货盘点日不是资产负债表日，注册会计师根据需要可以实施适当的审计程序，确定盘点日与资产负债表日之间存货的变动是否已作正确的记录。（　　）

13. 注册会计师在对存货进行监盘过程中实行检查时，其目的只是为了证实被审计单位的存货实物总额。（　　）

14. 对存货辨认与数量确定方面存在困难时，审计人员可采用高空摄影以确定其存在性,对不同时点的数量进行比较,并依赖永续存货记录。
(   )

四、简答题

1. 莲花公司是一家连锁经营的大型零售企业,在国内外共设有1 150家零售商场。其中国内1 000家,国外150家。公信会计师事务所接受委托对其2013年度财务报表进行审计。2014年2月5日,在制定存货监盘计划时,项目负责人王成决定在1 150家零售商场中抽取35家进行存货监盘,并需要逐一与每家零售商场的负责人进行沟通。部分监盘计划如下:

(1) 与零售商场负责人沟通以确定年底监盘的具体时间和方式。

(2) 要求各零售商场选择日期停止营业,进行盘点,并提前通知注册会计师前往各商场进行现场观察与抽查。

(3) 要求各零售商场各自选择日期,在下班后由各零售小组或柜台销售人员自行盘点并填写盘点清单,然后由审计小组成员将抽查到的清单与实物进行核对。

(4) 将所有的商品进行分类,每个工作日盘点一类,被盘点的一类商品停止销售,未被盘点的商品照常销售。

(5) 对于国外的零售商场不进行监盘,直接审阅其盘点记录及账面记录。

要求:针对上述监盘计划,逐项判断上述监盘计划是否存在缺陷。如果存在缺陷,简要提出改进建议。

2. 注册会计师沈清是华青公司2013年度财务报表审计业务的项目负责人。在了解该公司与存货相关的内部控制时,注意到公司针对储存产成品和发出产成品这两项主要业务活动的下列具体规定:

(1) 产成品入库时,质量检查员应检查并签发产成品验收单,由生产小组将产成品送交仓库。仓库管理员应检查产成品验收单,并清点产成品数量,填写一式四联的产成品入库单,其中一联仓库收货;一联仓库留存;一联生产部核对;一联递交财务部作为记账凭证。经财务经理签字确认后,由仓库管理员将产成品入库单信息输入计算机系统,计算机系统自动更新产成品明细台账并与采购订单编号核对;

(2) 产成品出库时,由仓库管理员填写预先顺序编号的出库单,并将产成品出库单信息输入计算机系统,经仓储经理复核并以电子签名方式确认后,计算机系统自动更新产成品明细台账并与发运通知单编号核对;

(3) 产成品装运发出前,由运输经理独立检查出库单、销售订购单和发运通知单,确认从仓库提取的商品附有经批准的销售订单,并且所提取商品的内容与销售订购单一致;

(4) 每月末,生产成本记账员根据计算机系统内状态为"已处理"的订购单数量,编制销售成本结转凭证,结转相应的销售成本,并进行账务处理；

（5）会计部门应分别于每月、每季和年终时，对产成品存货进行盘点并编写产成品存货盘点明细表，发现差异及时处理，经财务经理复核后调整入账。

要求：针对上述资料，逐项判断上述内部控制是否存在缺陷。如果存在缺陷，简要提出改进建议。

[能力训练]

1. 注册会计师对亨通公司2013年度财务报表进行审计时，发现报告日前后所发生的业务事项如下：

（1）2014年1月5日收到价值为10 000元的货物，入账日期为1月8日，发票上注明由供应商负责运送，异地交货，开票日期为2013年12月18日。

（2）当实地盘点时，亨通公司有一批价值5 000元的产品已放在装运处，因包装纸上注明"待发运"字样而未计入存货内。经调查发现，顾客的订货单日期为2013年12月18日，顾客于2014年1月6日收到货物后付款。

（3）2014年1月6日收到价值为9 000元的物品，并于当天登记入账。该物品于2013年12月26日按供货商离厂交货条件运送，因2013年12月31日尚未收到，故未计入报告日存货。

（4）按顾客订单制作的某产品，于2013年12月31日完工并送装运部门，顾客已于该日付款。该产品于2014年1月5日送出，但未包括在2013年12月31日存货内。

要求：分析上述4种情况中的物品是否应包括在2013年12月31日的存货内，并说明理由。

2. 审计人员对被审计单位天地公司的2013年存货、生产成本及营业成本进行审计，通过审查该公司的产品销售成本明细表，并与有关明细账、总账核对相符。有关数字如下：材料期初余额：80 000万元，本期购进材料150 000万元，材料期末余额60 000万元，本期销售材料10 000万元，直接人工成本15 000成本，制造费用40 000万元，在产品期初余额23 000万元，在产品期末余额30 000万元，产成品期初余额40 000万元，产成品期末余额50 000万元。该公司采用先进先出法进行存货计价。审计人员在审计过程中采用了以下审计程序：

（1）对该公司的存货内部控制制度和产品销售成本内部控制制度进行了测试与评价；

（2）核对了各存货项目明细账和总账余额；

（3）对主要材料、产成品、在产品进行了抽查、盘点，抽查盘点金额达存货总额的60%；

（4）对存货计价进行了测试；

（5）对直接材料成本、直接人工成本和制造费用进行了实质性测试，对产品销售成本进行了实质性测试。

在实施了以上审计程序后,发现该公司存在以下问题:

(1) 本期已入库,但尚未收到结算凭证的材料 5 000 万元,未做暂估价入账处理;

(2) 已领未用的材料 1 000 万元,未做假退料处理;

(3) 为在建工程发生的工人工资计入生产成本 2 000 万元;

(4) 本期发生经营租赁固定资产更新改造 6 000 万元全部计入当期制造费用(该固定资产用于生产产品,剩余租赁期为 3 年,尚可使用年限为 5 年);

(5) 经对期末在产品的盘点发现,在产品的实际金额为 38 000 万元。

要求:根据以上情况,进行审计调整。

3. 灵翼股份有限公司产品销售以灵翼公司仓库为交货地点。该公司目前主要采用手工会计系统。注册会计师李骅和马柳负责于 2013 年 10 月 25 日至 11 月 10 日对该公司的内部控制进行了解、测试与评价。相关资料如下:

资料一:(1) 生产部门收到生产计划部门签发的预先连续编号的生产通知单后,向仓库提交经批准的预先连续编号的一式三联领料单。仓库发出原材料后,将其中两联领料单分送领料部门和会计部门,一联留存仓库。生产部门完工的产成品经过检验员验收后交仓库查点入库。仓库人员编制预先连续编号的一式三联产成品入库单,其中两联及时分送生产部门和会计部门,一联留存仓库。

(2) 会计部门的成本会计 K 根据收到的生产通知单、领料单、工时记录和产成品入库单等资料,在月末编制材料费用、人工费用和制造费用分配表以及完工产品与在产品成本分配表,经本部门的复核人员复核后,据以核算成本和登记相关账簿。

资料二:注册会计师李骅和马柳在对相关内部控制实施测试过程中,注意到以下事项:

(1) 2013 年下半年增长迅速,因库房容量有限,部分原材料只能堆放在生产车间外临时搭建、未设围栏的大棚里,但仍由在库房内办公的人员负责管理。仓库人员解释,因大棚位于生产车间的入口旁,若加装围栏,将影响车间人员和运输工具的出入,但已在大棚四周悬挂了"仓库重地,闲人莫入"警示牌。

(2) 注册会计师李骅检查验收部门在 2013 年 10 月 28 日至 10 月 31 日期间所开具的验收单,注意到其起迄号为 10023 至 10034,但注册会计师李骅在验收部门留存的验收单里未能发现 10026 号验收单。验收部门解释,该验收单因填写错误而作废,未予留存。李骅在仓库、采购部门和会计部门也未找到该验收单。会计部门解释,因经常有废票导致缺号,因此在进行会计处理时并不检查验收单的顺序。

(3) 根据灵翼公司成本核算办法,人工费用和制造费用按产品实用工时比例分配计入产品成本。2013年8月的人工费用和制造费用分配表中，用以计算当月产品实用工时的主要产品产量使用的是预算数，会计部门的复核人员未对此提出异议。

（4）2013年9月人工费用和制造费用分配表的复核人员由原来的职员小王变成了职员小李。据介绍，职员小王已于9月离职，而获授权接替相关复核工作的职员小蔡又在9月和10月生病休假，因此，该分配表由虽未经授权但拥有丰富成本核算经验的职员小李代为审核。

要求：（1）针对资料一第（1）和第（2）项，判断甲公司的内部控制程序在设计上是否存在缺陷。如果存在缺陷，请分别予以指出，并简要说明理由，提出改进建议。

（2）针对资料二第（1）至第（4）事项，请分别指出这些事项主要与哪一个或者哪几个财务报表项目的何种认定相关（财务报表项目仅限于应收账款、存货、应付账款和营业收入）。

学习情境七
筹资与投资循环的审计

 **职业能力目标**

通过本情境学习,应能够识别筹资与投资循环中的主要业务活动;掌握筹资与投资循环的关键内部控制及控制测试;能够确定筹资与投资循环审计相关报表项目的审计目标并设计合理的实质性审计程序;熟练编制筹资与投资循环审计的相关工作底稿。

 **典型工作任务**

1. 了解筹资与投资循环中的主要业务活动。
2. 了解筹资与投资循环内部控制活动。
3. 执行与记录内部控制测试的程序及测试过程。
4. 确定短期借款、长期借款和实收资本(股本)的审计目标。
5. 对短期借款、长期借款和实收资本(股本)实施实质性程序。
6. 编制筹资与投资循环的相关审计工作底稿。

 **阅读资料**

1.《企业内部控制应用指引第 6 号——资金活动》
2. 财政部会计司解读《内部控制应用指引第 6 号——资金活动》

学习子情境一
认识筹资与投资循环的特点

情境引例

2001年发生了两件大事，一个是9·11事件、另一个就是美国第七大能源公司——安然公司的破产。安然是美国能源业巨头，成立于1930年，于1985年以24亿美金收购了另外一家公司，并改名为安然公司。该公司曾是世界上最大的天然气交易商和最大的电力交易商，鼎盛时期其年收入达1 000亿美元，雇用了2万多员工，其业务遍布欧洲、亚洲和世界其他地区。安然公司1996年的收入是133亿美元，到2000年时总收入是1 008亿美元。几乎是美国收入最多的公司；连续四年获《财富》杂志"美国最具创新精神的公司"称号。但好景不长，2001年年底，安然在经营方面存在的问题终于暴露出来，其主要问题是利用复杂的财务合伙形式虚报盈余，掩盖巨额债务。安然的股票原为每股85美元，后来却不到1美元。在破产清算时，众多投资者遭受惨重损失。审计师为了预见到被审计单位的高风险投资行为对财务报告的影响，应从哪些方面了解被审计单位的投资活动呢？

■ 职业判断

审计人员对筹资和投资循环的相关账户进行审计，需要对其筹资活动和投资活动有准确的把握，能够从中发现线索进行追踪，找出其中的问题所在。

筹资与投资循环由筹资和投资的交易事项构成。筹资活动是指企业为满足生存和发展的需要，通过改变企业资本及债务规模和构成而筹集资金的活动。一般来讲，企业筹集资金的方式主要是所有者投入和借入两种。投资活动是指企业为通过分配来增加财富，或为谋求其他利益，将资产让渡给其他单位而获得另一项资产的活动。投资活动主要由权益性投资交易和债权性投资交易组成。

一、认识筹资与投资循环涉及的主要活动

企业筹资与投资循环所涉及的业务活动数量一般较少，单笔交易金额较大。漏记或不恰当地对一笔业务进行会计处理，将会导致重大错误，进而对企业财务报表的公允反映产生重大影响。

（一）筹资所涉及的主要业务活动

（1）审批授权。企业通过借款筹集资金需经管理当局的审批，其中债券的发行每次均要由董事会授权；企业发行股票必须依据国家有关法规或企业章程的规定，报经企

业最高权力机构（如董事会）及国家有关管理部门批准。

（2）签订合同或协议。向银行或其他金融机构融资须签订借款合同，发行债券须签订债券契约和债券承销或包销合同。

（3）取得资金。企业实际取得银行或金融机构划入的款项或债券、股票的融入资金。

（4）计算利息或股利。企业应按有关合同或协议的规定，及时计算利息或股利。

（5）偿还本息或发放股利。银行借款或发行债券，应按有关合同或协议的规定偿还本息。融入的股本根据股东大会的决定发放股利。

（二）投资所涉及的主要业务活动

（1）授权审批。投资业务应由企业的高层管理机构进行审批。

（2）取得证券或其他投资。企业可以通过购买股票或债券进行投资，也可以通过与其他单位联营形成投资。

（3）取得投资收益。企业可以取得股权投资的股利收入、债券投资的利息收入和其他投资收益。

（4）转让证券或收回其他投资。企业可以通过转让证券实现投资的收回，其他投资一经投出，除联营合同期满，或由于其他特殊原因联营企业解散外，一般不得抽回投资。

二、认识筹资与投资循环涉及的主要凭证和会计记录

（一）筹资活动的主要凭证和会计记录

（1）债券和股票。债券是公司依据法定程序发行的、约定在一定期间内还本付息的有价证券。而股票则是股份公司签发的证明股东所持有股份的凭证。

（2）债券契约。债券契约是明确债券持有人与发行企业双方所拥有的权利和义务的法律性文件，其内容一般包括：债券发行的标准；债券的面值和总额、利息或利息率；受托管理人证书；登记和背书；如系抵押债券，其所担保的财产；债券发生拖欠情况如何处理，以及对偿债基金、利息支付、本金返还等的处理。

（3）公司债券存根簿。企业发行记名债券时，应在存根簿上记载：债券持有人的姓名或者名称及住所，债券持有人取得债券的日期及债券的编号；债券总额、债券的票面金额、票面利率、还本付息的期限和方式、发行日期。发行无记名债券时应当在债券存根簿上记载债券总额、利率、偿还期限和方式、发行日期和债券编号。

（4）承销或包销协议。公司向社会公开发行股票或债券时，应当由依法设立的证券经营机构承销或包销，公司应与其签订承销或包销协议。

（5）借款合同或协议。公司向银行或其他金融机构借入款项时，与其签订的有关借款金额、借款期限、利率、担保或抵押方式的等事项的合同或协议。

（6）股东名册。对于发行记名股票的公司应记载的内容包括：股东的姓名或者名称及住所；各股东所持股份数；各股东所持股票的编号；各股东取得股份的日期。发行无记名股票的，公司应当记载其股票数量、编号及发行日期。

（7）有关记账凭证。

(8) 有关明细账和总账。

(二) 投资活动的主要凭证和会计记录
(1) 股票或债券。
(2) 经纪人通知书。
(3) 债券契约。
(4) 企业的章程及有关协议。
(5) 投资协议。
(6) 有关记账凭证。
(7) 有关明细账和总账。

> **引例分析** 对投资者而言，时刻关注上市公司的基本面变化永远是必要的。安然公司虚报盈余、掩盖巨额债务等造假行为，让人不由得联想起国内的银广夏等上市公司造假手法，好像在利用财务制度造假方面中外有很大的共性。不要轻信重组，不要轻信持续的高成长，不要过分信赖公开披露信息，永远牢记"股市有风险，入市需谨慎"的原则，才能在证券市场中长久地立于不败之地。

学习子情境二 筹资与投资循环的内部控制与控制测试

> **情境引例** 大华公司因生产经营所需，要增资扩股吸纳新的股东，世邦公司投资部在经过对项目投资的可行性研究后，与大华公司签订了投资协议。世邦公司财务部根据董事会决议和投资协议于 2002 年 6 月对大华公司投出 6 000 万元，2002 年 12 月由于大华公司增资扩股的相关法律手续尚未办理完毕，世邦公司的投资交易尚未完成。世邦公司投资部与大华公司签定了至 2002 年 12 月的资金占用费补充协议，根据该补充协议的相关条款世邦公司收取了大华公司至 2002 年 12 月底资金占用费 262 万元。至 2003 年 4 月根据大华公司提供的会计师事务所出具的验资报告，验证世邦公司实际出资 3 000 万元，占股权比例 15%，2003 年 9 月收回多投的投资款 3 000 万元，2004 年收到分回的当年 5 月至 12 月的投资收益 240 万元。世邦公司没有能够收到 2003 年 1 月至 4 月原投出资金 6 000 万元和 5 月至 8 月多投出资金 3 000 万元的资金占用费，因此世邦公司的利益没有得到保证。世邦公司关于该项投资业务存在哪些决策的失误呢？

职业判断

筹资与投资循环的交易数量较少,而每笔交易的金额通常较大;漏记或不适当地对每一笔业务进行会计处理,将会导致重大错误,为了防止此类现象的发生,企业应设计必要的内部控制对筹资与投资循环进行约束,审计人员在审计本循环相关账户时应了解被审计单位该循环的内部控制是否有效。

一、认识筹资交易的关键内部控制

1. 合理的职责分离制度

筹资计划的编制人应与审批人适当分离。办理债券或股票发行的职员、保管未发行债券或股票的职员、负责支付利息或股利的职员应分别同相应的会计记录职责分离。

2. 健全的授权审批制度

企业筹资计划要经董事会专门授权审批,并在进行计划时应详细地说明筹资的理由、筹资的数量、筹资前后企业财务实力的变化、筹资对未来收益的影响、各种筹资方式利弊的比较以及对某种筹资方式的建议等。

3. 详细的会计记录制度

公司债券会计记录控制的重点在于债券发行时,债券交易价值的摊销。应付债券的明细账应详细记录债券发行日、到期日、面值、票面利率等资料。明细账与总账应与总账定期核对。公司债券折溢价摊销方法一经选定,不得随意变动。对股票应设置股东明细账。在股东明细账上应详细记录股东姓名、持股份数、股票面值、股票的发行日或过户日。股东明细账应定期同股票簿存根和股本总账相核对。

二、认识投资交易的关键内部控制

1. 合理的职责分离制度

这是指合法的投资业务,应在业务的授权、业务的执行、业务的会计记录以及投资资产的保管等方面都有明确的分工,不得由一人同时负责上述任何两项工作。比如,投资业务在企业高层管理机构核准后,可由高层负责人员授权签批,由财务经理办理具体的股票或债券的买卖业务,由会计部门负责进行会计记录和财务处理,并由专人保管股票或债券。这种合理的分工所形成的相互牵制机制有利于避免或减少投资业务中发生错误或舞弊的可能性。

2. 健全的资产保管制度

企业对投资资产(指股票和债券资产)一般有两种保管方式:一种方式是由独立的专门机构保管,如在企业拥有较大的投资资产的情况下,委托银行、证券公司、信托投资公司等机构进行保管。这些机构拥有专门的保存和防护措施,可以防止各种证券及单据的失窃或毁损,并且由于它与投资业务的会计记录工作完全分离,可以大大降低舞弊的可能性。另一种方式是由企业自行保管,在这种方式下,必须建立严格的联合控制制度,即至少要由两名以上人员共同控制,不得一人单独接触证券。对于任何证券的存入或取出，都要将证券名称、数量、价值及存取的日期、数量等详细记录于证券登记簿内，并由所有在场的经手人员签名。

3. 详细的会计核算制度

企业的投资资产无论是自行保管还是由他人保管，都要进行完整的会计记录，并对其增减变动及投资收益进行相关会计核算。具体而言，应对每一种股票或债券分别设立明细分类账，并详细记录其名称，面值、证书编号、数量、取得日期、经纪人（证券商）名称、购入成本、收取的股息或利息等；对于联营投资类的其他投资，也应设置明细分类账，核算其他投资的投出及其投资收益和投资收回等业务，并对投资的形式（如流动资产、投资性房地产、无形资产）、投向（即接受投资单位）、投资的计价以及投资收益等做出详细的记录。

4. 严格的记名登记制度

除无记名证券外，企业在购入股票或债券时应在购入的当日尽快登记于企业名下，切忌登记于经办人员名下，防止发生冒名转移并借其他名义牟取私利的舞弊行为。

5. 完善的定期盘点制度

对于企业所拥有的投资资产，应由内部审计人员或不参与投资业务的其他人员进行定期盘点，检查是否确实存在，并将盘点记录与账面记录相互核对以确认账实的一致性。

■ 业务操作一

筹资活动的控制测试

步骤一：确定筹资活动的控制目标。

筹资交易设立内部控制应达到以下目标：

（1）记录的筹资交易均系真实发生的交易（存在或发生）；

（2）筹资交易均已记录（完整性）；

（3）筹资交易均已以恰当的金额记入恰当的期间（计价和分摊）；

（4）筹资交易均已记入恰当的账户，并在资产负债表中披露正确（列报）。

步骤二：实施筹资活动的控制测试程序。

1. 了解筹资循环的内部控制

审计人员可以通过查阅客户的有关规章制度、文件资料，向有关人员口头查询或现场调查的方式，了解客户是否存在筹资业务的内部控制制度，并对内部控制是否得到执行进行评价。

2. 对筹资循环内部控制进行有效性测试

（1）授权审核制度的测试。选择某项筹资业务，检查有无董事会核准的决议；对决议内容应仔细阅读。

（2）债券和股票发行、保管制度的测试。发行的测试主要在公司自行办理发行的业务上，审计人员可选择某种债券的账户记录，检查其发行在外的债券同董事会核准的发行数是否一致；通过现场观察的方式，检查未发行的债券和股票，以及库藏股票是否由指定的职员来进行保管；非保管人员是否只有在得到恰当的授权下才能接触股票和债券。

（3）留存收益控制制度的测试。审计人员根据收益账户的记录，检查留存收益转入数量是否正确。对于经营亏损，注意其是否冲减了留存收益。

步骤三：评价筹资循环的内部控制

审计人员对筹资循环内部控制进行测试后，应根据收集的证据结合专业分析和职业判断，对筹资循环的内部控制及其执行情况、内部控制的有效性加以判断，推断有无导致财务报表相关项目的重大错报风险发生，并以此设计和实施下一步审计程序的性质、时间和范围。

■ 业务操作二

投资活动的控制测试

步骤一：确定投资活动的控制目标。

投资交易设立内部控制应达到以下目标：

（1）记录的投资交易均系真实发生的交易（存在或发生）；

（2）投资交易均已记录（完整性）；

（3）投资交易均已以恰当的金额记入恰当的期间（计价和分摊）；

（4）投资交易均已记入恰当的账户，并且在资产负债表中的披露正确（列报）。

步骤二：实施投资活动的控制测试程序

1. 了解投资循环的内部控制

获取相关的内部控制资料或文件，并对内部控制设计和控制是否得到执行进行评价。

2. 对投资循环内部控制进行有效性测试

（1）投资资产购置和处置制度的测试。审计人员应查阅投资计划，检查其是否由董事会或高级管理人员审批。

（2）证券保管和会计记录控制测试。审计人员应确认证券是委托独立机构代为保管还是自行保管，可以通过向银行、信托公司、证券经纪人发函询证；检查购入的证券是否均以企业的名义记载，可以通过抽查现金支出日记账及其所附的经纪人成交通知书或其他原始凭证来证实。

（3）投资的期末计价的测试。对于短期投资，审计人员参考证券市场资产负债表日前一段期间内的证券平均成交价格，以证实被审计单位的计量是否公允。对于长期股权投资，审计人员确定投资采用的计量方法是否符合投资所占的比例和准则的要求。

步骤三：评价投资循环的内部控制。

审计人员完成上述步骤工作后，取得了有关内部控制是否健全、有效的证据，结合专业分析和职业判断,对该循环的业务内部控制进行总体评价,确定内部控制的强弱点和可依赖程度,进而确定实质性程序和重点。

通过对筹资与投资循环进行控制测试,可以得出控制测试结论:控制活动对实现控制目标是否有效;控制活动是否得到执行;控制活动是否有效运行;控制测试结果是否支持实施风险评估程序获取的审计证据。

世邦公司对该项投资业务存在的失控点为:

(1) 世邦公司投资部对该投资项目事前做了可行性研究并做出需投资6 000万元的结论,但实际投资只需3 000万元。世邦公司对投资部的工作是否存在失职或与对方公司串通舞弊,占用公司资金的情况缺乏应有的监督检查;

(2) 世邦公司应在被投资单位一切增资手续基本办完尚缺验资报告时(万事俱备,只欠资金)投出资金,并在投资协议里规定在资金到账后多长时间办理完工商变更登记;

(3) 大华公司当年投资交易未能完成时,为保证资金安全应立即查明大华公司未能办理相关手续的原因并限期办理或立即收回资金;

(4) 应追究大华公司对出资额发生变化的原因、大华公司是否履行相关手续并得到世邦公司的认可、多投款项为何未及时收回的原因;

(5) 所签订的补充协议中的资金占用期间的确定存在疏漏,未能考虑投资交易不能如期完成的情况下仍应收取的资金占用费。而投资部工作职责的疏漏,未能有相应的职能部门或人员对其进行监督检查并将检查的结果反馈给管理层;并且未制定职能部门和具体经办人员工作定期及不定期汇报制度,责任落实到人,将工作中的重大问题提交管理层,使出现的问题能够及时得到解决或获得最有效的控制。

针对该失控情况,对照财政部"内部会计控制规范——对外投资(试行)"的规定,建议世邦公司应建立对外投资内部控制的监督检查制度,明确监督检查机构或人员的职责权限,定期或不定期地进行检查。世邦公司应对其各职能部门设立相应的监督部门定期跟踪检查,其内部分管部门应按规定履行其职责,并制定根据金额权限逐级审批汇报的制度,建立通畅的信息反馈渠道,使管理层能够及时知道并及时解决各职能部门的重大问题。

学习子情境三
筹资与投资循环的实质性程序

情境引例

审计人员在对天天公司对外投资活动的审查中，通过检查长期股权投资的账户、审阅对外投资有关的文件资料等，发现有一项专有技术向某单位投资的记录，在计价方面存在不真实、不正确的问题。即该企业以无形资产对外投资，按规定，其计价应根据投出时签订的合同、协议约定的价值或者评估确认时的金额计价。但是，审计人员看到的是，"长期股权投资"账户反映该项对外投资的计价是 35 000 元，而从该企业调阅的文件中表明，经有关方面对该项专有技术评估确定的价值为 40 000 元，两者相抵差 5 000 元。审计人员初步认为，这是一笔未按规定少计对外投资价值的投资活动，决定对少计的原因和结果作进一步的查证。那么审计人员可以实施哪些审计程序呢？

职业判断

筹资与投资循环中所涉及的资产负债表项目主要包括：交易性金融资产、应收利息、应收股利、可供出售金融资产、持有至到期投资、长期股权投资、投资性房地产、短期借款、交易性金融负债、应付利息、应付股利、长期借款、应付债券、实收资本（或股本）、资本公积、盈余公积、未分配利润等；筹资与投资循环中所涉及的利润表项目主要包括：管理费用、财务费用、投资收益、营业外收入、营业外支出、所得税费用等。本情境抽取两个发生频率相对较高的项目，即借款和交易性金融资产进行常用审计程序的演示。

业务操作一

借款项目的审计

步骤一：确定借款的审计目标。

企业借款按照偿还时间长短，可以分为短期借款和长期借款，但其具体审计目标是一样的（见表 7-1）。

表 7-1 借款审计目标

审计目标	财务报表认定				
	存在	完整性	权利和义务	计价和分摊	列报
A. 资产负债表中记录的借款是存在的	√				
B. 所有应当记录的借款均已记录		√			
C. 记录的借款是被审计单位应当履行的现时义务			√		
D. 借款以恰当的金额包括在财务报表中,与之相关的计价调整已恰当记录				√	
E. 借款已按照企业会计准则的规定在财务报表中做出恰当列报					√

步骤二:实施短期借款的实质性程序。

(1) 获取或编制短期借款明细表,复核加计正确,并与报表数、总账数和明细账合计数核对是否相符;检查非记账本位币短期借款的折算汇率及折算金额是否正确,折算方法是否前后期一致。

此程序可实现 D 审计目标。

(2) 检查被审计单位贷款卡,核实账面记录是否完整;对被审计单位贷款卡上列示的信息与账面记录核对的差异进行分析,并关注贷款卡中列示的被审计单位对外担保的信息。

此程序可实现 B 审计目标。

(3) 对短期借款进行函证。

此程序可实现 A、C、D 审计目标。

(4) 检查短期借款的增加和减少。对年度内增加的短期借款,检查借款合同,了解借款数额、借款用途、借款条件、借款日期、还款期限、借款利率,并与相关会计记录相核对;对年度内减少的短期借款,应检查相关记录和原始凭证,核实还款数额,并与相关会计记录相核对。

此程序可实现 A、B、D 审计目标。

（5）复核短期借款利息。根据短期借款的利率和期限，检查被审计单位短期借款的利息计算是否正确；如有未计利息和多计利息，应做出记录，必要时提请进行调整。

此程序可实现 D 审计目标。

（6）检查被审计单位用于短期借款的抵押资产的所有权是否属于企业，其价值和实际状况是否与契约中的规定相一致。

此程序可实现 C、E 审计目标。

（7）检查短期借款是否已按照企业会计准则的规定在财务报表中做出恰当的列报：
①检查被审计单位短期借款是否按信用借款、抵押借款、质押借款、保证借款分别披露；
②检查期末逾期借款是否按贷款单位、借款金额、逾期时间、年利率、逾期未偿还的原因和预期还款期等进行披露。

此程序可实现 E 审计目标。

步骤三：实施长期借款的实质性程序。
（1）获取或编制长期借款明细表，复核加计是否正确，并于总账数和明细账合计数核对是否相符，减去将于一年内偿还的长期借款后与报表数核对是否相符。

此程序可实现 D 审计目标。

（2）检查被审计单位贷款卡，核实账面记录是否完整。对被审计单位贷款卡上列示的信息与账面记录核对的差异进行分析，并关注贷款卡中列示的被审计单位对外担保的信息。

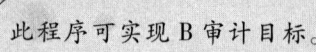此程序可实现 B 审计目标。

（3）对长期借款进行函证。

此程序可实现 A、C、D 审计目标。

（4）检查长期借款的增加。对年度内增加的长期借款，检查借款合同和授权批准，了解借款数额、借款条件、借款用途、借款日期、还款期限、借款利率，并与相关会计记录核对。

此程序可实现 A、B、C、D 审计目标。

（5）检查长期借款的减少。对年度内减少的长期借款，检查相关记录和原始凭证，核实还款数额，并与相关会计记录核对。

此程序可实现 A、B、D 审计目标。

（6）复核长期借款利息。根据长期借款的利率和期限，复核被审计单位长期借款的利息计算是否正确。如有未计利息和多计利息，应做出记录，必要时进行调整。

此程序可实现 D 审计目标。

（7）检查借款费用的会计处理是否正确。检查资产负债表日被审计单位是否按摊余成本和实际利率计算确定长期借款的利息费用，并正确计入财务费用、在建工程、制造费用、研发支出等相关账户，是否按合同利率计算应付未付利息计入应付利息科目，是否按其差额计入长期借款——利息调整。同时应检查专门借款和一般借款的借款费用资本化的时点和期间、资产范围、目的和用途等是否符合资本化条件。

此程序可实现 A、D 审计目标。

（8）检查长期借款是否已按照企业会计准则的规定在财务报表中做出恰当的列报：
①被审计单位是否按信用借款、抵押借款、质押借款、保证借款分别披露。
②对于期末逾期借款，是否分别按贷款单位、借款金额、逾期时间、年利率、逾期未偿还原因和预期还款期等进行披露。
③被审计单位是否在附注中披露与借款费用有关的下列信息：
ⅰ当期资本化的借款费用金额。

ⅱ当期用于计算确定借款费用资本化金额的资本化率。

ⅲ一年内到期的长期借款是否列为一年内到期的非流动负债。

ⅳ被审计单位在资产负债表日或之前违反了长期借款协议,导致贷款人可随时要求清偿的负债,应当归类为流动负债。

此程序可实现第E审计目标。

小提示

【工作实例7-1】 恒信会计师事务所接受永正有限责任公司的委托对其2013年的财务报表进行审计,注册会计师周欣负责借款项目的审计。短期借款年初余额(已经本事务所审计)为2 850万元,年末余额(未审数)为4 180万元,年末未还借款17笔。请协助周欣进行短期借款的审计。

实例解析

步骤一:向永正公司索要审计期间短期借款,编制"短期借款余额明细表",经复核加计,与总账、明细账、审前报表核对一致(见表7-2)。

步骤二:索取、核对贷款余额清单并向银行或其他债权人函证重大的借款。函证过程记录见表7-3。

步骤三:索取并检查借款合同、协议、授权批准文件或其他有关资料和查验收款凭证、还款凭证,了解借款数额、借款条件、借款日期、还款期限、借款利率,并将合同所载信息与"短期借款余额明细表"中的有关内容进行逐一核对,相符。

步骤四:复核已计借款利息是否正确。短期借款应计利息2 606 080.57元,财务费用中列支利息支出2 618 656.40元,差异额为12 575.83元,差异率为0.45%,差异很小,已计利息金额可以确认。

表 7-2

短期借款明细表

被审计单位：永正有限责任公司　　　　　索引号：FA2
项目：短期借款明细表　　　　　　　　　财务报表截止日/期间：2013年12月31日
编制：周欣　　　　　　　　　　　　　　复核：孙斌
日期：2014年3月2日　　　　　　　　　　日期：2014年3月5日

贷款单位	利率%	借款条件	借贷时期		年初余额	本年增加			本年减少			年末余额
			借款日期	还款日期		金额	时间	凭证号	金额	时间	凭证号	
农行浦川分行	5.5755%	抵押	2012/4/6	2013/4/5	2 000 000				2 000 000	2012/4/5	银行-68	0
农行浦川分行	5.8410%	抵押	2012/6/7	2013/6/1	3 000 000				3 000 000	2012/6/1	银行-212	0
农行浦川分行	7.2540%	抵押	2013/4/7	2014/4/5		2 000 000	2012/4/7	银行-32				2 000 000
农行小计					5 000 000	2 000 000			5 000 000			2 000 000
上海银行	6.1380%	抵押	2012/11/24	2013/11/24	3 000 000				3 000 000	2012/11/24	银行-188	0
上海银行	6.1380%	抵押	2013/11/24	2014/11/24		3 000 000	2013/11/24	银行-187				3 000 000
上海银行小计					3 000 000	3 000 000			3 000 000			3 000 000
*美国花旗银行	10.0000%	信用	2013/3/12	2014/3/11		8 200 000	2013/3/12					8 200 000
交通银行	5.3100%	担保	2012/5/11	2013/4/11	2 000 000				2 000 000	2013/4/11	银行-65	0
交通银行	5.3100%	担保	2012/5/14	2013/5/16	3 000 000				3 000 000	2013/5/16	银行-52	0
交通银行	5.3100%	担保	2012/8/20	2013/7/19	1 500 000				1 500 000			1 500 000
交通银行	5.2200%	担保	2013/1/13	2013/7/12		2 000 000	2013/1/13	银行-131	2 000 000	2013/7/12	银行-82	0
交通银行	5.2200%	担保	2013/2/18	2013/8/17		2 500 000	2013/2/18	银行-184	2 500 000	2013/8/17	银行-128	0
交通银行	5.2200%	担保	2013/4/11	2013/6/25		2 500 000	2013/4/11	银行-57	2 500 000	2013/6/25	银行-310	0
交通银行	5.2200%	担保	2013/4/11	2013/6/16		2 500 000	2013/4/11	银行-57	2 500 000	2013/6/16	银行-110	0
交通银行	5.5800%	担保	2013/4/15	2013/12/14		1 500 000	2013/4/15	银行-122	1 500 000	2013/12/14	银行-67	0
交通银行	5.5800%	担保	2013/7/21	2013/10/20		2 000 000	2013/7/21	银行-220	2 000 000	2013/10/20	银行-118	0
交通银行	5.5800%	担保	2013/5/17	2014/5/16		3 000 000	2013/5/17	银行-72				3 000 000

续表

贷款单位	利率%	借款条件	借款时期 借款日期	借款时期 还款日期	年初余额	本年增加 金额	本年增加 时间	本年增加 凭证号	本年减少 金额	本年减少 时间	本年减少 凭证号	年末余额
交通银行	5.5800%	担保	2013/6/22	2014/6/21		2 000 000	2013/6/22	银行-238				2 000 000
交通银行	5.5800%	担保	2013/6/30	2014/6/29		2 500 000	2013/6/30	银行-309				2 500 000
交通银行	5.5800%	担保	2013/7/14	2014/7/13		2 000 000	2013/7/14	银行-102				2 000 000
交通银行	5.5800%	担保	2013/8/22	2014/8/21		1 500 000	2013/8/22	银行-144				1 500 000
交通银行	5.2200%	担保	2013/10/28	2014/3/27		2 000 000	2013/10/28	银行-263				2 000 000
交通银行	5.2200%	担保	2013/12/22	2014/5/20		2 000 000	2013/12/22	银行-341				2 000 000
交行小计					6 500 000	27 500 000			17 500 000			16 500 000
建行川沙	5.3100%	担保	2012/4/26	2013/4/26	2 500 000				2 500 000	2013/4/26	银行-238	0
建行川沙	5.3100%	担保	2012/7/22	2013/7/22	2 500 000				2 500 000	2013/7/22	银行-147	0
建行川沙	5.3100%	担保	2012/8/27	2013/8/26	2 000 000				2 000 000	2013/8/26	银行-287	0
建行川沙	5.3100%	担保	2012/9/1	2013/9/1	3 000 000				3 000 000	2013/9/1	银行-23	0
建行川沙	5.7420%	担保	2012/11/1	2013/5/8	2 000 000				2000 000	2013/9/23	银行-320	0
建行川沙	6.1380%	担保	2013/4/26	2014/4/26		2 500 000	2013/4/26	银行-250		2013/5/8	银行-235	2 500 000
建行川沙	6.1380%	担保	2013/5/8	2014/5/8		2 000 000	2013/5/8	银行-234	300 000	2013/10/14	银行-211	1 700 000
建行川沙	6.1380%	担保	2013/7/22	2014/7/22		1 700 000	2013/7/22	银行-144				1 700 000
建行川沙	6.1380%	担保	2013/8/26	2014/8/26		3 000 000	2013/8/26	银行-290	300 000	2013/11/15	银行-274	2 700 000
建行川沙	6.1380%	担保	2013/9/1	2014/9/1		1 700 000	2013/9/1	银行-245				1 700 000
建行川沙	6.1380%	担保	2013/9/23	2014/9/23			2013/9/23	银行-319	200 000	2013/12/15	银行-83	2 800 000
建行小计					14 000 000	12 900 000			14 800 000			12 100 000
总 计					28 500 000	53 600 000			403 00 000			41 800 000

审计说明：

1. 明细合计与总账、报表数一致；2. 抵押物名称：房屋建筑物，抵押金额1 000万元，与产权证中他项权利记录一致。

表 7-3

短期借款函询结果汇总比较情况表

被审计单位：永正有限责任公司　　　　　　索引号：__FA3__
项目：短期借款函证结果汇总表　　　　　　财务报表截止日/期间：__2013 年 12 月 31 日__
编制：__周欣__　　　　　　　　　　　　　　复核：__孙斌__
日期：__2014 年 4 月 2 日__　　　　　　　　日期：__2014 年 4 月 5 日__

序号	选取样本依据	发函询证纪要		是否收到回函(√)	收到回函		难以确认金额		未收到回函		审计意见
		单位名称	期末余额		可以确认金额	索引号	争议未决金额	其他	通过替代审计可确认金额	索引号	
					回函直接确认						
1	全部	中国农业银行浦川分行	200 万元	√	220 万元	F1-4-1					可以确认
2	全部	上海银行	300 万元	√	300 万元	F1-4-2					可以确认
3	全部	美国花旗银行	100 万美元	否					100 万美元	F1-6	可以确认
4	全部	交通银行德平路支行	150 万元	√	150 万元						可以确认
5	全部	交通银行德平路支行	300 万元	√	300 万元						可以确认
6	全部	交通银行德平路支行	200 万元	√	200 万元	F1-4-3					可以确认
7	全部	交通银行德平路支行	250 万元	√	250 万元						可以确认
8	全部	交通银行德平路支行	200 万元	√	200 万元						可以确认
9	全部	交通银行德平路支行	200 万元	√	200 万元						可以确认
10	全部	交通银行德平路支行	150 万元	√	150 万元						可以确认
11	全部	交通银行德平路支行	200 万元	√	200 万元						可以确认
12	全部	中国建设银行川沙支行	250 万元	√	250 万元						可以确认
13	全部	中国建设银行川沙支行	170 万元	√	170 万元	F1-4-4					可以确认
14	全部	中国建设银行川沙支行	170 万元	√	170 万元						可以确认
15	全部	中国建设银行川沙支行	170 万元	√	170 万元						可以确认
16	全部	中国建设银行川沙支行	280 万元	√	280 万元						可以确认
17	全部	中国建设银行川沙支行	170 万元	√	170 万元						可以确认
18	全部	交通银行德平路支行	146 万元	√	146 万元	F1-4-5					可以确认

审计说明：
1. 抽取借款样本户数 18 户，占比 100%，抽取金额 3 506 万元人民币＋100 万美元，占比 100%；
2. 收到回函 17 户，可确认金额 3 506 万元人民币，占比 81%；
3. 美国花旗银行未回函，实施替代性程序，可确认金额 100 万美元。

业务操作二

交易性金融资产项目的审计

步骤一：确定交易性金融资产的审计目标。

交易性金融资产是指企业为了近期内出售而持有的金融资产，其审计的目标见表7-4。

表7-4　　　　　　　　交易性金融资产的审计目标

审计目标	财务报表认定				
	存在	完整性	权利和义务	计价和分摊	列报
A. 资产负债表中记录的交易性金融资产是存在的	√				
B. 所有应当记录的交易性金融资产均已记录		√			
C. 记录的交易性金融资产由被审计单位拥有或控制			√		
D. 交易性金融资产以恰当的金额包括在财务报表中，与之相关的计价调整已恰当记录				√	
E. 交易性金融资产已按照企业会计准则的规定在财务报表中做出恰当列报					√

步骤二：实施常用的实质性程序。

（1）获取或编制交易性金融资产明细表，复核加计正确，并与报表数、总账数和明细账合计数核对相符。

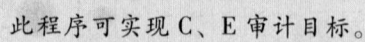
此程序可实现D审计目标。

小提示

（2）就被审计单位管理层将投资确定划分为交易性金融资产的意图获取审计证据，并考虑管理层实施该意图的能力。

此程序可实现C、E审计目标。

小提示

（3）获取股票、债券及基金等交易流水单及被审计单位证券投资部门的交易记录，对照账面记录是否完整；检查购入的交易性金融资产是否归被审计单位拥有。

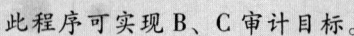
此程序可实现B、C审计目标。

小提示

(4) 抽取交易性金融资产增减变动的相关凭证，检查其原始凭证是否完整合法，会计处理是否正确。

此程序可实现 A、B、D 审计目标。

(5) 检查有无变现存在重大限制的交易性金融资产，如有，则查明情况，并做适当调整。

此程序可实现 C 审计目标。

(6) 检查交易性金融资产检查是否已按照企业会计准则的规定在财务报表中作出恰当列报。

此程序可实现 E 审计目标。

1. 调查研究

审计人员对"长期股权投资"账户下专有技术明细账中的记录等作了进一步的查证，并调阅了这笔投资的有关记账凭证。经过核对、查证，审计人员认为在计价上不属于技术上的错误。审计人员对该项专有技术进行调查分析，并重新估价（根据对外投资当时的技术市场情况，必要时对该项技术进行多次重估，并由有关专业机构来担当此任），并将重估确定的价值与被查单位账面上的实际计价情况进行核对，认为其少计价值 5000 元左右。对少计部分的原因、结果等情况，审计人员经过调查询问、研究分析，进一步扩大查账范围，如对"银行存款"、"其他应收款"等账户，并调阅了相关的记账凭证，了解证实了该企业在征得接受投资单位的同意后，双方以 35 000 元入账，但接受投资单位另付给该企业 3 000 元现金的回扣，并将其计入了其他应付款账户。对上述少计投资价值和收取回扣的记账凭证的具体形态如下：

对外投资时的记账形态：

2012 年 4 月 10 日 56 号记账凭证反映的会计分录是：

借：长期股权投资　　　　　　　　　　　　　　　　35 000
　　贷：无形资产——专有技术　　　　　　　　　　　　35 000

收取回扣时的记账凭证：

2012 年 4 月 15 日 72 号记账凭证反映的会计分录是：

借：库存现金　　　　　　　　　　　　　　　　　　3 000
　　贷：其他应付款　　　　　　　　　　　　　　　　　3 000

2. 发现问题

审计人员通过上述查证、调查询问和分析研究，查出了该企业在对外投资活动中，不按规定故意少计投资价值 5 000 元和收取回扣 3 000 元。

3. 得出结论

审计人员取得了充分的证据，确认该企业少计对外投资价值，并从中收取回扣的行为是错误的，造成了账务记录和处理不真实、不正确、不合法的事实，势必影响将来投资收益不真实，给国家造成损失；而且从中收取回扣，将会对该企业管理上带来隐患，助长了弄虚作假、为小团体谋利的不良作风。

4. 账务调整

对投资计价的账务调整，即将少计部分调整为：

借：长期股权投资　　　　　　　　　　　　　　　5 000
　　贷：资本公积　　　　　　　　　　　　　　　　　　5 000

对退回其收取的回扣的会计分录为：

借：库存现金　　　　　　　　　　　　　　　　　3 000
　　贷：其他应收款　　　　　　　　　　　　　　　　　3 000
借：其他应付款　　　　　　　　　　　　　　　　3 000
　　贷：库存现金　　　　　　　　　　　　　　　　　　3 000

情境小结

本情境按照筹资与投资循环的特点→筹资与投资循环的内部控制与控制测试→筹资与投资循环的实质性程序的逻辑顺序，对筹资与投资循环主要项目的审计进行了介绍。通过本情境的学习，学生应能够熟练掌握筹资与投资循环相关业务的审计工作。筹资与投资循环涉及的项目虽然发生频率不高，但是一旦有问题，将会产生较大的差错，所以在审计时不能掉以轻心。

职业能力训练

[知识训练]

一、单项选择题（下列答案中有一项是正确的，将正确答案填入括号内）

1. 筹资与投资循环的特征是，影响本循环账户余额的业务数量较少，但每笔业务的金额通常都很大。基于这个特点，可以采用的审计方法是（　　）。

　　A. 抽样　　　　　　　　　　　B. 大量的控制测试
　　C. 细节测试　　　　　　　　　D. 实质性分析程序

2. 针对可能存在筹集款项没按规定用途使用的情况，企业应当设置的关键控制点是（　　）。

  A. 借款或发行股票履行必要的授权手续，建立相关批准程序、文件

  B. 借款合同由专人保管，定期检查借款使用

  C. 建立严密的账簿体系和记录制度

  D. 企业与银行定期对账，编制银行余额调节表

3. 为防止投资证券丢失，企业应当设置的关键控制点是（　　）。

  A. 建立投资授权批准程序、文件

  B. 投资业务计划、执行、保管等方面指责分开

  C. 建立详尽的会计核算制度

  D. 委托专门机构保管，或者由内部建立至少两名人员以上的联合控制制度

4. 注册会计师审查股票发行费用的会计处理时，若股票溢价发行，应查实被审计单位是否按规定将各种发行费用作为（　　）。

  A. 从溢价中抵消　　　　　　B. 长期待摊费用

  C. 开办费　　　　　　　　　D. 当期管理费用

5. 如果被审计单位的投资证券是委托专门机构代为保管，为证实这些投资证券的存在，注册会计师应（　　）。

  A. 实地盘点投资证券

  B. 向代保管机构发函询证

  C. 获取被审计单位管理层声明

  D. 逐笔检查被审计单位相关会计记录

6. 注册会计师关注的下列现象中，应在投资与筹资循环中审计的是（　　）。

  A. 分配给关联方的利润多于其应得利润

  B. 以不正常的低价向顾客开账单

  C. 支付不当的货款

  D. 为虚列的购货业务付款

7. 授权批准筹资与投资循环内部控制目标中（　　）的关键内部控制程序。

  A. 存在　　　　　　　　　　B. 完整性

  C. 计价和分摊　　　　　　　D. 权利和义务

8. 下列对于投资与筹资循环中关于披露的审计程序的说法中错误的是（　　）。

  A. 注意检查长期借款的抵押和担保是否已在财务报表附注中作了充分的说明

  B. 注意一年内到期的长期应付款是否列入流动负债类中，如果列入，应做重分类调整

  C. 与被审计单位人员讨论确定是否存在被投资单位由于所在国家和地区及其他方面的影响，其向被审计单位转移资金的能力受到限

制的情况

  D. 检查投资协议等文件，确定国外的投资收益汇回是否存在重大限制，若存在重大限制，应说明原因，并做出恰当披露

9. 在投资活动内部控制良好的前提下，对投资业务具有审批授权的是（　　）。

  A. 财务经理　　　　　　　　B. 高层管理机构
  C. 股东大会　　　　　　　　D. 证券投资部经理

10. 为了证实大华公司是否存在高估利润的情况，在注册会计师所列的关于财务费用的以下各项审计目标中（　　）不属于主要审计目标。

  A. 确定所记录的财务费用是否为被审计期间发生的
  B. 确定与财务有关的金额及其他数据是否已恰当记录
  C. 确定财务费用的内容是否正确
  D. 确定财务费用的披露是否恰当

11. 注册会计师李明在执行天星公司年度审计业务时，为确认被审计单位借款和所有者权益的增减变动及其利息和股利已登记入账这一目标，应执行的实质性程序是（　　）。

  A. 检查股东是否已按合同、协议、章程约定时间缴付出资额，其出资额是否经注册会计师审验
  B. 向银行或其他金融机构、债券包销人函证，并与账面余额核对
  C. 检查年度内借款和所有者权益增减的原始凭证，核实变动的真实性、合规性，检查授权批准手续是否完备，入账是否及时准确
  D. 确定借款和所有者的披露是否恰当，注意一年内到期的借款是否列入流动负债

12. 在对被审计单位投资活动进行审计时，注册会计师应关注的重要内部控制制度是（　　）。

  A. 公司发行股票、宣布发放股息等业务的批准手续
  B. 债券投资业务活动中业务授权、执行、会计记录和投资资产的保管等方面的明确分工
  C. 投资资产计价方法正确，期末余额正确
  D. 投资在资产负债表上的披露正确

二、多项选择题（下列答案中有多项是正确的，将正确答案填入括号内）

1. 下列属于筹资循环职责分离控制方面的内容有（　　）。

  A. 筹资计划的编制与审批分离
  B. 业务的执行人员与记录人员分离
  C. 相关明细账与总账登记分离
  D. 收取款项与还本付息分离

2. 企业如果自行保管证券投资资产，应当建立起严格的保管制度，具体包括（　　）。

A. 证券必须由两个人共同保管

B. 一人不能单独接触证券

C. 证券的存入、取出应有严格的批准手续，并由经办人员签字

D. 合理设计各种投资账簿，除建立明细账和总账外还应建立证券投资登记簿

3. 注册会计师可以通过下列方法了解筹资与投资循环的重要交易流程（　　）。

A. 进行函证

B. 检查被审计单位的手册和其他书面指引

C. 询问被审计单位的适当人员

D. 观察所运用的处理方法和程序

4. 对于重大的投资，注册会计师应向被投资单位函证（　　）。

A. 被审计单位的投资额情况　　B. 被审计单位的持股比例情况

C. 被投资单位发放股利情况　　D. 被投资单位经营效益情况

5. 执行下列各项审计程序中，能够证实长期借款完整性的是（　　）。

A. 根据有关借款的原始凭证，追查至长期借款明细账

B. 向被审计单位所有的银行发函询证

C. 将长期借款明细汇总表与明细账与总账核对

D. 检查借款利息与本金是否相符

6. 注册会计师为了获取审计证据证明 M 公司截止到 2012 年 12 月 31 日是否存在未入账的长期借款，下列审计程序中可选用的实质性程序有（　　）。

A. 函证银行存款的同时函证长期借款

B. 检查长期借款合同副本

C. 向 M 公司索取包含长期借款的书面声明

D. 以长期借款明细账为起点检查其会计处理是否恰当

7. 注册会计师为了确定应付债券账户期末余额的真实性，应向（　　）对象函证应付债券相关内容。

A. 债权人　　　　　　　　　　B. 债券的承销人

C. 证券公司　　　　　　　　　D. 债券包销人

8. 注册会计师确定长期股权投资是否已在资产负债表上恰当披露时，应当（　　）。

A. 检查资产负债表上长期股权投资项目的数额与审定数是否相符

B. 对被投资单位所在国家和地区受到其他方面影响，使被审计单位转移资金的能力受到限制的情况是否披露

C. 结合银行借款等的检查，了解长期股权投资是否存在质押、担保情况

D. 检查当期及累计未确认的投资损失金额是否在附注中披露

三、判断题（正确的在括号内打"√"，错误的打"×"）

1. 企业借款和发行股票一般由企业财务部门负责人批准。（　　）
2. 注册会计师在对所有者权益进行审计时，一般通过对其内部控制制度的控制测试来确定实质性程序的性质、时间和范围。（　　）
3. 某注册会计师在对被审计单位借款费用进行审计时，发现被审计单位将不符合资本化条件的借款费用予以资本化，则被审计单位存在当期少计费用，虚增资产和利润的情况。（　　）
4. 无论是投资业务还是筹资业务，注册会计师应当通过控制测试，对相关业务的职责分工是否明确进行评价。（　　）
5. 长期股权投资的后续计量可以采用成本法或权益法。（　　）
6. 如果了解到被审计单位的筹资与投资循环内部控制不存在或者不值得信赖，注册会计师仍需要进行控制测试，以确定实质性程序的性质、时间和范围。（　　）

[能力训练]

1. 审计人员王军在对华兴公司负债业务进行审查时，发现该公司于2013年4月1日向海淀工行取得流动资金借款200 000元，期限是3个月，借款月利率为5.5‰，该公司的会计处理为：

取得借款时：

借：银行存款　　　　　　　　　　　　　　　200 000
　　贷：短期借款　　　　　　　　　　　　　　200 000

4月、5月、6月底预提利息时：

借：营业外支出　　　　　　　　　　　　　　　1 100
　　贷：短期借款　　　　　　　　　　　　　　　1 100

6月底归还借款时：

借：短期借款　　　　　　　　　　　　　　　203 300
　　贷：银行存款　　　　　　　　　　　　　　203 300

要求：指出该公司会计处理的不当之处。分析该公司对这项业务的不当处理是否会影响年度的损益状况，并进行相应的账务调整。

2. 利亚公司2013年度财务报表净利润为1 800万元，注册会计师马宏审计利亚公司2013年度财务报表时，发现：

（1）由于验资后利亚公司长期占用被投资单位恒顺公司的资金，公司根据占用资金数额冲减了长期股权投资——恒顺公司的账面价值。

（2）乐风公司系利亚公司于2013年1月1日在国外投资设立的联营公司，其2013年度财务报表反映的净利润为5 600万元。利亚公司持有乐风公司50%的股权比例，对其财务和经营政策具有重大影响，故在2013年度财务报表中采用权益法确认了该项投资收益2 800万元。乐风公司2013年度财务报表未经任何注册会计师审计。

（3）利亚公司拥有克峰公司一项长期股权投资，账面价值800万元，持股比例30%。2013年12月31日，利亚公司与谣钢公司签署投资转让协议，拟以560万元的价格转让该项长期股权投资，已收到价款300万元，但尚未办理产权过户手续。利亚公司以该项长期股权投资正在转让之中为由，不再计提减值准备。

（4）利亚公司对恒丰公司长期股权投资（无市价）为8 500万元，恒丰公司在2013年8月已经进入清算程序。在编制2013年度财务报表时，恒丰公司对该项长期股权投资计提了2 300万元的减值准备。

要求：

（1）针对事项一，注册会计师应当提出什么建议？

（2）针对事项二，注册会计师应当考虑发表什么意见类型？为什么？

（3）针对事项三，注册会计师下一步应当采取什么措施？

（4）针对事项四，请回答对利亚公司所计提的该项长期投资减值准备应实施哪些审计程序。

（5）假定注册会计师马宏在确认利亚公司所计提的长期投资减值准备，并出具无保留意见的审计报告后，发现审计报告日前恒丰公司已经清算完毕，其债务偿还率为60%。说明注册会计师马宏应采取哪些措施。

学习情境八
薪酬与人事循环的审计

职业能力目标

通过本情境学习，应能够识别薪酬与人事循环中的主要业务活动；熟悉薪酬与人事循环的内部控制内容；会对薪酬与人事循环进行控制测试；能够确定应付职工薪酬的审计目标；会对应付职工薪酬实施实质性程序；能够熟练编制薪酬与人事循环审计工作底稿。

典型工作任务

1. 了解薪酬与人事循环中的主要业务活动。
2. 了解薪酬与人事循环的内部控制。
3. 对薪酬与人事循环进行控制测试。
4. 确定应付职工薪酬的审计目标。
5. 对应付职工薪酬实施实质性程序。
6. 编制薪酬与人事循环的审计工作底稿。

阅读资料

1. 《内部控制应用指引第 3 号——人力资源》
2. 财政部会计司解读《内部控制应用指引第 3 号——人力资源》

学习子情境一
薪酬与人事循环的特点

南京警方破获一起罕见的利用银行代发工资业务电脑程序侵占公款案。江苏省某压力容器厂决定工资的发放由南京某国有银行雨花西路分理处转至南京建设银行雨花路支行。任记账会计的史某得知后,多次找到主管财务的副厂长,以种种理由要求不要更换银行,但建行雨花路支行用最快的速度将该厂工资系统建立起来。史某找到厂领导,讲述了自己侵吞公款的经过:他利用每月向银行报送工资数据的电脑软盘,更改和加大当月发放工资总额,先后10次在电脑上使用高科技手段侵占企业资金近51万元。史某是如何做到的呢?审计人员面对这一问题应如何应对呢?

▎职业判断

审计人员想要通过审计程序发现诸如史某的舞弊情况,应首先熟悉薪酬与人事循环的主要业务活动和涉及的主要凭证和记录。

一、识别薪酬与人事循环涉及的主要活动

薪酬与人事循环是不同企业之间最可能具有共同性的领域,涉及的主要业务活动通常包括员工批准招聘、记录工作时间或产量、计算工薪总额和扣除、工薪费用的分配、工薪支付以及代扣代缴税金等。

(一)批准招聘

企业在雇用人员时,批准雇用的文件应当由负责人力资源和工薪相关事宜的人员编制,最好由人力资源部门履行该职责。人力资源部门同时还负责编制支付率变动及员工合同期满的通知。

(二)记录工作时间或产量

企业员工工作的证据,以工时卡或考勤卡的形式产生,通过监督审核和批准程序以控制。如果支付工薪的依据是产量而不是时间,数量也同样应经过审核,并且与产量记录或销售数据进行核对。

(三)计算工薪总额和扣除

企业需要将每一名员工的交易数据,即本工薪期间的工作时间或产量记录,与基准数据进行匹配。在确定相关控制活动已经执行后，应当由一名适当的人员批准工薪的支付。同时由一名适当人员审核工薪总额和扣除的合理性，并批准该金额。

（四）支付工薪净额

利用现金支出方式或电子货币转账系统，将工薪支付给员工。批准工薪支票，通常是工薪计算中不可分割的一部分，包括比较支票总额和工薪总额。

二、识别薪酬与人事循环涉及的主要凭证和会计记录

典型的薪酬与人事循环涉及的主要凭证和会计记录有：

（一）人事和雇用记录

（1）人事记录。包括雇用日期、工薪率、业绩评价、雇佣关系终止等方面的记录。人事记录模板见图 8-1。

转正日期			转正工资	由试用期工资　　调整至			
劳动合同	有效期		暂住证	有效期间		编号	
	自	至		自	至		
	自	至		自	至		
	自	至		自	至		
职 位 变 动							
调整前	调整后	执行日期	调整属性(平调、晋升、降职)		工资变动	调整原因	
工 资 调 整							
调整前	调整后	执行日期	备注	调整前	调整后	执行日期	备注
奖 惩 记 录							
时间	事由			奖项、罚项		备注	

图 8-1　人事记录模板

（2）扣款核准表。包括预先扣除个人所得税。

（3）工薪率核准表。根据工薪合同、管理层授权、董事会对管理层的授权，核准工薪率的表格。工薪率核准表模板见图 8-2。

员工入职薪酬审批单

姓　名		部　门		岗　位		职　务		入职日期	
试用期工资结构		基本工资		奖金/分值基数		试用期 ＿＿个月		备注	
生效日期		年　月　日生效							
员工确认									
部门主管审核									
部门经理审核									
总经理审批									

图 8-2　工薪率核准表模板

（二）工时记录和工薪表

（1）工时卡。记录员工上下班时间和工时数的书面凭证。

（2）工时单。记录员工在既定时间内完成工作的书面凭证。

（3）工薪交易文件。由计算机生成的文件，包括一定期间内，通过会计系统处理的所有工薪交易，包括员工的姓名、日期、支付总额和支付净额、各种预扣金额、账户类别。

（4）应付职工薪酬明细账或清单。有工薪交易文件生成的报告。包括每项交易的员工的姓名、日期、工薪总额及工薪净额、各种预扣金额、账户类别等信息。

（5）工薪主文档。记录每位员工的每一工薪交易和保留已付员工总额的一种计算机文件。记录包括在每个工薪期间的工薪总额及工薪净额、各种预扣金额、支票号、日期等信息。

（三）支付工薪记录

向员工支付劳务的转账资金。

（四）个人所得税纳税申报表

个人所得税纳税申报表，向税务部门申报的纳税表。

史某作案能够成功需具备两个条件：一是修改数据不被人发现，二是账实能相符。在本案中史某既是记账会计，又负责本应由出纳人员来报送的工资薪金数据，同时还是执行监督自身工作的独立稽核人员。这意味着，承载工资薪金数据的工资表由史某一个人制作，同时不存在独立稽核人员，将上述业务记录在会计账本的还是史某本人。

学习子情境二
薪酬与人事循环的内部控制与控制测试

情境引例

1997年11月,由于原会计调回了总部,深圳某公司聘胡某为会计,同时继续留任出纳。胡某开始打起了公司钱袋的主意。由于每月职工的工资制单和发放均由他一人操作,利用这个便利,胡某在工人工资表中虚增工资额,而在实际发放的工资卡中扣除虚增部分,从中贪污差额。另外,胡某还打起了考勤表的主意。一名工人因病住院,另一名工人因事假缺勤多日。按照制度,两人均应被扣除工资,而不是全额工资。但是,胡某在工资单上,把这两名工人的工资仍作为全勤工资。次日,胡某在银行按总数提现,而按另一张工资卡上的金额发给了工人工资,而这两张需要领取人签字的工资卡上,这两名工人的工资转眼又变成了被扣后的金额,500多元的差额被胡某移进了自己的口袋。在1997年至2011年3月间,胡某利用从事公务活动的便利,在制单发放深圳公司中方员工工资的过程中,采用虚增工资发放数额的手法,侵吞公款共计人民币16万余元。为什么这么多年来公司未能发现呢?

职业判断

认识薪酬与人事循环的关键内部控制:

(一)适当的职责分离

人力资源部门应独立于工薪职能,负责确定员工的雇用、解雇及其支付率和扣减额的变化。防止企业向员工过量支付工薪,或向不存在的员工虚假支付工薪。

(二)适当的授权

人力资源部门应当对员工的雇用与解雇负责。支付率和扣减额也应当进行适当授权。每一个员工的工作时间,特别是加班时间,都应经过主管人员的授权。所有工时卡都应表明核准情况,例外的加班时间也应当经过核准。

(三)适当的凭证和记录

适当的凭证和记录依赖于工薪系统的特性。例如,工时卡或工时记录只针对计时工薪,有些员工的工薪以计件工薪为基础。

(四) 资产和记录的实物控制

应当限制接触未签字的工薪支票。支票应由有关专职人员签字，工薪应当由独立于工薪和考勤职能之外的人员发放。

(五) 工作的独立检查

工薪的计算应当独立验证，包括将审批工薪总额与汇总报告进行比较。管理层成员或其他负责人应当复核工薪金额，以避免明显的错报和异常的金额。

业务操作

实施薪酬与人事循环的控制测试

步骤一：确定薪酬与人事循环的控制目标。

薪酬与人事循环设立内部控制应达到以下目标：

（1）工薪账项均经恰当的批准（发生）；

（2）记录的工薪为实际发生而非虚构的（发生）；

（3）所有已发生的工薪支出已记录（完整性）；

（4）工薪以正确的金额在恰当的会计期间及时记录于恰当的账户（发生、完整性、准确性、计价和分摊）；

（5）人事、考勤、工薪发放、记录之间相互分离（准确性）。

步骤二：实施薪酬与人事的控制测试程序。

1. 选择若干月份工薪汇总表进行检查

（1）计算并复核每一份工薪汇总表；

（2）检查每一份工薪汇总表是否已经授权批准；

（3）检查应付工薪总额与人工费用分配汇总表中的合计数是否相符；

（4）检查其代扣款项的账务处理是否正确；

（5）检查实发工薪总额与银行付款凭单及银行存款对账单是否相符，并正确过入相关账户。

2. 从工薪单中选取若干个样本进行检查

（1）检查员工工薪卡或人事档案，确保工薪发放有依据；

（2）检查员工工薪率及实发工薪额的计算；

（3）检查实际工时统计记录与员工工资卡是否相符；

（4）检查员工加班记录与主管人员签名的月度加班费汇总表是否相符；

（5）检查员工扣款依据是否正确；

（6）检查员工的工薪签收证明；

（7）实地抽查部分员工，证明其确实在本公司工作，如已离开，需获得管理层的证实。

通过对薪酬与人事循环进行控制测试，可以得出控制测试结论：控制活动对实现控制目标是否有效；控制活动是否得到执行；控制活动是否有效运行；控制测试结果是否支持实施风险评估程序获取的审计证据。

小提示

【工作实例 8-1】刘丽在华夏公司工作了10年，是位值得信赖的员工，刘丽一人身兼公司会计、出纳和办公室经理数职，管理若干下属并直接向老板汇报。她的职责包括向供应商支付货款、将收到的款项存入银行以及为公司职工发放工资等。在刘丽一次出国旅行期间，一位代班职员发现了刘丽每周都要向公司的备用金账户填制大量的偿还支票，远远超过了公司相关费用的金额。在刘丽旅行回来后，总经理对她展开了质问和调查。刘丽最后承认了她利用职务之便和内部控制的缺陷，通过虚构收据、更改收据等方法盗取公司备用金上的钱财，她将自己的账单纳入公司的应付款项，并用公司的支票支付了她的许多个人费用，她还伪造了公司所有者的签字章（金额超过1 000美元需要此印章）。根据调查，刘丽在以前的工作单位曾经因为进行可疑的财务交易而被解雇，跳槽到华夏公司后，又故伎重演，在华夏公司工作期间盗取了大约50万元。

要求：根据上述资料，请代注册会计师指出华夏公司在薪酬与人事循环内部控制方面的缺陷，并提出改进建议。

实例解析

步骤一：分析该公司在薪酬与人事循环中存在的控制缺陷。

（1）公司在刘丽的职责领域缺乏内部控制，不相容职务没有分离。她身兼数职，自己能够开出支票、将支票金额登记入账并调整支票簿，她伪造并使用所有者的签章而没有人发现。

（2）公司缺乏对人员录用、考核的控制机制。如果公司对刘丽的职业背景进行一些简单的考核，就可能避免这类舞弊风险。公司对刘丽所做的工作缺乏监督检查机制，使舞弊行为长期没有被发现，给公司造成了重大的损失。

步骤二：提出改进的建议。

（1）不相容职务一定要分离，以减少舞弊行为。同时建立完善的内部核查制度，以及时发现员工的舞弊行为，减少损失。

（2）完善人事聘用、考核制度。从员工进入企业到员工退出企业的整个过程均应有严格完整的制度规定。

从工作实例解析中大家应该能对引例中的公司出现的内部控制的问题进行分析了，主要原因仍然是未能做到不相容职务一定要分离的原则，同时缺乏事后的监督机制导致胡某可以长达14年之久的从事侵吞公司财产的行为。

学习子情境三
薪酬与人事循环的实质性程序

中国审计署 2011 年 5 月 20 日发布针对 14 户中央企业和 3 户中央企业部分所属单位的一系列审计公告。在针对中国核工业集团公司的审计公告中,审计署指出,该集团下属多单位职工薪酬管理存在问题。如 2007 年至 2009 年,所属秦山核电有限公司代职工承担住房建设成本 1 557.82 万元、物业管理费 2 137.53 万元。2009 年 3 月至 6 月,所属中国原子能工业公司未经中核集团批准,自定标准发放一次性职工住房补贴 2 268.80 万元。

审计同时发现,2007 年至 2009 年,中核集团所属中国核动力研究设计院和秦山第三核电有限公司以劳保用品名义向职工发放各类购物卡共计 3 228.53 万元。2008 年至 2009 年,中核集团所属中国核电工程有限公司将 4 827.21 万元技术酬金收入,违规用于弥补工资赤字、发放奖金和代缴个人所得税。

在对中国远洋运输(集团)总公司的审计中,审计署发现,至 2007 年底,中远集团所属企业均未按规定清理完实施企业年金前建立的补充养老保 88 255.15 万元,且截至审计时仍未清理完毕。以上的问题审计人员是如何发现的呢?

■ 业务操作

应付职工薪酬的审计

步骤一:确定应付职工薪酬的审计目标。

应付职工薪酬主要的重大错报风险是对薪酬费用的高估,但是由于严格的监管环境,以及工薪活动的敏感性和保密性,管理层针对工薪系统会实施严格的控制,因此在测试了关键控制后可能将工薪交易和余额中的重大错报风险评估为低,并可能考虑减少细节测试。应付职工薪酬的具体审计目标如表 8-1 所示。

表 8-1   应付职工薪酬审计目标

审计目标	财务报表认定				
	存在	完整性	权利和义务	计价和分摊	列报
A. 资产负债表中记录的应付职工薪酬是存在的	√				
B. 所有应当记录的应付职工薪酬均已记录		√			

续表

审计目标	财务报表认定				
	存在	完整性	权利和义务	计价和分摊	列报
C. 记录的应付职工薪酬是被审计单位应当履行的现时义务			√		
D. 应付职工薪酬以恰当的金额包括在财务报表中，与之相关的计价调整已恰当记录				√	
E. 应付职工薪酬已按照企业会计准则的规定在财务报表中做出恰当列报					√

步骤二：实施常用的实质性程序。

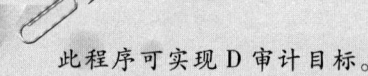

职工薪酬是指企业为获得职工提供的服务而给予各种形式的报酬以及其他相关支出。职工，是指与企业订立劳动合同的所有人员，含全职、兼职和临时职工；也包括虽未与企业订立劳动合同但由企业正式任命的人员，如董事会成员、监事会成员等。职工薪酬包括职工在职期间和离职后提供给职工的全部货币性薪酬和非货币性福利。企业提供给职工配偶、子女或其他被赡养人的福利等，也属于职工薪酬。

具体来说，职工薪酬的内容包括：职工工资、奖金、津贴和补贴；职工福利费；社会保险费；住房公积金；工会经费和职工教育经费；非货币性福利；辞退福利；股份支付。

小提示

1. 获取或编制应付职工薪酬明细表

获取或编制应付职工薪酬明细表，复核加计正确，并与报表数、总账数和明细账合计数核对是否相符。

此程序可实现 D 审计目标。

小提示

2. 实施实质性分析程序

常用的分析角度有：

（1）比较被审计单位员工人数的变动情况，检查被审计单位各部门各月工薪费用的发生额是否有异常波动，若有，则查明波动原因是否合理；

（2）将本期工薪费用总额与上期进行比较，要求被审计单位解释其增减变动原因，或取得公司管理当局关于员工工薪标准的决议；

（3）比较本期应付职工薪酬余额与上期应付职工薪酬余额，是否有异常变动；

（4）结合员工社保缴纳情况，明确被审计单位员工范围，检查是否与关联公司员工工资混淆列支；

（5）核对下列相互独立部门的相关数据：①工资部门记录的工资支出与出纳记录的工资支付数；②工资部门记录的工时与生产部门记录的工时。

此程序可实现 A、B、D 审计目标。

3. 检查工薪、奖金、津贴和补贴

（1）计提是否正确，依据是否充分。

①将执行的工薪标准与有关规定核对，并对工薪总额进行测试；

②如果被审计单位实行工效挂钩的，应取得有关主管部门确认的效益工薪发放额的认定证明，结合有关合同文件和实际完成的指标，检查其计提额是否正确，是否应作纳税调整。

（2）检查分配方法与上年是否一致。并将应付职工薪酬计提数与相关的成本、费用项目核对一致。

（3）检查发放金额是否正确，代扣款项及其金额是否正确。

（4）检查是否存在拖欠性质的职工薪酬，并了解拖欠的原因。

此程序可实现 A、B、D 审计目标。

4. 检查社会保险费

检查社会保险费（包括医疗保险、养老保险、失业保险、工伤保险和生育保险）、住房公积金、工会经费和职工教育经费等的计提和支付的会计处理是否正确，依据是否充分。

此程序可实现 A、B、D 审计目标。

5. 检查辞退福利

（1）对于职工没有选择权的辞退计划，检查按辞退职工数量、辞退补偿标准计提辞退福利负债金额是否正确；

（2）对于自愿接受裁减的建议，检查按接受裁减建议的预计职工数量、辞退补偿标准等计提辞退福利负债金额是否正确；

（3）检查计提辞退福利负债的会计处理是否正确，是否将计提金额计入当期管理费用；

（4）检查辞退福利支付凭证是否真实正确。

此程序可实现 A、B、D 审计目标。

6. 检查非货币性福利

（1）被审计单位以其自产产品作为非货币性福利发给职工的，是否根据收益对象，按照该产品的公允价值,计入相关的资产成本或当期损益,同时确认应付职工薪酬;对于难以认定受益对象的非货币性福利,是否直接计入当期损益和应付职工薪酬。

(2) 被审计单位将其拥有住房无偿提供给职工使用的,是否根据收益对象,将该住房每期应计提的折旧计入相关资产成本或当期损益,同时确认应付职工薪酬。对于难以认定受益对象的非货币性福利,是否直接计入当期损益和应付职工薪酬。

(3) 被审计单位将其租赁住房等资产无偿提供给职工使用的,是否根据收益对象,将每期应付的租金计入相关资产成本或当期损益,同时确认应付职工薪酬。对于难以认定受益对象的非货币性福利,是否直接计入当期损益和应付职工薪酬。

此程序可实现 A、B、D 审计目标。

小提示

7. 检查应付职工薪酬的期后付款情况

检查应付职工薪酬的期后付款情况,并关注在资产负债表日至财务报表批准报出日之间,是否有确凿证据表明需要调整资产负债表日原确认的应付职工薪酬事项。

此程序可实现第 A、B、C 审计目标。

小提示

8. 检查应付职工薪酬是否已按照企业会计准则的规定在财务报表中做出恰当的列报

(1) 检查是否在附注中披露与职工薪酬有关的下列信息:
①应当支付给职工的工薪、奖金、津贴和补贴,及其期末应付未付金额;
②应当为职工缴纳的医疗、养老和生育等社会保险费,及其期末应付未付金额;
③应当为职工缴存的住房公积金,及其期末应付未付金额;
④为职工提供的非货币性福利,及其计算依据;
⑤其他职工薪酬。

(2) 检查因自愿接受裁减建议的职工数量、补偿标准等不确定而产生的预计负债(应付职工薪酬),是否按照企业会计准则进行披露。

此程序可实现 E 审计目标。

小提示

步骤三:通过实质性程序获取的审计证据判断被审计单位应付职工薪酬是否存在重大错报。

【工作实例 8-2】恒信会计师事务所在审计京华公司 2013 年度财务报告时,注册会计师周华负责对该公司应付职工薪酬进行审计,周华实施了以下的审计程序。

步骤一:编制应付职工薪酬明细表,与总账、明细账、报表数核对(见表 8-2)。

表 8-2　　　　　　　　　　　　应付职工薪酬明细表

被审计单位：　京华公司　　　　　　　　　索引号：　FF2　
项目：　应付职工薪酬核对　　　　　　　　财务报表截止日/期间：　2013年12月31日　
编制：　周华　　　　　　　　　　　　　　复核：　赵静　
日期：　2014年1月22日　　　　　　　　　日期：　2014年1月24日　

项目名称	期初数	本期增加	本期减少	期末数	备注
1. 工资		34 854 265.26	34 854 265.26		
2. 奖金		276 165.76	276 165.76		
3. 津贴		125 674.47	125 674.47		
4. 补贴		432 379.52	432 379.52		
5. 职工福利		4 879 597.14	4 879 597.14		
6. 社会保险费		7 634 371.36	7 634 371.36		
（1）医疗保险费		724 414.36	724 414.36		
（2）养老保险费		5 754 637.48	5 754 637.48		
（3）失业保险费		655 849.51	655 849.51		
（4）工伤保险费		237 130.21	237 130.21		
（5）生育保险费		262 339.80	262 339.80		
7. 住房公积金		6 273 767.75	6 273 767.75		
8. 工会经费		697 085.31	697 085.31		
9. 职工教育经费		522 813.98	522 813.98		
10. 非货币性福利		49 768.55	49 768.55		
合计		20 489 783.61	20 489 783.61		

审计说明：

1. 取得应付职工薪酬表并与总账、明细账、报表数核对一致。
2. 应付职工薪酬核算内容符合会计准则的规定，并在附注中恰当披露。
3. 本期计提的各项职工薪酬金额，全部支付完毕。
4. 计提的各项职工薪酬根据受益对象分别计入：生产成本、制造费用、管理费用、销售费用。我们抽查了6个月职工薪酬分配情况，分配合理。

步骤二：编制应付职工薪酬计提情况检查表，检查应付职工薪酬计提情况（见表8-3）。

表 8-3　　　　　　　　　　　　应付职工薪酬计提情况检查表

被审计单位：　京华公司　　　　　　　　　索引号：　FF3　
项目：　应付职工薪酬计提检查　　　　　　财务报表截止日/期间：　2013年12月31日　
编制：　周华　　　　　　　　　　　　　　复核：　赵静　
日期：　2014年1月21日　　　　　　　　　日期：　2014年1月23日

续表

项目名称	已计提金额	应计提基数	计提比率	应计提金额	应提与已提的差异	备注
职工福利	4 879 597.14	34 854 265.26	14%	4 879 597.14		
社会保险费	7 634 371.36			7 634 371.36		
（1）医疗保险费	724 414.36	28 976 574.32	2.5%	724 414.36		
（2）养老保险费	5 754 637.48	30 287 565.68	19%	5 754 637.48		
（3）失业保险费	655 849.51	32 792 475.39	2%	655 849.51		
（4）工伤保险费	237 130.21	33 875 743.81	0.7%	237 130.21		
（5）生育保险费	262 339.80	32 792 475.39	0.8%	262 339.80		
住房公积金	6 273 767.75	34 854 265.26	18%	6 273 767.75		
工会经费	697 085.31	34 854 265.26	2%	697 085.31		
职工教育经费	522 813.98	34 854 265.26	1.5%	522 813.98		

审计说明：

1. 职工福利、公积金、工会经费、职工教育经费均按照当月工资总额计提，应提数与实际计提数差异较小，可以确认。
2. 其他各项附加费均有人力资源部按照当地劳动局的规定比例计提，每月计提基数有所变化，不便于测算。鉴于职工薪酬内部控制设计合理并得到执行，所以确认其计提金额。

步骤三：检查应付职工薪酬支付情况（见表 8-4）。

表 8-4　　　　　　　　　　　**应付职工薪酬（支付）检查情况表**

被审计单位：	京华公司	索引号：	FF4
项目：	应付职工薪酬支付情况检查	财务报表截止日/期间：	2013 年 12 月 31 日
编制：	周华	复核：	赵静
日期：	2014 年 1 月 18 日	日期：	2014 年 1 月 20 日

记账日期	凭证编号	业务内容	对应科目	金额	核对内容（用"√"、"×"表示）					备注
					①	②	③	④	⑤	
1.12	0050#	发放工资	银行存款	860 735.36	√	√	√	√	√	
2.19	0109#	发放奖金	银行存款	657 886.45	√	√	√	√	√	
3.12	0230#	发放工资	银行存款	861 954.28	√	√	√	√	√	
……										
2.10	0097#	食堂购料	银行存款	17 569.33	√	√	√	√	√	
4.25	0361#	支付职工误餐补贴	银行存款	38 264.86	√	√	√	√	√	
5.21	0475#	支付房屋租赁费	银行存款	61 987.46	√	√	√	√	√	
……										
11.7	1223#	缴付公积金	银行存款	238 565.32	√	√	√	√	√	
12.9	1543#	缴付公积金	银行存款	211 786.37	√	√	√	√	√	
……										
8.20	0785#	缴纳医疗保险	银行存款	26 345.65	√	√	√	√	√	
8.20	0785#	缴纳养老保险	银行存款	301 216.76	√	√	√	√	√	
8.20	0785#	缴纳失业保险	银行存款	24 976.34	√	√	√	√	√	
8.20	0785#	缴纳工伤保险	银行存款	8 921.86	√	√	√	√	√	
8.20	0785#	缴纳生育保险	银行存款	11 389.71	√	√	√	√	√	
……										

续表

审计说明：

1. 测试目的：检查职工薪酬支付的发生。
2. 样本选择：每项职工薪酬每月选择一个样本。
3. 检查内容：①原始凭证是否齐全；②记账凭证与原始凭证是否相符；③账务处理是否正确；④是否记录于恰当的会计期间；⑤是否经过适当授权。
4. 截止审计外勤结束日，应付职工薪酬没有款项未支付情况。
5. 经过测试，应付职工薪酬贷方发生额可以确认。

步骤四：编制应付职工薪酬审定表（见表 8-5）。

表 8-5　　　　　　　　　　　　　**应付职工薪酬审定表**

被审计单位：<u>　京华公司　</u>　　　　　　　索引号：<u>　FF1　</u>
项　　目：<u>应付职工薪酬支付情况检查</u>　　财务报表截止日/期间：<u>2013 年 12 月 31 日</u>
编　　制：<u>　周华　</u>　　　　　　　　　　复核：<u>　赵静　</u>
日　　期：<u>2014 年 1 月 18 日</u>　　　　　　日期：<u>2014 年 1 月 20 日</u>

项目名称	期末未审数	账项调整		重分类调整		期末审定数	上期审定数	索引号
		借方	贷方	借方	贷方			
1. 工资	0					0	0	
2. 奖金	0					0	0	
3. 津贴	0					0	0	
4. 补贴	0					0	0	
5. 职工福利	0					0	0	
6. 社会保险费	0					0	0	
（1）医疗保险费	0					0	0	
（2）养老保险费	0					0	0	
（3）失业保险费	0					0	0	
（4）工伤保险费	0					0	0	
（5）生育保险费	0					0	0	
7. 住房公积金	0					0	0	
8. 工会经费	0					0	0	
9. 职工教育经费	0					0	0	
10. 非货币性福利	0					0	0	
合计	0					0	0	

审计结论：

应付职工薪酬期末余额为零，可以确认。

 情境小结

本情境按照认识薪酬与人事循环的特点→薪酬与人事循环的关键内部控制与控制测试→应付职工薪酬的实质性程序的逻辑顺序,介绍了薪酬与人事循环的审计。学完本情境应在确定应付职工薪酬审计目标的基础上,能够实施应付职工薪酬的实质性程序。薪酬与人事循环关系到被审计单位员工的切身利益,审计人员应引起充分重视。

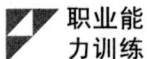 职业能力训练

[知识训练]

一、**单项选择题**(下列答案中有一项是正确的,将正确答案填入括号内)

1. 根据薪酬业务循环内部控制的要求,有权签字确认生产车间考勤记录的是( )。

   A. 财务部门主管 B. 人力资源部门主管
   C. 生产车间主管 D. 行政管理部门主管

2. 下列选项中,审计人员为检查应付工资的总体合理性可以运用的分析性复核方法是( )。

   A. 检查各种奖金的发放范围和规定标准,查明其是否真实、合法
   B. 根据企业的员工名册,人力资源管理统计报表,职工调动、录用、解聘等原始资料,查明职工增减变动情况
   C. 分析比较近期各年度和本年度各个月份工资变动情况,判断其变动有无异常
   D. 检查各种津贴、补贴开支的真实性

3. 下列各项中,属于职工薪酬实质性程序的是( )。

   A. 观察考勤、工资结算、工资发放是否由相互独立的部门完成
   B. 检查工资汇总表是否经授权审批
   C. 检查相关记账凭证,查明有无编制人员、审核人员的签字
   D. 分析比较本年度各个月份的工资变动情况,判断有无异常变动

4. 人力资源部门应独立于( ),负责确定员工的雇用、解雇及其支付率和扣减额的变化。防止企业向员工过量支付工薪,或向不存在的员工虚假支付工薪。

   A. 生产职能 B. 工薪职能
   C. 销售职能 D. 采购职能

5. 被审计单位以其自产产品作为非货币性福利发给职工的,是否根据收益对象,按照该产品的( ),计入相关的资产成本或当期损益,同时确认应付职工薪酬。

   A. 账面价值 B. 产品成本

C. 销售价格　　　　　　　　D. 公允价值

二、多项选择题（下列答案中有多项是正确的，将正确答案填入括号内）

1. 在对薪酬审计时，审计人员发现被审计单位把在建工程人员的工资、福利部门人员的工资计入产品成本。审计人员可以据此认定（　　）。
   A. 工资总额不准确　　　　B. 生产成本不准确
   C. 利润总额不准确　　　　D. 多计提应付福利费

2. 审计人员测试被审计单位应付职工薪酬要实现的主要目标有（　　）。
   A. 确保真实性
   B. 应付职工薪酬是否记录在正确的会计期间
   C. 测试是否发生少报或漏报应付职工薪酬金额
   D. 确保不发生多计或虚构应付职工薪酬金额

3. 运用分析性复核方法检查应付工资总体合理性的主要内容和方法有（　　）。
   A. 分析销售与生产关系
   B. 将本年度产品生产成本中人工费与前期比较
   C. 分析比较本年各个月份职工薪酬变动情况
   D. 分析比较近期各年度职工薪酬变动情况

4. 被审计单位将其拥有住房无偿提供给职工使用的，是否根据收益对象，将该住房每期应计提的折旧计入（　　），同时确认应付职工薪酬。
   A. 相关资产成本　　　　　B. 当期损益
   C. 生产成本　　　　　　　D. 营业外支出

5. 企业应当限制接触未签字的工薪支票。支票应由有关专职人员签字，工薪应当由独立于（　　）之外的人员发放。
   A. 工薪职能　　　　　　　B. 销售职能
   C. 考勤职能　　　　　　　D. 生产职能

三、简答题

资料一：2013年初，靖宇公司董事会决定将每月薪酬发放日由当月最后1日推迟到次月5日，同时将员工薪酬水平平均上调10%。靖宇公司2013年员工队伍基本稳定。

资料二：注册会计师王静在审计工作底稿中记录了所获取的靖宇公司合并财务数据，部分内容摘录如下：（金额单位：万元）

年份	未审数	已审数
	2013年	2012年
应付职工薪酬	22	20

资料三：王静在审计工作底稿中记录了实施的相关实质性程序，部分内容摘录如下：根据不同类别员工的薪酬标准和平均人数，估算 2013 年度应计提的员工薪酬，与 2013 年度实际计提的金额进行比较。

要求：

（1）针对资料一，结合资料二，假定不考虑其他条件，指出资料一所列事项是否可能表明存在重大错报风险。如果认为存在，简要说明理由，并说明该风险主要与哪些账务报表项目有关。

（2）针对资料三所列示的实质性程序，假定不考虑其他条件，指出该实质性程序与已识别的重大错报风险是否直接相关，并简要说明理由。

[能力训练]

（1）注册会计师在审查某企业上年"应付职工薪酬"账户的工资明细账时，发现 12 月比 11 月多 40 000 元，怀疑其中有虚列工资或其他问题，决定作进一步审查。

注册会计师调阅了 12 月份工资的原始凭证，发现在"工资结算单"中，有第一生产车间工资 40 000 元，附车间负责人收据一张，未具体列明发放工资人员名单。查问车间负责人时，他承认因本企业业务招待费超支，财务科长让他领取，并提供了原始凭证。财务科长对此供认不讳。该企业的所得税税率为 25%。

要求：指出被审计单位存在的问题，并提出处理意见。

（2）江南公司 2013 年 12 月工资费用分配表如表 8-6 所示。

表 8-6　　　　　　　　　　　工资费用分配表

部门	人员类别	生产成本	制造费用	管理费用	销售费用	营业外支出
生产车间	生产工人	129 800				
	管理人员		8 900			
销售部门	门市部人员				4 600	
膳食科	炊事人员					5 700
厂部	管理人员			5 200		
其他	固定资产清理	1 600				
	基建人员	8 800				
	内部开发存货管理系统人员					12 000

要求：指出江南公司工资费用分配中存在的问题。

学习情境九 货币资金的审计

 职业能力目标

通过本情境学习,能够识别货币资金中的主要业务活动,熟悉货币资金的内部控制测试,会对货币资金进行控制测试,能够确定货币资金相关报表项目的审计目标并设计合理的实质性审计程序,能够熟练编制货币资金相关工作底稿。

 **典型工作任务**

1. 了解货币资金与交易循环。
2. 了解货币资金的内部控制。
3. 对货币资金进行控制测试。
4. 确定库存现金和银行存款的审计目标。
5. 对库存现金和银行存款实施实质性程序。
6. 编制货币资金进的审计工作底稿。

 阅读资料

1. 《中国注册会计师审计准则第 1312 号——函证》
2. 《中国注册会计师审计准则问题解答第 2 号——函证》

学习子情境一
货币资金的内部控制与控制测试

情境引例　刘某为成都睿翼汽车销售公司财务经理,出纳人员小张因生小孩需休假6个月,由于小张请假较急公司并没有合适人员接替其工作,公司决定在没有找到合适人员前暂由刘某兼任,负责公司现金的收支和日记账登记。在刘某兼任出纳的6个月内,利用负责保管公司财务专用章、支票和收支现金的职务便利,先后挪用单位资金共80余万元。请问是什么原因能让刘某挪用单位资金80余万元?

▍职业判断

注册会计师在进行货币资金的审计业务时,应首先了解这一循环的主要活动和流程,以及主要活动产生的主要票据、凭证和相关记录。

货币资金是企业资产的重要组成部分,是企业资产中流动性最强的一种资产。任何企业进行生产经营活动都必须拥有一定数额的货币资金,持有货币资金是企业生产经营活动的基本条件,可能关乎企业的命脉。根据货币资金存放地点及用途的不同,货币资金分为库存现金、银行存款及其他货币资金。

一、认识货币资金与其他交易循环的关系

货币资金与各交易循环均直接相关,如图9-1所示。

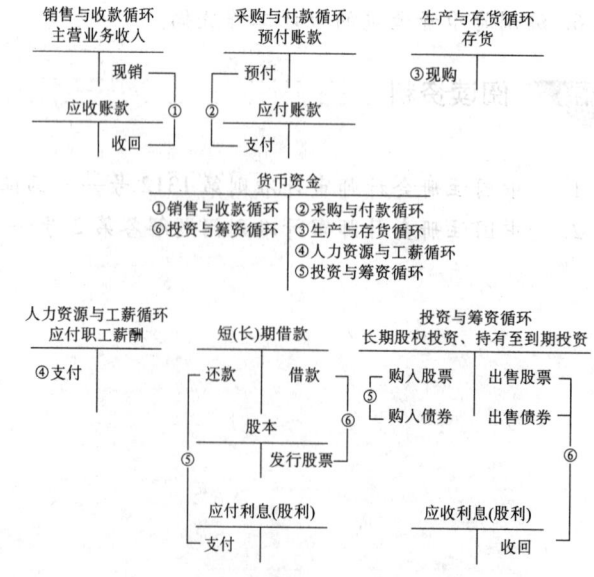

图9-1　货币资金与交易循环的关系

二、认识涉及的主要凭证和会计记录

货币资金涉及的凭证和会计记录主要有：

1. 现金盘点表

现金盘点表模板见图9-2。

库存现金盘点表

单位：			盘点日期：		
检查盘点记录			实有现金盘点记录		
项目	金额		面额	人民币	
				张	金额
账面库存余额			100元		—
盘点日未记账凭证收入金			50元		
盘点日未记账凭证支出金			20元		
盘点日应有金额			10元		
盘点日实有现金数额			5元		
盘点日应有与实有差额			2元		
			1元		
			0.5元		
			0.1元		
合计			合计		—
差异原因及处理意见：					
盘点人：		财务主管：		出纳：	

图9-2 现金盘点表模板

2. 银行对账单

银行对账单模板见图9-3。

 中国农业银行
AGRICULTURALBANK OF CHINA   对账单

日期	摘要	凭证种类	凭证号码	借方发生额	贷方发生额	借/贷标志	余额	传票号

图9-3 银行对账单模板

3. 银行存款余额调节表

银行存款余额调节表模板见图 9-4。

银行存款余额调节表

开户行及账号：　　　　　　　　　　　　　　　　　　　　　　　金额单位：元

项目	金额	项目	金额
企业银行存款日记账余额		银行对账单余额	
加：银行已收、企业未收款		加：企业已收、银行未收款	
减：银行已付、企业未付款		减：企业已付、银行未付款	
调节后的存款余额		调节后的存款余额	

主管：　　　　　　　　　　　　会计：　　　　　　　　　　　　出纳：

编制单位：

图 9-4　银行存款余额调节表模板

4. 有关科目的记账凭证
5. 有关会计账簿

三、认识货币资金内部控制

由于货币资金是企业流动性最强的资产，企业必须加强对货币资金的管理，建立良好的货币资金内部控制，以确保全部应收取的货币资金均能收取，并及时正确地予以记录；全部货币资金支出是按照经批准的用途进行的，并及时正确地予以记录；库存现金、银行存款报告正确，并得以恰当保管；正确预测企业正常经营所需的货币资金收支额，确保企业有充足又不过剩的货币资金余额。

一般而言，一个良好的货币资金内部控制应该达到以下几点：①货币资金收支与记账的岗位分离。②货币资金收支要有合理、合法的凭据。③全部收支及时准确入账，并且支出要有核准手续。④控制现金坐支，当日收入现金应及时送存银行。⑤按月盘点现金，编制银行存款余额调节表，以做到账实相符。⑥加强对货币资金收支业务的内部审计。

尽管由于每个企业的性质、所处行业、规模以及内部控制健全程度等不同，而使得其与货币资金相关的内部控制内容有所不同，但以下要求是通常应当共同遵循的：

（一）岗位分工及授权批准

（1）企业应当建立货币资金业务的岗位责任制，明确相关部门和岗位的职责权限，确保办理货币资金业务的不相容岗位相互分离。

（2）企业应当对货币资金业务建立严格的授权批准制度，明确审批人对货币资金业务的授权批准方式、权限、程序、责任和相关控制措施，规定经办人办理货币资金业务的职责范围和工作要求；审批人应当根据货币资金授权批准制度的规定，在授权范围内进行审批，不得超越审批权限。经办人应当在职责范围内，按照审批人的批准意见办理货币资金业务。对于审批人超越授权范围审批的货币资金业务，经办人员有权拒绝办理，并及时向审批人的上级授权部门报告。

（3）企业应当按照规定的程序办理货币资金支付业务。

①支付申请。企业有关部门或个人用款时，应当提前向审批人提交货币资金支付申请，注明款项的用途、金额、预算、支付方式等内容，并附有效经济合同或相关证明。

②支付审批。审批人根据其职责、权限和相应程序对支付申请进行审批。对不符合规定的货币资金支付申请，审批人应当拒绝批准。

③支付复核。复核人应当对批准后的货币资金支付申请进行复核，复核货币资金支付申请的批准范围、权限、程序是否正确，手续及相关单证是否齐备，金额计算是否准确，支付方式、支付企业是否妥当等。复核无误后，交由出纳人员办理支付手续。

④办理支付。出纳人员应当根据复核无误的支付申请，按规定办理货币资金支付手续，及时登记库存现金和银行存款日记账。

（4）企业对于重要货币资金支付业务，应当实行集体决策和审批，并建立责任追究制度，防范贪污、侵占、挪用货币资金等行为。

（5）严禁未经授权的机构或人员办理货币资金业务或直接接触货币资金。

（二）现金和银行存款的管理

（1）企业应当加强现金库存限额的管理，超过库存限额的现金应及时存入银行。

（2）企业必须根据《现金管理暂行条例》的规定，结合本企业的实际情况，确定本企业现金的开支范围。不属于现金开支范围的业务应当通过银行办理转账结算。

（3）企业现金收入应当及时存入银行，不得用于直接支付企业自身的支出。因特殊情况需坐支现金的，应事先报经开户银行审查批准。

（4）企业借出款项必须执行严格的授权批准程序，严禁擅自挪用、借出货币资金。

（5）企业取得的货币资金收入必须及时入账，不得私设"小金库"，不得账外设账，严禁收款不入账。

（6）企业应当严格按照《支付结算办法》等国家有关规定，加强银行账户的管理，严格按照规定开立账户，办理存款、取款和结算。

（7）企业应当定期检查、清理银行账户的开立及使用情况，发现问题，及时处理。

（8）企业应当加强对银行结算凭证的填制、传递及保管等环节的管理与控制。

（9）企业应当严格遵守银行结算纪律，不准签发没有资金保证的票据或远期支票，套取银行信用；不准签发、取得和转让没有真实交易和债权债务的票据，套取银行和他人资金；不准无理拒绝付款，任意占用他人资金；不准违反规定开立和使用银行账户。

（10）企业应当指定专人定期核对银行账户（每月至少核对一次），编制银行存款余额调节表，使银行存款账面余额与银行对账单调节相符。如调节不符，应查明原因，及时处理。

（11）企业应当定期和不定期地进行现金盘点，确保现金账面余额与实际库存相符。发现不符，及时查明原因，做出处理。

（三）票据及有关印章的管理

（1）企业应当加强与货币资金相关的票据的管理，明确各种票据的购买、保管、领用、背书转让、注销等环节的职责权限和程序，并专设登记簿进行记录，防止空白票据的遗失和被盗用。

（2）企业应当加强银行预留印鉴的管理。财务专用章应由专人保管，个人名章必须由本人或其授权人员保管。严禁一人保管支付款项所需的全部印章。

（3）按规定需要有关负责人签字或盖章的经济业务，必须严格履行签字或盖章手续。

（四）监督检查

（1）企业应当建立对货币资金业务的监督检查制度，明确监督检查机构或人员的职责权限，定期和不定期地进行检查。

（2）货币资金监督检查的内容主要包括：

①货币资金业务相关岗位及人员的设置情况。重点检查是否存在货币资金业务不相容、职务混岗的现象。

②货币资金授权批准制度的执行情况。重点检查货币资金支出的授权批准手续是否健全，是否存在越权审批行为。

③支付款项印章的保管情况。重点检查是否存在办理付款业务所需的全部印章交由一人保管的现象。

④票据的保管情况。重点检查票据的购买、领用、保管手续是否健全，票据保管是否存在漏洞。

（3）对监督检查过程中发现的货币资金内部控制中的薄弱环节，应当及时采取措施，加以纠正和完善。

> **小提示**
> 由于每一家公司具体情况不一样，不同公司背景下对货币资金的内部控制将会有一些差异，不能一概而论，因此其涉及的相关的凭证和记录亦会随之不同。例如图9-5是鹏飞机械有限责任公司备用金借款的流程图以及涉及的相关凭证和记录。

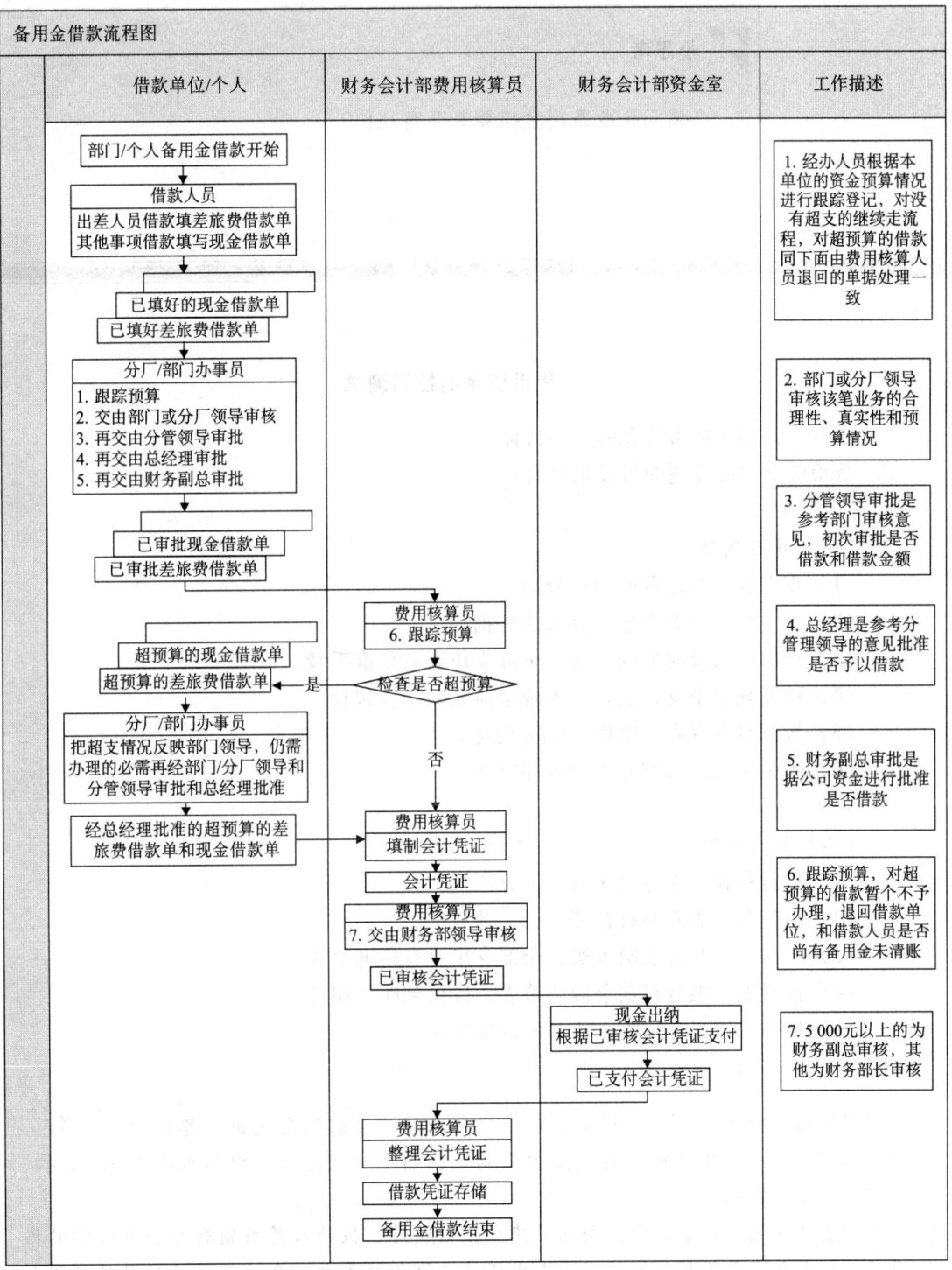

图 9-5 鹏飞公司备用金借款流程图

> **小思考**
>
> 请问企业备用金核算制度有几种?

业务操作

货币资金的控制测试

步骤一:确定货币资金的控制目标。

货币资金内部控制的目标主要有:

(一)库存现金
(1)现金收支与记账的岗位分离。
(2)现金收支要有合理、合法的凭据。
(3)全部收入及时准确入账,全部支出要有核准手续。
(4)控制现金坐支,当日收入现金应及时送存银行。
(5)按月盘点现金,以做到账实相符。
(6)加强对现金收支业务的内部审计。

(二)银行存款
(1)银行存款收支与记账的岗位分离。
(2)银行存款收支要有合理、合法的凭据。
(3)全部收支及时准确入账,全部支出要有核准手续。
(4)按月编制银行存款余额调节表,以做到账实相符。
(5)加强对银行存款收支业务的内部审计。

> **小提示**
>
> 按照我国现金管理的有关规定,超过规定限额以上的现金支出一律使用支票。因此,企业应建立相应的支票申领制度,明确申领范围、申领批准及支票签发、支票报销等。
>
> 对于支票报销和现金报销,企业应建立报销制度。报销人员报销时应当有正常的报批手续、适当的付款凭据,有关采购支出还应具有验收手续。会计部门应对报销单据加以审核,出纳员见到加盖核准戳记的支出凭据后方可付款。
>
> 付款记录应及时登记入账,相关凭证应按顺序或内容编制会计记录的附件。

步骤二：实施货币资金的控制测试程序。

(一) 库存现金内部控制的测试

1. 解现金内部控制

通常通过现金内部控制流程图来了解现金内部控制。编制现金内部控制流程图是现金控制测试的重要步骤。了解现金内部控制时，审计人员应当注意检查库存现金内部控制的建立和执行情况，重点包括：

(1) 库存现金的收支是否按规定的程序和权限办理；
(2) 是否存在与被审计单位经营无关的款项收支情况；
(3) 出纳与会计的职责是否严格分离；
(4) 库存现金是否妥善保管，是否定期盘点、核对，等等。

2. 抽取并检查收款凭证

如果现金收款内部控制不强，很可能会发生贪污舞弊或挪用等情况。为测试现金收款的内部控制，注册会计师应按现金的收款凭证分类，选取适当的样本量，作如下检查：①核对现金日记账的收入金额是否正确。②核对现金收款凭证与应收账款明细账的有关记录是否相符。③核对实收金额与销货发票是否一致等。

3. 抽取并检查付款凭证

为测试现金付款内部控制，审计人员应按照现金付款凭证分类，选取适当的样本量，作如下检查：①检查付款的授权批准手续是否符合规定。②核对现金日记账的付出金额是否正确。③核对现金付款凭证与应付账款明细账的记录是否一致。④核对实付金额与购货发票是否相符等。

4. 抽取一定期间的库存现金日记账与总账核对

审计人员应抽取一定期间的库存现金日记账，检查其加总是否正确无误，库存现金日记账是否与总分类账核对相符。

(二) 银行存款的控制测试

1. 了解银行存款的内部控制

审计人员对银行存款内部控制的了解一般与了解现金的内部控制同时进行。审计人员应当注意的内容包括：①银行存款的收支是否按规定的程序和权限办理。②银行账户是否存在与本单位经营无关的款项收支情况。③是否存在出租、出借银行账户的情况。④出纳与会计的职责是否严格分离。⑤是否定期取得银行对账单并编制银行存款余额调节表等。

2. 抽取并检查银行存款收款凭证

审计人员应选取适当的样本量，作如下检查：①核对银行存款收款凭证与存入银行账户的日期和金额是否相符。②核对银行存款日记账的收入金额是否正确。③核对银行存款收款凭证与银行对账单是否相符。④核对银行存款收款凭证与应收账款明细账的有关记录是否相符。⑤核对实收金额与销货发票是否一致等。

3. 抽取并检查银行存款付款凭证

为测试银行存款付款内部控制，审计人员应选取适当的样本量，作如下检查：①检查付款的授权批准手续是否符合规定。②核对银行存款日记账的付出金额是否正确。③核对银行存款付款凭证与银行对账单是否相符。④核对银行存款付款凭证与应付账款明细账的记录是否一致。⑤核对实付金额与购货发票是否相符等。

4. 抽取一定期间的银行存款日记账与总账核对

审计人员应抽取一定期间的银行存款日记账,检查其有无计算错误,并与银行存款总分类账核对。

5. 抽取一定期间银行存款余额调节表,查验其是否按月正确编制并经复核

为证实银行存款记录的正确性,注册师必须抽取一定期间的银行存款余额调节表,将其同银行对账单、银行存款日记账及总账进行核对,确定被审计单位是否按月正确编制并复核银行存款余额调节表。

步骤三:评价库存现金和银行存款的内部控制。

完成前面的程序之后,注册会计师即可对被审计单位的库存现金和银行存款内部控制进行评价了。首先应确定货币资金内部控制可信赖的程度以及存在的薄弱环节和缺点,然后据以确定在库存现金和银行存款实质性程序中对哪些环节可以适当减少审计程序,对哪些环节应增加审计程序并作重点检查,以减少审计风险。

小提示

对于有外币资金的被审计单位,审计时还应检查外币资金的折算方法是否符合有关规定,是否与上年度一致。

引例分析

刘某是因为以下一些原因才能挪用企业的资金:

(1) 不相容职位没有做到严格分离。货币资金支出的审批人应同出纳员、支票保管员和记账员相分离;货币资金收付及保管只能由经授权的出纳员负责处理,其他职员不得接触未经支付的货币资金和收到的货币资金。而该公司却将货币资金支出的审批权、支票的保管权和现金收支的保管权一并交与财务经理刘某,这是他能够屡屡得手的根源所在。

(2) 印鉴管理混乱。财务专用章应由专人保管,个人名章必须由个人或授权人员保管。严禁一人保管支付款项所需的全部印章。按规定需要有关负责人签字或盖章的经济业务,必须严格履行签字或盖章手续。按财务制度规定,各单位的银行印鉴和银行支票必须由会计、出纳分别管理,动用现金支票提款时,必须由会计、出纳分别加盖所保管的印章,由出纳到银行提取现金。这样规定,从制度上使会计和出纳相互制约、相互监督,可以防止违规违法问题的产生。但该单位的银行印鉴、银行支票却统统由财务经理一人保管。刘某则利用保管印章的方便侵吞公司资金。

(3) 支票的签发与保管制度存在隐患。所有支票必须预先连续编号,空白支票应存放在安全处,严格控制,妥善保管。具有权力签署支票者不能保管空白支票。每项支票支出,都必须经过指定的支票签署者的审批并签发。具有资格签署支票者,不能同时填写支票、编制付款凭证。这种职务上分离有助于

保证已签发的支票只能用于某种被批准的应付款项和保证该签发的支票被记录在银行存款日记账上。已签署的支票应由支票签署人保管,直至支票由签署或其授权的其他职员寄出或递交给受票人为止,绝对不可再退交给编制支票的职员保管。支票签署得应受到熟悉业务的其他职员定期检查,以确定他们是否签署不适当的支票和他们的职责是否有利于不符合内部控制制度之处。

【工作实例 9-1】 恒信会计师事务所注册会计师黎平和周华接受委托,于 2014 年 1 月 10 日至 12 日对江南公司货币资金的内部控制进行了解和测试,并在相关的审计工作底稿中作了记录,现摘录如下:

江南公司会计和出纳分设,由于会计工作量大,财务经理安排由出纳负责登记三大期间费用账户,并且根据规定,收款的同时应为销售部门开具销售发票。办理付款手续时,直接根据采购人员提供的发票办理支付手续。期末结账以后,检查人员经常发现现金短款,原因是大量发票单据没有经过有权批准人员批准,因此并未进行账务处理。

请根据本节学习内容,指出江南公司货币资金内部控制的设计与运行方面存在的缺陷,并提出改进建议。

实例解析

步骤一:江南公司在货币资金内部控制上存在的缺陷归纳如下:

(1) 江南公司安排出纳登记期间费用的做法违背了不相容岗位分离的原则;

(2) 江南公司由出纳一人办理货币资金全过程;

(3) 付款程序存在问题;

(4) 现金短款,白条抵库;

步骤二:建议改进的措施有:

(1) 出纳登记期间费用的工作应安排其他人接替;

(2) 公司开票与收款应分离,由不同的人完成;

(3) 付款前经过复核和审批,如果是货到付款还应检查检验合格入库的单据;

(4) 款项支付前需有权批准的人员批准后方可付款,对已完成的业务及时处理,使账实相符。

学习子情境二
货币资金的实质性程序

注册会计师张华于2014年3月5日对上海某汽车销售公司全部现金盘点后,确认实有数额为1 000元。公司3月4日账面库存现金余额为2 000元,3月5日的收支全部未登记入账,其中收入金额为4 000元,支出金额为5 000元,2014年1月1日至3月4日现金收入总额为165 200元,现金支出总额为165 500元,审计人员经计算得出2013年12月31日库存现金余额为1 300元。请问审计人员是如何计算出2013年12月31日库存现金余额为1 300元?

业务操作

库存现金的审计

步骤一:确定库存现金的审计目标。

库存现金是企业流动性最强的资产,虽然库存现金在企业总资产比重不大,但企业发生的舞弊事件大多都与现金有关,因此审计人员应该重视对库存现金的审计。库存现金的审计目标,如表9-1所示:

表9-1 库存现金审计目标

审计目标	财务报表认定				
	存在	完整性	权利和义务	计价和分摊	列报
A. 资产负债表中记录的库存现金是存在的	√				
B. 所有应当记录的库存现金均已记录		√			
C. 记录的库存现金由被审计单位拥有或控制			√		
D. 库存现金以恰当的金额包括在财务报表中,与之相关的计价或分摊已恰当记录				√	
E. 库存现金已按照企业会计准则的规定在财务报表中做出恰当列报					√

步骤二:实施常用的实质性程序。

1. 核对库存现金日记账与总账的金额是否相符

核对库存现金日记账与总账的金额是否相符,检查非记账本位币库存现金的折算汇率及折算金额是否正确。审计人员测试现金余额的起点是,核对库存现金日记账与总账的金额是否相符。如果不相符，应查明原因，必要时应建议做出适当调整。

此程序可实现 D 审计目标。

2. 监盘库存现金

监盘库存现金是证实资产负债表中货币资金项目下所列库存现金是否存在的一项重要审计程序。

企业盘点库存现金，通常包括对已收到但未存入银行的现金、零用金、找换金等的盘点。盘点库存现金的时间和人员应视被审计单位的具体情况而定，但现金出纳员和被审计单位会计主管人员必须参加，并由审计人员进行监盘。盘点和监盘库存现金的步骤与方法主要有：

（1）制定监盘计划，确定监盘时间。对库存现金的监盘最好实施突击性的检查，时间最好选择在上午上班前或下午下班时，盘点的范围一般包括被审计单位各部门经管的现金。在进行现金盘点前，应由出纳将现金集中起来存入保险柜。必要时可加以封存，然后由出纳员把已办妥现金收付手续的收付款凭证登入库存现金日记账。如被审计单位库存现金存放部门有两处或两处以上的，应同时进行盘点。

（2）审阅库存现金日记账并同时与现金收付凭证相核对。一方面检查库存现金日记账的记录与凭证的内容和金额是否相符；另一方面了解凭证日期与库存现金日记账日期是否相符或接近。

（3）由出纳员根据库存现金日记账加计累计数额，结出现金结余额。

（4）盘点保险柜内的现金实存数，同时由审计人员编制"库存现金监盘表"（格式参见表9-2），分币种、面值列示盘点金额。

（5）将盘点金额与库存现金日记账余额进行核对，如有差异，应要求被审计单位查明原因，必要时应提请被审计单位做出调整；如无法查明原因，应要求被审计单位按管理权限批准后做出调整。

（6）若有冲抵库存现金的借条、未提现支票、未作报销的原始凭证，应在"库存现金监盘表"中注明，必要时应提请被审计单位做出调整。

（7）在非资产负债表日进行盘点和监盘时，应调整至资产负债表日的金额。

此程序可实现 A、B、C、D 审计目标。

3. 抽查大额库存现金收支

检查大额现金收支的原始凭证是否齐全、原始凭证内容是否完整、有无授权批准、记账凭证与原始凭证是否相符、账务处理是否正确、是否记录于恰当的会计期间等项内容。

> 此程序可实现 A、B、D 审计目标。

4. 抽查资产负债表日前后若干天的、一定金额以上的现金收支凭证实施截止测试

被审计单位资产负债表的货币资金项目中的库存现金数额，应以结账日实有数额为准。因此，审计人员必须验证现金收支的截止日期，以确定是否存在跨期事项、是否应考虑提出调整建议。

> 此程序可实现 C 审计目标。

5. 检查库存现金是否在财务报表中做出恰当列报

根据有关规定，库存现金在资产负债表的"货币资金"项目中反映，审计人员应在实施上述审计程序后，确定"库存现金"账户的期末余额是否恰当，进而确定库存现金是否在资产负债表中恰当披露。

> 此程序可实现 E 审计目标。

步骤三：通过实质性程序获取的审计证据判断被审计单位库存现金是否存在重大错报。

【引例分析】
资产负债表日的现金余额 = 盘点日实际监盘数额 − 资产负债表日之盘点日现金增加金额 + 资产负债表日之盘点日现金减少金额

2014 年 3 月 4 日现金账面实存数 = 2 000 + 4 000 − 5 000 = 1 000

2014 年 3 月 5 日现金盘点后，确认实有数额为 1 000，账实相符。

2013 年 12 月 31 日库存现金余额 = 1 000 − 165 200 + 165 500 = 1 300 元。

【工作实例 9-2】恒信会计师事务所注册会计师黎平和周华接受委托，对华丰实业有限公司 2012 年度财务报表进行审计，其中涉及库存现金账户审计。同时，华丰公司希望黎、周两位注册会计师能够为其指出该公司在库存现金内部控制中存在的缺陷并提出改进建议。并在相关的审计工作底稿中作了记录，现摘录如下：

2014 年 1 月 12 日，审计人员查得 2013 年 12 月 31 日资产负债表中"货币资金"项目中库存现金为 1 067 元。2014 年 1 月 12 日库存现金的账面余额为 832 元。

（1）现金盘点结果金额为 627 元。其中 100 元币 2 张，50 元币 4 张，20 元币 5 张，10 元币 10 张，5 元币 5 张，1 元币 2 张。

（2）保险柜中还有下列单据已收付，但尚未入账：

①职工张三 10 月 5 号出差预借差旅费 200 元，借款单由领导签字批准。

②职工王五写的借据一张，金额为 140 元，没有领导签字，也未说明用途。

③保险柜中有已收款但未记账的收款凭证3张，共计金额为135元。

（3）经核对1月1日至1月11日的收付款凭证和库存现金日记账确认1月1日至1月11日收入金额为2 350元，支出金额2 580元。

（4）开户银行核定的库存现金限额为800元。

请根据本节学习内容，填制现金盘点表，并指出华丰实业公司在现金管理中存在的问题，提出改进建议。

实例解析

步骤一：监盘库存现金，填制库存现金盘点表。

表9-2　　　　　　　　　　　　　　库存现金监盘表

被审计单位：华丰实业有限公司　　　　　　索引号：ZA1-2
项目：库存现金监盘　　　　　　　　　　　财务报表截止日/期间：2013年12月31日
编制：黎平　　　　　　　　　　　　　　　复核：周华
日期：2014年1月12日　　　　　　　　　　日期：2014年1月12日

		检查盘点记录			实有库存现金盘点记录					
项目	项次	人民币	美元	某币	面额	人民币		美元		外币	
						张	金额	张	金额	张	金额
上一日账面库存余额	①	832			1 000元						
盘点日末记账传票收入金额	②	135			500元						
盘点日末记账传票支出金额	③	200			100元	2	200				
盘点日账面应有金额	④=①+②-③	767			50元	4	200				
盘点实有库存现金数额	⑤	627			20元	5	100				
盘点日应有与实存差异	⑥=④-⑤	-140			10元	10	100				
差异原因分析	白条抵库（张）	1	140		5元	5	25				
					2元						
					1元	2	2				
					0.5元						
					0.2元						
					0.1元						
					合计		627				
追溯调整	报表日至审计日库存现金付出总额	2 580									
	报表日至审计日库存现金收入总额	2 350									
	报表日库存现金应有余额	857									
	报表日账面汇率										
	报表日余额折合本位币金额										
本位币合计		857									

出纳员：张明　　会计主管人员：李四　　监盘人：黎平　　检查日期：2014年1月12日
审计说明：

　　2014年1月12日对库存现金进行了盘点，库存现金盘亏210元，其中白条抵库140元，另有70元应查明原因处理。

步骤二：江南公司在现金管理中存在的问题：
(1) 白条抵库 140 元，违反现金管理制度；
(2) 入账不及时；
(3) 库存现金限额不足。

步骤三：改进建议：
(1) 查明白条抵库原因，责令限期归还；
(2) 未入账凭证及时入账；
(3) 超限额库存现金及时送存银行；
(4) 库存现金差异进行及时调整。

业务操作二

银行存款的审计

步骤一：确定银行存款的审计目标。

银行存款是指企业存放在银行或其他金融机构的货币资金。企业除了在规定的范围内可以用库存现金直接支付款项外，在经营过程中所发生的一切货币收支业务，都必须通过银行存款账户进行结算，并按规定限额保留库存现金，超过规定限额的库存现金必须存入银行。银行存款是企业货币资金的主要组成部分，流动性很强，是审计的重要领域。银行存款的审计目标，如表 9-3 所示：

表 9-3　　　　　　　　　　银行存款审计目标

审计目标	财务报表认定				
	存在	完整性	权利和义务	计价和分摊	列报
A. 资产负债表中记录的银行存款是存在的	√				
B. 所有应当记录的银行存款均已记录		√			
C. 记录的银行存款由被审计单位拥有或控制			√		
D. 银行存款以恰当的金额包括在财务报表中，与之相关的计价或分摊已恰当记录				√	
E. 银行存款已按照企业会计准则的规定在财务报表中做出恰当列报					√

步骤二：实施常用的实质性程序。

1. 核对银行存款日记账与总账的金额是否相符

核对银行存款日记账与总账的金额是否相符。审计人员测试银行存款余额的起点是，核对银行存款日记账与总账的金额是否相符。如果不相符，应查明原因，必要时应建议做出适当调整。

此程序可实现 D 审计目标。

2. 实施实质性分析程序

计算银行累计余额应收利息收入，分析比较被审计单位银行存款应收利息收入与实际利息收入的差异是否恰当，评估利息收入的合理性，检查是否存在高息资金拆借，确认银行存款余额是否存在，利息收入是否已经完整记录。

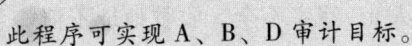此程序可实现 A、B、D 审计目标。

3. 检查银行存单

编制银行存单检查表，检查是否与账面记录金额一致，是否被质押或限制使用，存单是否为被审计单位所拥有。

（1）对已质押的定期存款，应检查定期存单，并与相应的质押合同核对，同时关注定期存单对应的质押借款有无入账；

（2）对未质押的定期存款，应检查开户证实书原件；

（3）对审计外勤工作结束日前已提取的定期存款，应核对相应的兑付凭证、银行对账单和定期存款复印件。

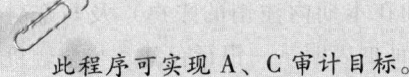此程序可实现 A、C 审计目标。

4. 取得并检查银行存款余额对账单和银行存款余额调节表

取得并检查银行存款余额对账单和银行存款余额调节表是证实资产负债表中所列银行存款是否存在的重要程序。银行存款余额调节表通常应由被审计单位根据不同的银行账户及货币种类分别编制，其格式如表 9-5 所示。具体测试程序通常包括：

（1）将被审计单位资产负债表日的银行存款余额对账单与银行询证函回函核对，确认是否一致，核对账面记录的存款金额是否与对账单记录一致；

（2）获取资产负债表日的银行存款余额调节表，检查调节表中加计数是否正确，调节后银行存款日记账余额与银行对账单余额是否一致；

（3）检查调节事项的性质和范围是否合理。

①检查是否存在跨期收支和跨行转账的调节事项。编制跨行转账业务明细表，检查跨行转账业务是否同时对应转入和转出，未在同一期间完成的转账业务是否反映在银行存款余额调节表的调整事项中。

②检查大额在途存款和未付票据。

ⅰ检查在途存款的日期，查明发生在途存款的具体原因，追查期后银行对账单存款记录日期，确定被审计单位与银行记账时间差异是否合理，确定在资产负债表日是否需提请被审计单位进行适当调整；

ⅱ检查被审计单位的未付票据明细清单，查明被审计单位未及时入账的原因，确定账簿记录时间晚于银行对账单的日期是否合理；

ⅲ检查被审计单位未付票据明细清单中有记录但截至资产负债表日银行对账单无记录且金额较大的未付票据，获取票据领取人的书面说明，确认资产负债表日是否需要进行调整；检查资产负债表日后银行对账单是否完整地记录了调节事项中银行未付票据金额。

（4）检查是否存在未入账的利息收入和利息支出。

（5）检查是否存在其他跨期收支事项，检查相应的原始交易单据或者银行收付款单据。

（6）当未经授权或授权不清支付货币资金的现象比较突出时，检查银行存款余额调节表中支付异常的领款（包括没有载明收款人）、签字不全、收款地址不清、金额较大票据的调整事项，确认是否存在舞弊。

5. 函证银行存款余额

函证银行存款余额，编制银行函证结果汇总表，检查银行回函。应注意：

（1）向被审计单位在本期存过款的银行发函，包括零余额账户和本期内注销的账户；

（2）确定被审计单位账面余额与银行函证结果的差异，对不符事项做出适当处理。

银行存款函证是指审计人员在执行审计业务的过程中，需要以被审计单位名义向有关单位发函询证，以验证被审计单位的银行存款是否真实、合法、完整。

函证银行存款余额是证实资产负债表所列银行存款是否存在的重要程序。通过向往来银行函证，审计人员不仅可了解企业资产的存在，还可了解企业账面反映所欠银行债务的情况，并有助于发现企业未入账的银行借款和未披露的或有负债。

审计人员应当对银行存款（包括零余额账户和在本期内注销的账户）及与金融机构往来的其他重要信息实施函证程序，除非有充分证据表明某一银行存款及与金融机构往来的其他重要信息对财务报表不重要且与之相关的重大错报风险很低。如果不对这些项目实施函证程序，审计人员应当在审计工作底稿中说明理由。

审计人员需要考虑是否对在本期内注销的账户的银行进行函证，这通常是因为有可能存款账户已注销但仍有银行或其他负债存在。表9-4列示了银行询证函格式。

表9-4　　　　　　　　　　银　行　询　证　函

××（银行）：　　　　　　　　　　　　　　　　　　　　　　　　　　　编号：

本公司聘请的××会计师事务所正在对本公司××年度财务报表进行审计，按照中国审计人员审计准则的要求，应当询证本公司与贵行相关的信息。下列信息出自本公司记录，如与贵行记录相符，请在本函下端"信息证明无误"处签章证明；如有不符，请在"信息不符"处列明不符项目及具体内容；如存在与本公司有关的未列入本函的其他重要信息，也请在"信息不符"处列出其详细资料。回函请直接寄至××会计师事务所。

回函地址：　　　　邮编：　　　　电话：　　　　传真：　　　　联系人：

截至××年×月×日止，本公司与贵行相关的信息列示如下：

1. 银行存款。

账户名称	银行账号	币种	利率	余额	起止日期	是否被质押、用于担保或存在其他使用限制	备注

续表

除上述列示的银行存款外,本公司并无在贵行的其他借款。
注:"截止日期"一栏仅适用于定期存款,如为活期或保证金存款,可只填写"活期"或"保证金"字样。
2. 银行借款。

借款人名称	币种	本息余额	借款日期	到期日期	利率	借款条件	抵(质)押品担保人	备注

除上述列示的银行借款外,本公司并无自贵行的其他借款。
注:此项仅函证截至资产负债表日本公司尚未归还的借款。
3. 截至函证日之前12个月内注销的账户。

账户名称	银行账号	币种	注销账户日期

除上述列示的账户外,本公司并无截至函证日之前12个月内在贵行注销的其他账户。
4. 委托存款。

账户名称	银行账号	借款方	币种	利率	余额	存款起止日期	备注

除上述列示的委托存款外,本公司并无通过贵行办理的其他委托存款。
5. 委托贷款。

账户名称	银行账号	资金使用方	币种	利率	本本金	利息	贷款起止日期	备注

除上述列示的委托贷款外,本公司并无通过贵行办理的其他委托贷款。
6. 担保。
(1) 本公司为其他单位提供的、以贵行为担保受益人的担保。

被担保人	担保方式	担保金额	担保期限	担保事由	担保合同编号	被担保人与贵行就担保事项往来的内容(借款等)	备注

除上述列示的担保外,本公司并无其他以贵行为担保受益人的担保。
注:如采用抵押或质押方式提供担保的,应在备注中说明抵押物或质押物情况。
(2) 贵行向本公司提供的担保。

被担保人	担保方式	担保金额	担保期限	担保事由	担保合同编号	被担保人与贵行就担保事项往来的内容(借款等)	备注

续表

除上述列示的担保外，本公司并无贵行提供的其他担保。

7. 本公司名称为出票人且由贵行承兑而尚未支付的银行承兑汇票。

银行承兑汇票	票面金额	出票日	到期日

除上述列示的银行承兑汇票外，本公司并无由贵行承兑而尚未支付的其他银行承兑汇票。

8. 本公司向贵行已贴现而尚未到期的商业汇票。

商业汇票号码	付款人名称	承兑人名称	票面金额	票面利率	出票日	到期日	贴现日	贴现率	贴现净额

除上述列示的商业汇票外，本公司并无向贵行已贴现而尚未到期的其他商业汇票。

9. 本公司为持票人且由贵行托收的商业汇票。

商业汇票号码	承兑人名称	票面金额	出票日	到期日

除上述列示的商业汇票外，本公司并无由贵行托收的其他商业汇票。

10. 本公司为申请人，由贵行开具的、未履行完毕的不可撤销信用证。

信用证号码	受益人	信用证金额	到期日	未使用金额

除上述列示的不可撤销信用证外，本公司并无由贵行开具的、未履行完毕的其他不可撤销信用证。

11. 本公司与贵行之间未履行完毕的外汇买卖合约。

类别	合约号码	买卖币种	未履行的合约买卖金额	汇率	交收日期
贵行卖予本公司					
本公司卖予贵行					

除上述列示的外汇买卖合约外，本公司并无与贵行之间未履行完毕的其他外汇买卖合约。

12. 本公司存放于贵行的有价证券或其他产权文件。

有价证券或其他产权文件名称	产权文件编号	数量	金额

除上述列示的有价证券或其他产权文件外，本公司并无存放于贵行的其他有价证券或其他产权文件。

注：此项不包括本公司存放在贵行保管箱中的有价证券或其他产权文件。

续表

13. 其他重大事项。

注：此项应填列审计人员认为重大且应予函证的其他事项，如信托存款等；如无则应填写"不适用"

（公司盖章）

年　月　日

以下仅供被询证银行使用

结论：1. 信息证明无误。

（银行盖章）

经办人：　　　　　　　　　　　　　　年　月　日

2. 信息不符，请列示不符项目及具体内容（对于在本函前述第1项至第13项中漏列的其他重要信息，请列出详细资料）。

（银行盖章）

经办人：　　　　　　　　　　　　　　年　月　日

此程序可实现A、C审计目标。

小提示

6. 检查银行存款账户存款人是否为被审计单位，若存款人非被审计单位，应获取该账户户主和被审计单位的书面声明，确认资产负债表日是否需要提请被审计单位进行调整

此程序可实现C审计目标。

小提示

7. 关注是否存在质押、冻结等对变现有限制或存在境外的款项。如果存在，是否已提请被审计单位作必要的调整和披露

此程序可实现C、E审计目标。

小提示

8. 不符合现金及现金等价物条件的银行存款在审计工作底稿中予以列明，以考虑对现金流量表的影响

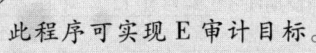

此程序可实现E审计目标。

小提示

9. 抽查大额银行存款收支的原始凭证

检查原始凭证是否齐全、记账凭证与原始凭证是否相符、账务处理是否正确、是否记录于恰当的会计期间等项内容。检查是否存在非营业目的的大额货币资金转移,并核对相关账户的进账情况;如有与被审计单位生产经营无关的收支事项,应查明原因并作相应的记录。

此程序可实现 A、B、D 审计目标。

小提示

10. 检查银行存款收支的截止是否正确

选取资产负债表日前后若干张、一定金额以上的凭证实施截止测试,关注业务内容及对应项目,如有跨期收支事项,应考虑是否提请被审计单位进行调整。

此程序可实现 A、B 审计目标。

小提示

11. 检查银行存款是否在财务报表中做出恰当列报

根据有关规定,企业的银行存款在资产负债表的"货币资金"项目中反映,所以,审计人员应在实施上述审计程序后,确定银行存款账户的期末余额是否恰当,进而确定银行存款是否在资产负债表中恰当披露。此外,如果企业的银行存款存在抵押、冻结等使用限制情况或者潜在回收风险,审计人员应关注企业是否已经恰当披露有关情况。

此程序可实现 E 审计目标。

小提示

步骤三:通过实质性程序获取的审计证据判断被审计单位银行存款是否存在重大错报。

【工作实例 9-3】 恒信会计师事务所注册会计师黎平和周华接受委托,对华丰实业有限公司 2013 年度财务报表进行审计,其中涉及银行存款账户审计。同时,华丰公司希望黎、周两位注册会计师能够为其指出该公司在银行存款内部控制中存在的缺陷并提出改进建议。并在相关的审计工作底稿中作了记录,现摘录如下:

审计人员对华丰公司 2013 年会计报表银行存款项目时,获取了该公司截至 12 月 31 日的银行存款日记账和银行对账单及 2013 年 12 月 31 日银行存款余额调节表,出纳张兰编制的银行存款余额调节表如 9-5 所示。

表 9-5　　　　　　　　　　　银行存款余额调节表

被审计单位:	华丰实业有限公司	索引号:	ZA2-3
项目:	银行存款余额调节	财务报表截止日/期间:	2013 年 12 月 31 日
编制:	张明	复核:	李斯
日期:	2013 年 12 月 31 日	日期:	2014 年 1 月 12 日

续表

开户银行：光大银行闸北支行　　银行账号：08365612010030406427　　币种：人民币

项　　目	金额	调节项目说明	是否需要审计调整
银行对账单余额	1 250 400		
加：企业已收，银行尚未入账合计金额。	45 000		
其中：1. 2012年12月31日华盛公司货款	45 000		
2.			
减：企业已付，银行尚未入账合计金额。	200 000		
其中：1. 2012年12月30日开出汇票还款	120 000		
2. 2012年11月25日开出现金支票付咨询费	80 000		
调整后银行对账单余额	1 095 400		
企业银行存款日记账余额	810 500		
加：银行已收，企业尚未入账合计金额。	320 000		
其中：1. 2012年10月30日收到丽华公司货款	235 000		
2. 2012年12月26日收到姬昌公司货款	85 000		
减：银行已付，企业尚未入账合计金额。	35 100		
其中：1. 2012年12月29日代付水费	35 100		
2.			
调整后企业银行存款日记账余额	1 095 400		
经办会计人员（签字）：　张明　　　　　会计主管（签字）：刘泰			
审计说明：			
调整后相符。			

审计人员进一步核对，发现银行对账单上有如下两笔未达账项未在银行余额调节表里反映，即2013年12月25日某公司转支存入现款30 000元，2013年12月29日取现30 000元。

请指出华丰实业公司银行存款余额调节表编制可能存在的问题。并代审计人员确定银行存款还应实施的审计程序，并判断有无需要进行账项调整事项。

实例解析

步骤一：分析银行余额调节表的编制存在的问题。

出纳人员不得编制其经管的银行存款余额调节表。审计人员应根据资料重新编制银行余额调节表。

步骤二：还应实施的审计程序包括。

1. 审计人员向所有存款银行发函函证银行存款，直接获取银行回函

2. 检查确认每一笔未达账项的真实性

（1）对于企业已付、银行未付款项。应测试其是否已经记入当期银行存款日记账，并在期后银行对账单上得以反映。审查对账单上所记载的内容（如支票编号、金额等）是否与支票存根一致。

(2) 对于企业已收，银行未收款项。应审查其原始凭证，并检查其是否已过入本期银行存款日记账，并与期后银行对账单核对一致。

(3) 对于企业未付、银行已付款项。应审查期后的银行存款日记账，以确认是否已经入账；并审核其相应的原始凭证和会计处理，核对付款单位及金额，确定是否需要进行调整。

(4) 对于企业未收、银行已收款项。应审查期后的银行存款日记账，以确认是否已经入账，并审核其相应的原始凭证和会计处理，核对收款单位及金额，并确定是否需要进行调整。

3. 核对发现的两笔未在银行余额调节表中反映的未达账项的真实性，看是否有出租出借账户的嫌疑。

步骤三：如果未达账项是真实的，应等到原始凭证到达时再提请被审计单位进行正确的账务处理；如果未达账项不真实，应建议被审计单位进行调整。

情境小结

本情境按照货币资金与其他各循环的关系→货币资金的内部控制与控制测试→货币资金的实质性程序的逻辑顺序，逐层深入地对货币资金的审计进行了介绍。通过本情境的学习，应能够将本情境和前面所学情境的相关内容联系在一起，熟练货币资金的关键内部控制，能进行库存现金和银行存款常规审计程序的设计和实施。

职业能力训练

[知识训练]

一、单项选择题（下列答案中有一项是正确的，将正确答案填入括号内）

1. 下列情形中，不违背"不相容岗位相互分离"原则的是（　　）。
   A. 出纳人员兼任会计档案保管工作
   B. 出纳人员保管签发支票所需全部印章
   C. 出纳人员兼任收入总账和明细账的登记工作
   D. 出纳人员兼任固定资产明细账的登记工作

2. 下列与现金业务有关的职责可以不分离的是（　　）。
   A. 现金支付的审批与执行
   B. 现金保管与现金日记账的记录
   C. 现金的会计记录与审计监督
   D. 现金保管与现金总分类账的记录

3. 企业一般不得从本单位的现金收入中直接支付现金，因特殊情况需要支付现金的，应事先报经（　　）审查批准。

A. 董事长　　　　　　　　　B. 总经理
C. 开户银行　　　　　　　　D. 财务总监

4. 审计人员执行的以下实质性程序中属于审查企业收到的现金是否已经全部登记入账的是（　　）。

A. 核对库存现金日记账与总账金额是否相符

B. 检查库存现金是否在财务报表中做出恰当的列报

C. 从被审计单位当期收据存根中抽取大额现金收入追查到相关的凭证和账簿记录

D. 从现金日记账中选取项目追查至与现金收付相关的原始凭证

5. 盘点库存现金，不能实现的审计目标是（　　）。

A. 确定现金的余额是否正确

B. 确定现金在财务报表日是否确实存在

C. 确定在特定期间内发生的现金收支业务是否均已记录

D. 确定现金在报表上的列报是否恰当

6. 审计小组在资产负债表日监盘库存现金后，应编制库存现金监盘表，分币种面值列示盘点金额。以下有关库存现金监盘表的说法中，不正确的是（　　）。

A. 库存现金监盘表必须由出纳自行编制，并经审计人员签字

B. 被审计单位的会计主管与出纳员均应在监盘表上签字

C. 库存现金监盘表中的金额应当与库存现金日记账核对相符

D. 库存现金监盘表需注明报表日至盘点日的收支金额

7. 审计人员为证实资产负债表所列现金是否真实存在，下列程序中必须执行的是（　　）。

A. 监盘库存现金

B. 编制现金预算表

C. 函证银行存款余额

D. 取得并审查银行存款余额调节表

8. 对监盘库存现金的下列说法中不正确的是（　　）。

A. 企业盘点库存现金，通常包括对已收到但未存入银行的现金、零用金、找换金等的盘点

B. 库存现金监盘表中应注明冲抵库存现金的借条、未提现支票和未作报销的原始凭证

C. 对库存现金的监盘最好实施突击性的检查，时间最好选择在上午上班前或下午下班时

D. 如被审计单位库存现金存放部门有两处或两处以上的，应分不同的时间进行盘点

9. 三合公司某银行账户的银行对账单余额为585 000元。在审查三合公司编制的该账户银行存款余额调节表时，审计人员注意到以下事项：三合公司已收、银行尚未入账的某公司销货款100 000元；三合公司已付、

银行尚未入账的预付某公司材料款 50 000 元；银行已收、三合公司尚未入账的某公司退回的押金 35 000 元；银行代扣、三合公司尚未入账的水电费 25 000 元。假定不考虑审计重要性水平，审计人员审计后确认该账户调整后的银行存款日记账余额应是（　　）元。

　　A. 625 000　　　　　　　　B. 635 000
　　C. 575 000　　　　　　　　D. 595 000

10. 以下与银行存款相关的各种说法中，你认为不正确的是（　　）。
　　A. 如果在同一银行开立多个账户，应针对每一账户分别编制对应的银行存款余额调节表
　　B. 如果在不同银行开户，应针对每一银行的每一账户分别编制对应的银行存款余额调节表
　　C. 如果在同一银行存有不同币种的存款，应按当日汇率折合后编制在同一张调节表中
　　D. 取得并检查银行存款余额对账单和银行存款余额调节表是证实银行存款是否存在的重要程序

11. 一年以上定期存款或限定用途存款应在资产负债表的（　　）项目下反映。
　　A. 货币资金　　　　　　　　B. 银行存款
　　C. 其他流动资产　　　　　　D. 其他非流动资产

12. 注册会计师在对被审计单位实施风险评估程序时发现存在未经授权人员接触现金的情况，在评估重大错报风险时，首先应将货币资金的（　　）认定确定为重点审计领域。
　　A. 存在　　　　　　　　　　B. 完整性
　　C. 计价和分摊　　　　　　　D. 权利和义务

二、多项选择题（下列答案中有多项是正确的，将正确答案填入括号内）

1. 针对被审计单位以下与货币资金相关的内部控制，审计人员不应提出改进建议的有（　　）。
　　A. 现金收入必须及时存入银行，不得直接用于公司的支出
　　B. 指定负责成本核算的会计人员每月核对一次银行存款账户
　　C. 按月盘点现金，编制银行存款余额调节表
　　D. 根据公司的批准手续报销，会计部对报销单据加以审核，现金出纳员见到加盖核准印章的支出凭据后付款

2. 甲公司为防范货币资金支付过程中发生错报，对于货币资金支付有关的印鉴管理制定了下列严格的规范。审计人员认为存在缺陷的有（　　）。
　　A. 财务专用章由专门指定的人员保管
　　B. 审批支出用的个人名章由审批人员个人保管
　　C. 每天下班后，签发支票使用的全部印鉴都集中存放在财务处的保

险箱中

  D. 保管财务专用章的人员出差时应将财务专用章交由财务负责人保管

 3. 审计人员正在对A公司的货币资金项目实施审计，经过了解准备实施控制测试程序，下列审计程序中属于控制测试的有（　　）。

  A. 取得并检查银行存款余额调节表，并验算余额调节表中的数字是否正确

  B. 函证银行存款余额

  C. 抽取一定期间的银行存款余额表，查验企业是否按月编制

  D. 检查外币银行存款的折算方法是否符合有关规定

 4. 一个良好的货币资金内部控制的要求有（　　）。

  A. 货币资金收支与记账的岗位分离

  B. 按月盘点现金，编制银行存款余额调节表

  C. 控制现金坐支，当日收入现金应及时送存银行

  D. 加强对货币资金收支业务的内部审计

 5. 监盘库存现金是审计人员证实被审计单位资产负债表所列现金是否存在的一项重要程序，被审计单位必须参加盘点的人员有（　　）。

  A. 出纳员　　　　　　　　　B. 会计主管人员

  C. 财务总监　　　　　　　　D. 内部审计人员

 6. 关于库存现金的盘点，以下说法中不恰当的有（　　）。

  A. 审计人员无须亲自盘点

  B. 库存现金监盘表只能由出纳人员签字，以明确责任

  C. 库存现金存放于两处或两处以上的，也要同时盘点

  D. 盘点前就盘点时间与被审计单位会计主管沟通，要求其配合好相关的盘点工作

 7. 审计人员在审计甲公司2013年度财务报表时，监盘了甲公司的库存现金，之后监盘了甲公司的存货。这两种程序的不同之处包括（　　）。

  A. 盘点时间安排不同

  B. 盘点计划中与被审计单位管理层的沟通程度不同

  C. 因盘点对象特点而执行的盘点方式不同

  D. 盘点的参与人员不同

 8. 下列说法中不正确的有（　　）。

  A. 审计人员应当以事务所的名义向有关单位发函询证

  B. 审计人员对银行存款的函证，可以采用积极式和消极式

  C. 审计人员应向被审计单位在本年存过款的所有银行发函

  D. 审计人员审计银行存款时不需要对余额为零的账户进行函证

 9. 审计人员实施的下列各项实质性审计程序中，能够证明银行存款是否存在的有（　　）。

  A. 检查银行存单

  B. 检查银行存款余额调节表

C. 函证银行存款余额

D. 获取或编制银行存款余额明细表

10. 以下关于函证银行存款的说法中正确的有（　　）。

A. 函证对象包括零余额账户和已经结清的银行存款账户

B. 要求银行直接回函至会计师事务所

C. 是以被审计单位的名义发往开户银行

D. 目的是验证被审计单位的银行存款是否真实、合法、完整

11. 在下列各项中，使得企业银行存款日记账余额会小于银行对账单余额的有（　　）。

A. 银行已经收到某公司退回的押金，企业尚未入账

B. 银行误将其他公司的存款记入本企业银行存款账户

C. 银行代扣水电费，企业尚未接到通知

D. 企业收到某公司的销货款，银行尚未入账

三、判断题（正确的在括号内打"√"，错误的打"×"）

1. 由于库存现金余额较小，产生的错弊金额也很小，因此注册会计师可以不进行实质性程序。（　　）

2. 如果企业库存现金存放部门有两处或两处以上，应同时进行盘点。（　　）

3. 注册会计师通过询问或观察可以证实货币资金业务的不相容岗位是否相互分离。（　　）

4. 由于现金盘点一般是在资产负债表日之后进行，审计人员需要根据资产负债表日至审计报告日之间所有现金收支数倒推计算资产负债表日的现金余额。（　　）

5. 即使企业银行存款账户余额为零，但只要存在本期发生额，注册会计师均应进行函证。（　　）

6. 被审计单位资产负债表上的银行存款数额，应以编制或取得银行存款余额调节表上银行存款账户数额为准。（　　）

7. 一般而言，注册会计师必须对其他货币资金实施控制性测试。（　　）

8. 通过向往来银行进行函证，注册会计师不仅可以了解企业银行存款的存在，同时还可以了解企业欠银行的债务。（　　）

9. 注册会计师在函证银行存款余额时，不必向企业存款账户已结清的银行发函。（　　）

10. 监盘库存现金必须有被审计单位的会计主管和出纳员在场，并由注册会计师进行盘点。（　　）

四、简答题

1. 在对华宁公司2013年度财务报表进行审计时，审计人员李进负责

审计货币资金项目。由于华宁公司现金存放于不同营业部门，为顺利完成盘点工作，审计人员在监盘前一天通知被审计单位会计主管人员做好准备，并决定亲自对被审计单位各营业部门的库存现金进行盘点。监盘时现场工作的人员只有审计人员和被审计单位的出纳，出纳员应将现金全部放入保险柜，上锁，由检查人员盖印章，贴上封条，并结出当日的现金日记账的应存余额。然后由审计人员逐一监督出纳对不同营业部门的现金进行盘点，并由出纳人员将盘点结果与现金日记账核对相符后填制现金监盘表。最后由审计人员签字盖章后形成审计工作底稿。

要求：请指出以上库存现金监盘工作中有哪些不妥之处，并提出建议。

2. 审计人员在对展云公司 2013 年度财务报表进行审计时，实施的银行存款审计的部分审计程序为：

（1）取得 2013 年 12 月 31 日银行存款余额调节表；
（2）向开户银行寄发银行询证函，并直接收取寄回的询证函回函；
（3）取得开户银行 2014 年 1 月 31 日的银行对账单。

要求：

（1）请问审计人员向开户银行询证的作用有哪些？
（2）请问审计人员取得银行存款余额调节表后，具体的测试程序有哪些？
（3）请问审计人员索取开户银行 2014 年 1 月 31 日的银行对账单，能证实 2013 年 12 月 31 日银行存款余额调节表的哪些内容？

[能力训练]

2014 年 1 月 10 日上午 8 时，审计人员对展玉公司库存现金进行突击盘点。经过盘点，实际的情况如下：

（1）现钞有 100 元币 10 张，50 元币 13 张，10 元币 16 张，5 元币 19 张，2 元币 22 张，1 元币 25 张，5 角币 30 张，2 角币 20 张，1 角币 40 张，硬币 5 角 8 分，总计 1 997.58 元。

（2）已收款尚未入账的收款凭证 3 张，计 130 元。

（3）已收款尚未入账的付款凭证 5 张，计 520 元。其中有马明借条一张，日期为 2011 年 7 月 15 日，金额 200 元，未经批准和说明用途。

（4）现金日记账账面记录：盘点日账面余额为 1 890.20 元；2014 年 1 月 1 日至 2014 年 1 月 10 日收入现金 4 560.16 元，支出现金 4 120 元；2013 年 12 月 31 日余额为 1 060.04 元。

要求：（1）分别指出上述资料是采用什么审计方法（审计程序）、对什么资料进行审查所获得的？

（2）推算 2013 年 12 月 31 日库存现金实存额，并计算盘盈（亏）数，填制库存现金监盘表。

（3）指出该企业在现金管理中存在什么问题，并提出改进建议。

学习情境十 出具审计报告

 **职业能力目标**

通过本情境的学习，会获取管理层声明书和律师声明书，会正确编制审计差异调整表和试算平衡表，能够进行审计工作复核，会对持续经营、或有事项和期后事项进行评价和审计。

在此基础上，能够合理确定应出具的审计报告的意见类型和措词，进而编制审计报告，终结审计工作。

 **典型工作任务**

1. 获取管理层声明书和律师声明书。
2. 编制审计差异调整表和试算平衡表。
3. 实施项目质量控制复核。
4. 形成审计意见。
5. 出具审计报告。

 **阅读资料**

1. 《中国注册会计师审计准则第 1151 号——与治理层的沟通》
2. 《中国注册会计师审计准则第 1152 号——向治理层和管理层通报内部控制缺陷》
3. 《中国注册会计师审计准则第 1332 号——期后事项》
4. 《中国注册会计师审计准则第 1341 号——书面声明》
5. 《中国注册会计师审计准则第 1501 号——对财务报表形成审计意见和出具审计报告》
6. 《中国注册会计师审计准则第 1502 号——在审计报告中发表非无保留意见》
7. 《中国注册会计师审计准则第 1503 号——在审计报告中增加强调

事项段和其他事项段》

8.《中国注册会计师审计准则第1324号——持续经营》

9.《中国注册会计师审计准则第1251号——评价审计过程中识别出的错报》

10.《企业内部控制应用指引第14号——财务报告》

11. 财政部会计司解读《企业内部控制应用指引第14号——财务报告》

学习子情境一　完成审计工作

恒信会计师事务所的注册会计师钱波在带领项目组成员对瑞森公司进行2013年度年报审计时，发现瑞森公司于2013年12月12日因专利技术纠纷被东湖公司起诉但该诉讼尚未结案。瑞森公司为此在2013年度财务报表中确认了1 800万的损失和预计负债，已远远超过项目组确定的重要性水平（350万）。针对此事项，项目组应该采用什么审计程序？

■ 职业判断

审计完成阶段是审计的最后一个阶段。注册会计师按业务循环完成各财务报表项目的审计测试和一些特殊项目的审计工作后，在审计完成阶段应汇总审计测试结果，进行更具综合性的审计工作，如评价审计中的重大发现，汇总审计差异，评价独立性和道德问题，考虑被审计单位的持续经营假设的合理性，关注或有事项和期后事项对财务报表的影响，获取管理层和律师的声明书等。

一、识别审计差异

（一）审计差异的含义

审计差异是指审计项目组成员在审计过程中发现的被审计单位会计处理方法与适用的会计准则和相关会计制度的不一致。项目负责人应当根据审计重要性原则进行初步确认与汇总，编制审计差异调整表，建议被审计单位进行调整，使得调整后财务报表能够公允反映被审计单位财务状况、经营成果和现金流量。

（二）审计差异的分类

按照是否需要调整账户记录，可以将审计差异分为核算差异和重分类差异。其中，核算差异是因被审计单位对经济业务进行了不正确的核算处理而引起的差异，用审计重要性原则来衡量每一项核算差异，又可把这些核算差异区分为建议调整的不符事项和不建议调整的不符事项（即未调整不符事项）。重分类差异是因企业未按适用的会计准则规定编制财务报表而引起的差异，如企业在预付款项项目中反映的应付款，在应收账款项目中反映的预收款等。

无论是建议调整的不符事项、重分类差异还是未调整不符事项，在审计工作底稿中通常都是以会计分录的形式反映的。由于审计中发现的错误往往不只一项，为便于审计项目的各级负责人综合判断和分析，也为了便于有效编制试算平衡表和代编经审计的财务报表，通常需要将建议调整的不符事项、重分类差异以及未调整不符事项分别汇总至"账项调整分录汇总表"、"重分类调整分录汇总表"与"未更正错报汇总表"。汇总表的参考格式分别见【业务操作】中的表 10-1、表 10-2 和表 10-3。

小提示

对审计中发现的核算差异，注册会计师应运用重要性来划分建议调整的不符事项与未调整不符事项：

（1）对于单笔核算误差超过所涉及财务报表项目（或账项）层次重要性水平的，应视为建议调整的不符事项；

（2）对于单笔核算误差低于所涉及财务报表项目（或账项）层次重要性水平，但性质重要的，比如涉及舞弊与违法行为的核算误差、影响收益趋势的核算误差、股本项目等不期望出现的核算误差，应视为建议调整的不符事项；

（3）对于单笔核算误差低于所涉及合计报表项目（或账项）层次重要性水平，并且性质不重要的，一般应视为未调整不符事项。但当若干笔同类型未调整不符事项汇总数超过财务报表项目（或账项）层次重要性水平时，应从中选取几笔转为建议调整的不符事项，过入调整分录汇总表，使未调整不符事项汇总金额降至重要性水平之下。

注册会计师确定了建议调整的不符事项和重分类差异后，应以书面形式及时征求被审计单位对需要调整财务报表事项的意见。若被审计单位予以采纳，应取得被审计单位同意调整的书面确认，若被审计单位不予采纳，应分析原因，并根据未调整不符事项的性质和重要程度，确定是否在审计报告中予以反映，以及如何反映。

（三）审计差异的处理

注册会计师在汇总审计差异之后，应当结合重要性水平，分两种情况分别进行处理：

1. 汇总数超过重要性水平

注册会计师首先应提请被审计单位调整财务报表，使得调整后的汇总数低于重要性水平，如果被审计单位同意调整，应获取其同意调整的书面确认函。

如果被审计单位不同意调整已验证的错报和漏报，或调整后的汇总数仍然高于重要性水平，注册会计师应扩大实质性测试范围，对错报和漏报进行重新评估。如果重估后汇总数低于重要性水平，注册会计师可以发表无保留意见，不然应当根据情况发表保留意见或否定意见。

2. 汇总数接近重要性水平

由于审计抽样的局限性，如果尚未调整的汇总数接近重要性水平，该汇总数连同尚未发现的错报和漏报的合计数很可能超过重要性水平,所以注册会计师应当追加实质性测试范围或提请被审计单位调整,从而降低审计风险。

二、识别声明书的意义和局限性

(一) 管理层声明书

1. 管理层声明书的含义

管理层声明书是被审计单位管理层向注册会计师提供的书面陈述,用以确认某些事项或支持其他审计证据,不包括财务报表及其认定、支持性账簿和相关记录。

管理层声明书通常由被审计单位法定代表人和财务负责人签署后送达注册会计师。

2. 管理层声明书的意义

获取管理层声明书,可以明确管理层对财务报表的责任。因为在形成声明的过程中,注册会计师应当与管理层就与财务报表审计相关的重大事项进行不断沟通,管理层在声明上签名并盖章,表明其已对声明中所列示的重大事项进行考虑,并予以确认,进而减少潜在的纠纷,保护双方的利益。

获取管理层声明书,可以提供审计证据。一般情况下,管理层声明书作为一种内部证据,证明力较弱,注册会计师不应以管理层声明书替代能够合理预期获取的其他审计证据。如果管理层的某项声明与其他审计证据相矛盾,注册会计师应当进一步获取充分、适当的审计证据,验证管理层书面声明和其他审计证据的恰当性,当进一步获取的审计证据证明管理层声明书是不恰当时,注册会计师应当重新考虑管理层做出的其他声明的可靠性。

特殊情况下,当审计过程中涉及管理层的判断、意图的事项,除存在实施询问程序获得审计证据之外不存在其他充分、适当的审计证据时,注册会计师获取的经管理层签字确认的管理层声明书可以作为审计证据。

3. 管理层声明书的基本要素

被审计单位管理层声明书一般应包括以下基本要素:

(1) 标题:管理层声明书。

(2) 收件人:接受委托的会计师事务所及签署审计报告的注册会计师。

(3) 声明内容:由签字注册会计师列出各项内容。

(4) 签署人:由被审计单位管理层中对被审计单位及其财务负主要责任的人员签署。在某些情况下,注册会计师也可以向管理层中的其他人员获取管理层声明书。

(5) 签署日期:被审计单位管理层声明书的日期通常接近或与审计报告日一致,以防日期不一致而可能发生的误解。但在某些情况下,被审计单位管理层可能会在被审计过程中或审计报告日后就某些交易或事项出具单独的声明书,此时,声明书的日期可以是注册会计师获取该声明书的日期。

4. 管理层声明书的内容

管理层声明一般包括以下三个方面的内容:

(1) 关于财务报表。主要包括:管理层认可其对财务报表的编制责任;管理层认可其设计、实施和维护内部控制以防止或发现并纠正错报的责任;管理层认为注册会计师在审计过程中发现的未更正错报,无论是单独还是汇总起来考虑,对财务报表总体均不具有重大影响。

（2）关于信息的完整性。主要包括：所有财务信息和其他数据的可获得性；所有股东会和董事会会议记录的完整性和可获得性；就违反法规行为这一事项，被审计单位与监管机构沟通的书面文件的可获得性；与未记录交易相关的资料的可获得性；涉及下列人员舞弊行为或舞弊嫌疑的信息的可获得性；管理层、对内部控制产生重大影响的雇员、对财务报表的编制具有重大影响的其他人员。

（3）关于确认、计量和列报。主要包括：

①对资产或负债的确认或列报具有重大影响的计划或意图；

②关联方交易，以及涉及关联方的应收或应付款项；

③需要在财务报表中披露的违反法规行为；

④需要确认或披露的或有事项，对财务报表具有重大影响的承诺事项和需要偿付的担保等；

⑤对财务报表具有重大影响的合同的遵循情况；

⑥对财务报表具有重大影响的重大不确定事项；

⑦被审计单位对资产的拥有或控制情况，以及抵押、质押或留置资产；

⑧持续经营假设的合理性；

⑨需要调整或披露的期后事项。

上述事项，因其复杂程度和重要程度的不同，注册会计师可以将其全部列入管理层声明书，也可以就此向管理层获取专项声明。

（二）律师声明书

1. 律师声明书的含义

在对被审计单位期后事项和或有损失等进行审计时，注册会计师没有能力去做法律上的专业判断，就需要向被审计单位的法律顾问或律师进行函证，并取得律师声明书来证实这些信息是否完整可靠。被审计单位的法律顾问或律师对函证问题的答复和说明，就是律师声明书。

2. 律师声明书的意义

通常，律师声明书可提供有力的证据，帮助注册会计师解释并报告有关的期后事项和或有损失，从而在一定程度上减少注册会计师解释并报告有关的期后事项和或有损失，从而减少注册会计师对上述事项出错或误解的可能性。但是，注册会计师并不能直接依据律师的声明形成审计意见。

3. 律师声明书内容与格式

通常情况下，注册会计师应通过被审计单位向其法律顾问或律师寄发审计询证函的方式来获取律师声明书。其内容应包括被审计单位对与该律师业务相关的期后事项和或有事项等情况的叙述和评价。律师的责任在于声明被审计单位对有关期后事项和或有事项等叙述是否完整真实，并对被审计单位就有关期后事项和或有损失等情况说明做出相应的评价。

实务中，由于各被审计单位性质、业务范围等差异很大，律师声明书所用的格式和措辞并没有定式。

三、识别审计师对期后事项的责任

（一）期后事项的含义与分类

期后事项，是指财务报表日至审计报告日之间发生的事项以及注册会计师在审计报告日后发现的事实。按照是否需要调整财务报表，可以将其分为期后调整事项和期后非调整事项。

1. 期后调整事项

期后调整事项是指对财务报表日已经存在的情况提供证据的事项，即对财务报表日已经存在的情况提供了新的或进一步证据的事项，通常包括：

（1）财务报表日后诉讼案件结案，法院判决证实了企业在财务报表日已经存在现时义务，需要调整原先确认的与该诉讼案件相关的预计负债，或确认一项新负债。

（2）财务报表日后取得确凿证据，表明某项资产在财务报表日发生了减值或者需要调整该项资产原先确认的减值金额。

（3）财务报表日后进一步确定了财务报表日前购入资产的成本或售出资产的收入。

（4）财务报表日后发现了财务报表舞弊或差错。

这类事项既为被审计单位管理层确定财务报表日账户余额提供信息，也为注册会计师核实这些余额提供补充证据。如果这类期后事项的金额重大，应提请被审计单位对本期财务报表及相关的账户金额进行调整。

2. 期后非调整事项

期后非调整事项是对财务报表日后发生的情况提供证据的事项，即表明财务报表日后发生的情况的事项，通常包括：

（1）财务报表日后发生重大诉讼、仲裁、承诺。

（2）财务报表日后资产价格、税收政策、外汇汇率发生重大变化。

（3）财务报表日后因自然灾害导致资产发生重大损失。

（4）财务报表日后发生股票和债券以及其他巨额举债。

（5）财务报表日后资本公积转增资本。

（6）财务报表日后发生巨额亏损。

（7）财务报表日后发生企业合并或处置子公司。

（8）财务报表日后企业利润分配方案中拟分配的以及经审议批准宣告发放的股利或利润。

这类事项因为不影响财务报表日财务状况，而不需要调整被审计单位财务报表。但如果因此影响对被审计单位财务报表的理解，就应在财务报表中以附注的形式予以适当披露。

（二）三个时段的期后事项审计

不论是期后调整事项，还是期后非调整事项，从其发生的时间段来看，都可以分为三个时间段，如图 10-1 所示：

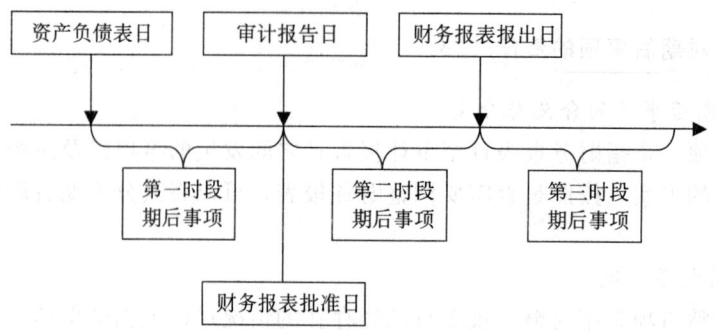

图 10-1 期后事项分段示意图

"第一时段期后事项"是指在资产负债表日（财务报表日）至审计报告日之间发生的期后事项，"第二时段期后事项"是指在审计报告日至财务报表报出日之间发生的期后事项，"第三时段期后事项"是指在财务报表报出日后发生的期后事项。

其中，资产负债表日是指财务报表涵盖的最近期间的截止日期；财务报表批准日是指整套财务报表编制完成，并且被审计单位的董事会、管理层或类似机构已经认可其对财务报表负责的日期；财务报表报出日是指审计报告和已审计财务报表提供给第三方的日期。

按照有关规定，审计报告日不应早于注册会计师获取充分、适当的审计证据（包括管理层认可对财务报表的责任且已批准财务报表的证据），并在此基础上对财务报表形成审计意见的日期。因此，在实务中审计报告日与财务报表批准日通常是相同的日期。

1. 第一时段期后事项审计

注册会计师应通过设计和实施审计程序，获取充分、适当的审计证据，以主动识别在财务报表日至审计报告日之间发生的、需要在财务报表中调整或披露的事项。但是，注册会计师并不需要对之前已实施审计程序并已得出满意结论的事项执行追加的审计程序。

为了识别出第一时段期后事项，注册会计师应当在考虑风险评估结果的基础上设计专门的审计程序，在实务中，这些审计程序通常包括：

（1）了解管理层为确保识别期后事项而设计的程序；

（2）向管理层询问确定是否发生可能影响财务报表的期后事项。

（3）查阅股东大会、董事会及其专门委员会在资产负债表日后举行的会议纪要，若不能获取会议纪要则需要询问会议讨论的事项。

（4）查阅被审计单位最近的中期财务报表，如果有必要且适当，还应当查阅预算、现金流量预测等相关文件或其他审计证据。

上述审计程序的实施，越接近审计报告日越好。因为越接近审计报告日，也就意味着离财务报表日越远，被审计单位这段时间内累积的对财务报表日已经存在的情况提供的进一步证据也就越多，遗漏期后事项的可能性也就越小。

上述审计程序实施后，如果注册会计师识别出对财务报表有重大影响的期后事项，应当确定这些事项是否按照适用的财务报告编制基础的规定在财务报表中得到恰当反映。如果所知悉的期后事项属于调整事项，注册会计师应当考虑被审计单位是否已对财务报表做出了适当的调整。如果所知悉的期后事项属于非调整事项，注册会计师应当考虑被审计单位是否在财务报表附注中予以充分披露。

2. 第二时段期后事项审计

在审计报告日后，注册会计师没有义务针对财务报表实施任何审计程序。

由于审计业务已经结束，注册会计师要识别出被审计单位第二时段期后事项比较困难，但如果知悉该时段内可能对财务报表产生重大影响的期后事项，注册会计师应当与管理层讨论该事项并进一步确定财务报表是否需要修改；如果需要修改，询问管理层将如何在财务报表中处理该事项。

（1）管理层修改财务报表。如果管理层修改财务报表，注册会计师应当实施必要的审计程序，而且应当将用以识别期后事项的前述审计程序延伸至新的审计报告日，并针对修改后的财务报表修改审计报告或者出具新的审计报告。新的审计报告日不应早于修改后的财务报表被批准的日期。

①修改审计报告，针对财务报表修改部分增加补充报告日期，从而表明注册会计师对期后事项实施的审计程序仅限于财务报表相关附注所述的修改。也就是说，注册会计师可以签署双重审计报告日期，以明确注册会计师的责任。比如描述为："除附注×所述事项的日期之外，审计报告日均为原审计报告日。"

②出具新的或修改的审计报告，在强调事项段或其他事项段中说明注册会计师对期后事项实施的审计程序仅限于财务报表相关附注所述的修改。这时候，注册会计师需要在新的审计报告中确定新的审计报告日。

（2）管理层不修改财务报表且审计报告未提交。如果注册会计师认为应当修改财务报表而管理层没有修改，并且审计报告尚未提交给被审计单位，注册会计师应当发表保留意见或否定意见，然后再提交相应审计报告。

（3）管理层不修改财务报表且审计报告已提交。如果注册会计师认为应当修改财务报表而管理层没有修改，并且审计报告已经提交给被审计单位，注册会计师应当通知管理层和治理层在财务报表做出必要修改前不要向第三方报出。如果财务报表在未经必要修改的情况下仍被报出，注册会计师应当采取适当措施，以设法防止财务报表使用者依赖该审计报告。

3. 第三时段期后事项审计

在财务报表报出之后，注册会计师没有义务针对财务报表实施任何审计程序。

在财务报表报出之后，注册会计师如果知悉在审计报告日已经存在、可能导致修改审计报告的期后事项，应当考虑是否需要修改财务报表，并与管理层和治理层沟通，并进行处理：

如果管理层修改了财务报表，注册会计师根据具体情况对有关修改实施必要的审计程序，确定管理层对财务报表的修改是否恰当。同时，复核管理层采取的措施能否确保所有收到原财务报表和审计报告的相关者了解这一情况。

如果管理层没有采取必要措施确保所有收到原财务报表的相关者了解这一情况，也没有在注册会计师认为需要修改的情况下修改财务报表，注册会计师应当通知管理层和治理层，设法防止财务报表使用者信赖该审计报告。如果注册会计师已经通知但管理层或治理层没有采取必要措施,注册会计师应当根据自身的权利和义务并征询法律意见,采取适当措施以设法防止财务报表使用者信赖该审计报告。

四、识别审计师对持续经营的责任

(一) 持续经营假设的含义

持续经营假设,是指被审计单位在编制财务报表时,假定其经营活动在可预见的将来会继续下去,不拟也不必终止经营或破产清算,可以在正常的经营过程中变现资产、清偿债务。可预见的将来通常是指资产负债表日后 12 个月。

就持续经营假设而言,管理层的责任是根据适用的会计准则和相关会计制度的规定评估被审计单位的持续经营能力。管理层对持续经营能力的评估涉及在特定时点对事项或情况的未来结果做出判断,这些事项或情况的未来结果具有固有的不确定性。

(二) 持续经营假设可能无法成立的情况

被审计单位在财务、经营以及其他方面存在的某些事项或情况可能导致经营风险,这些事项或情况单独或连同其他事项或情况可能导致对持续经营假设产生重大疑虑。

(1) 在财务方面,被审计单位存在的可能导致对持续经营假设产生重大疑虑的事项或情况主要包括:无法偿还到期债务;无法偿还即将到期且难以展期的借款;无法继续履行重大借款合同中的有关条款;存在大额的逾期未缴税金;累计经营性亏损数额巨大;过度依赖短期借款筹资;无法获得供应商的正常商业信用;难以获得开发必要新产品或进行必要投资所需资金;资不抵债;营运资金出现负数;经营活动产生的现金流量净额为负数;大股东长期占用巨额资金;重要子公司无法持续经营且未进行处理;存在大量长期未做处理的不良资产;存在因对外巨额担保等或有事项引发的或有负债。

(2) 在经营方面,被审计单位存在的可能导致对持续经营假设产生重大疑虑的事项或情况主要包括:关键管理人员离职且无人替代;主导产品不符合国家产业政策;失去主要市场、特许权或主要供应商;人力资源或重要原材料短缺;出现非常成功的竞争者。

(3) 在其他方面,被审计单位存在的可能导致对持续经营假设产生重大疑虑的事项或情况主要包括:严重违反有关法律法规或政策;异常原因导致停工、停产;有关法律法规或政策的变化可能造成重大不利影响;经营期限即将到期且无意继续经营;投资者未履行协议、合同、章程规定的义务,并有可能造成重大不利影响;因自然灾害、战争等不可抗力因素遭受严重损失。

(三) 持续经营假设的审计目标

就持续经营假设而言,注册会计师的责任是考虑管理层在编制财务报表时运用持续经营假设的适当性,并考虑是否存在需要在财务报表中披露的有关持续经营能力的重大不确定性。由此,注册会计师对持续经营假设进行审计的主要目标为:

(1) 就管理层编制财务报表时运用持续经营假设的适当性,获取审计证据。

(2) 根据获取的证据,就影响持续经营能力的重大疑虑事项或情况的影响做出结论。

(3) 确定对审计结论与报告的影响。

(四) 持续经营假设的审计程序

1. 评价管理层对持续经营能力做出的评估

注册会计师应当评价管理层对持续经营能力做出的评估。在评估时，注册会计师的评价期间应当与管理层按照适用的财务报告编制基础或法律法规（如果法律法规要求的期间更长）的规定作出评估的涵盖期间相同。

如果管理层评估持续经营能力涵盖的期间短于自财务报表日起的 12 个月，注册会计师应当提请管理层将其至少延长至自财务报表日起的 12 个月。

2. 询问超出管理层评估期间的事项或情况

当可能存在着已知的事项或情况，是超出管理层评估期间发生的，可能导致注册会计师对管理层编制财务报表时运用持续经营假设的适当性产生怀疑，注册会计师需要对存在这些事项或情况的可能性保持警觉。

如果识别出这些事项或情况，注册会计师可能需要提请管理层评价这些事项或情况对于其评估被审计单位持续经营能力的潜在重要性。

3. 进一步审计程序

如果识别出可能导致对持续经营能力产生重大疑虑的事项或情况，注册会计师应当通过实施追加的审计程序获取充分、适当的审计证据，以确定是否存在重大不确定性。这些程序应当包括：①如果管理层尚未对被审计单位持续经营能力做出评估，提请其进行评估。②评价管理层与经营能力评估相关的未来应对计划，这些计划的结果是否可能改善目前的状况，以及管理层的计划对于具体情况是否可行。③如果被审计单位已编制现金流量预测，且对预测的分析是评价管理层未来应对计划时考虑的事项或情况的未来结果的重要因素，评价用于编制预测的基础数据的可靠性，并确定预测所基于的假设是否具有充分的支持。④考虑自管理层做出评估后是否存在其他可获得的事实或信息。⑤要求管理层和治理层（如适用）提供有关未来应对计划及其可行性的书面声明。

(五) 审计结论与报告

1. 被审计单位运用持续经营假设适当但存在重大不确定性

此时，如果财务报表已做出充分披露，注册会计师应当发表无保留意见，并在审计报告中增加强调事项段，强调可能导致对持续经营能力产生重大疑虑的事项或情况存在重大不确定性的事实，提醒财务报表使用者关注财务报表附注中对有关事项的披露。在极少数情况下，当存在多项对财务报表整体具有重要影响的重大不确定性时，注册会计师可能认为发表无法表示意见是适当的。

此时，如果财务报表未做出充分披露，注册会计师应当恰当发表保留意见或否定意见。注册会计师应当在审计报告中说明，存在可能导致对被审计单位持续经营能力产生重大疑虑的重大不确定性，并指明财务报表未对该事实做出披露。

2. 运用持续经营假设不适当

如果注册会计师运用职业判断认为管理层在编制财务报表时运用持续经营假设是不适当的，但财务报表仍然按照持续经营假设编制，则无论财务报表中是否做出披露，注册会计师均应发表否定意见。

3. 管理层或治理层严重拖延对财务报表的批准

如果管理层或治理层在财务报表日后严重拖延对财务报表的批准,注册会计师应当询问拖延的原因。如果认为拖延可能涉及与持续经营评估相关的事项或情况,注册会计师应该追加实施审计程序,并就存在的重大不确定性考虑对审计结论的影响。

业务操作

出具审计报告前应完成的审计工作

步骤一:编制审计差异调整表和试算平衡表。

1. 编制审计差异调整表(见表10-1至表10-3)

表 10-1　　　　　　　　　　账项调整分录汇总表

被审计单位:_____　　　　索引号:_____
项目:_____　财务报表截止日/期间:_____
编制:_____　复核:_____
日期:_____　日期:_____

序号	内容及说明	索引号	调整内容				影响利润表 +(-)	影响资产负债表 +(-)
			借方项目	借方金额	贷方项目	贷方金额		
……								

与被审计单位的沟通:
参加人员:
被审计单位:_____
审计项目组:_____
被审计单位的意见:
_____
_____
_____
_____
结论:
是否同意上述审计调整:_____
被审计单位授权代表签字:_____　日期:_____

表 10-2　　　　　　　　　　　重分类调整分录汇总表

被审计单位：_____　　　　　　索引号：_____
项目：_____　　　　　　　　　财务报表截止日/期间：_____
编制：_____　　　　　　　　　复核：_____
日期：_____　　　　　　　　　日期：_____

序号	内容及说明	索引号	调整项目和金额			
			借方项目	借方金额	贷方项目	贷方金额
……						

与被审计单位的沟通：
参加人员：
被审计单位：_____
审计项目组：_____
被审计单位的意见：
_____
_____

结论：
是否同意上述审计调整：_____
被审计单位授权代表签字：_____　　　　日期：_____

表 10-3　　　　　　　　　　　未更正错报汇总表

被审计单位：_____　　　　　　索引号：_____
项目：_____　　　　　　　　　财务报表截止日/期间：_____
编制：_____　　　　　　　　　复核：_____
日期：_____　　　　　　　　　日期：_____

序号	内容及说明	索引号	未调整内容				备注
			借方项目	借方金额	贷方项目	贷方金额	
……							

未更正错报的影响：
　　项目　　　　　金额　　　　百分比　　　　计划百分比
1. 总资产　　　_____　　_____　　_____
2. 净资产　　　_____　　_____　　_____
3. 销售收入　　_____　　_____　　_____
4. 费用总额　　_____　　_____　　_____
5. 毛利　　　　_____　　_____　　_____
6. 净利润　　　_____　　_____　　_____

结论：
被审计单位授权代表签字：_____　　　　日期：_____

2. 编制审计试算平衡表

试算平衡表是注册会计师在被审计单位提供未审财务报表的基础上,考虑调整分录、重分类分录等内容以确定已审数与报表披露数的表式。有关资产负债表和利润表的试算平衡表的参考格式见表 10 – 4、表 10 – 5。

表 10 – 4   资产负债表试算平衡表

被审计单位:_____   索引号:_____
项目:_____   财务报表截止日/期间:_____
编制:_____   复核:_____
日期:_____   日期:_____

项目	期末未审数	账项调整		重分类调整		期末审定数	项目	期末未审数	账项调整		重分类调整		期末审定数
		借方	贷方	借方	贷方				借方	贷方	借方	贷方	
货币资金							短期借款						
交易性金融资产							交易性金融负债						
应收票据							应付票据						
应收账款							应付账款						
预付账款							预收款项						
应收利息							应付职工薪酬						
应收股利							应交税费						
其他应收款							应付利息						
存货							应付股利						
一年内到期的非流动资产							其他应付款						
其他流动资产							一年内到期的非流动负债						
可供出售金融资产							其他流动负债						
持有至到期投资							长期借款						
长期应收款							应付债券						
长期股权投资							长期应付款						
投资性房地产							专项应付款						
固定资产							预计负债						
在建工程							递延所得税负债						
工程物资							其他非流动负债						
固定资产清理							实收资本(股本)						
无形资产							资本公积						
开发支出							盈余公积						
商誉							未分配利润						
长期待摊费用													
递延所得税资产													
其他非流动资产													
合计							合计						

表 10－5　　　　　　　　　　　利润表试算平衡表工作底稿

被审计单位：_____　　　索引号：_____
项目：_____　　　财务报表截止日/期间：_____
编制：_____　　　复核：_____
日期：_____　　　日期：_____

项目	审计前金额	调整金额		审定金额
		借方	贷方	
一、营业收入				
减：营业成本				
营业税金及附加				
销售费用				
管理费用				
财务费用				
资产减值损失				
加：公允价值变动损益				
投资收益				
二、营业利润				
加：营业外收入				
减：营业外支出				
三、利润总额				
减：所得税费用				
四、净利润				

在编制试算平衡表时需要注意以下几点：

（1）试算平衡表中的"期末未审数"和"审计前金额"列，应根据被审计单位提供的未审计财务报表填列。

（2）试算平衡表中的"账项调整"和"调整金额"列，应根据经被审计单位同意的"账项调整分录汇总表"填列。

（3）试算平衡表中的"重分类调整"列，应根据经被审计单位同意的"重分类调整分录汇总表"填列。

（4）在编制完成试算平衡表后，应注意核对相应的勾稽关系。如资产负债表试算平衡表左边的"期末未审数"、"期末审定数"各列合计数应分别等于其右边相应各栏合计数；资产负债表试算平衡表左边的"账项调整"列中的借方合计数与贷方合计数之差应等于右边的"账项调整"列中的贷方合计数与借方合计数之差；资产负债表试算平衡表左边的"重分类调整"列中的借方合计数与贷方合计数之差应等于右边的"重分类调整"列中的贷方合计数与借方合计数之差等。

步骤二：获取管理层声明书和律师声明书。

1. 获取管理层声明书

接引例，假定瑞森公司于 2014 年 3 月 15 日填制管理层声明书：

管理层声明书

四川恒信会计师事务所并钱波注册会计师：

本公司已委托贵事务所对本公司 2013 年 12 月 31 日的资产负债表，2013 年度的利润表、现金流量表和股东权益变动表以及财务报表附注进行审计，并出具审计报告。

为配合贵事务所的审计工作，本公司做出如下声明：

关于财务报表

1. 本公司承诺，按照《企业会计准则》的规定编制财务报表是我们的责任。

2. 本公司已按照《企业会计准则》的规定编制 2013 年度财务报表，财务报表的编制基础与上年度保持一致，本公司管理层对上述财务报表的真实性、合法性和完整性承担责任。

3. 设计、实施和维护内部控制，保证本公司资产安全和完整，防止或发现并纠正错报，是本公司管理层的责任。

4. 本公司承诺财务报表不存在在重大错报。贵事务所在审计过程中发现的未更正错报，无论是单独还是汇总起来，对财务报表整体均不具有重大影响。未更正错报汇总（见附件）附后。

本公司就已知的全部事项，做出如下声明：

关于信息的完整性

5. 本公司已向贵事务所提供了：

（1）全部财务信息和其他数据；

（2）全部重要的决议、合同、章程、纳税申报表等相关资料；

（3）全部股东会和董事会的会议记录。

关于确认、计量和列报

6. 本公司所有经济业务均已按规定入账，不存在账外资产或未计负债。

7. 本公司认为所有与公允价值计量相关的重大假设是合理的，恰当地反映了本公司的意图和采取特定措施的能力；用于确定公允价值的计量方法符合《企业会计准则》的规定，并在使用上保持了一贯性；本公司已在财务报表中对上述事项做出恰当披露。

8. 本公司不存在导致重述比较数据的任何事项。

9. 本公司已提供所有与关联方和关联方交易相关的资料，并已根据《企业会计准则》的规定恰当披露了所有重大关联方交易。

10. 本公司已提供全部或有事项的相关资料。除财务报表附注中披露的或有事项外，本公司不存在其他应披露而未披露的诉讼、赔偿、背书、承兑、担保等或有事项。

11. 除财务报表附注披露的承诺事项外，本公司不存在其他应披露而未披露的承诺事项。

12. 本公司不存在未披露的影响财务报表公允性的重大不确定事项。

13. 本公司已采取必要措施防止或发现舞弊及其他违反法规行为，不存在对财务报表产生重大影响的舞弊和其他违反法规行为。

14. 本公司严格遵守了合同规定的条款，不存在因未履行合同而对财务报表产生重大影响的事项。

15. 本公司对所有资产均拥有合法权利，除已披露事项外，无其他被抵押、质押资产。

16. 本公司编制财务报表所依据的持续经营假设是合理的，没有计划终止经营或破产清算。

17. 本公司已提供全部资产负债表日后事项的相关资料，除财务报表附注中披露的资产负债表日后事项外，本公司不存在其他应披露而未披露的重大资产负债表日后事项。

18. 本公司管理层确信：
（1）未收到监管机构有关调整或修改财务报表的通知；
（2）无税务纠纷。

19. 其他事项

注册会计师认为重要而需声明的事项，或者管理层认为必要而声明的事项。如：
（1）本公司在银行存款或现金运用方面未受到任何限制。
（2）本公司对存货均已按照《企业会计准则》的规定予以确认和计量；受托代销商品或不属于本公司的存货均未包括在会计记录内；在途物资或由代理商保管的货物均已确认为本公司存货。
（3）本公司不存在未披露的大股东及关联方资金占用和担保事项。

瑞森有限责任公司
法定代表人：张博
财务负责人：李锐
二〇一四年三月十五日

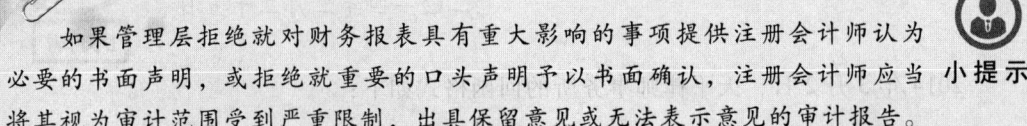

小提示

如果管理层拒绝就对财务报表具有重大影响的事项提供注册会计师认为必要的书面声明，或拒绝就重要的口头声明予以书面确认，注册会计师应当将其视为审计范围受到严重限制，出具保留意见或无法表示意见的审计报告。

在这种情况下，注册会计师应当评价审计过程中获取的管理层其他声明的可靠性，并考虑管理层拒绝提供声明书是否可能对审计报告产生其他影响。

2. 获取律师层声明书

接引例，2014年2月25日，四川恒信会计师事务所通过瑞森公司向其法律顾问天平律师事务所袁波律师的询证函格式如下：

律师询证函

天平律师事务所
袁波律师台鉴：

本公司已聘请四川恒信会计师事务所对本公司 2013 年 12 月 31 日（以下简称资产负债表日）的资产负债表以及截止于资产负债表日的该年度利润表和现金流量表进行审计。为配合该项审计，谨请贵律师基于受理本公司委托的工作（诸如常年法律顾问、专项咨询和诉讼代理等），提供下述资料，并函告四川恒信会计师事务所：

一、请说明存在于资产负债表日并且自该日起至本函回复日止本公司委托贵律师代理进行的任何未决诉讼。该说明中谨请包含以下内容：

1. 案件的简要经过与目前的发展进程；
2. 在可能范围内，贵律师对于本公司管理当局就上述案件所持看法及处理计划（如庭外和解设想）的了解，及您对可能发生结果的意见；
3. 在可能范围内，您对可能发生的损失或收益的可能性及金额的估计。

二、请说明存在于资产负债表日并且自该日起至本函回复日止，本公司曾向贵律师咨询的其他诸如未决诉讼、追索债权、被追索债务以及政府有关部门对本公司进行的调查等可能涉及本公司法律责任的事件。

三、请说明截止于资产负债表日，本公司与贵律师事务所律师服务费的结算情况（如有可能，请依服务项目区分）。

四、若无上述一及二事项，为节省您的宝贵时间，烦请填写本函背面《律师询证函复函》并签章后，按以下地址寄往四川恒信会计师事务所（地址：京华市泰京路 28 号 邮编：520031）。

谢谢合作！

瑞森有限责任公司
公司负责人：张博
二〇一四年二月二十五日

2014 年 3 月 2 日，天平律师事务所的回函格式如下：

律师询证函复函

恒信会计师事务所：

本律师于 2010 年 2 月 1 日起一直担任瑞森有限责任公司常年法律顾问，2013 年度瑞森有限责任公司除存在与东湖公司专利权纠纷一案之外，别无其他诉讼事宜。

就与东湖公司专利权纠纷一案，本律师作为瑞森有限责任公司（被告）的代理人，结合目前的最新证据，认为瑞森有限责任败诉的可能性比较大，一旦败诉，其赔偿的金额大约在人民币 1 700 万到 1 900 万之间。

另截至 2014 年 2 月 25 日止，该公司未积欠本律师事务所任何律师服务费。

天平律师事务所

律师：袁波

二〇一四年三月二日

小提示

注册会计师通常应根据该律师的职业条件和声誉情况来确定律师声明书的合理性。如果注册会计师熟悉该律师的职业声誉，就不再需要作专门的查询；如果注册会计师对代理被审计单位重大法律事务的律师并不熟悉，则应查询诸如该律师的职业背景、声誉及其在法律界的地位。

对律师声明书应从整体上分析，以便确定它对审计询证函的总体反映，确定它与注册会计师所知的情况是否矛盾。倘若律师声明书表明或暗示律师拒绝提供信息，或是隐瞒信息，或是对被审计单位叙述的情况不加修正，注册会计师一般应认为审计范围受到限制，就应重新考虑审计意见的类型和措辞。

引例分析

恒信会计师事务所注册会计师钱波若收到天平律师事务所的回函之后，经过调查，认为天平律师事务所服务能力较强，律师袁波的职业能力和社会声望较高。结合回函中袁波律师关于与东湖公司纠纷一案的判断，钱波可以认定瑞森公司所确认的 1 800 万损失和预计负债。

步骤三：复核审计工作。

为了确保所实施的审计程序充分恰当，所取得的审计证据充分适当，所形成的审计结论客观公正，在签发审计报告前，必须要由富有专有知识与丰富经验的注册会计师认真复核所有的工作底稿。

1. 项目负责经理复核

在外勤工作阶段，注册会计师所收集的审计工作底稿一般是分散的、不系统的。因此，编制审计报告以前，注册会计师应根据审计计划中拟订的内容、范围和要求，对审计工作底稿进行整理和复核。

（1）注册会计师及其助理人员对各自工作底稿的初步整理。主要分析是否已完成规定的审计任务，回顾是否存在遗漏程序，并着重列举审计过程中所发现的问题，提出相应的处理意见。

（2）由项目组内经验较多的人员复核经验较少的人员所执行的工作。项目负责人应当在审计过程的适当阶段及时实施复核，以使重大事项在出具审计报告前能够得到满意解决。在出具审计报告前，项目负责人应当通过复核审计工作底稿和与项目组讨论，确信获取的审计证据已经充分、适当，足以支持形成的结论和拟出具的审计报告。其复核的主要内容包括对关键领域所做的判断，尤其是执行业务过程中识别出的疑难问题或争议事项、特别风险以及项目负责人认为重要的其他领域。项目负责人应当对复核的范围和时间予以适当记录，如表 10-6 所示。

表 10-6　　　　　　　　　　　项目负责经理复核工作核对表

被审计单位：_____　　索引号：_____
项目：_____　　财务报表截止日/期间：_____
编制：_____　　复核：_____
日期：_____　　日期：_____

复核事项	是/否/不适用	备注
1. 是否已复核已完成的审计计划，以及导致对审计计划作出重大修改的事项？		
2. 是否已复核重要的财务报表项目？		
3. 是否已复核特殊交易或事项，包括债务重组、关联方交易、非货币性交易、或有事项、期后事项、持续经营能力等？		
4. 是否已复核重要会计政策、会计估计的变更？		
5. 是否已复核重大事项概要？		
6. 是否已复核建议调整事项？		
7. 是否已复核管理层声明书、股东大会、董事会相关会议纪要，与客户的沟通记录及重要会谈记录，律师询证函复函？		
8. 是否已复核审计总结？		
9. 是否已复核已审计财务报表和拟出具的审计报告？		
10. 实施上述复核后，是否可以确定下列事项： （1）审计工作底稿提供了充分、适当的记录，作为审计报告的基础； （2）已按照中国注册会计师审计准则的规定执行了审计工作； （3）对重大错报风险的评估及采取的应对措施是恰当的，针对存在特别风险的审计领域，设计并实施了针对性的审计程序，且得出了恰当的审计结论； （4）做出的重大判断恰当合理； （5）提出的建议调整事项恰当，相关调整分录正确； （6）未更正错报无论是单独还是汇总起来对财务报表整体均不具有重大影响； （7）已审计财务报表的编制符合企业会计准则的规定，在所有重大方面公允反映了被审计单位的财务状况、经营成果和现金流量； （8）拟出具的审计报告措辞恰当，已按照中国注册会计师审计准则的规定发表了恰当的审计意见。		

签字：_____
日期：_____

2. 项目合伙人复核

在审计结束或临近结束时，应当由项目负责人或主任会计师复核经审计后的财务报表。复核人员应当运用分析程序对财务报表总体进行复核，以确定财务报表整体是否与其对被审计单位的了解一致，并要特别关注是否存在不正常的金额或关联方交易，同时分析所获取的审计证据是否充分、适当。如果识别出以前未识别的重大错报风险，注册会计师应当重新考虑对全部或部分各类交易、账户余额、列报评估的风险是否恰当，并在此基础上重新评价之前计划的审计程序是否充分、并考虑追加实施进一步审计程序。表 10-7 为项目合伙人复核工作核对表。

表 10－7　　　　　　　　　　　　项目合伙人复核工作核对表

被审计单位：_____　　索引号：_____
项目：_____　　财务报表截止日/期间：_____
编制：_____　　复核：_____
日期：_____　　日期：_____

复核事项	是/否/不适用	备注
1. 是否已复核已完成的审计计划，以及导致对审计计划做出重大修改的事项？		
2. 是否已复核重大事项概要？		
3. 是否已复核存在特别风险的审计领域，以及项目组采取的应对措施？		
4. 是否已复核项目组做出的重大判断？		
5. 是否已复核建议调整事项？		
6. 是否已复核管理层声明书、股东大会、董事会相关会议纪要，与客户的沟通记录及重要会议记录，律师询证函复函？		
7. 是否已复核审计总结？		
8. 是否已复核已审计财务报表和拟出具的审计报告？		
9. 实施上述复核后，是否可以确定？ （1）对项目负责经理实施的复核结果满意； （2）对重大错报风险的评估及采取的应对措施是恰当的，针对存在特别风险的审计领域，设计并实施了针对性的审计程序，且得出了恰当的审计结论； （3）项目组作出的重大判断恰当合理； （4）提出的建议调整事项恰当合理，未更正错报无论是单独还是汇总起来对财务报表整体均不具有重大影响； （5）已审计财务报表的编制符合企业会计准则的规定，在所有重大方面公允反映了被审计单位的财务状况、经营成果和现金流量； （6）拟出具的审计报告措辞恰当，已按照中国注册会计师审计准则的规定发表了恰当的审计意见。		

签字：_____
日期：_____

3. 项目质量控制复核

（1）项目质量控制复核的作用。为了保证特定业务执行的质量，除了需要项目组实施组内复核外，会计师事务所还应当制定政策和程序，要求对特定业务实施项目质量控制复核，并在出具报告前完成项目质量控制复核。

项目质量控制复核，也称独立复核，是指会计师事务所挑选不参与该业务的人员，在出具报告前，对项目组做出的重大判断和在准备报告时形成的结论做出客观评价的过程。对特定业务实施项目质量控制复核，充分体现了分类控制、突出重点的质量控制理念。值得注意的是，项目质量控制复核并不减轻项目负责人的责任，更不能替代项目负责人的责任。

（2）项目质量控制复核人员。会计师事务所委派的项目质量复核人员应具备专业胜任能力，具备复核业务所需要的足够、适当的技术专长、经验和权限。针对上市公司财务报表审计的项目质量控制，复核人员还应具备担任上市公司财务报表审计负责人应有的足够和适当的经验与权限。

同时，项目质量控制复核人应当具有客观性，以保证其能够客观地实施项目质量控制复核。如果复核人员的客观复核能力受到损害的时候，会计师事务所应该能够为该复核人提供替代者。如果事务所缺乏具备专业胜任能力和客观性的复核人员时，可以聘请具有适当资格的外部人员或其他会计师事务所实施项目质量控制复核。

（3）项目质量控制复核的时间。项目质量控制复核人员应当在业务过程中的适当阶段及时实施复核，以便在出具报告前完成项目质量控制复核。如果项目负责人不接受项目质量控制复核人的建议，且重大事项未得到满意解决，项目负责人只要按照会计师事务所要求解决重大事项之后，方可出具审计报告。

（4）项目质量控制复核的范围。会计师事务所应当根据特定业务的复杂程度和出具不恰当报告的风险，确定项目质量控制范围。

表10-8为项目质量复核工作核对表。

表10-8　　　　　　　　　项目质量控制复核工作核对表

被审计单位：_____　　索引号：_____
项目：_____　　财务报表截止日/期间：_____
编制：_____　　复核：_____
日期：_____　　日期：_____

复核事项 （由独立的项目质量控制复核人员进行复核，项目质量控制复核适用于上市公司财务报表审计或会计师事务所按有关规定确定的其他类型审计业务）	是/否/不适用	备注
1. 项目质量控制复核之前进行的复核是否均已得到满意的执行？		
2. 是否已复核项目组针对本业务对本所独立性做出的评价，并认为该评价是恰当的？		
3. 是否已复核项目组在审计过程中识别的特别风险以及采取的应对措施，包括项目组对舞弊风险的评估及采取的应对措施，认为项目组做出的判断和应对措施是恰当的？		
4. 是否已复核项目组做出的判断，包括关于重要性和特别风险的判断，认为这些判断恰当合理？		
5. 是否确定项目组已就存在的意见分歧、其他疑难问题或争议事项进行适当咨询，且咨询得出的结论是恰当的？		
6. 是否已复核审计过程中识别的已更正和未更正错报的重要程度及处理情况？		
7. 是否已复核项目组与管理层和治理层沟通的记录以及拟与其沟通的事项，对沟通情况表示满意？		
8. 是否认为所复核的审计工作底稿反映了项目组针对重大判断执行的工作能够支持得出的结论？		
9. 是否已复核已审计财务报表和拟出具的审计报告，认为已审计财务报表符合企业会计准则的规定，拟出具的审计报告已按照中国注册会计师审计准则的规定发表了恰当的审计意见？		

签字：_____
日期：_____

除了对上市实体的财务报表审计,以及会计师事务所确定需要实施项目质量控制复核的其他业务之外,可以只实施前述两个步骤,即项目负责经理复核和项目合伙人复核。　　　　　　　　　　　　　　　　　　　　　**小提示**

学习子情境二　出具审计报告

恒信会计师事务所项目组成员在注册会计师钱波的带领下,完成了对瑞森有限责任公司的审计工作,认为瑞森有限责任公司财务报表已经在所有重大方面按照《企业会计准则》编制,公允反映了公司的财务状况、经营成果和现金流量;而且项目组在审计过程中未受到限制。请问,恒信会计师事务所和注册会计师钱波针对瑞森有限责任公司财务报表应出具什么类型审计报告?

▎职业判断

一、审计报告的含义

审计报告是注册会计师根据审计准则的规定,在完成审计工作的基础上对财务报表发表审计意见的书面文件。

审计报告是审计工作的结果,是注册会计师完成审计任务并向审计需求者传递审计信息的主要载体,是证明注册会计师对审计责任的履行情况的文件。具有以下特征:

(1) 注册会计师应当按照审计准则的规定执行审计工作。
(2) 注册会计师在实施审计工作的基础上才能出具审计报告。
(3) 注册会计师通过对财务报表发表意见履行业务约定书约定的责任。
(4) 注册会计师应当以书面形式出具审计报告。

二、审计报告的种类

(一) 按照是否增加解释说明事项,审计报告可分为标准审计报告和非标准审计报告

1. 标准审计报告

标准审计报告是指不含有说明段、强调事项段、其他事项段或其他任何修饰性用语的无保留意见的审计报告。包含其他报告责任段,但不含有强调事项段或其他事项段的无保留意见的审计报告也被视为标准审计报告。

2. 非标准审计报告

非标准审计报告,是指带强调事项段或其他事项段的无保留意见的审计报告和非无保留意见的审计报告。非无保留意见的审计报告又包括保留意见审计报告、否定意见审计报告和无法表示意见审计报告。

(二)按照报告的使用目的,审计报告可以分为公布目的审计报告和非公布目的审计报告

1. 公布目的审计报告

公布目的审计报告,一般用于对企业股东、投资者、债权人等非特定利益关系者公布财务报表时所附送的审计报告。

2. 非公布目的审计报告

非公布目的审计报告,一般用于为改善经营管理、企业合并或业务转让、融通资金等特定目的而实施的审计报告。这类审计报告主要提供给经营者、合并或业务转让关系人、提供信用的金融机构等。

(三)按照报告的详略程度,审计报告可以分为简式审计报告和详式审计报告

1. 简式审计报告

简式审计报告,也称短式审计报告,是指注册会计师完成审计后所编制的简明扼要的审计报告。其反映的内容是非特定多数的利益相关者一致认为的必要审计事项,具有标准格式,一般适用于公布目的,具有标准审计报告的特点。

2. 详式审计报告

详式审计报告,也称长式审计报告,是指注册会计师对审计对象所有重要的经济业务和情况都做出详细说明和分析的审计报告。其主要用于指出企业经营管理存在的问题和帮助企业改善经营管理,内容丰富、详实,一般用于非公布目的,具有非标准审计报告的特点。

三、审计报告的基本内容

根据审计准则的规定,审计报告应当包括下列要素:

(一)标题

审计报告应当具有标题,统一规范为"审计报告",以突出业务性质,并与其他业务报告相区别。

(二)收件人

审计报告的收件人是指注册会计师按照业务约定书的要求致送审计报告的对象,一般是指审计业务的委托人。审计报告应当按照审计业务的约定载明收件人的全称。

针对整套通用目的财务报表出具的审计报告,审计报告的致送对象通常为被审计单位的股东或治理层。股份有限公司的收件人一般为"××股份有限公司全体股东",有限责任公司的收件人一般为"××有限责任公司董事会",合伙企业的收件人一般为

"××合伙企业全体合伙人"。

(三)引言段

审计报告的引言段应当说明财务报表已经审计,且包括:

(1)指出构成整套财务报表的每一财务报表的名称;

(2)提及财务报表附注;

(3)指明构成整套财务报表的每一财务报表的日期或涵盖的期间。

根据企业会计准则规定,财务报表包括资产负债表、利润表、所有者权益变动表、现金流量表,由于报表附注是财务报表不可或缺的重要组成部分,因此也应提及财务报表附注。

(四)管理层对财务报表的责任段

管理层对财务报表的责任段应当说明,编制财务报表是管理层的责任,这种责任包括:

(1)按照适用的财务报告编制基础编制财务报表,并使其实现公允反映;

(2)设计、执行和维护必要的内部控制,以使财务报表不存在由于舞弊或错误导致的重大错报。

在某些情况下,根据某一国家或地区的法律法规或被审计单位的性质,管理层需要承担与财务报表编制相关的额外责任,注册会计师可以在上述责任的基础上增加对额外责任的说明。

(五)注册会计师的责任段

注册会计师的责任段应当说明:

(1)注册会计师的责任是在执行审计工作的基础上对财务报表发表审计意见。

(2)注册会计师按照中国注册会计师审计准则的规定执行了审计工作。中国注册会计师审计准则要求注册会计师遵守中国注册会计师职业道德守则,计划和执行审计工作以对财务报表是否不存在重大错报获取合理保证。

(3)审计工作涉及实施审计程序,以获取有关财务报表金额和披露的审计证据。选择的审计程序取决于注册会计师的判断,包括对由于舞弊或错误导致的财务报表重大错报风险的评估。在进行风险评估时,注册会计师考虑与财务报表编制和公允列报相关的内部控制,以设计恰当的审计程序,但目的并非对内部控制的有效性发表意见。审计工作还包括评价管理层选用会计政策的恰当性和做出会计估计的合理性,以及评价财务报表的总体列报。

(4)注册会计师相信获取的审计证据是充分、适当的,为其发表审计意见提供了基础。如果结合财务报表审计对内部控制的有效性发表意见,注册会计师应当删除上述第(3)项中"但目的并非对内部控制的布效性发表意见"的措辞。

(六)审计意见段

审计意见段应当说明:财务报表是否在所有重大方面按照适用的财务报表编制基础

编制,是否公允反映了被审计单位的财务状况、经营成果和现金流量。

(七) 其他报告责任段

除审计准则规定的注册会计师对财务报表出具审计报告的责任外,相关法律法规可能对注册会计师设定了其他报告责任。如果注册会计师在对财务报表出具的审计报告中履行其他报告责任,应当在审计报告中将其单独作为一部分,并以"按照相关法律法规的要求报告的事项"为标题。此时,审计报告应当区分为"对财务报表出具的审计报告"和"按照相关法律法规的要求报告的事项"两部分。

(八) 注册会计师的签名和盖章

审计报告应当由注册会计师签名并盖章。注册会计师在审计报告上签名并盖章,有利于明确法律责任。根据规定,审计报告应当由两名具备相关业务资格的注册会计师签名盖章并经会计师事务所盖章方为有效。

合伙会计师事务所出具的审计报告,应当由一名对审计项目负最终复核责任的合伙人和一名负责该项目的注册会计师签名盖章。

有限责任会计师事务所出具的审计报告,应当由会计师事务所主任会计师或其授权的副主任会计师和一名负责该项目的注册会计师签名盖章。

(九) 会计师事务所的名称、地址和盖章

审计报告应当载明会计师事务所的名称和地址(一般只写明其注册城市名称),并加盖会计师事务所公章。

在实务中,审计报告通常载于会计师事务所统一印刷的、标有该所详细通讯地址的信笺上,因此,无须在审计报告中注明详细地址。此外,根据国家工商行政管理部门的有关规定,在主管登记机关管辖区内,已登记注册的企业名称不得相同。因此,在同一地区内不会出现重名的会计师事务所。

(十) 报告日期

审计报告标注的日期为注册会计师完成审计工作的日期。审计报告日不应早于注册会计师获取充分、适当的审计证据(包括管理层认可对财务报表的责任且已批准财务报表的证据),并在此基础上对财务报表形成审计意见的日期。

在确定审计报告日时,注册会计师应当确信已获取下列两方面的审计证据:

(1) 构成整套财务报表的所有报表(包括相关附注)已编制完成;
(2) 被审计单位的董事会、管理层或类似机构已经认可其对财务报表负责。

> **小提示**
> 在审计实务中,注册会计师在正式签署审计报告前,通常把审计报告草稿和已审财务报表草稿一同提交给管理层,如果管理层批准并签署已审财务报表,注册会计师即可签署审计报告。注册会计师签署审计报告的日期通常与管理层签署已审财务报表的日期为同一天,或晚于管理层签署已审财务报表的日期。

业务操作

出具审计报告

情况一：出具标准无保留意见审计报告。

标准无保留意见审计报告，是指注册会计师对被审计单位财务报表发表的不带强调事项段或其他事项段的无保留意见审计报告。无保留意见审计报告意味着注册会计师认为被审计单位财务报表符合合法性和公允性的要求，能满足非特定多数利害关系人的共同需要，并对发表的意见负责。同时，无保留意见也是委托人最希望获得的审计意见，可以提高被审计单位财务报表的可信赖程度。

1. 标准无保留意见审计报告的签发条件

如果经过审计后的被审计单位财务报表符合下列所有条件，注册会计师应当出具标准无保留意见的审计报告：

（1）财务报表已经在所有重大方面按照适用的财务报告编制基础编制，公允反映了被审计单位的财务状况、经营成果和现金流量。

（2）注册会计师已经按照审计准则的规定计划和实施审计工作，在审计过程中未受到限制。

（3）没有必要在审计报告中增加强调事项段或其他事项段。

2. 标准无保留意见审计报告的关键措辞与格式

注册会计师在出具无保留意见审计报告时，应当以"我们认为"作为意见段的开头，并使用"在所有重大方面"、"公允反映了"等专业术语，而不应使用"完全正确"等词汇和"基本反映"等模糊概念。

接引例，恒信会计师事务所在审计瑞森有限责任公司财务报表时，认为瑞森有限责任公司财务报表已经在所有重大方面按照《企业会计准则》编制，公允反映了公司的财务状况、经营成果和现金流量；而且项目组在审计过程中未受到限制，符合出具标准无保留意见审计报告的条件，应出具标准无保留意见审计报告。

假设恒信会计师事务所于 2014 年 3 月 15 日，对瑞森有限责任公司财务报表出具的标准无保留意见审计报告：

审 计 报 告

瑞森有限责任公司全体股东：

我们审计了后附的瑞森有限责任公司（以下简称瑞森公司）财务报表，包括 2013 年 12 月 31 日的资产负债表，2013 年度的利润表、现金流量表和股东权益变动表以及财务报表附注。

一、管理层对财务报表的责任

编制和公允列报财务报表是瑞森公司管理层的责任,这种责任包括:①按照企业会计准则的规定编制财务报表,并使其实现公允反映;②设计、执行和维护必要的内部控制,以使财务报表不存在由于舞弊或错误导致的重大错报。

二、注册会计师的责任

我们的责任是在执行审计工作的基础上对财务报表发表审计意见。我们按照《中国注册会计师审计准则》的规定执行了审计工作。《中国注册会计师审计准则》要求我们遵守中国注册会计师职业道德守则,计划和执行审计工作以对财务报表是否不存在重大错报获取合理保证。

审计工作涉及实施审计程序,以获取有关财务报表金额和披露的审计证据。选择的审计程序取决于注册会计师的判断,包括对由于舞弊或错误导致的财务报表重大错报风险的评估。在进行风险评估时,注册会计师考虑与财务报表编制和公允列报相关的内部控制,以设计恰当的审计程序,但目的并非对内部控制的有效性发表意见。审计工作还包括评价管理层选用会计政策的恰当性和做出会计估计的合理性,以及评价财务报表的总体列报。

我们相信,我们获取的审计证据是充分、适当的,为发表审计意见提供了基础。

三、审计意见

我们认为,瑞森公司财务报表在所有重大方面按照《企业会计准则》的规定编制,公允反映了瑞森公司 2013 年 12 月 31 日的财务状况以及 2013 年度的经营成果和现金流量。

恒信会计师事务所	中国注册会计师:周华
(盖章)	(签名并盖章)
	中国注册会计师:钱波
	(签名并盖章)
中国京华市	二○一二年三月十五日

情况二:出具带强调事项段的无保留意见审计报告。

当认为有必要提醒财务报表使用者关注已在财务报表中列报或披露,且对其理解财务报表至关重要的事项时,注册会计师在获取充分、适当的审计证据证实该事项在财务报表中不存在重大错报的前提下,应当在审计报告中增加强调事项段。

注册会计师在增加强调事项段的时候,应注意将强调事项段紧接在审计意见段之后,使用"强调事项"作为醒目标题,并明确指出审计意见没有因为强调事项而改变。

1. 带强调事项段的无保留意见审计报告的签发条件

当存在可能导致对持续经营能力产生重大疑虑的事项或情况、但不影响已发表的审计意见时,注册会计师应当在审计意见段之后增加强调事项段对此予以强调。

当存在可能对财务报表产生重大影响的不确定事项（持续经营问题除外）、但不影响已发表的审计意见时，注册会计师应当考虑在审计意见段之后增加强调事项段对此予以强调。所谓不确定事项是指其结果依赖于未来行动或事项，不受被审计单位的直接控制，但可能影响财务报表的事项。

除上述规定的两种情形外，注册会计师不应在审计报告的审计意见段之后增加强调事项段或任何解释性段落，以免财务报表使用者产生误解。

2. 带强调事项段的无保留意见审计报告的关键措辞与格式

注册会计师在出具带强调事项段的无保留意见审计报告时，应当使用"我们提醒财务报表使用者关注"、"本段内容不影响已发表的审计意见"等措辞，明确区分审计意见和强调事项段。格式如下：

审 计 报 告

×××股份有限公司全体股东：

我们审计了后附的×××股份有限公司（以下简称×××公司）财务报表，包括20×1年12月31日的资产负债表，20×1年度的利润表、现金流量表和股东权益变动表以及财务报表附注。

一、管理层对财务报表的责任

编制和公允列报财务报表是×××公司管理层的责任，这种责任包括：①按照《企业会计准则》的规定编制财务报表，并使其实现公允反映；②设计、执行和维护必要的内部控制，以使财务报表不存在由于舞弊或错误导致的重大错报。

二、注册会计师的责任

我们的责任是在执行审计工作的基础上对财务报表发表审计意见。我们按照《中国注册会计师审计准则》的规定执行了审计工作。《中国注册会计师审计准则》要求我们遵守中国注册会计师职业道德守则，计划和执行审计工作以对财务报表是否不存在重大错报获取合理保证。

审计工作涉及实施审计程序，以获取有关财务报表金额和披露的审计证据。选择的审计程序取决于注册会计师的判断，包括对由于舞弊或错误导致的财务报表重大错报风险的评估。在进行风险评估时，注册会计师考虑与财务报表编制和公允列报相关的内部控制，以设计恰当的审计程序，但目的并非对内部控制的有效性发表意见。审计工作还包括评价管理层选用会计政策的恰当性和做出会计估计的合理性，以及评价财务报表的总体列报。

我们相信，我们获取的审计证据是充分、适当的，为发表审计意见提供了基础。

三、审计意见

我们认为，×××公司财务报表在所有重大方面按照《企业会计准则》的规定编制，公允反映了ABC公司20×1年12月31日的财务状况以及20×1年度的经营成果和现金流量。

四、强调事项

我们提醒财务报表使用者关注，如财务报表附注×所述，截至财务报表批准日，Y公司对×××公司提出的诉讼尚在审理中，其结果具有不确定性。本段内容不影响已发表的审计意见。

××会计师事务所　　　　　　　　　　　中国注册会计师：×××
　　（盖章）　　　　　　　　　　　　　　（签名并盖章）
　　　　　　　　　　　　　　　　　　　中国注册会计师：×××
　　　　　　　　　　　　　　　　　　　　（签名并盖章）

中国××市　　　　　　　　　　　　　　二〇×二年×月×日

情况三：出具保留意见审计报告。

保留意见审计报告是指注册会计师对财务报表的反映有所保留的审计报告。一般是由于某些事项的存在，使无保留意见的条件不具备，影响了被审计单位财务报表的表述，因而注册会计师对无保留意见加以修正，对影响事项提出保留意见，并表示对该意见负责。

1. 保留意见审计报告的签发条件

当存在下列情形之一时，注册会计师应当发表保留意见：

(1) 在获取充分、适当的审计证据后，注册会计师认为错报单独或汇总起来对财务报表影响更大，但不具有广泛性。

注册会计师在获取充分、适当的审计证据后，只有当认为财务报表就整体而言是公允的，但还存在对财务报表产生重大影响的错报时，才能发表保留意见。如果注册会计师认为错报对财务报表产生的影响极为严重且具有广泛性，则应发表否定意见。因此，保留意见被视为注册会计师在不能发表无保留意见情况下最不严厉的审计意见。

(2) 注册会计师无法获取充分、适当的审计证据以作为形成审计意见的基础，但认为未发现的错报（如存在）对财务报表可能产生的影响重大，但不具有广泛性。

注册会计师因审计范围受到限制而发表保留意见还是无法表示意见，取决于无法获取的审计证据对形成审计意见的重要性。注册会计师在判断重要性时，应当考虑有关事项潜在影响的性质和范围以及在财务报表中的重要程度。只有当未发现的错报（如存在）对财务报表可能产生的影响重大但不具有广泛性时，才能发表保留意见。

2. 保留意见审计报告的关键措辞与格式

与标准的无保留意见审计报告相比，注册会计师应当在保留意见审计报告的注册会计师责任段之后、审计意见段之前增加说明段，清楚地说明导致保留意见的事项，并尽可能说明该事项对被审计单位财务状况、经营成果和现金流量的影响程度。

同时，注册会计师应当在意见段中使用"除……的影响外"等术语。如果因审计范围受到限制，注册会计师还应当在注册会计师的责任段中提及这一情况。保留意见审计报告格式（审计范围受到限制）如下：

审 计 报 告

×××股份有限公司全体股东：

我们审计了后附的×××股份有限公司（以下简称×××公司）财务报表，包括20×1年12月31日的资产负债表，20×1年度的利润表、现金流量表和股东权益变动表以及财务报表附注。

一、管理层对财务报表的责任

编制和公允列报财务报表是×××公司管理层的责任，这种责任包括：①按照企业会计准则的规定编制财务报表，并使其实现公允反映；②设计、执行和维护必要的内部控制，以使财务报表不存在由于舞弊或错误导致的重大错报。

二、注册会计师的责任

我们的责任是在执行审计工作的基础上对财务报表发表审计意见。我们按照《中国注册会计师审计准则》的规定执行了审计工作。《中国注册会计师审计准则》要求我们遵守中国注册会计师职业道德守则，计划和执行审计工作以对财务报表是否不存在重大错报获取合理保证。

审计工作涉及实施审计程序，以获取有关财务报表金额和披露的审计证据。选择的审计程序取决于注册会计师的判断，包括对由于舞弊或错误导致的财务报表重大错报风险的评估。在进行风险评估时，注册会计师考虑与财务报表编制和公允列报相关的内部控制，以设计恰当的审计程序，但目的并非对内部控制的有效性发表意见。审计工作还包括评价管理层选用会计政策的恰当性和做出会计估计的合理性，以及评价财务报表的总体列报。

我们相信，我们获取的审计证据是充分、适当的，为发表保留意见提供了基础。

三、导致保留意见的事项

如财务报表附注×所述，×××公司于20×1年取得了A公司40%的股权，因能够对A公司施加重大影响，故采用权益法核算该项股权投资，并于20×1年度确认对A公司的投资收益X元，截至20×1年12月31日该项股权投资账面价值为Y元。由于我们未被允许接触A公司的财务信息和执行A公司审计的注册会计师，因此我们无法就该项股权投资账面价值以及20×1年度对A公司的投资收益获取充分、适当的审计证据，也无法确定是否有必要对这些金额进行调整。

四、保留意见

我们认为，除"三、导致保留意见的事项"段所述事项可能产生的影响外，×××公司财务报表在所有重大方面按照企业会计准则的规定编制，公允反映了×××公司20×1年12月31日的财务状况以及20×1年度的经营成果和现金流量。

××会计师事务所	中国注册会计师：×××
（盖章）	（签名并盖章）
	中国注册会计师：×××
	（签名并盖章）
中国××市	二〇×二年×月×日

情况四：出具否定意见审计报告。

否定意见审计报告是指注册会计师出具的否定财务报表公允地反映被审计单位财务状况、经营成果和现金流量的审计报告。否定意见意味着被审计单位的财务报表不可信赖，所以无论是注册会计师还是被审计单位都不希望发表此类意见的审计报告。

1. 否定意见审计报告的签发条件

在获取充分、适当的审计证据后，如果认为错报单独或汇总起来对财务报表的影响重大且具有广泛性，注册会计师应当发表否定意见。

2. 否定意见审计报告的关键措辞与格式

与标准无保留意见审计报告相比，注册会计师应当在否定意见审计报告的注册会计责任段之后、审计意见段之前增加说明段，清楚地说明导致否定意见的事项，并尽可能说明否定事项对被审计单位财务状况、经营成果和现金流量的影响程度。

同时，注册会计师应当在意见段中使用"由于上述问题造成的重大影响"、"由于受到前段所述事项的重大影响"等术语。否定意见审计报告格式如下：

审 计 报 告

×××股份有限公司全体股东：

我们审计了后附的×××股份有限公司（以下简称×××公司）财务报表，包括20×1年12月31日的资产负债表、20×1年度的利润表、现金流量表和股东权益变动表以及财务报表附注。

一、管理层对财务报表的责任

编制和公允列报财务报表是×××公司管理层的责任，这种责任包括：①按照企业会计准则的规定编制财务报表，并使其实现公允反映；②设计、执行和维护必要的内部控制，以使财务报表不存在由于舞弊或错误导致的重大错报。

二、注册会计师的责任

我们的责任是在执行审计工作的基础上对财务报表发表审计意见。我们按照《中国注册会计师审计准则》的规定执行了审计工作。《中国注册会计师审计准则》要求我们遵守中国注册会计师职业道德守则，计划和执行审计工作以对财务报表是否不存在重大错报获取合理保证。

审计工作涉及实施审计程序，以获取有关财务报表金额和披露的审计证据。选择的审计程序取决于注册会计师的判断，包括对由于舞弊或错误导致的财务报表重大错报风险的评估。在进行风险评估时，注册会计师考虑与财务报表编制和公允列报相关的内部控制，以设计恰当的审计程序，但目的并非对内部控制的有效性发表意见。审计工作还包括评价管理层选用会计政策的恰当性和做出会计估计的合理性，以及评价财务报表的总体列报。

我们相信，我们获取的审计证据是充分、适当的，为发表否定意见提供了基础。

三、导致否定意见的事项

如财务报表附注×所述，×××公司的长期股权投资未按企业会计准则的规定采用权益法核算。如果按权益法核算，×××公司的长期投资账面价值将减少×万元，净利润将减少×万元，从而导致×××公司由盈利×万元变为亏损×万元。

四、否定意见

我们认为，由于"三、导致否定意见的事项"段所述事项的重要性，×××公司财务报表未能在所有重大方面按照企业会计准则的规定编制，未能公允反映×××公司20×1年12月31日的财务状况以及20×1年度的经营成果和现金流量。

××会计师事务所	中国注册会计师：×××
（盖章）	（签名并盖章）
	中国注册会计师：×××
	（签名并盖章）
中国××市	二○×二年×月×日

情况五：出具无法表示意见审计报告。

无法表示意见是指注册会计师不能就被审计单位财务报表整体是否在所有重大方面按照适用的财务报告编制基础编制，以及是否公允反映其财务状况、经营成果和现金流量发表审计意见。

即对被审计单位财务报表既不发表无保留意见，也不发表保留意见或否定意见，更不是拒绝表示意见。

1. 无法表示意见审计报告的签发

注册会计师在审计过程中，如果审计范围受到限制可能产生的影响非常重大和广泛，不能获取充分、适当的审计证据，以至于无法对财务报表发表审计意见，注册会计师应当出具无法表示意见的审计报告。

典型的审计范围受到限制的情况有内部控制极度混乱导致会计记录缺乏系统性与完整性，未能对存货进行监盘或未能对应收账款进行函证且影响非常重大和广泛的。

2. 无法表示意见审计报告的关键措辞与格式

与标准无保留审计报告相比，无法表示意见审计报告在引言段、注册会计师责任段和审计意见段等方面有所差异。无法表示意见审计报告（审计范围受限）格式如下：

审 计 报 告

×××股份有限公司全体股东：

我们接受委托，审计后附的×××股份有限公司（以下简称×××公司）财务报表，包括20×1年12月31日的资产负债表，20×1年度的利润表、股东权益变动表和现金流量表以及财务报表附注。

一、管理层对财务报表的责任

按照企业会计准则的规定编制财务报表是×××公司管理层的责任。这种责任包括：①按照企业会计准则的规定编制财务报表，并使其实现公允反映；②设计、执行和维护必要的内部控制，以使财务报表不存在由于舞弊或错误导致的重大错报。

二、注册会计师的责任

我们的责任是按照《中国注册会计师审计准则》的规定执行审计工作的基础上对财务报表发表审计意见。但由于导致无法表示意见的事项段中所述的事项，我们无法获取充分、适当的审计证据以为发表审计意见提供基础。

三、导致无法表示意见的事项

我们于20×2年1月接受×××公司的审计委托，因为未能对×××公司20×1年初金额为 X 元的存货和年末金额为 Y 元的存货实施监盘程序。此外，我们也无法实施替代审计程序获取充分、适当的审计证据。因此，我们无法确定是否有必要对存货项目做出调整，也无法确定应调整的金额。

四、无法表示意见

由于前段所述事项可能产生的影响非常重大和广泛，我们无法获取充分、适当的审计证据以为发表审计意见提供基础，因此，我们无法对×××公司财务报表发表审计意见。

××会计师事务所　　　　　　　　　　　中国注册会计师：×××
（盖章）　　　　　　　　　　　　　　　　　（签名并盖章）
　　　　　　　　　　　　　　　　　　　　中国注册会计师：×××
　　　　　　　　　　　　　　　　　　　　　（签名并盖章）
中国××市　　　　　　　　　　　　　　二〇×二年×月×日

情境小结

本学习情境主要是审计报告出具前工作和出具审计报告工作。通常，注册会计师在汇总审计差异的基础上编制审计差异调整表和试算平衡表，为出具审计报告做准备；通过获取管理层声明书和律师声明书以进一步明确会计责任与审计责任，从而降低审计风险；进行两级（三级）复核的基础上，确定应发表的审计意见类型，最终出具并致送审计报告。至此，审计工作宣告结束。

职业能力训练

[知识训练]

一、单项选择题（下列答案中有一项是正确的，将正确答案填入括号内）

1. 在资产负债表试算平衡表中，各资产项目的期末审定数为（   ）。
   A. 期末未审数＋账项调整借方－账项调整的贷方
   B. 期末未审数－账项调整借方＋账项调整的贷方
   C. 期末未审数＋账项调整借方－账项调整的贷方＋重分类调整借方－重分类调整贷方
   D. 期末未审数－账项调整借方＋账项调整的贷方－重分类调整借方＋重分类调整贷方

2. 以下关于管理层和注册会计师的责任说法正确的是（   ）。
   A. 注册会计师应当根据企业会计准则的规定，对持续经营能力做出评估
   B. 管理层的责任是考虑所运用持续经营假设的适当性和披露的充分性
   C. 注册会计师对被审计单位能够持续经营做出保证
   D. 编制财务报表是管理层的责任

3. 管理层对持续经营能力进行评估时，所涵盖的期间应该是（   ）。
   A. 自管理层开始评估日起的 12 个月
   B. 自财务报表日起的 12 个月
   C. 自财务报表日起的一个生产经营周期
   D. 自当年财务报告批准报出日起的 12 个月

4. 以下属于第一时段的期后事项的是（   ）。
   A. 财务报表日至审计报告日之间发生的期后事项
   B. 财务报表日至财务报表报出日之间发生的期后事项
   C. 审计报告日后至财务报表报出日之前发现的事实
   D. 财务报表报出日后知悉的事实

5. 在（   ）的情况下，注册会计师应发表无法表示意见。
   A. 被审计单位拒绝接受注册会计师就重大事项提出的调整或披露建议
   B. 被审计单位管理层拒绝签发声明书
   C. 被审计单位拒绝就重大的期后事项进行调整或披露

D. 被审计单位拒绝接受就内部控制中的严重缺陷所提出的改进建议

6. 注册会计师王红于 2013 年 1 月 28 日开始对嘉华公司 2012 年度财务报表进行审计，2 月 18 日完成审计工作，2 月 22 日管理层签署已审计财务报表，并于 2 月 23 日将审计报告送交 A 公司，则嘉华公司管理层声明书的日期通常应为（　　）。

A. 2013 年 1 月 28 日　　　　　B. 2013 年 2 月 18 日
C. 2013 年 2 月 22 日　　　　　D. 2013 年 2 月 23 日

7. 注册会计师获取的被审计单位管理层书面声明通常不需要包括的内容是（　　）。

A. 被审计单位的战略目标的可实现性
B. 管理层对财务报表的责任
C. 被审计单位提供的董事会会议记录的完整性
D. 公允价值计量和披露中涉及的重大假设的合理性

8. 以下针对增加强调事项段的说法，不正确的是（　　）。

A. 如果被审计单位附注中披露了异常诉讼存在不确定性，注册会计师需要增加强调事项段
B. 如果被审计单位附注中披露了存在已经或持续对被审计单位财务状况产生重大影响的特大灾难的事项，注册会计师需要增加强调事项段
C. 强调事项段应当仅提及已在财务报表中列报或披露的信息
D. 强调事项段应该紧接在注册会计师的责任段之后

9. 注册会计师拟在被审计单位审计报告中增加其他事项段，以下做法不正确的是（　　）。

A. 当增加其他事项段旨在提醒使用者关注与其理解与财务报表审计相关的事项时，该段落需要紧接在审计意见段和强调事项段之后
B. 当增加其他事项段旨在提醒使用者关注与审计报告中提及的其他报告责任相关的事项时，该段落可以置于"按照相关法律法规的要求报告的事项"的部分内
C. 当其他事项段与注册会计师的责任或使用者理解审计报告相关时，可以单独作为一部分，置于"对财务报表出具的审计报告"和"按照相关法律法规的要求报告的事项"之后
D. 如果拟在审计报告中增加强调事项段或其他事项段，注册会计师应当就该事项和拟使用的措辞与管理层沟通

10. 如果公司管理层拒绝就其责任的履行情况提供书面声明，下列做法中，注册会计师认为错误的是（　　）。

A. 重新评价甲公司管理层的诚信情况
B. 重新评价获取审计证据的总体可靠性
C. 对财务报表出具无法表示意见的审计报告
D. 对财务报表出具保留意见的审计报告

二、**多项选择题**（下列答案中有多项是正确的，将正确答案填入括号内）

1. 对重要性和审计风险进行最终评价时，确定各财务报表项目可能的错报金额汇总数可能包括（　　）。
   A. 已经识别的具体错报
   B. 通过测试样本估计出的总体错报减去已经识别的具体错报
   C. 通过实质性分析程序推断出的估计错报
   D. 前期尚未调整的错报

2. 以下属于可能从财务方面导致对持续经营能力产生重大疑虑的事项或情况的有（　　）。
   A. 拖欠或停止发放股利
   B. 出现非常成功的竞争者
   C. 存在债权人撤销财务支持的迹象
   D. 失去主要市场、特许权或主要供应商

3. 关于注册会计师对期后事项的责任，下列说法正确的有（　　）。
   A. 注册会计师应当设计专门的审计程序来识别第一时段期后事项
   B. 在审计报告日后，注册会计师没有义务针对财务报表实施审计程序或进行专门查询
   C. 在审计报告日后，注册会计师没有义务针对财务报表实施任何审计程序
   D. 在审计报告日后至财务报表报出日前，如果知悉可能对财务报表产生重大影响的事实，注册会计师也无须采取适当的措施

4. 下列有关管理层书面声明的说法中正确的有（　　）。
   A. 尽管书面声明提供必要的审计证据，但其本身并不为所涉及的任何事项提供充分、适当的审计证据
   B. 注册会计师应当获取审计证据，以确定管理层认可其按照适用的会计准则和相关会计制度的规定编制财务报表的责任，并且已批准财务报表
   C. 书面声明包括财务报表及其认定，以及支持性账簿和相关记录
   D. 如果未从管理层获取其确认已履行的责任，注册会计师在审计过程中获取的有关管理层已履行这些责任的其他审计证据是不充分的

5. 下列事项中，注册会计师应当对财务报表发表无法表示意见的有（　　）。
   A. 注册会计师对管理层的诚信产生重大疑虑，以至于认为其做出的书面声明不可靠
   B. 律师声明书表明律师拒绝提供信息
   C. 由于不可抗力导致80%的存货无法监盘
   D. 管理层不提供审计准则要求的书面声明

6. 注册会计师在形成审计意见前，应当考虑的因素有（   ）。
A. 是否已获取充分、适当的审计证据
B. 未更正错报单独或汇总起来是否构成重大错报
C. 评价财务报表是否在所有重大方面按照适用的财务报告编制基础编制
D. 评价财务报表是否公允反映以及恰当提及或说明适用的财务报告编制基础

7. 审计报告应当包括下列（   ）要素。
A. ××公司审计报告   B. 管理层对财务报表的责任段
C. 注册会计师的责任段   D. 报告日期

8. 以下情形，应出具保留意见的有（   ）。
A. 注册会计师在获取充分、适当的审计证据后，认为财务报表就整体而言是公允的，但还存在对财务报表产生重大影响的错报
B. 注册会计师认为错报对财务报表产生的影响极为严重且具有广泛性
C. 注册会计师无法获取充分、适当的审计证据以作为形成审计意见的基础，但认为对财务报表可能产生的影响重大，但不具有广泛性
D. 注册会计师无法获取充分、适当的审计证据以作为形成审计意见的基础，其对财务报表可能产生的影响重大且具有广泛性

三、判断题（正确的在括号内打"√"，错误的打"×"）

1. 审计人员对于在会计报表中得到的资料和情况，除了法律规定不得公布者外，应向社会披露。（   ）
2. 国家审计机关和内部审计机构的审计报告比社会审计组织的审计报告权威性高。（   ）
3. 审计人员的审计意见应完全保证已审计会计报表的可靠程度，从而使会计报表使用人据此做出各种决策。（   ）
4. 详式审计报告一般适用于公布目的，具有标准审计报告的特点。（   ）
5. 审计报告是注册会计师根据审计准则的要求，在实施了必要的审计程序后，用于对被审计单位年度会计报表发表审计意见的书面文件。审计报告是审计工作的最终结果，具有法定证明效力。（   ）
6. 社会审计组织审计报告都必须有说明段和意见段。（   ）
7. 审计报告的签署日期为完稿日期或会计报表截止日期。（   ）
8. 标准无保留意见审计报告，是注册会计师对被审计单位会计报表发表不带说明段的无保留意见审计报告。（   ）
9. 在对会计报表整体已经发表了否定意见或无法表示意见后，如会计报表某组成部分构成会计报表整体的主要部分，注册会计师不应再对该

组成部分出具审计报告。（　　）

10. 委托人或其他第三者因使用审计报告不当造成后果，与审计人员及其所在的审计机构无关。（　　）

四、简答题

1. 2013 年 3 月 6 日，信得过会计师事务所注册会计师郝运来在对华阳公司财务报表审计后，按照企业会计准则编制的财务报表出具了标准审计报告，请指出该审计报告中的错误之处，并予以纠正。

独立审计报告

华阳股份有限公司全体股东：

我们审计了后附的华阳股份有限公司（以下简称华阳公司）财务报表，包括资产负债表，利润表、股东权益变动表和现金流量表以及财务报表附注。

（一）管理层对财务报表的责任

编制和公允列报财务报表是华阳公司管理层的责任，这种责任包括：①按照企业会计准则的规定编制财务报表，并使其实现公允反映；②设计、执行和维护必要的内部控制，以使财务报表不存在由于舞弊或错误导致的重大错报。

（二）注册会计师的责任

我们的责任是在执行审计工作的基础上对财务报表发表审计意见。我们按照《中国注册会计师审计准则》的规定执行了审计工作。《中国注册会计师审计准则》要求我们遵守中国注册会计师职业道德守则，计划和执行审计工作以对财务报表是否不存在重大错报获取合理保证。

审计工作涉及实施审计程序，以获取有关财务报表金额和披露的审计证据。选择的审计程序取决于注册会计师的判断，包括对由于舞弊或错误导致的财务报表重大错报风险的评估。在进行风险评估时，注册会计师考虑与财务报表编制和公允列报相关的内部控制，以设计恰当的审计程序，但目的并非对内部控制的有效性发表意见。审计工作还包括评价管理层选用会计政策的恰当性和做出会计估计的合理性，以及评价财务报表的总体列报。

（三）审计意见

我们认为，华阳公司财务报表已按照企业会计准则的规定编制，公允反映了华阳公司 2012 年 12 月 31 日的财务状况以及 2012 年度的经营成果和现金流量。

信得过会计师事务所　　　　　　　　　　中国注册会计师：章一华
　（盖章）　　　　　　　　　　　　　　　　（签名并盖章）
　　　　　　　　　　　　　　　　　　　中国注册会计师：郝运来
中国××市　　　　　　　　　　　　　　　　（签名并盖章）

2. 注册会计师张旭作为华信会计师事务所审计项目负责人，在审计以下单位 2012 年度财务报表时分别遇到以下情况：

(1) 利宇公司拥有一项长期股权投资，账面价值800万元，持股比例50%。2012年12月30日，利宇公司与康佳公司签署投资转让协议，拟以665万元的价格转让该项长期股权投资，已收到价款300万元，但尚未办理产权过户手续，利宇公司以该项长期股权投资正在转让之中为由，不再计提减值准备。注册会计师确定的重要性水平为50万元，利宇公司未审计的利润总额为115万元。

(2) 邝华公司于2011年5月为嘉善公司1年期银行借款2 100万元提供担保，因嘉善公司不能及时偿还，银行于2012年11月向法院提起诉讼，要求邝华公司承担连带清偿责任。2012年12月31日，邝华公司在咨询律师后，根据嘉善公司的财务状况，计提了1 000万元的预计负债。对上述预计负债，邝华公司已在财务报表附注中进行了适当披露。截至审计工作完成日，法院未对该项诉讼做出判决。

(3) 易家公司在2012年度向其控股股东公司以市场价格销售产品45 000万元，以成本加成价格（公允价格）购入原材料2 000万元，上述销售和采购分别占易家公司当年销货、购货的比例为30%和40%，易家公司已在财务报表附注中进行了适当披露。

(4) 雅意公司应在2012年6月确认的一项销售费用600万元没有进行确认。雅意公司在编制2012年度财务报表时，未对此项会计差错进行任何处理。雅意公司2011年度利润总额为390万元。

(5) 天台公司于2012年年末更换了大股东，并成立了新的董事会，继任法定代表人以刚上任、不了解以前年度情况为由，拒绝签署2012年度已审财务报表和提供管理层声明书。原法定代表人以不再继续履行职责为由，也拒绝签署2012年度已审计财务报表和提供的管理层声明书。

要求：假定上述情况对各被审计单位2012年度财务报表的影响都是重要的（各个事项相互独立），且对于各事项被审计单位均拒绝接受注册会计师提出的审计处理建议（如有）。在不考虑其他因素影响的前提下，请分别针对上述5种情况，判断甲注册会计师应对2012年度财务报表出具何种类型的审计报告，并简要说明理由。

[能力训练]

公开发行A股的东风股份有限公司（以下简称东风公司）系诚信会计师事务所的常年审计客户。注册会计师陈军和李明负责对东风公司2012年度财务报表进行审计，确定财务报表层次的重要性水平为250万元。东风公司2012年度财务报告于2013年3月15日获董事会批准，并于同日报送证券交易所。其他相关资料如下：

资料一：东风公司未经审计的2012年度财务报表部分项目的年末余额或年度发生额如下：

单位：人民币万元

项目	2012年度
资产总额	9 000
营业收入	6 000
利润总额	1 500
净利润	1 125

资料二：在对东风公司的审计过程中，注册会计师注意到下列事项：

（1）东风公司SE#12电子产品2011年12月31日账面余额为1 000万元，已计提存货跌价准备350万元，2012年1月20日，东风公司将该产品对外出售，售价900万元，增值税销项税额153万元，东风公司会计分录处理如下：

借：银行存款　　　　　　　　　　　　　　　1 053
　　贷：主营业务收入　　　　　　　　　　　　　900
　　　　应交税费——应交增值税　　　　　　　　153
借：主营业务成本　　　　　　　　　　　　　1 000
　　贷：库存商品　　　　　　　　　　　　　　1 000

（2）东风公司在销售SE#13电子原件时，对于随同产品出售而单独计价的包装物，收取了客户2万元费用，并进行了如下会计处理，该包装物账面成本1.5万元：

借：银行存款　　　　　　　　　　　　　　　　　2
　　贷：销售费用　　　　　　　　　　　　　　　　2

（3）东风公司2012年5月购入面值为800万元，年利率为4%的债券，取得时支付的价款800万元（含已到付息期但尚未发放的利息12万元），另支付交易费用2万元，东风公司将该笔投资划分为交易性金融资产，并进行如下会计处理：

借：交易性金融资产　　　　　　　　　　　　　790
　　应收利息　　　　　　　　　　　　　　　　　12
　　贷：银行存款　　　　　　　　　　　　　　　802

（4）2012年12月31日东风公司对固定资产进行清查，发现编号为TY#4521的机器设备已经发生减值，预计可收回金额1 060万元，该资产账面余额2 500万元，未曾计提减值，东风公司没有对此进行会计处理。

（5）2013年初东风公司购入的某交易性金融资产市价发生大幅下跌，东风公司在2012年度财务报表中对其进行了披露。

要求：

（1）如果不考虑审计重要性水平，针对资料二中事项（1）至事项（5），分别回答注册会计师陈军和李明是否需要提出审计处理建议？若需提出审计调整建议，直接列示审计调整分录（审计调整分录均不考虑对东风公司2012年的税费、递延所得税资产和递延所得税负债、期末结转损益及利润分配的影响,下同)。

(2) 在资料一的基础上,如果考虑审计重要性水平,假定东风公司分别只存在资料二的 5 个事项中的 1 个事项,并且拒绝接受注册会计师陈军和李明针对事项(1)至事项(5)提出的审计处理建议(如果有),在不考虑其他条件的前提下,指出注册会计师陈军和李明应当针对该 5 个独立存在的事项分别出具何种意见类型的审计报告。